盛世华章

2023 1983

Shengshi
Huazhang

Hunan Sheng
Gaodeng Xuexiao
Xuebao Yanjiuhui
Sishi Nian

40

盛世华章

湖南省高等学校学报研究会四十年

湖南省高等学校学报研究会 组编

湖南大学出版社 · 长沙

图书在版编目（CIP）数据

盛世华章：湖南省高等学校学报研究会四十年：1983-2023 / 湖南省高等学校学报研究会组编. -- 长沙：湖南大学出版社，2024.12. -- ISBN 978-7-5667-3929-2

I. G237.5

中国国家版本馆CIP数据核字第2024MG4617号

盛世华章

——湖南省高等学校学报研究会四十年（1983—2023）

SHENGSHI HUAZHANG

—HUNAN SHENG GAODENG XUEXIAO XUEBAO YANJIUHUI SISHI NIAN（1983—2023）

组　　编：湖南省高等学校学报研究会

责任编辑：刘雨晴　严　朔

印　　装：湖南省美如画彩色印刷有限公司

开　　本：889 mm × 1194 mm　1/16

印　　张：30.75

字　　数：656千字

版　　次：2024年12月第1版

印　　次：2024年12月第1次印刷

书　　号：ISBN 978-7-5667-3929-2

定　　价：198.00元

出 版 人：李文邦

出版发行：湖南大学出版社

社　　址：湖南・长沙・岳麓山

邮　　编：410082

电　　话：0731-88822559（营销部）　88821691（编辑室）　88821006（出版部）

传　　真：0731-88822264（总编室）

网　　址：http://press.hnu.edu.cn

电子邮箱：presschenpf@qq.com

编辑委员会

PREFACE

前 言

风劲帆满海天阔

西南云气来衡岳，日夜江声下洞庭。

1983年5月，乘神州改革开放之东风，受祖国日新月异之感召，一批才华横溢、敢于担当的湖湘学报人，本着集合同仁、研究问题之目的，为不负传承文明、弘扬学术之使命，相约在岳麓山下的湖南师范学院，发起成立了湖南省高等学校学报研究会。光华流转，岁月如歌，蓦然回首，研究会已走过四十余载。

四秩风华正茂，十届薪火相传。四十年波澜壮阔，虽世事变迁，但研究会初心不改，始终坚守“发扬学术民主、抵制学术腐败，提倡实事求是、弘扬科学精神”的核心宗旨。一届又一届湖湘学报人的接续努力，使研究会形成了风清气正、团结务实、开拓进取、共谋发展的文化精神，把研究会建成了和谐、温馨且充满正能量的大家庭。四十年风雨同舟，虽办刊主体不同，但各会员单位相互学习，相互砥砺，共同进步。至2023年底，研究会已有会员单位95家，占湖南省期刊总数的40%以上。研究会为湖南高校学报的高质量发展和高水平编辑队伍建设作出了应有的贡献。

追求卓越，成绩斐然。研究会在湖南省委宣传部、湖南省教育厅、湖南省民政厅等上级主管部门的正确领导和大力支持下，以提高学报质量、促进人才成长为目标，搭平台、建窗口，积极开展学报工作，加强学术研究和办刊经验交流，创造性地开展了一系列形式多样、富有成效的活动。湖南省高校学报的

踔厉奋发谋新篇

办刊水平不断提高，综合实力和影响力不断增强，为湖南高校的学科建设、人才培养贡献了期刊力量。一大批精品刊物大放异彩，众多编辑人才脱颖而出，既出优秀期刊，又出优秀编辑。研究会班子成员和会员中，龚维忠、钟海平、石潇纯、童小娇等成长为高校领导；卜庆华、章育良、雷鸣等成为全国知名专家；会员单位中，《湖南师范大学社会科学学报》《湖南大学学报（社会科学版）》《中南大学学报（社会科学版）》等 12 种期刊入选 CSSCI 源刊；《中南大学学报（自然科学版）》《中南大学学报（英文版）》《铁道科学与工程学报》等 5 种期刊入选“中国科技期刊卓越行动计划”。

风劲帆满海天阔，踔厉奋发谋新篇。改革创新赋能，高远使命引领，立足新发展阶段，湖南省高等学校学报研究会将始终以习近平新时代中国特色社会主义思想为指导，全面贯彻落实习近平文化思想，厚植学术根魂，助力高水平期刊集群建设。力争在钟灵毓秀的三湘大地上涌现出一批批学者型编辑，涌现出一本本高质量期刊，早日实现湖南省高校学报的品牌化、数字化、国际化、集群化，为建设出版强国、全面建设社会主义现代化国家、全面推进中华民族伟大复兴作出新的更大贡献！

李文邦

2024 年 12 月

CONTENTS

目 录

第一章

研究会发展历程

初创期（1983—1990）

从新中国成立到党的十一届三中全会召开，湖南省高等学校学报的发展经历了一个重要的历史时期。1956 年是湖南省高校学报的创办元年，《国防科技大学学报》《中南矿冶学院学报》《湖南大学学报》《湖南师院学报》《湖南农学院学报》等 5 家学报均创办于这一年。此后，几所建校较早的高校陆续创办学报，不断扩大湖南省高校学报团体数量。比如，1958 年创刊的《湖南医学院学报》，1962 年创刊的《常德师范专科学校学报》以及 1978 年创刊的《湘潭大学自然科学学报》和《学习与实践》等。

在 1978 年 4 月全国教育工作会议、1978 年 6 月全国高校文科教育工作座谈会和全国高校哲学社会科学学报工作座谈会、1978 年 12 月 18 日至 22 日党的十一届三中全会等一系列重要会议的精神的鼓舞下，湖南省高校哲学社会科学学报迎来了新的增长时期。截至 1983 年 5 月，湖南省高等学校复刊、新创刊的学报有近 30 种，一些老牌学报逐步创立了自己的品牌，对湖南省经济社会发展产生了重大影响，成为湖南省推动自然科学、哲学社会科学研究，促进社会主义文化事业发展的重要平台。但是，与其他省份相比，湖南省高等学校学报的发展还未形成顶层规划、统一协调、合作共赢、相互学习的良好机制，缺乏一个组织、研究、协调、服务的全省性服务平台。基于此，创立湖南省高等学校学报研究会就成了 20 世纪 80 年代初湖南省高校学报界的重要任务。

一 湖南省高等学校学报研究会成功创立

湖南省高等学校学报研究会的创立是国家政策引导的结果，更是湖南省高校学报发展的需要。兄弟省份高校学报研究会组织的纷纷成立，也极大地触动了湖南高校学报界同仁。

（一）全国区域性高校学报研究会竞相成立

中共中央、国务院于 1983 年 6 月发布的《中共中央、国务院关于加强出版工作的决定》对推动全国各地成立区域性、省域性高校学报研究会的工作起到了重要作用。在此之前，华东地区高校学报研究会、辽宁省高等学校学报研究会等相继成立。

1984 年 4 月 2 日至 7 日，教育部在北京召开了第二次全国高等院校哲学社会科学学报工作座谈会。之后，全国各地高校学报研究会纷纷成立：河南省高等学校学报研究会、黑龙江省高等学校文科学报研究会、江西省高等学校学报研究会、四川省高等学校学报研究会、湖北省高等学校学报研究会、陕西省高等学校学报研究会等分别成立。成立省级高校学报研究会已经成为 20 世纪 80 年代初期中国学报界的潮流。

（二）湖南省高等学校学报研究会应时而生

党的十一届三中全会后，随着解放思想、实事求是思想路线的恢复，被禁锢了多年的人文科学和社会科学各学科迅速恢复和发展。与其他兄弟省份高校学报一样，湖南省高等学校学报为我国社会主义学术繁荣和学术新人的培养作出了不可磨灭的贡献，形成了学报与学术共荣的良好局面，湖南省高等学校学报工作进入了一个崭新的发展时期。

为了适应形势发展的需要，总结办报经验，努力提高办报质量，更好地为教学科研服务，为“四化”建设贡献力量，湖南大学、湘潭大学、中南矿冶学院、国防科技大学和湖南师范学院的学报编辑部联合倡议，酝酿并组织召开“湖南省高等学校学报工作座谈会”，研究成立“湖南省高等学校学报工作研究会”的必要性、可行性和紧迫性。组织发起者在广泛听取各方意见后，认真分析湖南省高等学校学报的发展历史和当前的形势任务，一致认为，成立全省性的、统一的湖南省高等学校学报研究会是全省学报工作者的共同心愿，不仅十分必要，而且条件已经成熟，应尽快把这支编辑队伍组织起来，进行经常性的交流经验、沟通信息，研究学报工作中的共性问题。

1983 年 5 月 23 日至 25 日，经中共湖南省委宣传部、湖南省教育厅领导同意，“湖南省高等学校学报工作研究会”在湖南师范学院成立，21 所高等学校学报编辑部的 25 名代表出席了会议。湖南师范学院党委书记李秋枫和副院长林增平、中南矿冶学院副院长黄培云到会讲话，湖南大学副校长贝效良、湖南师范学院副院长林立炟看望了与会代表。省委宣传部派干部到会全程指导。

会议围绕“贯彻党的十二大精神、开创学报工作新局面”的主题，认真学习了党的十二大精神、中共中央宣传部和教育部的有关文件精神，并听取了华北地区高等学校学报工作座谈会的情况介绍。

与会代表一致认为，党的十一届三中全会以来，随着全省高等教育事业的发展，我省高等学校学报工作进入了一个新的发展时期，是新中国成立以来任何时期都难以比拟的。有的学报学术性较强，在国内外产生了一定的影响；有的学报从本校学科优势出发，逐渐形成了自己的特色；有的学报重视体现地方和民族特色，办出了自己的风格；有的学报立足本校，面向社会探讨现实生活中的新问题，在人力物力不足的情况下艰苦奋斗，较好地完成了出版发行任务。会议认为，我省高等学校学报工作之所以取得如此长足进步，原因是多方面的，关键是领导重视。省委宣传部和省教育厅多次召开会议，采取多种形式督查学报工作，对提高学报的政治质量、学术质量和出版质量起到了明显的促进作用；高校领导也把学报建设视为学校建设的重要组成部分，从政治、思想、组织、业务等方面加强了对学报的指导，为开展学报工作提供了必要的条件。

与会代表一致认为，高等学校学报是学术交流的工具，是传递科研信息的桥梁，是培养学者的园地，也是衡量学校学术声誉的一个标志。因此，办好学报，对于发展科学理论、促进学术交流、提高教学质量、繁荣学术研究、调动知识分子的积极性，都具有重要的地位和作用。

会议认为，学报改革的核心是提高质量，而提高质量的关键在于提高学术水平。学术水平受特色的影响，而特色的内涵是多样的，重点是面向现实。

要提高质量，必须坚持马克思列宁主义、毛泽东思想的指导，贯彻执行党的四项基本原则，坚持“双百”方针。提高质量还必须遵循理论联系实际的基本原则，把历史研究、现状研究和马克思主义理论研究有机结合。在兼顾三者的前提下，对新形势下出现的新情况新问题作出理论上的解释和回应，解决新的社会问题。此外，要提高质量，学报必须力求办出特色和风格，不断扩大社会影响。

会议认为，一个健全的、强有力的编辑部是办好学报的基础条件，它直接关系到学报质量的提高和作用的发挥。学报编辑要坚持正确的政治方向；要勤奋学习，钻研业务，热爱本职工作；要淡泊自勉，甘当无名英雄，忠于职守；要遵守编辑道德规范，抵制不正之风，成为有眼力、善知人、通文理、懂政策的合格编辑。

经过充分酝酿，会议成立了“湖南省高等学校学报工作研究会”，制定了《湖南省高等学校学报工作研究会章程》，形成了《湖南省高等学校学报工作座谈会纪要》，并选举产生了“湖南省高等学校学报工作研究会”首届理事。理事会由11所高等院校的学报编辑代表组成，这11所院校是：湖南师范学院、湖南大学、中南矿冶学院、国防科技大学、湘潭大学、湖南医学院、长沙铁道学院、湖南农学院、中南林学院、湖南财经学院、湘潭师范专科学校。

“湖南省高等学校学报工作研究会”成立大会以座谈会形式举行。

关于研究会的成立情况，《湖南大学学报》《湘潭大学社会科学学报》《湖南农学院学报》《湖南师院学报（哲学社会科学版）》等高校学报都进行了专题报道。

湖南省高等学校学报工作研究会首届学报工作座谈会代表合影（1983）

二　湖南省高等学校学报研究会关系转隶

“湖南省高等学校学报工作研究会”的成立，在我省高等教育发展史上尚属首次，在湖南省高校学报发展史上亦属首次。正如其他新生事物一样，研究会在初创时难免存在不完善的地方。研究会成立之初，由于缺乏经验和一些客观的原因，当时仅获得有关领导的口头同意，既无批准单位的文件，又没有明确挂靠单位。手续不完备，所以挂靠问题在较长一段时期内未得到妥善解决。但是，由于它代表了湖南省高校学报界同仁的坚定意志，因此具有强大的生命力，即便有不足之处，也不影响其发展前行。

（一）挂靠湖南省科技期刊编辑工作者协会

1984 年 9 月 14 日至 19 日，全省科技期刊编辑座谈会在大庸市（今张家界市）召开，决定成立湖南省自然科学学术期刊编辑协会筹备委员会。在筹备过程中，得到了中共湖南省委宣传部、中国科协和湖南省科协的支持。到 1984 年底，已经有 69 家科技期刊会员单位，包括湖南省科协系统的科技期刊、科普期刊和全省高校自然科学学报等。

1984 年 12 月，湖南省科协学会部征得有关方面意见后，报湖南省科协三届九次常委会审批，湖南省科协以湘科协字（84）第 185 号文批准成立“湖南省科技期刊编辑工作者协会”，简称湖南省编协。

1985 年 3 月，湖南省科技期刊编辑工作者协会筹备大会在湖南大学学报编辑部召开，参加会议的有：唐子畏、胡传焯、杨布生、皮光中、陈冠初、陈钧等。

1985 年 11 月 28 日至 30 日，湖南省科技期刊编辑工作者协会第一次代表大会在湖南省慈利县召开，与会代表共 67 人。中国编协（筹）主任翁永庆参会并在会上发表了热情洋溢的讲话，湖南省出版工作者协会和北京编协（筹）的负责同志分别致贺词。大会听取了湖南省编协筹委会的工作报告，审议并通过了章程，选举产生了第一届理事会。陈钧等 33 人组成理事会，9 人组成常务理事会。湖南教育学院院长、省编协筹委会主任陈钧当选为第一届理事长，共有团体会员 94 个。

湖南省编协成立了科技报刊和高校学报两个研究会。从此，“湖南省高等学校学报工作研究会”成为省编协领导下的一个专业委员会，即湖南省科技期刊编辑工作者协会下属的二级学会，同时又以“湖南省高等学校学报研究会”的名义独立开展活动。加入湖南省科技期刊编辑工作者协会后，研究会名称由“湖南省高等学校学报工作研究会”改成“湖南省高等学校学报研究会”，定位为省属二级学会。

（二）第二届理事会换届选举

1. 选举产生湖南省高等学校学报研究会第二届理事会

1987 年 10 月 4 日至 8 日，湖南省编协第二届学术年会在株洲硬质合金厂召开。出席年会的有全省各高校学报、科技期刊的代表及有关单位的领导等共计 100 余人。大会开幕式由省编协副理事长杨布生主持，理事长陈钧致开幕词。省版协秘书长刘刚生，株洲市科协主席谭松山、副主席曾明德及省科协学会部、株洲硬质合金厂等单位的负责人参加了大会并讲话。中国科技期刊编辑协会理事、省编协副理事长胡传焯传达了中国科技期刊编辑协会成立大会的精神，中国高校自然科学学报研究会理事皮光中、陈冠初分别传达了中国高校自然科学学报研究会成立大会及全国 CUJA（China University Journal Abstracts，中国高等学校学报论文文摘）研制工作会议的精神。

会议期间，湖南省高等学校学报研究会全体与会代表经过讨论和酝酿，选举产生了挂靠湖南省科技期刊编辑工作者协会后湖南省高等学校学报研究会首届理事会。大会选举陈钧任理事长，皮光中、张述峰、杨布生、唐子畏担任副理事长，赵树民、陈冠初担任秘书长。自此，湖南省高等学校学报研究会在湖南省科技期刊编辑工作者协会领导下独立开展活动。

本届理事会后来被确认为湖南省高等学校学报研究会第二届理事会，以表示与 1983 年 5 月成立的“湖南省高等学校学报工作研究会”的延续关系。

2. 召开第二次理事会会议

1989 年 3 月 18 日，湖南省高等学校学报研究会在中南工业大学召开第二次理事会会议，陈钧主持会议，皮光中、陈冠初分别传达了国家教育委员会科技司 1989 年 1 月 28 日《关于支持开展学报评奖活动给我会的函》（教技信字第 89-02 号）及中国高校自然科学学报研究会《关于全国高校自然科学学报编辑质量优秀奖评奖活动的通知》（高报字〔1989〕001 号）文件精神，决定于 1989 年开展全省高校自然科学学报编辑质量优秀奖评奖活动。

1989 年 5 月 16 日至 19 日，湖南省高校学报专职主编研讨会和自然科学学报编辑质量评奖会议在中南工业大学召开。全省 26 家学报的主编、副主编共 30 人出席了会议。大会评选出 1989 年度湖南省高校学报获编辑质量优秀奖的共计 19 个，获单项奖的 7 个。

会后，经理事长、秘书长会议提议，常务理事会决定聘请肖家元、李昌佳为本会秘书。

（三）行政关系转隶

湖南省高等学校学报研究会第二届理事会成立后，行政关系的隶属问题成为理事会领导班子亟须解决的问题。

1. 酝酿关系转隶

1987 年 11 月 28 日，湖南省高等学校学报研究会在湖南师范大学召开常务理事扩大会议。参加会议的有：陈钧、杨布生、皮光中、唐子畏、陈冠初、赵树民、文辉璧、向成国、李文海、张志邦、李均如、李军熵、周一凡、林植峰、谢庚申（代替副理事长张述峰）等，会议由理事长陈钧主持。会议认为，研究会应挂靠湖南省教委高教学会，成为省一级学会，并拟邀请湖南省教委副主任高珊曾担任理事长，或由高教处处长担任。会议还决定做几件实事：一是举办编辑工作标准化学习班；二是组织报刊检查评比；三是争取湖南省教委支持，解决编辑部的级别、编辑人员职称问题；四是创办《编辑理论与编辑实践》刊物；五是组织印刷技术培训，实现编辑、印刷、发行一条龙。

为了配合湖南省高等学校学报研究会隶属关系的转隶并独立开展工作，会议还作出如下决定：（1）研究会办公地点设在湖南师范大学学报编辑部；（2）刻制研究会的公章、登记研究会账号；（3）确定由肖家元负责财务管理及日常工作；（4）登记团体会员；（5）给理事会成员颁发聘书；（6）从1988年起收缴团体会员会费。

2. 同意挂靠湖南省教育委员会

1990年5月10日，常务理事会讨论通过了《湖南省高等学校学报研究会给省教委的请示报告》。报告认为“湖南省高等学校学报研究会挂靠在省教委，由省教委领导和管理是适宜的”。5月21日，秘书长陈冠初致函中共湖南省委宣传部，重申“湖南省高等学校学报研究会属省级学会，应挂靠在省教委为宜”。7月7日，陈冠初向时任中共湖南省委宣传部副部长的车文仪同志汇报了湖南省高等学校学报研究会自1983年5月23日成立以来所取得的工作成绩，车文仪副部长在听取汇报后，随即向湖南省教委作了批示，同意研究会办理批文，补齐手续。

1990年9月22日，湖南省教育委员会下达了《对湖南省高等学校学报研究会关于申请登记请示报告的批复》，同意研究会重新登记。重新登记后，研究会属省级学会，挂靠在省教委，业务上受省高教学会的指导。

湖南省高等学校学报研究会在省委宣传部和湖南省教育委员会的支持下重新登记，明确了研究会属省级学会，挂靠湖南省教育委员会，业务上受省高教学会的指导。至此，湖南省高等学校学报研究会在机构名称、学会级别、挂靠单位等方面得到了官方认可，成为一个真正意义上的省级独立学术团体。

（四）成为中国高校自然科学学报研究会分会并成立湖南省 CUJA 联络组

1. 参与中国高校自然科学学报研究会筹备会议和成立大会

1987年8月5日至9日，中国高校自然科学学报研究会成立大会在大连工学院召开。湖南省高等学校学报研究会派出湖南师范大学陈冠初、中南工业大学皮光中、湘潭大学李军熵、湖南大学唐子畏、国防科技大学潘生等5名代表参加中国高校自然科学学报研究会的筹备会议和成立大会，并正式成为中国高校自然科学学报研究会的一个分会。

大会选举皮光中、陈冠初任理事，皮光中兼学术委员会委员，陈冠初为 CUJA 委员会副主任，唐子畏为教育委员会委员。另外，还聘请中南工业大学的何祖秀为 CUJA 委员会委员，湖南医科大学的李守琼为 CUJA 委员会技术顾问。

2. 召开湖南省高等学校学报研究会首届 CUJA 成员大会

在陈冠初、皮光中、唐子畏等人的推动下，湖南省 CUJA 联络组于1988年9月开始进行筹备成立工作，联络组组长单位为中南工业大学学报编辑部，副组长单位包括湖南大学学报编辑部、国防科技大学学报编辑部、湖南农学院学报编辑部等3家单位，成员单位13个。联络组成立一年多来，团结全省 CUJA 系统成员，宣传 CUJA 事业，开展业务培训和学术交流，为学报工作的规范化、标准化和现代化建设作出了重要贡献。

1990 年 4 月 20 日至 30 日，在湖南省高等学校学报研究会的帮助支持下，湖南省 CUJA 联络组在中南工业大学召开了湖南省首届 CUJA 成员大会。大会总结了 CUJA 的工作成绩，交流了工作经验，部署了今后一段时期的工作，举办了 CUJA 系统微机软盘信息交换技术培训班。

三 湖南省高等学校学报研究会茁壮成长

“湖南省高等学校学报工作研究会”的成立是新中国成立以来湖南高等学校学报界的一大盛事，极大地激发了湖南省高等学校办刊、复刊的热情，刊物的规范化、标准化建设取得了巨大进步，刊物质量稳步提升，学报研究会的影响力不断增强。

（一）全省高校学报快速发展

伴随着改革开放新形势和我国高等教育的迅速发展，我省高校学报经过整顿和调整后获得了迅猛发展，呈现出刊物数量急速增长、学术质量明显提升、服务经济社会发展能力显著增强的良好态势，形成了种类繁多、门类齐全、层次多样、文理学报并存发展的学报生态新格局。

20 世纪 80 年代，湖南省高校学报的创办出现了一个明显的高潮期。除了在 1979 年创办的《湖南中医学院学报》《长沙铁道学院学报》《邵阳师范高等专科学校学报》等，1980 年创刊的学报有《湖南财经学院学报》《湘潭师范学院学报》《岳阳师专学报》《衡阳师专学报》《益阳师专学报》《零陵师专学报》《郴州师专学报》，1982 年创刊的学报有《怀化师专学报》等。其中，创办于 1980 年的《岳阳师专学报》在 1986 年 3 月改名为《云梦学刊》，进入了新的发展阶段。

1983 年 5 月，“湖南省高等学校学报工作研究会”成立后，湖南省高校学报及其会员单位主办的期刊又迎来了快速发展时期，一批高校学报陆续创刊。《湘潭矿业学院学报》《大学教育科学》于 1983 年创刊，《娄底师专学报》于 1984 年创刊，《中国文学研究》《长沙交通学院学报》于 1985 年创刊，《长沙水利电力师范学院学报》于 1986 年创刊，《湖南大学学报（社会科学版）》《长沙大学学报》等于 1987 年创刊，《湖南轻专学报》《湖南税专学报》等于 1988 年创刊。

从期刊种类看，这一时期新办刊物涉及文科、理科、医科、经济管理等多个学科，基本确立了刊物的办刊方向，强调了服务学校与区域经济社会发展的性质，促进了学术繁荣。

从主办单位的层次看，既有本科院校主办的学报，也有专科院校主办的学报，专科院校特别是地方师范专科院校成为创办新刊的突出力量。除综合性大学以及师范、财经、税务等院校创立了学报外，长沙交通学院、长沙水利电力师范学院等也创办了人文社科学报，逐渐形成了种类繁多、门类齐全、层次多样、文理学报并存发展的学报生态新格局，体现了湖南高校社科学报的复兴与繁荣发展，成为湖南省促进哲学社会科学发展、促进社会主义文化事业发展、促进中国政治经济社会进步的重要平台。

从个刊基本特征看，这些学报在贯彻“双百”方针，服务学校学科建设、专业建设和人才培养，反映学校教学科研成果，展示学校科研实力方面作出了积极贡献，呈现出以下基本特征：一是综合性学报较多，专业性学报较少；二是内向性特征明显，办刊宗旨以服务学校的科研工作和人才培养为主，内部稿件是这一时期的主要来源；三是办刊模式单一，刊期以季刊居多，刊文量少，栏目策划少；四是刊物的特色化建设尚处在起步阶段，有全国影响力的刊物占比较少。

（二）学报学术影响力不断扩大

这一时期，湖南高等学校学报的刊物质量也有较大提升，绝大多数刊物的学术性、理论性、创新性有所增强，学术影响力不断扩大，有些学报还举办了各种学术活动。《长沙水电师院学报（社会科学版）》在1986年第1期上发表了陈明先生的《谈丁玲的生平和创作——在长沙水电师院的报告》、魏巍先生的《论学习丁玲——在长沙水电师院的报告》、杨安仑先生的《中国美学史的研究对象和研究目的》后，在湖南省委的支持下，于1986年10月13日至17日和《文艺研究》杂志社联合发起并主办“社会主义文艺审美理想学术研讨会”，会期5天。参加会议的有来自中央宣传部文艺局、文艺部艺术研究院、中国社会科学院文学所和全国十多所高校等的专家学者50余人。

会议以《中共中央关于社会主义精神文明建设指导方针的决议》为指导思想，联系国家改革开放的发展形势，就审美理想的美学内涵、我国社会主义文艺审美理想的规定性、马克思主义美学与社会主义文艺的审美理想、社会主义文艺创作审美理想的主导作用与创作的多样性的关系、审美理想与文艺批评以及如何进一步提高文艺创作的审美价值等议题进行了深入探讨。这种由地方高校主办的全国性专题讨论会在我省尚属首创，对提升湖南高校学报学术影响力、促进社会主义精神文明建设起到了积极的作用。

1987年10月6日至23日，湘潭大学举行了纪念《湘潭大学学报（哲学社会科学版）》创刊10周年活动。湖南省新闻出版协会、湖南省新闻出版发行处的领导，长沙水利电力师范学院、湖南财经学院、湖南师范大学、湖南教育学院、《求索》杂志等单位的学报编辑部和杂志社代表等近60人参加了纪念活动。

在随后召开的编委会上，新、老编委畅所欲言，一致认为：办学报归根结底是为了提高教学质量和科研水平。学报代表了一个学校的学术水平和历史风貌。要想引起学术界的关注，关键是提高学报的质量，要重视学术性。

在读者、作者代表会上，代表们指出人才是最宝贵的，《湘潭大学学报（哲学社会科学版）》在造就人才方面作出了贡献，学报应继续发挥其功能，既出成果又出人才。

《湘潭大学学报（哲学社会科学版）》于1977年9月10日创刊，起初作为内部刊物发行，从1981年第1期起改为公开发行。到1987年第4期止，共出版了37期，另外出版了22期增刊。10年来共处理来稿4000多篇，总字数超过5000万字。根据对各种年鉴及《新华文摘》《高等学校文科学报文摘》等几种主要报刊转载情况的不完全统计，学报文章的转载率约为50%。

此次纪念活动内容丰富多彩，召开了读者、作者代表座谈会，召开了新、老两届编委座谈会，举办了纪念《湘潭大学学报（哲学社会科学版）》创刊10周年优秀论文评奖和优秀论文责任编辑评奖活动等，在湖南省内产生了积极影响。

四 湖南省高等学校学报研究会第三次会员大会

湖南省高等学校学报研究会成立后，会员单位不断扩大，学会的正规化、规范化、制度化建设取得成效。在承办全国高等学校文科学报研究会成立大会后，湖南省高等学校学报研究会的工作在探索中走向新的发展阶段，这一发展阶段的标志性事件就是湖南省高等学校学报研究会第三次会员大会的召开。

（一）第三次会员大会的召开背景

自湖南省高等学校学报研究会成立之后的第一次、第二次会员大会，实际上都称不上全体会员大会。召开第一次会员大会时，全省高校学报已经有30家学报编辑部，但参会代表只有21家，近三分之一的成员没有参会。召开第二次会员大会时，实际上只有部分自然科学学报编辑部代表出席湖南省编协举办的年会，代表缺乏广泛性。因此，以“湖南省高等学校学报研究会”名义召开全体会员大会已经成为研究会和会员单位的共同心愿。

1990年，湖南省高等学校学报研究会团体会员已发展到47家，群众基础不断加深，社会影响力不断扩大，呈现出欣欣向荣的景象。与此同时，这些团体会员大多数还成为全国自然科学学报研究会、全国文科学报研究会的团体会员，与全国学会以及省外兄弟单位的业务联系日益频繁和紧密，为研究会第三次会员大会的召开提供了必要的群众基础和组织保障。

（二）第三次会员大会召开

1990年10月26日，湖南省高等学校学报研究会第三次会员大会在长沙交通学院举行。湖南省教委、湖南省科委、湖南省社会科学工作者联合会、湖南省新闻出版局、湖南省编协、湖南省教育学会及湖南师范大学、长沙交通学院等单位的领导到会。参加本次代表大会的学报编辑代表共60名，分别来自全省40多家高校学报编辑部，其中副高及以上职称的代表有28人。参会人数、代表层次均为此前我省历届高校学报研究会会员大会之最。

大会收到中国高校自然科学学报研究会、全国高等农业院校学报研究会、湖南省编协等学术团体的贺信贺词。

大会由研究会第二届理事会秘书长赵树民主持，湖南省编协理事长陈钧致开幕词；湖南省教委高教处负责人罗兆沛代表湖南省教委、湖南高教学会作了重要讲话，他从政治思想、编辑业务、学术研究等几个方面对学报工作进行了充分肯定，并对学报研究会今后的工作提出了要求和希望；湖南省新闻出版局期刊处负责人成云东结合1990年9月在北京举办的全国期刊展览情况，对我省高校学报印刷质量进行了点评，强调提高学报的印刷质量对刊物的迫切性和重要性；湖南省科委、湖南省社会科学工作者联合会的代表也分别在会上讲话。全国高校文科学报研究会常务理事、湖南师范大学学报主编卜庆华在会上传达了10月份在扬州召开的全国高校文科学报研究会表彰大会的精神。

26日下午，第二届理事会副理事长皮光中代表第二届理事会作了题为《团结开拓前进 服务教学科研》的工作报告。陈冠初作了关于修改研究会章程的报告，并对财务收支等有关问题作了说明。

与会代表认真审议了皮光中所作的工作报告和陈冠初所作的研究会章程修改报告。大家对上届理事会所作出的成绩一致给予了高度评价，对工作报告作了充分肯定，并对上届因退休、工作变动不再担任理事的几位同志为学会所作出的贡献表示衷心的感谢及崇高的敬意。

本次大会的一项重要成果是通过了《湖南省高等学校学报研究会章程（修改）》（简称《章程》），《章程》对成立大会时讨论通过的章程进行了补充和完善，成为本会历史上的一份重要文献。第一，首次在《章程》中确认了湖南省高等学校学报研究会“是在湖南省教育委员会领导下的学报编辑工作者自愿结合的群众性学术团体，业务上受湖南省高教学会的指导”，这一定位不但以规章制度的形式确认了“湖南省教育委员会”为湖南省高等学校学报研究会的挂靠单位，而且明确了本会省级学会的定位。第二，坚定了“本会以马克思列宁主义、毛泽东思想为指导思想，坚持四项基本原则，坚持改革开放的总方针”“为我国社会主义物质文明和精神文明建设服务”的宗旨，为研究会在新的历史条件下继续改革发展指明了政治方向。第三，系统地提出了本会的7项基本任务：贯彻党的政策、开展学术活动、做好“三优”评比、促进学报改革、出版《湖南高校学报通讯》（以下简称《通讯》）、建立横向合作和维护会员权益等。第四，《章程》首次明确了“理事会下设若干工作小组，负责组织各项具体工作”的做法，成为日后专业委员会的雏形。

由于研究会成立时的章程无从查找，第二次代表大会是在特殊情况下召开的，并没有修改章程，也没有起草新的章程，因此，湖南省高等学校学报研究会第三次代表大会通过的1990年版《湖南省高等学校学报研究会章程（修改）》具有重要的历史价值。

10月27日上午，与会代表酝酿候选人名单。代表严格遵照理事单位的代表性、学科性、地域性要求，理事人选要有为学会无私奉献的精神与对学会工作的热爱，本着民主、团结、协商的原则，采取先确定理事单位，后落实理事人选的办法，推选第三届理事会。经过反复酝酿，从学报中选出21家理事单位，产生25名理事，组成湖南省高等学校学报研究会第三届理事会。会议决定，将研究会秘书处办公地点设在湖南师范大学学报编辑部。

新当选的常务副理事长卜庆华代表新一届理事会感谢代表们的信任和支持，表示将在大家的通力合作下为广大会员办实事、办好事，不负全省学报界同仁的厚望，把湖南省高等学校学报研究会工作提高到一个新的水平。本次大会自始至终充满和谐、谦让、团结、奋进的气氛，为推动我省高校学报研究会的工作奠定了良好的基础。

10 月 27 日下午，召开了第三届理事会第一次会议。首先，会议决定设置秘书组、学术组、组织组、财务组、培训组、青年组等 6 个专业小组；其次，明确了常务理事的分工。

为适应高校学报改革发展的需要，并结合本会学术研究工作的特点，常务理事会经过讨论，报请理事长审核同意，在原有工作组的基础上增设了 CUJA 联络小组等，并聘请了部分会员参与有关工作。

会议还讨论决定，对因工作变动和退休不再任理事的几位老同志进行慰问活动，分赠感谢信、纪念品。此外，对即将开展的“双优”评比工作进行了具体落实，并初步研究了 1991 年学会的工作安排。

根据与会代表的反映，理事会对我省高校学报工作的现状进行了认真的讨论，一致认为以下几个问题值得重视和亟待解决：（1）我省仍有一小部分高校学报处于人员缺乏、经费不足、编辑工作得不到应有重视的艰难境地。此外，全省近 50 家高校学报，有近 50% 的学报为内刊，未能公开发行。（2）高校学报印刷质量总体较低，在全国同类刊物中处于中下水平。表现在近期全国期刊印刷评比中，我省高校学报榜上无名。全国各省相当一部分高校学报已由落后的铅印改为先进的照排胶印，而我省只有湖南医科大学、湖南中医学院、中南工业大学等 3 所学校的学报采用先进印刷技术，这与我省高校学报事业的发展极不相称，影响了我省高校学报的高水平发展。（3）高校学报学术质量受稿件来源、学校教学科研水平等客观因素的影响，学报编辑部如何积极创造条件，在选题、组稿、专栏设置等方面有所突破，还存在许多值得研讨的问题。

理事会针对上述情况提出以下 3 点建议：（1）根据国家教委、湖南省科委、湖南省新闻出版局等领导机关下发的文件精神，争取湖南省教委、湖南省新闻出版局的支持，积极协同有关部门配合部分高校学报申领国内统一刊号，并加强编辑部建设，充分调动、发挥学报编辑的积极性。（2）采取多种渠道筹集资金，从根本上摆脱落后的印刷条件，改用照排胶印先进技术，这项工作首先应取得各校领导的重视和支持。理事会初步拟定 3 条意见，第一，多家学报集资购置微机照排设备，由一家学报牵头承办，并开展对外业务；第二，率先购置照排设备的学报编辑部，优先优惠承接全省高校学报的照排业务；第三，鼓励经费充足的高校学报率先改铅印为照排胶印，为全省高校学报试点探路，积累经验，普及推广。（3）研究会要求各学报编辑部抓好编辑的政治思想教育，狠抓业务学习，树立编辑人员办学报、爱学报、精学报的思想，把学报办出特色、办出风格。研究会将适时开展常规性的督查工作。

与会代表普遍认为本次大会有 4 个特点：第一，本次会议是湖南省教委接手研究会的领导工作后召开的第一次全体代表大会。实现了广大会员由来已久的愿望，极大地鼓舞了湖南省高等学校学报界的编辑同仁，有利于今后学报研究工作的开展。第二，参会代表全部来自高校学报编辑部，具有广泛的代表性。第三，第三届理事会领导班子中出现了一批中、青年编辑，显示了我省学报研究工作后继有人。第四，本届理事会特别注重文科学报成员比例，研究会已发展成为一个名副其实具有广泛群众性的学术团体。

可以说，从本次代表大会起，湖南省高等学校学报研究会真正实现了自然科学学报与社会科学学报的大联合。湖南省高等学校学报研究会关系的转隶、省级学会级别的认定、班子成员年轻化等都是第三次代表大会的重要成果。

《国防科技大学学报》《湖南大学学报》《湘潭大学自然科学学报》《长沙交通学院学报》《长沙水电师院学报（社会科学版）》《长沙铁道学院学报》《湖南中医学院学报》《衡阳师专学报》等都对湖南省高等学校学报研究会第三次代表大会进行了详细报道。

五 研究会成立后的学报评优评奖活动

湖南省高等学校学报研究会成立后，经常性地开展学报评优评奖活动，曾于 1986 年、1987 年以及 1989 年开展了 3 次评优评奖活动。

（一）组织第三届学报质量评奖

为了进一步推动湖南省高校学报工作改革，鼓励编辑人员开展编辑学理论学习，深入钻研编辑业务，更快地提高学报的学术水平和编排质量，根据中国高校自然科学学报研究会《关于全国高校自然科学学报编辑质量优秀奖评比的通知》精神，1989 年 4 月，湖南省高等学校学报研究会决定开展全省高校学报编辑质量优秀奖评奖活动。1989 年 5 月 16 日至 19 日，湖南省高等学校学报研究会在中南工业大学召开了“全省学报主编及编辑部主任研讨会”。会后，由 11 位专家组成的“第三届学报质量评奖委员会”对参评的 26 家学报所报奖项进行评审，奖项包括优秀学报奖、编辑质量奖、优秀封面奖等。本次评奖活动共评选出优秀学报 19 家，其中一等奖 6 家，二等奖 8 家，三等奖 5 家。

（二）参加全国学会组织的学报编辑质量评比活动

除自己举办全省会员单位评优评奖活动外，学会还积极推荐会员单位参加中国高校自然科学学报研究会组织的学报编辑质量评比活动。1989 年 10 月，中国高等学校自然科学学报开展了优秀编辑质量评比活动。11 月 26 日至 30 日，中国高校自然科学学报优秀编辑质量颁奖总结大会在南京召开。在本次大会上，《国防科技大学学报》获 1989 年全国高校自然科学学报编辑质量优秀奖一等奖，《湖南大学学报》《湖南师范大学自然科学学报》获 1989 年全国高校自然科学学报编辑质量优秀奖二等奖，《长沙铁道学院学报》获 1989 全国高校自然科学学报编辑质量优秀奖三等奖。

这次学报优秀编辑质量评比活动，是在国家教委科技司和国家新闻出版署期刊司的指导下进行的，其目的是促进学报执行国家标准和学报规范，提高编辑的业务水平，提高高校学报的质量。全国29个省、自治区、直辖市的583家高校自然科学学报参加了评比。评比按学术质量、编校质量（重点）、印装质量3大类的10项内容和评比标准，逐项审读和评分，最后评出一等奖38家，二等奖66家，三等奖83家，少数民族文版优秀编辑质量奖4家。

在历次评奖活动中，许多学报表现优秀，多次获奖。《湖南大学学报》曾在湖南省高等学校学报研究会1986年、1987年及1989年组织的3次评奖活动中，连续3次荣获湖南省优秀科技期刊一等奖。该学报创刊10年来，共出刊60余期，载文1000余篇，活跃了校园学术气氛，促进了国内外的学术交流，受到了国内外研究机构与检索系统的极大关注。

《湖南农学院学报》自1979年复刊以来，认真贯彻国家《期刊管理暂行规定》，不断提高刊物质量，在1989年开展的全省高校自然科学学报编辑质量优秀奖评奖活动中荣获一等奖，学报整体工作迈上了一个新台阶。

六 承办全国高等学校文科学报研究会成立大会

随着全国高校学报创刊、复刊数量的急剧增加，不少区域性、省域性学报研究会陆续成立，全国性高校学报研究会的成立也被提上了议事日程。成立刚满5年的湖南省高等学校学报研究会积极参加了全国高等学校文科学报研究会成立的筹备工作，并承办了成立大会，发挥了重要作用。

（一）参与全国高等学校文科学报研究会成立筹备工作

湖南省高校学报研究会及其会员单位湖南师范大学是全国高等学校文科学报研究会的发起单位之一，参与了学会成立筹备的主要工作。

1987年12月，在武汉召开的湖北省高校学报研究会年会上，有关同志再次提出筹建全国高校文科学报研究会的动议。1988年3月，发起单位北京师范大学、中国人民大学等向全国公开出版的学报的编辑部发出了成立全国高校文科学报研究会的倡议书，得到了全国168家学报的热烈响应。1988年7月18日至20日，在北京师范大学、中国人民大学的大力支持下，全国高校文科学报研究会的筹备工作商讨会在北京师范大学召开，湖南师范大学杨布生代表湖南省高等学校学报研究会参加了会议。参会的发起单位的其他代表和各地区高校的代表还包括：中国人民大学杨焕章、李静，北京师范大学潘国琪，北京大学阎志民，《高等学校文科学报文摘》姜方昆、董准平，杭州大学方集理，吉林大学李文焕，四川大学旧祖武，华中师范大学肖汉森，华东师范大学李诚宇，复旦大学张家骏，南京大学蒋广学，湖北大学黄芥田，兰州大学徐谊诚，江西大学黄方，河南大学宋应离，中央民族学院李耀宗，中国政法大学胡梅娜，等等。国家教育委员会高教一司科研处处长阚延河和张辉出席了会议。中国人民大学校长、中顾委委员袁宝华，中国人民大学副校长罗国杰，中国人民大学科研处处长黄晋凯，全国人大常委会委员、北京师范大学副校长许嘉璐等到会看望了代表。

发起组召集人、中国人民大学的李静代表发起单位作了发起和筹备高校文科学报研究会的情况汇报。会议认真讨论了《高校文科学报研究会章程（草稿）》，讨论并初步落实了成立大会前的各项准备工作，决定于1988年11月上旬在湖南师范大学召开全国高校文科学报主编研讨会暨高校文科学报研究会成立大会。

代表们认为：从党的十一届三中全会以来，随着解放思想、实事求是的思想路线的恢复，被禁锢了多年的人文科学和社会科学的各个学科得到了迅速恢复和发展。作为发表文科各学科研究成果和培养学术新人的重要阵地，高校文科学报对我国社会主义学术的繁荣和新人的涌现，作出了不可磨灭的贡献。十年来，高校文科学报由原来的几十家发展到400多家；在内容上，旗帜鲜明地传达了党的思想路线，科学地阐明了坚持四项基本原则、坚持改革开放、坚持党在社会主义初级阶段的基本路线、建设有中国特色的社会主义诸方面的许多基本理论问题，并在各学科领域进行了大量的开拓性研究。历史已经表明，学报与高校同寿，学报与学术共荣。但是，学报作为一项事业，其发展历史还较短，多数编辑由其他岗位转来，对编辑工作的规律性认识仍显不足。如何进一步发挥学报在繁荣学术和培养人才方面的服务功能，有一系列基本理论问题和实际问题需要进行系统的探讨。大家一致认为，应该尽快成立全国高校文科学报研究会，动员和团结全体学报工作者，积极进行编辑学和编辑工作的研究，开展国内外学术交流，不断提高学报质量，使学报更好地为繁荣我国人文科学、社会科学和社会主义两个文明建设服务。代表们一致认为，目前成立全国高校文科学报研究会的条件已经成熟，建立全国性的、统一的高校学报研究会是广大学报工作者的共同心愿。

代表们一致认为：即将成立的研究会必须贯彻团结、创新、务实的精神，必须以学报编辑工作和编辑学研究为中心，以提高编辑素质和学报质量、创立学报特色为根本目的。学报研究会应该秉持大小学校平等、编辑之间人格平等的精神。在当前学报面临经费、稿源、出版等诸方面困难的情况下，研究会更应该支持小型学报的发展。

大会决定成立“全国高等学校文科学报研究会筹备组”，筹备组由13人组成，成员包括中国人民大学杨焕章、李静，北京大学阎志民，北京师范大学潘国琪，四川大学旧祖武，南京大学蒋广学，《高等学校文科学报文摘》姜方昆、陈秋详，兰州大学徐谊诚，吉林大学李文焕，华中师范大学肖汉森，中央民族学院李耀宗，湖南师范大学杨布生。《中国人民大学学报》常务副总编辑杨焕章为研究会筹备组组长。大会决定于1988年11月上旬在湖南师范大学召开全国高等学校文科学报研究会成立大会。

关于全国高等学校文科学报研究会成立大会地点的选择，据华中师范大学肖汉森先生回忆：“第二天上午主要讨论成立大会何时召开的问题，由于当时召开成立大会的经费没有筹足，有一种意见主张推迟到1989年召开成立大会，但多数代表的意见主张1988年12月前举行，我是这种意见的积极主张者之一……住在北京师范大学招待所，为学校向国家教委申请创办出版社的湖南师范大学学报负责人杨布生，得知要成立全国高校文科学报研究会，他征得学校领导同意后，向潘国琪表示成立大会可以到湖南师范大学去召开。所以当大家热烈讨论时，杨布生挺身而出，勇挑重担，表示克服困难，设法筹措资金，保证研究会成立大会顺利召开。会议成立以杨焕章为首的筹备组，研究会成立的工作正式启动。于是会议最后决定，研究会成立大会于 1988 年 11 月在湖南师范大学举行。”这样，受研究会筹备组的委托，全国高等学校文科学报研究会成立大会的历史任务，落在了年轻的湖南省高等学校学报研究会和具体承办单位湖南师范大学的肩上。

（二）承办全国高等学校文科学报研究会成立大会

在全国高等学校文科学报研究会筹备组的指导下，湖南省高等学校学报研究会、湖南师范大学进行了近 4 个月的会务准备工作。

会务工作繁重而艰巨，时任主编不久的卜庆华全面负责会务的准备工作，湖南师范大学学报编辑部的同志付出了艰苦的努力。卜庆华先生回忆说：“我把筹备组的意见和我的想法向校长汇报，校长很有见识，欣然同意。当时，我校还未召开过这样全国规模的大会，我更是无办会的经验，但我们是初生牛犊不怕虎，下大决心要开好这次大会。首先，我在编辑部做动员时讲明 3 点。一是湖南是毛主席的故乡，长沙是毛主席早期革命活动地，湖南向来有办学会的光荣传统，毛泽东和蔡和森创办的新民学会即为范例。我们要办好这次大会，为毛主席争光，为毛主席的故乡争气。二是这次会议是国家级学会会议，其重大意义将永载中国学报史册。三是我们要以申办奥运的精神办好这次大会。我的意见，得到编辑部全体人员的赞同。编辑部立即成立了会务办公室，我选定精明强干的年轻编辑李屏南任办公室主任，下设接待、财务等几个组。为了充分集中我省高校学报的人力、财力和物力来办好这次成立大会，我邀约了全省 15 所高校学报主编开会，商议共同主办这次大会，共筹资万余元。”

由于会议规格高、规模大、参会代表地域分布广，为了做好接待工作，会务组的同志们“实行海陆空立体作战”，即在湘江客运站、大托铺机场和长沙各车站分设几个接待点。为了挖掘人力资源，会务组的同志们一是动员家属“参战”，许多家属主动参加会务的接待工作；二是坚持 24 小时轮流值班；三是动员省内高校的代表参加接待。因此，接待工作进展较为顺利。

1988 年 11 月 5 日至 9 日，全国高等学校文科学报研究会成立大会暨主编研讨会在湖南师范大学举行。国家教委高教一司巡视员武北令、国家新闻出版署期刊管理局副局长张伯海、湖南省教委副主任高珊曾，以及湖南省新闻出版局的负责同志到会并发表讲话。湖南师范大学党委书记、校长张楚廷到会看望了代表，并参加了开幕式和闭幕式。出席大会的有来自全国 29 个省、自治区、直辖市的 106 所高校的 128 名代表。

会议听取了全国高校文科学报研究会筹备组的《关于高等学校文科学报研究会筹备工作的报告》，讨论并通过了《高等学校文科学报研究会章程》，在充分酝酿、平等协商、相互谅解的基础上，选举产生了以杨焕章为理事长的第一届理事会、常务理事会。

研究会还根据工作需要，成立了学术、教育、编辑、组织联络、财务等五个委员会。

会议讨论了高校文科学报研究会所承担的任务，确定了近期工作：积极开展集体会员的入会工作；编好会刊、论文集；不定期地出版工作简报，开展工作研究；举办多种类型的研讨班；开展编辑学理论的研究；研究评选优秀学报的标准，准备进行评选；开展调查研究，向国家教委和有关指导机关提出咨询报告；以各种可能的形式促进和香港、澳门、台湾同行的学术交流，争取与同行建立联系。

全国高等学校文科学报研究会成立大会历时5天，圆满完成了会议各项任务，扩大了全国高校学报界的学术交流和友好交往，宣传了湖南省高等学校学报研究会会员单位的美好形象，展示了湖南省高等学校学报研究会的能力和水平，产生了全国性的影响。

湖南省高等学校学报研究会在从1983年成立到1990年底的短短7年时间里，在全国各地高等学校学报研究会中产生了极大的影响：第一，参与筹办和独立承办了全国高等学校学报研究会成立大会，产生了历史性、开创性、全国性的影响。第二，注重推动学会工作与国家经济社会发展相适应，举办了系列重要的学术会议，积极推动会员单位为促进社会主义文化建设、推动社会进步作贡献。第三，发展团体会员，壮大学会组织。1983年5月研究会刚成立时，只有21个团体会员，到1990年已发展到47个。与此同时，还扩充了我省全国学报研究会的团体会员单位，其中，中国高等学校自然科学学报研究会会员25家，全国高等学校文科学报研究会会员17家。第四，推行编排规范，提高学报质量。中国高等学校自然科学学报编排规范推行后，研究会狠抓落实，成效显著，全省有8家学报在全国自然科学学报编校质量评比中获奖，团体总评成绩在全国各省中名列第五。第五，开展了CUJA工作，促进了国际学术交流。1988年11月26日成立了湖南省CUJA联络组，发展了14个联络组成员单位，落实了每年向CUJA中心报送工作单的任务，并进入了国际联机检索，举办了微机软盘信息交换技术培训班，参加学习的21位同志全都掌握了用计算机填工作单的技术。第六，开展“三优”评比，促进会员单位的交流与合作。在1990年第三次代表大会召开前，研究会在省编协和中国高等学校自然科学学报研究会的统一部署下，进行了3次学报及优秀论文的评比活动，不断提升编辑素质和学报质量。第七，开展学术研究，提高理论水平。全省高校学报编辑们在编辑学、学报学、编辑心理学、编辑美学、编辑管理学等方面的研究取得了成绩。第八，主办学报《通讯》，加强信息交流。1989年《通讯》创刊，1990年继续出版的第2期《通讯》深受大家欢迎。第九，开展业务培训，提高编辑人员素质。研究会根据工作需要，在1988年、1990年先后举办过编辑培训班、编排标准化规范化学习研讨班、CUJA计算机技术培训班。第十，研究会的隶属关系发生变化，变为由湖南省教委直接领导，同时，明确了研究会属于省级学会的地位。

发展期（1991—1999）

20 世纪 90 年代，全国高校学报进入治理整顿与规模发展的重要时期。在政策层面，国家相关部门出台了两份标志性文件，助推高校学报再一次快速发展和规范化发展：1998 年 2 月 13 日，新闻出版署发布《关于建立高校学报类期刊刊号系列的通知》，准许“将原有少数质量高的高校内部学报转为正式学报”，开启了高校学报新一轮的结构性大扩容；1998 年 4 月，教育部办公厅发布《关于印发〈高等学校学报管理办法〉的通知》，推动了高校学报的制度建设、质量提升和效益提高。

这一时期，湖南省高等学校主办的学报坚持“一个中心、两个基本点”，贯彻“双百”方针，繁荣学术研究，促进学术交流，取得了显著的社会效益和经济效益，学报质量明显提高，社会影响日益扩大。以《湖南师范大学学报》《湖南大学学报》《湘潭大学学报》《湖南农学院学报》等为代表的老牌学报，以突出地域文化、坚持学术研究的办刊定位和选题原则，已经形成了各自的特色，产生了全国性的影响。以《长沙电力学院学报（社会科学版）》等为代表的新创刊物，也以“纯学术”立刊的原则创立了自己的品牌效应，在《新华文摘》《人大复印报刊资料》和《高等学校文科学报文摘》三大文摘中被全文转载的全国排名一直比较靠前。其他专业特色明显的学报，如《湖南中医学院学报》《湖南财经学院学报》等也都办出了独具特色的专业栏目。特别是一批专科师范学校学报异军突起，在栏目建设等方面表现亮眼，如《岳阳师专学报》《衡阳师专学报》《益阳师专学报》《邵阳师专学报》等，出现了湖南学报“三阳开泰”的良好局面。其中，《岳阳师专学报》秉持“适应时代和社会需要设置栏目”的原则，创办“当代学者研究”（2003 年第 1 期改为“当代学术史研究”）栏目；《邵阳师专学报》挖掘当地文化资源，开设了“魏源及邵阳人文研究”栏目等，这些举措对学报各自的发展产生了积极影响。

作为专业的行业性协会，湖南省高等学校学报研究会为适应新形势的发展需要，开展了大量开创性工作。第一，加强学会制度化、正规化、专业化建设，坚持制度化召开年会及其他专业委员会会议，及时总结工作、交流学术研究成果。第二，注重青年人才培养，充分调动青年编辑的积极性，成立“湖南省高等学校学报研究会青年委员会”。第三，积极协助全国高等学校文科学报研究会的工作，承办会议，推荐优秀同志参加全国学会的领导工作。第四，鼓励开展编辑学研究，加大推动全省编辑学研究的力度，开展了评选优秀编辑和优秀编辑学论文的活动，产出许多重要的科研成果。湖南省高等学校学报研究会各项工作富有成效地开展，极大地鼓舞和激励了会员单位创办品牌学报的积极性，交流学习蔚然成风，协办研究会承办重大活动的积极性大大提高。在一批先行者的带动下，研究会的学术研究活动也逐渐走上正轨，在全国同类研究会中产生了积极的影响。

一 湖南省高等学校学报研究会在成长中走向成熟

湖南省高等学校学报研究会在成长中走向成熟的重要标志之一是在世纪之交，能够主动作为，提前研判新世纪的学报工作，保障研究会活动常态化、制度化开展。

（一）迎接新世纪的两次重要会议

世纪之交，湖南省高等学校学报研究会着眼于新世纪学报的使命任务，召开了 2 次重要的专题会议，部署新世纪的学报工作。

1. 1997 年召开的娄底学术年会

正当全国人民认真学习、深入贯彻党的十五大精神之际，1997 年 11 月 21 日至 23 日，湖南省高等学校学报研究会 1997 年年会暨学术研讨会在娄底师范专科学校隆重召开，娄底地委副书记何翰屏亲临大会开幕式并讲话，湖南省新闻出版局期刊处处长何英琼、副处长罗永康，以及全国高校学报研究会名誉理事长、中国人民大学教授、博士生导师杨焕章等出席了会议。应邀出席开幕式的还有行署副专员罗德才、副秘书长梁克和。会议由娄底师范专科学校党委副书记、副校长姜正国主持，党委书记黄懿斌致欢迎词。全省 39 所高校的 60 余位学报工作者代表参会。

本次年会围绕高校学报在社会主义初级阶段物质文明和精神文明建设中的地位、作用以及下一个世纪的发展趋势的主题进行了探讨，并针对当前出版物文字、校对质量滑坡现状进行了重点研讨。

开幕式上，省新闻出版局期刊处处长何英琼、副处长罗永康作了重要讲话，他们在肯定学报在湖南期刊界重要地位的同时，鼓励代表要有精品意识和品牌意识，创优质学报，为湖南的期刊增光添彩。全国高校学报研究会名誉理事长、中国人民大学教授、博士生导师杨焕章传达了国家新闻出版署有关期刊整顿的精神，对湖南学报在学术领域中取得的成就给予了充分肯定。

全国文科学报研究会理事长潘国琪教授因故未能出席，但他通过一封热情洋溢的贺信表达了对本次年会的祝贺和期望。在贺信中，他提出了学术研究是学术团体的“生存之本”的命题，充分肯定了湖南省高等学校学报研究会“之所以越来越有影响力，之所以越办越兴旺，其关键就在于狠抓了这个‘本’，促进了各学科质量的提高”。

本次年会讨论的主题包括：一是对研究会及会员单位前期工作的回顾和检视，重点检视湖南省高校学报编辑质量和印刷质量存在的问题，回应研究会第三次代表大会所提出的任务；二是重新认识湖南省高校学报在“两个文明”建设中的地位、作用、方法、路径等问题，提出“精品意识”和“品牌意识”的应对策略，以期更好地为社会主义精神文明和物质文明建设服务；三是展望21世纪研究会工作，提前预判形势发展，为继续深化期刊改革发展提供思想基础。在世纪之交前夕，本次年会的召开无疑具有重要意义。

2. 1999年召开的郴州学术年会

1999年是跨世纪的关键一年。湖南省高等学校学报研究会带领全省高校学报界同仁锐意进取、积极作为，以实际行动迎接崭新的21世纪，取得了一系列标志性成果：多种学报获得国家级奖励表彰，8种期刊获得国内统一刊号，等等。

作为研究会在20世纪召开的最后一个年会——湖南省高等学校学报研究会1999年年会更具有特殊意义。1999年12月8日至11日，湖南省高等学校学报研究会1999年年会在郴州市竹园宾馆举行。郴州市委秘书长张万才、郴州师范高等专科学校校长黄裕民、郴州医学专科学校党委副书记廖建文到会。来自全省49所高校的102位代表出席了会议。

本次会议的主题是面向21世纪高校学报的质量，高校学报编排规范化、编辑学者化，学报的改革与发展等。大会由文耀智主持，卜庆华致开幕词，郴州市委秘书长张万才代表市委、市政府对此次年会在郴州召开表示热烈祝贺和欢迎。郴州师范高等专科学校校长黄裕民、郴州医学专科学校党委副书记廖建文分别讲话。卜庆华在开幕词中总结了1999年的各项工作：第一，我省文科学报参加了全国高校文科学报研究会举行的“十佳”“百强”和优秀学报的评奖，11家学报获奖。第二，我省自然科学学报参加了由教育部主持的全国科技期刊评奖，11家学报分别获一、二、三等奖。第三，《中南工业大学学报》获“国家期刊奖”，《湖南师范大学自然科学学报》获“国家期刊奖提名奖”。第四，《衡阳医学院学报（社会科学版）》《湖南农业大学学报（社会科学版）》《湖南行政学院学报》《湖南省社会主义学院学报》《湖南广播电视大学学报》《湘潭工学院学报（社会科学版）》《邵阳高等专科学校学报》《株洲师范高等专科学校学报》等8家高校学报获国内统一刊号。

与会代表围绕面向21世纪高校学报的质量，高校学报编排规范化、编辑学者化，学报的改革与发展等问题展开了热烈的讨论。最后，卜庆华布置了下一年的工作：一是继续推进学报编排的标准化、规范化，准备参加全国学术光盘版规范化的评比；二是帮助近年由内刊转公开发行的学报提高办刊质量；三是准备召开本会第五次会员大会，办好学会的换届选举。大会通过了新修订的《湖南省高等学校学报研究会章程（1999）》，章程由李昌佳副理事长作报告，经代表举手表决，一致通过。年会上还表彰了获奖单位和个人，增补陈焕然、钟海平、蒋祖顺、邓白罗、李建华、李应求为本届理事会常务理事。

这两次会议是承前启后的会议，既回顾总结了工作，又展望了未来，为湖南高校学报21世纪的发展指明了方向，具有重要历史意义。

（二）作出重大决定的五次重要会议

在逐步走向成熟的1991至1999年间，湖南省高等学校学报研究会锚定下一个世纪的发展战略，制定了新目标，召开了几次重要会议，作出了一系列具有开创性意义的重要决定：首次开展文科学报优秀评比工作，确定了学报评优标准、原则和方法；召开“毛泽东新闻思想和编辑思想研讨会”，成立湖南省高等专科学校学报工作委员会，成立青年编辑工作委员会等，对今后的工作具有重要的时代意义。

1. 第三届理事会第二次文科学报常务理事会扩大会议

相较于理工科学报而言，在第三届理事会产生以前，文科学报的工作并没有制度化开展。1990年研究会第三次代表大会后，在“组织组”分委员会机构中设置了以严衡山为牵头人的文科组，文科学报组的单独活动才得以实现。1991年4月召开的文科学报常务理事会扩大会议是其中的代表之一。直至1995年，在研究会下分别成立了自科学报研究分会和社科学报研究分会后，文、理科学报的工作才得以并进齐飞。

为了加强文科学报的组织管理工作，1991年4月1日，湖南省高等学校学报研究会第三届理事会在湖南师范大学召开了第二次文科常务理事会扩大会议。会议由湖南省高等学校学报研究会常务副理事长、湖南师范大学报主编卜庆华主持。副理事长皮光中、文辉璧、刘子娟和常务理事龚维忠、靳绍彤、严衡山、史大浩、林植峰、文大可等参加了会议。

本次会议着重讨论了1991年准备开展的几项主要工作，并提出今后两年的工作设想，通过了以下几项决议：（1）会议决定在1991年上半年举行湖南省高等院校文科学报第一次评优活动，评选范围包括从1989年7月至1990年底全省会员单位出版的文科学报。（2）会议决定由靳绍彤、卜庆华、皮光中、文辉璧、史大浩、林植峰、严衡山组成湖南省高等院校文科优秀学报评审小组，并委托靳绍彤具体负责此项工作。（3）会议决定于1991年6月20日至21日在湖南省委党校召开我省高校第一次优秀文科学报评审工作会议。（4）会议决定于1991年9月下旬召开“学报学和编辑学理论研讨会”，文科、理科编辑工作者均可撰写论文参加。（5）会议决定于1992年开展文科学报优秀编辑工作者、理科学报优秀期刊两项评比活动。（6）会议决定由湘潭大学承办较大规模的“毛泽东新闻思想和编辑思想研讨会”。

本次会议决定开展的文科学报首次评优评奖活动，其意义不单单体现在“首次”评优本身，实际上也是对文科学报的一次反思和检视。

2. 第三届理事会第二次理科学报常务理事扩大会议

1991 年 4 月 27 日，湖南省高等学校学报研究会第三届理事会第二次理科学报常务理事会扩大会议在湖南师范大学举行。会议由湖南省高等学校学报研究会副理事长皮光中主持，湖南省高等学校学报研究会常务副理事长卜庆华，副理事长刘子娟、文辉璧，常务理事张志邦、龚维忠、文大可、薛绍莲、潘生，副秘书长谭兴贵等参加了会议。副理事长皮光中传达了中国高等学校自然科学学报研究会关于推选第二届理事候选人的通知。常务副理事长卜庆华传达了 4 月 6 日国家教委在京召开的全国 10 多家文科学报主编会议的精神。

会议着重讨论了 1991 年的工作计划和 1992 年的工作打算，形成了以下几项决议：（1）根据中国高等学校自然科学学报研究会关于理事候选人的 5 个条件，大会一致推选皮光中、龚维忠、谭兴贵等 3 位同志为我省第二届中国高校自然科学学报研究会理事候选人。（2）会议决定于 1991 年 9 月下旬召开学报学和编辑学理论研讨会。（3）会议决定于 1992 年上半年开展理科学报优秀期刊评选活动。

3. 1991 年全省高校文科学报第一次评审会议

1991 年 6 月 28 日至 29 日，湖南省高等学校学报研究会举行了 1989 年下半年至 1990 年度文科学报评审会议。湖南省新闻出版局期刊管理处负责人听取了评审小组关于评审情况的汇报，并对评审结果表示满意。

这次以评优评奖为目标的评审会议，是湖南省高等学校学报研究会成立后举办的首次文科学报评审会。此次文科学报的评比工作，参评单位较多，送审材料比较完整，手续较为完备。评审小组为了客观、公正地做好此次评审工作，首先，研究和制定了评审的标准和细则，确定从刊物的政治思想内容、学术水平和编排印刷质量等方面进行全面评比，并以学术水平为重点。其次，在评比的原则和方法上，强调了三大基本原则：既注重对刊物的总体定性评价，又重视基于对刊物数据统计后的定量评价；既注重同类刊物的横向比较，又重视对刊物发展历程的纵向分析；既注重刊物的共性，又考虑各家刊物的特点、特色。

本次会议确定的学报评优的标准、原则和方法，成为之后规范化评审标准的雏形，对之后的学报评优评先工作产生了重要影响。

4. 1993 年湖南省高校学报主编研讨会

1993 年 3 月 25 日至 29 日，湖南省高校学报主编研讨会在湖南省电力疗养院举行。省内 33 家学报的主编（或副主编）参加了会议。会议由湖南省高等学校学报研究会文科组秘书长陈其相主持，省高校学报研究会常务副理事长卜庆华作了主题发言。会议承办单位长沙水利电力师范学院党委书记兼院长严子琪教授、副院长颜国良教授参加了开幕式并讲话。湖南省新闻出版局期刊处杨纲传达了海口全国期刊管理工作会议的主要精神。

会议围绕高校学报编辑部的地位和性质、高校对学报工作的领导和学报如何面向经济建设主战场、如何与社会主义市场经济体制相适应等问题进行了热烈而富有成效的研讨。

大会认为：第一，高校学报编辑部是高校系、所一级的学术机构，学报是高校不可分割和不可或缺的有机组成部分，是高校对外联系和宣传的窗口。学报的质量和水平是衡量高校教学、科研和管理水平的重要标尺。要进一步加强对高校学报工作的重视和领导。第二，要改善和提高编辑部工作人员的待遇，应明确学报编辑在职称晋升等方面享受与教师同等的待遇。第三，要保证对学报提供必要的资金和设备投入。第四，要加强编辑部的自身建设。

这次会议让与会代表充分认识到，高校学报要与社会主义市场经济体制相适应。高校学报既要注重社会效益，又要注重经济效益。

根据专科学校及其学报工作的特点和专科院校学报编辑部的要求，会上成立了“湖南省高等专科学校学报工作委员会”。

本次会议所确定的主题是：学报如何面向经济建设主战场，如何与社会主义市场经济体制相适应。这个主题是对研究会第三次代表大会精神的落实与贯彻，也反映了湖南省高校学报界同仁服务国家中心工作大局、主动作为的使命和担当。

5. 1993 年研究会首次常务理事会

1993 年 4 月 14 日，省高校学报研究会在湖南医科大学召开了 1993 年首次常务理事会。常务理事卜庆华、皮光中、龚维忠、陈其相、张志邦、刘子娟、薛绍莲、潘生、严衡山和研究会副秘书长谭兴贵同志参加了会议。会议作出两个决定：（1）决定于 1993 年 5 月 28 日至 30 日在湖南农学院召开全省青年编辑学术研讨会暨青年编辑工作委员会成立大会。（2）决定于 1993 年 11 月在国防科技大学召开湖南省高等学校学报研究会学术研讨会，主题为“毛泽东出版编辑思想研究”。

成立青年编辑工作委员会的决定顺应了新的发展形势。全省高校学报经过前几年的快速发展，青年编辑队伍不断扩大，青年编辑已成为湖南省高等学校学报研究会里一支富有朝气的鲜活力量。帮助青年成长、提携青年进步已经成为研究会义不容辞的责任。湖南省高等学校学报研究会领导班子敏锐地注意到了这一变化，在研究会第三届理事会组建时就充分考虑到年轻编辑的构成比例，并为青年编辑参与研究会决策提供通道。本次常务理事会决定成立青年编辑委员会无疑是一个具有开创性的举措。

二 湖南省高等学校学报研究会第四次会员大会

（一）大会召开的背景

1990 年第三届理事会成立以来，湖南省高等学校学报研究会发生了巨大变化：团体会员由 1990 年的 47 家发展到 1996 年的 57 家，团体会员队伍不断壮大。

1990 年至 1996 年，研究会共主办了 5 次年会。5 次年会分别围绕研究毛泽东新闻编辑出版思想、社会主义市场经济与高校学报改革、期刊等级评估标准修订、跨世纪青年编辑人才培养、推进办刊经验与编辑学论文交流等展开。

1991 年，湖南省高等学校学报研究会举行了全省首届文科学报的评奖，3 家学报获一等奖；6 家学报获二等奖。

1992 年，由湖南师范大学学报编辑部牵头，主办了中国高校自然科学学报研究会主编研讨会；1995 年武陵学刊编辑部承担了全国文科学报青年编辑学术研讨会的会务工作，受到全国高校文科学报研究会的表彰。

1992 年，在全国优秀科技期刊评比中，《中南矿冶学院学报》获一等奖，《湖南师范大学自然科学学报》《湖南医科大学学报》获三等奖。

1993 年，成立了青年编辑委员会。

1995 年，在全国优秀科技期刊“三优”评比活动中，5 家学报获 AB 类学报一等奖，6 家学报获 ABC 类学报二等奖，2 家学报获 B 类学报三等奖。

1995 年，湖南省高等学校学报研究会举行了全省文科学报的评奖，8 家学报获一等奖，11 家学报获二等奖。1995 年，中共湖南省委宣传部举行了全省十佳理论刊物和十佳理论编辑的评选，我省学报研究会有 4 家学报和 5 名编辑入选。

同时，深入开展编辑学研究，一批青年编辑在《编辑之友》《编辑学刊》和《出版发行研究》等全国权威性刊物发表文章；由湖南师范大学学报编辑部集体编写的《学报编辑学概论》和《学报质量评估体系》两本编辑学专著，受到出版界好评。

（二）第四次会员大会召开

为实现 1995 年年会预定的理事会换届选举目标，1996 年 9 月 8 日和 11 月 16 日，湖南省高等学校学报研究会先后两次在湖南师范大学期刊社召开常务理事会，专题研究在邵阳师范专科学校召开理事会换届选举和学术年会的时间、议程，常务理事、理事长、秘书长人选与分工等事宜。

在各项前期准备工作顺利完成后，湖南省高等学校学报研究会第四次会员大会暨学术研讨会于 1996 年 12 月 4 日至 9 日在邵阳召开。邵阳师范专科学校和邵阳高等专科学校共同承办了这次会议。湖南省科委科技事业产业处的负责同志、邵阳师范专科学校和邵阳高等专科学校的领导莅临大会开幕式并讲话，全省 40 多所院校学报的 60 余名代表参会。全国高校文科学报研究会发来了贺信。

本次会议有四个主要议题：一是审议学报研究会第三届理事会的工作报告，二是修改研究会章程，三是交流办刊经验，四是理事会换届选举。

会议认真贯彻党的十四届六中全会精神，以《中共中央关于加强社会主义精神文明建设若干重要问题的决议》为指针，明确了高校学报在社会主义精神文明建设中的重要地位。

会上，湖南省高等学校学报研究会常务副理事长卜庆华代表第三届理事会作了《继往开来，团结奋进，开创学会工作的新局面》的工作报告。报告全面总结第三届理事会成立以来的工作成绩：发展团体会员，壮大学会队伍；举办了7次内容丰富的各种学术活动；承办了1992年中国高等学校自然科学学报研究会主编研讨会、1995年全国文科学报青年编辑学术研讨会的会务工作；常态化开展优秀刊物的评比工作；举行了多次优秀编辑的评选活动；成立了青年委员会；深入开展编辑学研究，产生了一批有分量的编辑学论文论著等。

研究会秘书长谭兴贵作了修改研究会章程的报告，副秘书长肖家元作了财务工作报告。经过认真审议，大会通过了工作报告、修改研究会章程的报告和财务工作报告。

经过认真酝酿和热烈讨论，大会选举产生了研究会第四届理事单位、常务理事单位，随后在常务理事中选举产生了理事长、副理事长、秘书长和副秘书长。经常务理事会讨论通过，研究会下设咨询委员会、学术委员会、专科学报委员会、组织财务委员会和青年委员会。会议决定各委员会主任、副主任由理事长提名，常务理事会讨论通过。

（三）传达全国两个学会的会议精神

1. 传达全国高校文科学报研究会第二届会员代表大会精神

1996年12月5日，湖南省高等学校学报研究会召开第四次会员大会暨学术研讨会。参加这次会议的湖南省代表有：湖南师范大学卜庆华、湘潭大学史大浩、湘潭师院旷荣怿、湖南省委党校詹花秀、衡阳师范专科学校邓乐群、吉首大学张永中、岳阳师范专科学校童山东、常德师范专科学校蒋祖顺、零陵师范专科学校陈松柏等10人。卜庆华当选为全国高校文科学报研究会副理事长。大会还选举产生了124家理事单位，湖南省当选的理事单位有：《湖南师范大学学报》《长沙电力学院学报》《湘潭大学学报》《吉首大学学报》《衡阳师专学报》《邵阳师专学报》。新产生的理事会推荐并产生了45位常务理事，湖南省当选的常务理事是卜庆华。

2. 传达中国高校自然科学学报研究会第三届会员代表大会精神

1996年12月4日至9日，湖南省高等学校学报研究会第四次会员代表大会暨学术研讨会在邵阳召开。12月5日，熊楚才副秘书长传达了1996年4月20日至27日在四川省峨眉山市“四川教师之家”举行的中国高校自然科学学报研究会第三届会员代表大会暨第六次学术年会会议精神。湖南省参加会议的有7人，分别是中南工业大学的皮光中、陈韵鸣，湘潭大学的李军熵，湖南大学的夏艾生、黄桂芳，湖南中医学院的谭兴贵，湖南农业大学的熊楚才。大会选出了第三届理事会理事127名、常务理事45名。我省李昌佳、李军熵、陈杏芝、谭兴贵当选为理事，李昌佳当选为常务理事。

三　制度化、常态化开展研究会活动

湖南省高等学校学报研究会第三届理事会产生后，新一任领导班子进一步推进了研究会工作的制度化建设，定期举办理事会会议、理事长会议以及年会等，商议本会重要问题，安排下一阶段的工作，确定了工作机制。

（一）1991 年三届二次理事会暨第 4 次学术年会

从 1990 年 10 月召开第三次会员大会以来的一年多时间，湖南省高等学校学报研究会以团结奋进的精神，积极开展工作，取得了新的成绩。

1991 年 12 月 21 日至 25 日，湖南省高等学校学报研究会在湘潭大学召开三届二次理事会暨第 4 次学术年会，来自全省 40 多家高校学报编辑部的 60 余名编辑代表参会。会议由副理事长皮光中主持，湖南师范大学校长、省高校学报研究会理事长张楚廷致开幕词，湘潭大学副校长陈正中致欢迎词，湘潭大学副校长陈光明致闭幕词，湖南省高等教育学会、湖南省新闻出版局期刊处、湖南省科委科管处的负责同志应邀参加会议并讲话，省编协副理事长肖义根致辞。

湖南省高等学校学报研究会常务副理事长卜庆华代表理事会作了 1991 年度学会工作的总结，秘书长龚维忠传达了中国高校自然科学学报研究会 1990 年 9 月兰州会议精神，并布置了 1992 年的学会工作，副理事长皮光中对本次大会进行了总结。本次年会共收到学术论文 44 篇，通过民主评议与专家评审相结合的方式，会议评选并表彰了 22 篇优秀编辑学论文。

会上，湖南省高等学校学报研究会理事长、湖南师范大学校长张楚廷等围绕如何认识学报的地位和作用问题作了发言。主要观点梳理如下。

湖南师范大学校长张楚廷：我们常将学校的图书馆和实验室比作两块巨大的基石，学报和出版社则是两座大厦。学校依托它们提高教学水平、科研质量，以培养出更多更好的人才。通常称学报是汇集科研成果的园地、培养人才的基地、宣传马列主义理论的阵地，这“三地”说是对的，但尚未全部说明学报在学校发展中的能动作用。下面就此做些补充。（1）一方面，学报是推动教学科研发展的原动力。一般都认为，教学科研水平的提高，是办好学报的前提。另一方面，学报办得好，也会推动教学科研的发展。学报不单纯是教学科研成果的“接收器”，也是教学科研成果的“助生器”。（2）学报作为培养人才的一个重要基地，它的能动作用是多方面的：发现的作用、引导的作用、推荐的作用、激励的作用等。（3）学报是学校对外交流的一条主渠道。学校的对外交流主要是信息交流，而学报是最新信息的载体。（4）学报是社会主义办学方向的保障。大学的社会主义办学方向要通过加强党的领导来保障，其中有一条是要在学术领域中坚持马克思主义的指导地位。学报是学术领域中的一个重要阵地，所以办好学报，是学校坚持正确的办学方向的重要保障之一。

湘潭大学副校长陈正中：学校的名气与学报的名气是同时存在的。学报是学校的一个重要窗口、重要的科研阵地，是学校培训人才、提高师资队伍素质的重要基地。在建设社会主义高校的宏伟工程中，办好学报有着十分重要的、独特的作用。

湘潭大学副校长陈光明：编辑工作是一份崇高的职业。坚持社会主义办学方向，德育必须放在首位，德育必须贯穿在学校的一切教育工作之中，学报的编辑工作是其中一个重要方面。

湖南省新闻出版局期刊处处长何英琼：意识形态领域是和平演变与反和平演变的重要领域，期刊是意识形态领域的重要阵地。如何以充分的说服力、强烈的感染力和坚强的战斗力，进行坚持四项基本原则、反对资产阶级自由化的教育和斗争，是摆在我们面前的重要课题。学报在这方面可发挥重要的作用。

湖南省科委科管处处长潘建国：我们的学报应为推动我省科技进步，实施科技兴湘、兴国的战略奉献力量，为建立依靠科技进步、发展国民经济的新体制和新机制，创造有利的社会环境，促进科技、教育和经济更好地结合。一要坚持社会主义方向，二要坚持科学发展方针，三要坚持改革与发展相结合，四要坚持从国情、省情实际出发。

湖南省高等教育学会副理事长罗兆沛：一个刊物，就是一面旗帜。办刊育人，是我们每个编辑人员工作的要义。学报编辑，既是为他人作嫁衣裳的裁剪师，又是帮助别人攀登科学高峰的铺路石；既是发掘珠玉宝石的开拓者，又是建造学术丰碑的掘土人。

会上，与会代表还就继续深入开展学报学、编辑学的研究工作达成一致意见。在如何继续深入开展研究的问题上，代表们认为：一要扩大选题，拓展研究的领域，加强对编辑工作的指导思想、思维方式和编辑学与邻近交叉学科的关系研究。二要提高研究的思维层次，把编辑学的研究从经验性的总结上升到理论上的高度概括。三要提倡有组织、有计划地进行研究，形成研究上的纵深格局。特别是“提倡有组织、有计划地进行研究”这一意见的提出，具有前瞻性的指导意义。

（二）1994 年湖南省高等学校学报研究会学术年会

1994 年的年会既是对一年来的工作总结，也是对第三届理事会 4 年工作的总结。

1994 年 11 月 9 日至 13 日，湖南省高等学校学报研究会学术年会在中南工学院举行。来自全省 39 家高校学报的主编和编辑代表共 60 余人出席了会议。会议的主要议题是研讨全省期刊评审等级方案，交流提高高校学报质量的经验。

研究会常务副理事长卜庆华主持大会开幕式，中南工学院副院长陈俊杰致欢迎词。湖南省科委科管处副处长易向凡、湖南省新闻出版局期刊处代表杨纲分别讲话，中南工学院副院长、副教授、党委副书记刘泽南，衡阳师范专科学校校长曾锡滨，衡阳医学院副院长陈敏时，湖南林业专科学校党委副书记袁金荣等高校领导及中南工学院学术顾问孙德伦教授出席了开幕式。衡阳市委副书记李锦庭会前看望了全体代表。

研究会常务理事、秘书长龚维忠代表本届理事会作了《团结务实 开拓创新 为提高学报整体质量而奋斗》工作报告。第一，4 年里共召开全国性和省级研讨会 6 次。研讨主题包括：审定《高校自然科学学报质量评比体系（草案）》，高校学报编辑部的地位和性质，高校对学报工作的领导和学报如何面向经济建设主战场，如何与社会主义市场经济体制相适应，发挥青年编辑的作用，纪念毛泽东同志诞辰 100 周年学术研讨会，高校学报应把学术质量放在首位，全面提高编排、装帧、印刷整体质量，以及进一步加强编辑部管理工作等。第二，积极开展学报“三优”评比活动，取得了三大成果：一是学报编排标准逐步规范化；二是为学报进行国际学术交流奠定了基础；三是交流了经验，树立了榜样，促进了办刊手段的现代化。第三，充分发挥会员积极性，学会工作开展得生机勃勃。第四，共出版学报《通讯》6 期，出版编辑学学术论文增刊 1 期等。

会议传达了全国高校文科学报研究会 10 月在苏州召开的理事会会议精神，讨论了由湖南省新闻出版局委托、卜庆华主持编写的全省期刊评级方案。会议采取大会发言、小组研讨、会上交流、会下互访等多种形式，就全省期刊评级方案进行了热烈充分的讨论。

通过学习和讨论，大家认识到期刊等级的评定是提高期刊质量、发展和繁荣期刊事业的需要，是建立期刊竞争机制、实行优胜劣汰的必要手段，也是期刊管理工作的一项创新。

会议推荐的湘潭大学万莲姣和吉首大学向成国获田家炳基金优秀编辑奖。

如何提高学报的整体质量，是这次年会讨论的中心内容。大会认为建立竞争机制、激励机制是提高学报整体质量的有效途径。

大会还对编辑学者化问题展开了研讨，代表们对编辑学者化的要求有了更深入的理解，认识到实现编辑学者化是提高刊物质量的需要，符合刊物的发展规律。

（三）1995 年湖南省高等学校学报研究会学术年会

1995 年学会工作又有新的进展：新增 6 家会员单位，会员总数达到 53 家；《云梦学刊》《武陵学刊》《怀化师专学报》三家学报被批准公开发行；《中南工业大学学报》《湖南师范大学学报》《云梦学刊》《武陵学刊》等组团参加 7 月在香港举办的国际书展；接受湖南省新闻出版局等部门委托，起草“期刊等级评定标准”。在此背景下，湖南省高等学校学报研究会召开了 1995 年年会暨学术研讨会。

湖南省高等学校学报研究会 1995 年年会暨学术讨论会于 1995 年 11 月 11 日至 14 日在湘西吉首召开。这次会议由吉首大学学报编辑部承办，来自全省 40 家高校学报的 56 位代表出席了会议。吉首大学党委书记、代校长马本立，副校长杨复兴，湘西土家族苗族自治州《团结报》《边城视听周报》《导向》《神地》《湘西文史资料》《湘西科技》等报刊负责同志参加会议开幕式并向会议表示祝贺。湖南省新闻出版局期刊处杨纲全程参加了会议。

杨纲在会上充分肯定了我省高校学报所取得的成绩以及在全国学报界乃至整个期刊界所占的重要地位。他认为当前期刊发展应由数量型向质量型转变，指出期刊等级评审的目的是引入竞争机制，实行优胜劣汰，进一步提高期刊质量。

湖南省高等学校学报研究会常务副理事长卜庆华在会上作了报告，题为《走向 21 世纪，夺取学报工作的新胜利——在湖南省高等学校学报研究会 1995 年年会暨期刊等级评定学术研讨会上的报告》，总结了一年来的工作，提出了学会 1996 年的主要工作任务。

这次学术会议的主题是讨论湖南省自然科学和社会科学类期刊等级评审标准的实施细则。在分组讨论会上，代表们逐条对期刊等级评审标准的实施细则和计分办法进行了热烈讨论，发表了很多宝贵意见。

为了配合全国文科学报优秀期刊评比和全国自然科学学报“三优”评比，会上表彰了我省高校自然科学学报和社会科学学报获奖期刊，杨纲代表湖南省新闻出版局给获奖学报颁了奖。

经常务理事会研究决定，会议调整和增补了常务理事、理事和正副秘书长，并在研究会下成立了自然科学学报研究分会和社会科学学报研究分会。会议还决定研究会将在1996年适当时间进行换届选举。

（四）1997年理事会和常务理事会

1. 理事会会议在湖南师范大学召开

1997年6月21日，湖南省高等学校学报研究会理事会在湖南师范大学行政办公楼召开。会议研究了在娄底召开学术年会事宜，以及如何赞助和协办即将在吉首市召开的中国高校自然科学学报研究会成立10周年庆祝大会、三届二次理事会暨第七次学术年会等有关事宜。

2. 两次常务理事会会议

1997年12月28日和1998年3月13日，常务副理事长卜庆华先后两次组织召开了湖南省高等学校学报研究会常务理事会会议，总结研究会1997年的工作成绩，研讨1998年的工作计划。会议就如何贯彻国家教委办公厅签发的《中国高等学校自然科学学报编排规范》和关注国外对刊物评价的流行指标“影响因子”与“被引频次”等问题达成共识。1998年3月13日的常务理事会会议是1997年12月28日会议的延续。

（五）1998年第三次青年编辑学术研讨会

1998年6月12日至15日，湖南省高等学校学报研究会第三次青年编辑学术研讨会在湖南税务高等专科学校举行，来自全省各高校的40余名代表出席了会议。常务副理事长卜庆华到会并为与会代表作了编校知识专题讲座。

本次会议的主题是“狠抓学报质量建设，提高编校质量”。会议期间，代表们围绕学报质量建设特别是编校质量建设进行了深入研讨。会议期间，进行了编校业务竞赛，共评选出一等奖3名、二等奖3名、三等奖9名。大家以饱满的热情积极参与，考场秩序井然，展现了青年编辑的良好学风和极佳的精神风貌。本次竞赛是对全省青年学报编辑编校能力和水平的一次检验。会议还对青年编辑学术出版论文进行了评比，评选出一等奖论文6篇、二等奖论文8篇。

（六）1998年学术年会暨15家学报获国内统一刊号庆祝大会

正当全国人民欢庆改革开放20年来取得的辉煌成就之际，湖南学报界又传来了好消息：全省有15家内部发行的学报经有关主管部门批准，喜获国内统一刊号。这是我省学报界的一件盛事。

为庆祝这一盛事，1998年11月10日至12日，湖南省高等学校学报研究会学术年会暨 15 家学报获准公开发行庆祝大会在零陵师范专科学校举行，70 余名代表共同庆祝《中南工业大学学报（社会科学版）》《湖南大学学报（社会科学版）》《湖南商学院学报》《岳阳大学学报》《株洲工学院学报》《长沙大学学报》《湖南财经高等专科学校学报》《湖南省税务高等专科学校学报》《湖南省公安干部高等专科学校学报》《邵阳师专学报》《零陵师专学报》《娄底师专学报》《郴州师专学报》《湖南省轻工业高等专科学校学报》《湖南省医学高等专科学校学报》等 15 家学报获准公开发行。湖南省高等学校学报研究会发去了题为《致湖南省 15 家由内刊转公开发行的学报编辑同仁》的贺信，鼓励 15 家学报在激烈的竞争形势下，一定要严格按照公开发行刊物的要求办刊，把学报办成精品。希望全省学报在邓小平理论的指引下，狠抓学报质量，出精品，创名牌，努力提高编辑队伍的政治、业务素质，加强编辑学研究，提高学报的社会效益和经济效益，为繁荣我省的高校学报事业，为实施科教兴国战略，为社会主义物质文明和精神文明建设作出新的更大的贡献！

卜庆华、李传书、唐子畏、晏绍明等学报界领导、同仁以诗词、楹联等形式表达了庆祝。

在开幕式上，熊楚才、石潇纯朗诵了由熊楚才为 15 家学报获准公开发行而作的题为《拥抱新生命——为本会 15 家学报喜获公开发行刊号而歌》的诗篇。在诗歌中，作者将 15 家学报获准公开发行比喻为在一片广阔的园林中的葱茏的大木获得了新的生命，并振臂高呼：“让我们敞开温暖的胸怀拥抱这新的生命，让我们携起手来在学术大道上结伴而行！”

四　注重专业委员会的建设，推动学术研究

1991 年以来，湖南省高等学校学报研究会更加关注专业委员会的建设和发展、青年编辑的培养以及学术活动的开展，取得了明显成效。

（一）推动成立青年委员会及其他相关专业委员会

随着会员单位数量的扩大，学报研究会的各项工作全面铺开，组建专业委员会被提上议事日程。

1. 成立青年委员会

早在 1991 年的湖南省高等学校学报研究会第四次学术年会上，常务副理事长卜庆华在年度工作报告中就建议学会在 1992 年成立青年委员会，但因种种原因，1992 年没有实现这一目标，延宕至 1993 年 6 月才得以实现。

1993 年 6 月 10 日至 11 日，湖南省高等学校学报研究会青年委员会成立大会暨首届学术研讨会在湖南农学院召开，全省 27 家高校学报编辑部的 41 位青年编辑参加了会议。湖南省教委高教处副处长罗兆沛，湖南省新闻出版局期刊处处长何英琼，湖南农学院副院长葛旦之、科研处处长张让康，《湖南农学院学报》编委会主任、博士生导师官春云，

湖南省高校学报研究会常务副理事长卜庆华参加开幕式并讲话。

这次会议的主要议题有两个：第一，成立湖南省高等学校学报研究会青年委员会；第二，开展高校学报编辑学研讨，展示和交流高校学报青年编辑同仁的编辑学研究成果。

会议成立了湖南省高等学校学报研究会首届青年委员会，选举中南工业大学李昌佳担任首届青年委员会主任，湖南农学院张汉文担任首届青年委员会副主任，张汉文兼任秘书长。

会议收到青年编辑关于编辑学研究的论文 20 余篇，大会交流了高校学报青年编辑的编辑学研究成果，决定在年内出版《湖南省高校学报首届青年编辑学术研讨会论文集》。

会上还宣布了全国高校自然科学学报优秀青年编辑工作者和湖南省高校学报优秀青年编辑工作者名单，并颁发了荣誉证书。

本次会议开得热烈、活泼、和谐、高效，充分体现了高校学报青年编辑的蓬勃朝气。湖南省高等学校学报研究会青年委员会的成立，对稳定编辑队伍、提高对青年编辑重要地位的认识具有重要意义。

2. 成立专科学报工作委员会

1993 年 3 月 25 日至 29 日，湖南省高校学报主编研讨会在宁乡灰汤电力疗养院召开。与会的省内 16 所专科学校学报的主编和代表共 17 位，他们在省高校学报研究会常务理事文大可的召集下，讨论并决定成立“湖南省高等学校学报研究会专科学报工作委员会”，该委员会隶属省高等学校学报研究会，接受省高等学校学报研究会和中国高校自然科学学报研究会专科学报工作委员会的双重领导。

3 月 28 日，经 17 位与会代表民主协商、选举，并报湖南高等学校学报研究会常务理事会审核通过，“湖南省高等学校学报研究会专科学报工作委员会”领导班子由 7 名成员组成。

会议决定于 1994 年 4 月或 5 月在零陵师范专科学校召开全省专科学报主编研讨会。

3. 成立咨询委员会

在湖南省高等学校学报研究会第四次会员大会期间，1996 年 12 月 5 日，谭兴贵秘书长在关于修改章程的报告中建议：在章程的第 11 条中增加“咨询委员会”内容，即“根据工作需要，理事会下设若干工作小组和咨询委员会，负责组织各项具体工作，各小组成员、咨询委员会委员由理事长聘请”。

根据新修改的章程，湖南省高等学校学报研究会第四届理事会领导机构中新设“咨询委员会”。

1997 年 1 月 10 日，湖南省高等学校学报研究会咨询委员会在湖南师范大学召开首次会议。

1997 年 6 月，研究会经研究决定，聘请湖南医科大学学报编辑部主任薛绍莲教授为咨询委员。

（二）全面推动学术研究

湖南省高等学校学报研究会学术研究活动在20世纪90年代得到了前所未有的重视，在举办专题学术会议、制定《湖南省期刊等级评审标准》、出版学术专著、发表学术论文等方面都有所收获，展示了研究会的研究能力和研究水平。

1. 召开纪念毛泽东同志诞辰100周年专题学术研讨会

1993年12月26日是伟大领袖毛泽东同志诞辰100周年纪念日，这是全国人民的一件大事。为纪念毛泽东同志诞辰100周年，缅怀毛泽东的新闻出版事迹，学习毛泽东的新闻出版思想，1993年12月20日至24日，湖南省高等学校学报研究会纪念毛泽东同志诞辰100周年暨第五次学术研讨会在长沙、岳阳两地召开，全省30多所高校的60多位学报编辑参加了会议，湖南省科委、湖南省新闻出版局、国防科技大学、湖南师范大学的领导到会指导。

大会的召开，促进了湖南学报编辑界对毛泽东编辑思想的研究热潮，本次会议收到关于毛泽东编辑思想的学术论文30多篇。在会议的推动下，长沙水利电力师范学院成立了由主编陈其相领衔的“毛泽东编辑思想研究”课题组，其研究成果《毛泽东编辑思想与实践》一书于1998年3月由广西师范大学出版社出版。《长沙水电师院学报（社会科学版）》1993年第1期发表了《毛泽东编辑思想简论》，《零陵师专学报》1993年第1期发表了《毛泽东教育思想是一个经历了形成、成熟和发展的完整的科学体系——纪念毛泽东同志诞辰一百周年》。这一系列文章体现了湖南高校学报在主题宣传上的责任和担当。

2. 承办中国高校自然科学学报重要会议

（1）承办1992年中国高校自然科学学报主编研讨会。

1992年10月26日至31日，受中国高校自然科学学报研究会委托，湖南省高等学校学报研究会、湖南师范大学学报编辑部共同承办了1992年中国高校自然科学学报主编研讨会。会议代表以党的十四大精神为指导，认真讨论和审定了《高校自然科学学报质量评比体系（草案）》，研究了高校学报编辑部的管理工作如何适应当前改革开放的新形势及编辑素质提高等问题。来自全国100余家理工高校学报的主编参加了会议。大会共收到学术论文50余篇。

会议得到了湖南省科委、省教委、省新闻出版局的高度重视和省内各兄弟院校学报的大力支持。

（2）承办中国高校自然科学学报研究会“三合一”大会。

1997年10月11日至16日，中国高校自然科学学报研究会成立10周年庆祝大会、第七次学术年会、三届二次理事会（简称“三合一”大会）在吉首大学召开。本次大会由吉首大学学报编辑部承办，有来自全国30个省区市的会员代表、论文作者代表和理事近200人出席了大会。来自湖南省高等学校学报研究会的吉首大学、中南工业大学、湖南师范大学、湖南大学、湘潭大学、湖南农业大学、长沙铁道学院、湖南商学院、株洲工学院、长沙工业高等专科学校、湖南省教育学院共11家会员单位的13名代表出席了会议。

大会收到了中宣部出版局、国家教委科技司、国家教委条装司、国家科委科技信息司、新闻出版署期刊司、中国期刊协会、中国科技期刊编辑学会、全国高校文科学报研究会、中国科学院自然科学期刊编辑研究会、全国各省市学报研究会及各兄弟院校学报编辑部的贺电、贺信或贺词。湖南省高等学校学报研究会和湖南师范大学也向大会发去了贺信，湖南农业大学熊楚才在庆祝大会上作了题为“愿全国研究会再创光辉灿烂的明天”的讲话。理事会还对组织工作进行了讨论，增补了一批理事和常务理事，我省任楚威、熊楚才被增补为中国高校自然科学学报研究会理事。

3. 起草《湖南省期刊等级评审标准》

1994年，受湖南省新闻出版局委托，湖南省高等学校学报研究会的卜庆华负责起草了《湖南省期刊等级评审标准》。这是一项科学性与实用性很强的工作，是一个复杂的系统工程。《湖南省期刊等级评审标准》包括政治质量、文化质量、编辑出版质量、效益质量和管理质量等五个部分，分类别对各类刊物提出了具体的评审标准。该标准得到了期刊同仁的一致认可，并由湖南省新闻出版局于1995年作为正式文件印发。

4. 出版编辑学学术专著

这一时期，会员单位或个人出版的编辑学学术专著主要有：《学报编辑学概论》（1991）、《毛泽东编辑思想与实践》（1998）、《编校改错必读》（1999）、《现代编辑学理论与实践》（2000）等。

（1）《学报编辑学概论》。

1991年，由湖南省高等学校学报研究会常务副理事长卜庆华组织的湖南师范大学学报编辑部编写的《学报编辑学概论》正式出版。本书以马克思主义为指导，从理论高度和宏观视野上，通过对中国高等院校学报历史和现状的研究，并吸取国外高等院校学报的先进经验，深入探讨学报编辑工作的规律，以构筑起自成格局的、完整的、科学的学报学理论体系。全书侧重基础理论的研究，并紧密联系实际，既有宏观理论，又有微观分析，做到学术理论性与实用性的统一。中国人民大学教授杨焕章在本书的序中评价此书，认为这是一本颇具特色的、理论性和实践性都较强的编辑学专著，涉及诸如编辑社会学、编辑心理学、传播学等相邻交叉的多种学科，研究内容广泛，学术上有创见。关于这本书的出版，还有一点值得指出并加以提倡的，就是编写组全体同志的真诚协作和团结奋进精神。

（2）《毛泽东编辑思想与实践》。

由陈其相、覃汉池、袁作兴主编的《毛泽东编辑思想与实践》于1998年在广西师范大学出版社出版。该书通过搜集、汇编和梳理毛泽东同志的著作、讲话、书信和由他起草的文献，形成了一本较为完整、系统的毛泽东编辑思想专著。编者把毛泽东编辑思想的发展分为三个阶段来论述：第一阶段是在世界革命大潮冲击和国内政治形势急剧变革中开始产生，形成观点；第二阶段是在长期革命斗争中逐步展开、形成轮廓，这一阶段大体从建党初期到抗日战争结束；第三阶段是以《对晋绥日报编辑人员的谈话》为标志走向成熟，形成体系。《毛泽东编辑思想与实践》的编辑出版为毛泽东思想研究的宝库又增添了全新的一笔。

（3）《编校改错必读》。

湖南省高等学校学报研究会常务副理事长卜庆华主编的《编校改错必读》于1999年3月由湖南教育出版社出版。本书的编写目的是提高图书、报纸、期刊、音像制品等出版物编校人员的业务素质，纠正编校中经常出现的差错，包括语音、文字、词汇、语法、修辞、逻辑、标点符号、数字用法、计量单位用法、编排规范、文前摘要和关键词及汉译英题名等方面的错误，以及学术观点上的纰漏等。

（4）《现代编辑学理论与实践》。

龚维忠主编的《现代编辑学理论与实践》于2000年由中南工业大学出版社出版。本书共收录了61篇文章，分别对编辑学范畴中的7个方面展开了研讨：一是在处于经济转轨时期的出版社怎样深化管理体制的改革；二是对选题策划、组稿、审稿、加工、装帧设计、校对“六艺”流程进行分层细化研究；三是关于发行模式的运作、发行渠道的构建与规范研究；四是研究出版社的管理机构在出版社整体构架中的重要作用和地位研究；五是树立出版社企业形象，加强CIS与广告的宣传；六是开展对外图书版权贸易，扩大对外影响；七是书评工作。

5. 发表编辑学学术论文

随着学报编辑学研究的持续推进，20世纪90年代，湖南省高等学校学报研究会会员在各类学术刊物上发表了大量研究论文。

1991年，湖南省高等学校学报研究会常务副理事长卜庆华在《湖南师范大学社会科学学报》第1期发表长文《我们是怎样开展学报学、编辑学研究的》，文章总结了近年来湖南师范大学学报编辑部开展学报学、编辑学研究的基本经验，并对当前学报学、编辑学研究中的某些基本理论问题提出了与时贤不同的见解。

在研究会领导的倡议和带动下，部分青年编辑开始注意编辑学的研究工作。以1990年为例，湖南师范大学陈冠初在《湖南师范大学自然科学学报》1990年第1期上发表了《略论学报编辑工作的标准》，王毅在《湖南师范大学社会科学学报》1990年第2期上发表了《试论毛晋的编辑出版思想》，严衡山在《湖湘论坛》1990年第2期上发表了《编辑工作与情报资料》，赵士启在《湖南师范大学社会科学学报》1990年第4期上发表了《学报信息的生成与编辑信息素质》，张辉学在《怀化师专学报》1990年第5期上发表了《试论杂志编辑与知识产权法的关系》，刘子娟在《湖南大学学报》1990年第5期上发表了《编辑信息原理探》，陈进之在《益阳师专学报》1990年第6期上发表了《漫谈科技期刊编辑的美学修养》，等等。

此外，20 世纪 90 年代，还有一大批青年编辑在诸如《中国科技期刊研究》《编辑学报》等专业性刊物和高水平学报上发表研究论文。湖南大学雷鸣的《编辑伦理学论纲》发表在 1992 年第 1 期《湖南大学学报（社会科学版）》上，《试论编辑伦理学的构建及其意义》发表在 1992 年第 4 期《出版发行研究》上，《价值、效益与学报质量》发表在 1995 年第 4 期《中国人民大学学报》上，《论市场经济与出版伦理》发表在 1995 年第 2 期《编辑学报》上等。湖南农业大学熊楚才的《论科技期刊主编的宏观意识》发表在 1998 年第 2 期《中国科技期刊研究》上，《百家高校学报封页装帧设计调查分析》发表在 1998 年第 3 期《中国科技期刊研究》上，《运用知识经济观念，优化科技期刊管理》发表在 1999 年第 1 期《编辑学报》上，《论参考文献著录的有效勘误》发表在 1999 年第 4 期《编辑学报》上。湘潭大学章育良的《树立精品意识 提高学报质量》发表在 1998 年第 1 期《湖南商学院学报》上。湖南农业大学苏爱华的《农业高校学报扩大发行量的尝试》发表在 1998 年第 4 期《中国科技期刊研究》上。湖南农业大学陈艳芬的《科技期刊论文表格规范化调查分析》发表在 2000 年第 6 期《编辑学报》上。中南大学陈灿华的《论跨世纪学报编辑的素质》发表在 1999 年第 3 期《湖南大学学报（社会科学版）》上，《提高高校期刊质量的根本途径》发表在 1999 年第 2 期《有色金属高教研究》上等。

五 开展学会评奖工作，屡获国家级奖励

开展全省范围的学会评优评奖、组织会员单位参加全国学会评优活动是这一阶段研究会的一项重要工作。在研究会特别是在自科学报研究分会和社科学报研究分会的具体组织下，会员单位在各级评优评奖活动中屡获佳绩。

（一）1999 年全省高校自然科学学报评比

1999 年 4 月 17 日至 20 日，湖南省高等学校学报研究会组织的全省高校自然科学学报评比会议在湖南师范大学召开。本次评比有两个目的：一是继 1995 年后再次对全省高校自然科学学报质量进行一次全面检查；二是为迎接国家教委 5 月份举行的全国高校自然科学学报评比，通过对全省 23 家学报的审读，推荐 7 家学报参加全国评比。

（二）1999 年湖南省高校文科学报质量奖评比

1999 年 5 月 12 日至 15 日，湖南省高等学校学报研究会文科学报刊物质量评奖会在湖南省委党校举行。本次会议推荐了参加全国首届“十佳”“百强”和“优秀学报”评奖的学报。评审会由 11 位资深编辑、教授和常务理事组成，《湖湘论坛》编辑部负责会务工作。会议共评出一等奖 1 家，二等奖 11 家，推荐 14 家学报参加全国首届优秀学报评奖。

（三）1999 年教育部和全国高校自然科学学报奖

1999 年，湖南省高等学校学报研究会获得教育部所属的科技期刊和全国高校自然科

学学报奖励的学报有：一等奖 3 家，二等奖 6 家，三等奖 2 家。

（四）首届全国文科学报评奖

获得首届全国文科学报评奖各项奖励的有：首届“全国双十佳社科学报”1 家，首届“全国百强社科学报”5 家，首届“全国优秀社科学报”5 家。另外，还荣获两项单项奖励：“质量进步奖”1 家，“栏目策划奖”1 家。

（五）首届“国家期刊奖”

在由新闻出版署和科技部组织的首届“国家期刊奖”评选中，全国共评出获“国家期刊奖”的学报 64 种，获提名奖的学报 22 种。我省《中南工业大学学报》获得“国家期刊奖”，《湖南师范大学自然科学学报》获得“国家期刊奖提名奖”。这两个奖项是湖南省高校学报首次获得的国家政府奖项，具有标志性的意义。

20 世纪 90 年代，湖南省高等学校学报研究会发展成绩斐然，用一句话概括就是“擘画 21 世纪，迎接 21 世纪，创新 21 世纪”。

这一时期，湖南省高等学校学报研究会更加注重学会工作的制度化、规范化、科学化、专业化建设，制定和完善相关规范和制度，根据实际需要创设专业委员会，围绕“品牌”建设狠抓刊物编校规范，初步创立了一些具有全国影响力的品牌期刊和特色栏目，获得了众多国家级奖项。在配合、协助全国高等学校学报研究会工作方面，同样做了许多具有重要意义的工作，与全国学会保持紧密的联系，加强了双方的互动和交流。更加令人欣慰的是，这一时期湖南省高等学校学报研究会非常注重编辑学的研究，出版了众多高水平的研究专著，发表了众多高水平的研究论文，选题范围广泛，研究问题现实针对性强，作者单位分布比较均衡，呈现出“长岛人歌”“红霞万朵”的欣欣向荣的景象。

但是也留有遗憾，例如，在组织开展编辑学研究方面存在缺陷：承担国家级、湖南省政府部门设立的编辑学研究基金项目少；大多数研究局限于个人层面，集体攻关少；具体问题研究多，宏观的编辑史学问题、编辑体制改革问题等内容研究不够；编辑学研究的系统化不够；教育培训工作前紧后松；在 1993 年研究会成立 10 周年的时间节点上，未能组织纪念研究会成立 10 周年大会。以上问题将于新世纪在赓续发展中加以解决。

奋进期（2000—2009）

带着变革与转型的时代背景进入 21 世纪，高校学报同样面临着经济社会改革、教育科技改革的快速发展，以及加入世界贸易组织后经济全球化、政治多极化、文化多元化的新形势。2001 年，新闻出版总署发布《关于进一步调整高校学报结构的通知》，决定对高校学报进行一次集中调整，调整的原则是“减少一般院校学报数量，扶持和鼓励重点院校、重点学科创立高学术水平的品牌期刊，推进全国高校学报整体质量的提高”。2002 年 7 月，教育部在北京召开了第三次“全国高校社科学报工作研讨会”，袁贵仁副部长作了《新世纪新阶段高校社科学报工作的形势与任务》的报告。会后，下发了《教育部办公厅关于印发〈全国高校社科学报工作研讨会会议纪要〉的通知》和《教育部关于加强和改进高等学校哲学社会科学学报工作的意见》（简称《意见》）。该《意见》要求高校社科学报工作者领会江泽民关于发展繁荣哲学社会科学讲话的重要意义，担负起“认识世界，传承文明，创新理论，资政育人，服务社会”的职责；要求高校社科学报重点做好 4 项工作，即坚持正确的政治方向和学术导向、始终把发展作为第一要务、不断弘扬与时俱进的改革创新精神、加强办刊体制和内部管理体制改革；提出了名刊工程、学报评估监督激励机制建设、编辑业务培训、支持全国高校文科学报研究会的组织活动并发挥中介作用等 4 项举措。

到 2002 年，湖南省高校学报增至 72 种。国家新闻出版总署、教育部出台相关政策后，国家对报刊实行总量控制。从 2003 年开始，全省高校学报数量停止增长，但已形成了一定规模。在期刊发展模式从数量型向质量型转变的新世纪初期，湖南省高等学校学报研究会积极发挥群众性组织的中介作用，带领全省学报，围绕名刊名栏建设、精品期刊建设、特色期刊建设、数字化转型与媒体融合等核心问题，积极担负起“认识世界，传承文明，创新理论，资政育人，服务社会”的职责，通过强化制度建设、强化协调功能，强调学会的培训、交流、研究属性，以“三优”评比为抓手，实行“三名”主义，即“办名刊、撰名著、出名人”，同时实施高水平编辑队伍“五化”建设，狠抓期刊质量。在新世纪的第一个10年里，研究会取得了令人瞩目的成绩，硕果累累。

一 21世纪第一年

20世纪已经过去，新的千年已经来临。湖南省高等学校学报研究会同仁满怀喜悦地展望新的世纪。2000年第一期会刊《通讯》开辟了“新世纪寄语”专栏，中国人文社会科学学报学会理事长、湘籍著名编辑家潘国琪先生为本期《通讯》寄来了《与湖湘学报同仁共话新世纪》的文章，一些编辑同仁也寄来了文稿。

（一）2000年第一次常务理事会

作为文化重要组成部分的高校学报，湖南省高等学校学报研究会在上个10年取得了显著的成绩，但如何保持先进，继续创造先进，仍然是研究会需要思考和解决的问题。新世纪开年的第一次常务理事会从宏观方面探讨了湖南省学报的发展走向，具有重要的历史价值。

为了谋划好新世纪第一年乃至更长时期的研究会工作，2000年1月27日至29日，湖南省高等学校学报研究会在湖南师范大学召开2000年第一次常务理事会。

本次会议的议题是“展望21世纪的高校学报，特别是21世纪前十年我省的高校学报”。会上，常务副理事长卜庆华、衡阳医学院期刊社社长陈志斌、《湘潭师院学报》主编李建华等发了言。卜庆华副理事长发言的题目是《21世纪湖南省高校学报发展之思考：在本会2000年第一次理事会上的讲话》，为湖南省高等学校学报研究会、湖南省高校学报的发展指明了方向。

报告指出，此次会议的召开和主题的确定具有特殊的重要意义。第一，高校学报将与时代同步前进。21世纪是知识经济的时代，在这个新时代里，科学技术在社会经济生活中的作用将愈加显著。在巨大的变革面前，我们必须有充分的思想准备，对未来作出一定的科学预测，否则将陷于被动，被时代拖着走，甚至远远落后于时代。第二，会议对我省高校学报的走向、前景及面临的困境提出了一些值得思考的问题。就我省学报来说，无论是自然科学学报还是社会科学学报，在全国期刊之林中，都是居于前列的。如1999年全国期刊评奖中，我省中南工业大学和湖南师范大学的自然科学学报就分别获国家期刊奖和期刊提名奖，这表示这两家学报已进入国家甲级期刊行列。同年，教育部举行的科技期刊评奖中，我省还有几家学报分别获得一、二等奖。在全国高校文科学报研究会组织的首次全国“十佳”“百强”和优秀学报评奖中，我省有1家学报被评为“双十佳”学报称号，5家获“百强”学报，5家获“优秀学报”称号，获奖总数在全国各省区市中居前列。此次会议把讨论的重点放在2000年的第一个10年，一是因为10年可打下坚实基础，正所谓“十年树木”；二是从我省学报的主编来说，他们大多处于40~50岁的年龄阶段，正是可以大有作为的时期。

会上，任楚威还对湖南省学术类科技期刊第二次等级评定情况进行了分析。根据中共湖南省委宣传部、省新闻出版局、省科委联合颁发的《关于全省期刊等级评定实行分级管理的决定》的精神，我省于 1999 年 5 月中旬开展了全省科技期刊第二次等级评定工作。等级评定分学术类、技术类、科普指导类、文摘类 4 大类别进行。全省参评的科技期刊共有 106 种，经科技期刊等级评定委员会认真审读评定、评审委员会核准，共评出一级期刊 56 种，二级期刊 49 种，三级期刊 1 种。这次全省共有 28 种学术类科技期刊参评，评出一级期刊 20 种，二级期刊 8 种。一级期刊占参评学术类科技期刊的 71.4%。在这 28 种学术类科技期刊中，湖南省高等学校学报研究会的会员单位有 17 家，由此可见，高校学报是学术类科技期刊的主力军。

尽管我省学术类科技期刊整体上质量较高，但也暴露出了一些问题：一是经济效益差，二是对国家标准的执行有待加强。对此，主办单位和主管部门需高度重视。

这次会议在为新世纪的工作布局谋篇中，把提高学报的整体质量作为核心工作，也为 2000 年后的几次会议定下了基调。

（二）召开文科学报编排规范研讨会

高校学报编排不规范问题已经引起了国家相关部门的高度重视。在学报的编排上，长期以来，许多文科学报都是按照经验办事，各行其是，没有统一的规范和标准，不利于读者阅读和计算机的统计、检索。2000 年 1 月，教育部办公厅印发了《中国高等学校社会科学学报编排规范（修订版）》，这个规范性文件的发布是我国高校学报加强规范化建设的重要标志。

湖南省高等学校学报研究会历来重视学报编排规范工作，在 1989 年、1999 年多次重要会议上强调了编排规范化工作。我省自然科学学报和科技类期刊借全省期刊等级评

湖南省高校文科学报编排规范研讨会代表合影（2000）

定实行分级管理的东风，编校规范化工作起步较早，也取得了一定的成果，积累了一定的经验，但是文科学报的编排规范化工作一直滞后，少数文科学报编辑部对教育部办公厅下发的《中国高等学校社会科学学报编排规范（修订版）》持消极态度，甚至产生抵触情绪。

为了贯彻落实教育部办公厅《中国高等学校社会科学学报编排规范（修订版）》文件精神，检查我省文科学报执行编排规范的情况，2000 年 3 月 26 日至 28 日，湖南省高等学校学报研究会文科学报分会在湖南财经高等专科学校组织召开了“湖南省高校文科学报编排规范研讨会”。全省主要文科学报的主编、编辑部主任等参会，研究会常务副理事长卜庆华等到会指导工作。会议采取集中学习、分组讨论、大会交流等形式，认真学习教育部办公厅下发的《中国高等学校社会科学学报编排规范（修订版）》文件的精神，并对照湖南省文科学报编辑工作的现状、存在的问题及改进的方向，逐条学习，检讨问题，交流心得。本次会议取得了预期效果。首先，与会代表提高了对文科学报执行《中国高等学校社会科学学报编排规范（修订版）》文件精神重要性的认识。其次，统一了按照“编排规范”办学报的思想，纷纷表示要认真贯彻落实教育部文件精神，身体力行作“编排规范”的榜样。

（三）召开湖南省高校学报工作会议

2000 年 6 月 14 日至 16 日，湖南省高校学报工作会议在湖南师范大学召开，这是我省学报研究会在新世纪第一年举行的第二次主编会议。这次会议传达了中国高校自然科学学报研究会第四次全国会员代表大会的内容，总结、交流办刊经验，研究和布置本会 2000 年年会的准备工作。这是一次表彰先进、继续鼓劲的会议，也是一次群策群力商讨开拓湖南省高等学校学报研究会新局面的会议。来自全省 39 家学报的 40 多位代表出席了会议。

6 月 14 日晚，研究会常务副理事长卜庆华主持召开了常务理事会。6 月 15 日上午，大会正式开幕。研究会秘书长任楚威主持会议，常务副理事长卜庆华讲话，章育良副理事长宣读了中共湖南省委宣传部、湖南省出版局、湖南省科技厅关于表彰湖南省“十佳社科期刊”和“十佳科技期刊”的决定。湖南师范大学主管学报工作的吴俊忠副校长出席了会议，并向获“十佳社科期刊”和“十佳科技期刊”的学报颁发了获奖证书。中南大学学报编辑部主任张曾荣教授传达了 6 月 8 日至 12 日在西安召开的中国高校自然科学学报研究会第四次全国会员代表大会精神。

经中国人文社会科学学报学会评审，2000 年，雷鸣、刘景慧、田莜梅三人被评为优秀学报编辑，卜庆华主编的《编校改错必读》被评为优秀编辑学著作。

2000 年，湖南省高等学校学报研究会召开了第一次常务理事会、湖南省高校文科学报编排规范研讨会、湖南省高校学报工作会议等三个会议，为 21 世纪湖南省高等学校学报研究会的发展定基调和策略找到了抓手，对新世纪新局面的打开具有重大意义。

二 隆重举办20周年庆典

湖南省高等学校学报研究会于1983年5月在岳麓山下的湖南师范学院成立，至2003年已走过了整整20年。20年来，湖南省高等学校学报研究会经过一代又一代人的开拓进取、不断创新，取得了令人瞩目的成绩。研究会已经成为一支务实、奉献、团结、创新的队伍，一个会员众多、机构健全、社会联系广泛的学术团体，一个逐步走向成熟、在全省出版史和中国学报史上都写下浓墨重彩的集团军。

新世纪对高校学报工作提出了更高、更新的要求，实施“名刊大刊”工程，成为新世纪学报发展的主题。面对新的形势，在研究会成立20周年之际，认真总结20年来所取得的成就和积累的经验，具有承前启后的意义，对当前处于转型期的学报改革也有着重要的指导和借鉴作用。

（一）庆典筹备

为了把20周年庆典活动办得圆满和富有成效，2002年9月5日至6日，学报研究会20周年庆典活动筹备领导小组在湘潭大学召开庆典筹备工作会议。卜庆华、张曾荣、章育良、熊楚才、任楚威、王道平、李军熵、李建华、晏绍明、汪晓、潘亚辉等参加了筹备会议。

会议由研究会常务副理事长张曾荣主持。会议的主要议题是落实2002年6月21日湖南农业大学常务理事会会议精神，明确分工，落实任务、人员、经费等，启动庆典筹备工作。会议作出如下决定：（1）纪念册定名为《春华秋实》，内容分两大部分，第一部分为题词题签、贺电贺信、诗联荟萃，第二部分为学会20年回顾总结、大事记、成果奖励、编辑学题录、科研成果题录、五届领导班子名单等。考虑到此项工作的繁重，为确保册子的出版质量和时间，特设立纪念册编辑工作委员会。任楚威任主任，卜庆华任主审，编辑人员有李建华、晏绍明、汪晓、肖家元。（2）要求在2002年10月底完成资料一审，11月底完成二审，12月底完成三审，2003年3月完成印刷出版。（3）部署了筹款工作。根据这次会议讨论意见，决定从4个方面进行筹款：会议承办单位资助、会员单位会费及赞助、纪念册有偿服务、有关单位及个人赞助等。

本次会议是一次工作会议，确定了目标，明确了任务，落实了人员，为启动整个筹备工作开了一个好头。

2002年10月9日至12日，湖南省高等学校学报研究会2002年年会暨学术研讨会在湖南文理学院召开，对20周年庆典活动进行了进一步梳理，明确纪念册题名为《春华秋实》，内容包括湖南省高等学校学报研究会20周年大事记，研究会历届工作班子成员名单，全省高校学报优秀个人、优秀集体以及优秀编辑学论著题录，诗联荟萃，学会会员单位名册等5个部分。

2003年1月18日、3月9日、3月26日、4月22日、6月13日至14日，湖南省高等学校学报研究会先后召开研究会成立20周年专题研究会和《春华秋实》定稿会。至2003年6月底，湖南省高等学校学报研究会20周年庆典筹备工作基本完成。

（二）20周年庆典隆重召开

2003年9月27日至28日，“湖南省高等学校学报研究会20周年庆典暨学报改革论坛”在湖南理工学院召开。湖南省新闻出版局副局长马如俊，中国人文社科学报学会理事长龙协涛，中国人文社科学报学会原理事长潘国琪，中国人文社科学报学会秘书长刘曙光，湖南省科技期刊编辑学会常务副理事长、湖南师范大学副校长龚维忠，湖南省科技期刊编辑学会副理事长、《湖南农业》杂志社社长范正国，湖南理工学院党委书记、院长彭时代，岳阳职业技术学院党委书记田自力，《光明日报》记者计亚男等参加了会议，70多个会员单位的170余人参加了会议。

会议由湖南理工学院副院长余三定主持，湖南省高等学校学报研究会副理事长章育良致开幕词。湖南理工学院党委书记、院长彭时代，岳阳职业技术学院党委书记田自力致欢迎词。中国高等学校自然科学学报研究会理事长陈浩元向大会发来了贺信。

在开幕式上，马如俊副局长、龙协涛理事长、潘国琪教授分别讲话。湖南省高等学校学报研究会前副理事长皮光中、前常务副理事长卜庆华就研究会的发展历程做了情真意切的回顾，并表达了对研究会的殷切希望。湖南省新闻出版局副局长马如俊在开幕式报告中强调学报应强化责任意识、品牌意识、全球意识、营销意识等4种意识。中国人文社会科学学报学会前理事长潘国琪从5个方面总结了湖南省高等学校学报研究会所取得的成绩。他认为湖南省高等学校学报研究会是一个具有高度凝聚力的组织，领导班子尽心尽责，乐于奉献。研究会始终坚持编辑学研究这个根本不动摇，通过要素整合、锻造高素质编辑队伍，极大地推动了全省学报事业的发展。研究会前副理事长皮光中从3个方面回顾总结了研究会20年来所取得的成绩：第一，中央各主管部门都加强了对期刊的质量管理，引导期刊由数量发展型向质量提高型转变，为各高校学报的发展指明了方向。第二，湖南在抓期刊质量管理上有独到之处，制定了期刊分级管理的评估标准及实施细则，定期对会员期刊进行审读等。第三，学会工作抓到了要点，落到了实处。

开幕式后，湖南省高等学校学报研究会秘书长李建华在会上宣读了《湖南省高等学校学报研究会关于表彰优秀主编、优秀编辑的决定》，大会表彰了优秀主编16人，优秀编辑32人。湖南省高等学校学报研究会常务副理事长张曾荣代表研究会领导班子向大会作了《研究会20年工作回顾与展望》的工作报告，回顾总结了湖南省高等学校学报研究会20年来所取得的成绩。

会议认为，湖南省高等学校学报研究会成立的20年是开拓创新、成绩辉煌、不断进取的20年。在组织建设方面，湖南省高等学校学报研究会是一支务实、奉献、团结、创新的队伍，是一个会员众多、机构健全、社会联系广泛的学术团体。在开展编辑学研究和提高办刊质量方面，湖南省高等学校学报研究会始终围绕“开展学术研究，提高学报质量”这一主题，组织、开展各种类型的编辑培训班、高校优秀编辑评审以及编辑学研究探讨工作，成绩显著，硕果累累。在进一步提高学报的学术地位、影响力和知名度方面，会议提出了调整学报结构，整合办刊资源，提高学报质量，实现“办名刊、撰名著、出名人”的精品战略。

随后的学报改革论坛由湖南省高等学校学报研究会副理事长任楚威主持，会议围绕创建“名刊大刊”工程这一学报改革主题进行了畅谈。

中国人文社科学报学会理事长、《北京大学学报》主编龙协涛教授作了题为《学会近期工作与名刊工程》的报告，指出：我们近期工作的总的指导思想是以学习贯彻江泽民同志三次讲话为指针，贯彻落实教育部对学报工作会议的三个文件；以争创名刊工程为动力，整体地带动社科学报质量全面提高，做先进文化的代表。高校学报要真正承担起高扬学术旗帜的社会使命，启动“名刊工程”。(1) 高校社科学报一定要通过“名刊工程”的启动推动学报的改革和创新。(2)“名刊工程”的评价是一个全面的评价、系统的考察。(3) 对学报的衡量、评比指标体系要更加科学化。高校学报要始终站在改革的前列，为我国期刊的发展作出更大的贡献。

中国人文社科学报学会前理事长、北京师范大学潘国琪教授在《关于打造名牌学报的几点想法》中指出：(1) 我国期刊发展的形势呼唤名牌期刊。至 2002 年底，我国共出版期刊 9029 种，种数虽多，但有影响的名牌期刊太少，这已成为期刊发展的一个瓶颈。(2) 我国高校学报的发展形势迫切要求推出名牌学报。高校学报存在“全、散、小、弱”的问题，为此，教育部决定启动名刊工程，打造一批名牌学报，以推动和促进高校学报事业的发展。(3) 名牌学报是集学术性、独特性、创新性、权威性、持久性“五性一体”的学报。打造名牌学报一是有赖于具有开拓精神的、精明能干的主编，二是有赖于一个高素质的编辑群体，三是有赖于办刊理念的更新，办刊人要想着读刊人。(4) 湖南高校学报有条件打造出若干名牌学报，原因如下。第一，湖南有一批基础较好、质量较高的学报，4 家学报获得国家期刊奖，8 家学报入选“中国期刊方阵”等。第二，湖南高校学报有一批优秀学报主编，有一支高素质的编辑队伍。第三，有底蕴丰厚的湖湘文化传统，有浓郁的学术研究氛围，还有一批具有深厚学术素养的名家、学者。最后，潘国琪教授勉励湖南省高校学报一定要在“名刊工程”建设中有所作为，为湖南省乃至全国的文化事业繁荣作出更大的贡献。

湖南省新闻出版局报刊处副处长罗永康宣读了《关于报刊治理工作的通报》，就全国报刊治理整顿工作的有关情况向与会代表作了情况通报。中南大学学术期刊中心主任张曾荣通报了高校自然科学学报深化改革的有关信息。湖南理工学院副院长、《云梦学刊》主编余三定教授就特色栏目建设交流了经验。

对于这次会议的召开，2003 年 11 月 6 日的《光明日报》刊载文章《湖南高校学报研究会 20 年成学报集团军》，盛赞湖南省高等学校学报研究会 20 年来取得的成绩，认为通过 20 年的努力，湖南省高等学校学报研究会“已成为全国省市中力量较为雄厚的学报集团军之一，也是全国优秀期刊、优秀编辑和优秀编辑学论著获奖较多的学术群体”。20 年来，“研究会建立、健全了会员组织，为学会今后的发展奠定了良好的基础。同时，创造性地开展了大量学术研讨活动，提高了编辑的理论思维和战略思维水平”。

三 第五、六、七次会员大会

21 世纪的第一个 10 年，湖南省高等学校学报研究会依据本会章程，顺利召开了第五次、第六次、第七次会员大会，对理事会领导班子进行换届选举。三次会员大会的召开，从组织上保证了研究会赓续传统、继往开来、锐意进取的良好工作局面。

（一）第五次会员大会

从 1996 年 12 月到 2001 年 11 月，第四届理事会在湖南省教委、湖南省新闻出版局、湖南省科委的领导和关怀下，在中国高校自然科学学报研究会和中国人文社会科学学报学会的指导和支持下，创造性地开展了工作，取得了较大成绩：1998 年、1999 年先后有两批共 24 家学报获得国内统一刊号。在这 5 年里，我省学报在多项国家级评比中均取得了较好成绩，对首届国家期刊奖、首批全国“双十佳”、全国首届百强学报、入选“中国期刊方阵”等荣誉都有斩获，大幅提升了湖南高校学报在全国的影响。研究会致力于推进社科学报编排的规范化、标准化，取得了显著成绩：在 1999 年中宣部组织的全国学术期刊光盘版规范化评比中，我省绝大多数学报获奖。编辑学研究获得新进展，会员中涌现了一批研究编辑学的优秀集体和个人。在面对学报以“名刊”“名栏”建设为主题的新世纪，湖南省高等学校学报研究会有必要在 21 世纪之初召开会员大会，进行换届选举。

1. 第五次会员大会筹备

湖南省高等学校学报研究会于 2001 年 1 月 11 日在湖南师范大学红楼召开常务理事会议，参加会议的常务理事或常务理事单位的代表共计 24 人。会议由副理事长李军熵主持。本次会议主要讨论了湖南省高等学校学报研究会第五届理事会的换届选举工作，提出了理事和常务理事的任职条件和产生办法，确定了湖南省高等学校学报研究会第五届理事会的挂靠单位和大会召开的时间及地点。

常务副理事长卜庆华首先作了讲话，正式提出辞呈，请求辞去常务理事和常务副理事长职务。会议决定接受辞呈，并授予卜庆华湖南省高等学校学报研究会“优秀会务工作者”称号，聘请他为湖南省高等学校学报研究会顾问。

会议经无记名投票表决，确定湖南省高等学校学报研究会第五届理事会的挂靠单位为中南大学，并建议聘请湖南省新闻出版局副局长马如俊为湖南省高等学校学报研究会第五届理事会理事长，并提请湖南省高等学校学报研究会第五次会员大会审议。

会议决定湖南省高等学校学报研究会第五次会员大会于 2001 年春季在怀化市举行，由怀化师范高等专科学校承办会务工作。

2. 第五次会员大会召开

2001 年 11 月 9 日至 11 日，湖南省高等学校学报研究会第五次会员大会暨学术年会在怀化市召开，怀化市文化局局长雷虹，怀化师范专科学校副校长曾岳生、副校长贺安岳，怀化医专党委副书记毛克平等参加会议。中南大学期刊中心主任张曾荣，《湖南师范大学学报》主编谭容培、副主编任楚威，《湖南农业大学学报》主编熊楚才，《湘潭大学学报》主编章育良、李军熵，第四届常务副理事长、《湖南师范大学学报》原主编卜庆华，以及来自全省 66 家学报的 117 名代表参加会议。

这次会议是进入 21 世纪以来湖南省高等学校学报研究会的第一次盛会，也是本会换届选举的一次重要会议。会议的主要议程包括：一是审议并通过第四届研究会工作报告、关于修改章程的报告、财务工作报告；二是选举产生第五届理事会、常务理事会及主要负责人；三是开展学术交流。

谭容培致开幕词。中国人文社科学报学会理事长龙协涛代表中国人文社科学报学会并以个人的名义，向湖南省高等学校学报研究会第五次会员大会暨学术年会的召开发来贺信。在贺信中，龙协涛理事长肯定了湖南省高等学校学报研究会一年来所取得的成绩，并勉励研究会："国家新闻出版总署举办的中国期刊展刚刚结束，这是新中国成立以来规模最大的期刊出版盛会，也是世界期刊史上规模最大的博览会。希望你们以此为契机，进一步加强编辑队伍建设，进一步提高办刊质量，力争在下一次的期刊展中有更多的学报进入第一、第二、第三层次，为提高学报在中国期刊界的地位作出更大贡献。"

研究会副理事长章育良向大会作了《迎接 21 世纪挑战、再创我省学会工作新辉煌》的工作报告，报告回顾总结了近年来学会的工作，概括为 6 件大事：(1) 积极推动内刊转公开，提高学报地位；(2) 进行优秀学报的评优工作，提高学报质量；(3) 围绕学

湖南省高等学校学报研究会第五次会员大会暨学术年会代表合影（2001）

报工作中的具体问题，做扎实工作；（4）深入开展编辑学研究；（5）编辑《通讯》；（6）配合全国文理科学报研究会的换届选举，成功地进行了我省全国常务理事、理事的推荐工作。

副秘书长熊楚才向大会作了关于修改《湖南省高等学校学报研究会章程》的报告，对原章程的相关条款作了修改说明。

按照学会章程，经过全体会员代表无记名投票，选举产生了湖南省高等学校学报研究会第五届常务理事会。

新当选的研究会第五届常务副理事长张曾荣教授致闭幕词，初步规划了未来 4 年的工作：（1）进一步提高学报的学术质量；（2）加快学报现代化建设，积极扩大高校学报的社会影响；（3）造就一批高素质的学报编辑人才；（4）加强研究会的自身建设；（5）举办庆祝研究会成立 20 周年活动等。会议获得圆满成功。

3. 五届一次常务理事会

2001 年 12 月 29 日，湖南省高等学校学报研究会五届一次常务理事会在中南大学铁道校区召开。副理事长章育良在会上传达了中国人文社科学报研究会常务理事会议的精神和有关人文社科学报工作的情况。会议讨论了研究会 2002 年的工作要点：（1）加快学报现代化建设步伐，举办编辑工作现代化讲座和培训；（2）进一步提高学报的学术质量；（3）学习宣传著作权法；（4）筹备研究会成立 20 周年庆典活动。

会议决定成立学术工作委员会、青年工作委员会、现代化工作委员会和对外联络工作委员会，任楚威任学术工作委员会主任，王窈惠任现代化工作委员会主任，石潇纯任青年工作委员会主任，李建华任对外联络工作委员会主任。

会议还讨论通过了有关增补副理事长和常务理事以及 2002 年学术年会承办单位等事项。经无记名投票表决，会议同意增补中南大学陈扬宝、郴州师范高等专科学校文跃智为常务理事。

这次大会是在我国高校学报继续深化改革的背景下，在学会承前启后、再创辉煌的关键时期召开的会议，具有特别重要的意义。

（二）第六次会员大会

按照学会章程理事会任期为 4 年的一般规定，根据期刊改革发展的新形势和研究会工作的需要，2005 年 11 月，湖南省高等学校学报研究会召开了第六次会员大会。

1. 第六次会员大会筹备

2005 年 11 月 19 日，湖南省高等学校学报研究会理事长办公会在中南大学期刊中心召开，会议研究了 2005 年学术年会和理事会改选工作。

2005 年 11 月 30 日，湖南省高等学校学报研究会召开五届八次常务理事会。会议讨论了第六届会员大会暨学术研讨会筹备工作的有关事宜；常务理事文瑞明报告了本会第六届会员大会暨学术研讨会的会务准备工作。副秘书长汪晓对本次大会的具体议程作了说明，报告了第六届常务理事候选人的资格审查结果和学术研讨会提交论文的情况；副理事长章育良就第六届常务理事名额分配和会员反映的问题作了说明；常务副理事长张曾荣报告了第五届研究会工作报告要点，并征求意见；副理事长熊楚才报告了研究会章程的修改要点；副理事长章育良代表换届筹备工作领导小组向代表汇报了第六届理事会工作班子人选的调整设想。与会的常务理事就会议议题发表了意见，一致认为本次大会筹备工作周密、细致，换届筹备工作领导小组完成了预定任务。

2. 第六次会员大会召开

湖南省高等学校学报研究会第六次会员大会暨学术研讨会于2005年11月30日至12月2日在湖南省益阳市举行。中共湖南省委宣传部领导蒋祖烜，湖南省新闻出版局副局长侯建，湖南城市学院党委副书记、院长赵运林，湖南城市学院副院长贺定修，湖南省科技厅条财处副处长黄耀，省委宣传部出版处副处长苏进跃，省新闻出版局报刊处副处长杨俊杰，以及湖南省高等学校学报研究会79个会员单位的162名代表参加了会议。本次会议的主要内容有：召开五届八次常务理事会会议，听取第五届理事会工作报告，选举产生第六届研究会常务理事会，召开六届一次常务理事会，选举第六届研究会理事长、秘书长，修改研究会章程，召开学术研讨会以及评选优秀论文，等等。

湖南省新闻出版局副局长侯建、中共湖南省委宣传部领导蒋祖烜、湖南省科技厅条财处副处长黄耀、中国人文社科学报学会及湖南省高等学校学报研究会顾问卜庆华先后在会上讲话。湖南城市学院党委副书记、院长赵运林代表学校党政领导和全体师生向与会领导和代表表示热烈的欢迎，并介绍了湖南城市学院的办学特色和发展概况。

湖南省新闻出版局副局长侯建作了《坚持正确的出版导向，发挥行业学会自律作用》的报告。他在报告中指出：在繁荣和发展我省期刊事业的过程中，湖南省高等学校学报研究会围绕大局，服务中心，在开展学术研究和业务交流等方面，做了大量卓有成效的工作，发挥了重要的作用。对于今后的工作，侯建提出了4点建设性意见：第一，始终坚持正确的出版导向。要坚持马克思主义的指导地位，全面贯彻“三个代表”重要思想的要求；要围绕树立科学发展观和构建和谐社会这一主题，增强政治敏锐性和政治鉴别力；要坚持先进文化前进方向，积极宣传科学理论，倡导科学精神，引领理论创新和知识创新；要坚持理论联系实际的马克思主义学风。第二，始终把提高质量作为第一要务，走特色化发展道路。第三，要严格遵守期刊出版政策法规。第四，高校学报研究会要继续发挥行业协会的自律作用，当好党和政府管理部门的参谋与助手，一是要建立健全行业自律机制；二是要创造性地开展学术研究和业务培训，组织广大编辑认真学习新出台的《期刊出版管理规定》；三是要进一步强化服务意识。

中共湖南省委宣传部领导蒋祖烜作了《增强导向意识、品牌意识和职业意识，打造我省大刊、名刊和强刊》的主旨报告，指出：（1）湖南省高校学报是意识形态工作的重要力量，坚持了正确的方向，在出版导向上没有出现政治性问题；（2）湖南省高校学报在服务大众特别是服务湖南经济、文化发展方面作出了贡献；（3）湖南省高校学报质量较高，数量较多，口碑较好，是湖南学术界的一个重要基地、载体，是湖南高校的一个重要窗口。同时，他对湖南省高校学报提出了3点要求：（1）坚持正确的政治方向，进一步增强期刊出版的导向意识；（2）进一步增强品牌意识，走精品化、品牌化发展道路；（3）进一步增强职业意识，加强期刊编辑的职业道德、职业操守，保持学术风骨，警惕世俗化倾向。

湖南省高等学校学报研究会顾问卜庆华对学报的定位、特色栏目的设置、学报评估体系的研究提出了具体的要求，并提出了希望。

会上，常务副理事长张曾荣作了湖南省高等学校学报研究会第五届理事会工作报告，副秘书长汪晓作了第五届理事会财务报告，副理事长熊楚才作了修改章程的报告，副理事长任楚威宣读了2004年湖南省高校学报学术年会论文的获奖名单及本届学术年会所收论文的名单。会议期间，研究会对本届退休的4位常务理事进行了表彰。李军嫡同志作为离任的常务理事代表发言。会议通过了第五届理事会工作报告、第五届理事会财务报告、关于修改章程的报告，选举产生了第六届常务理事。副理事长李建华致闭幕词。

大会还向全省学报界同仁发出倡议书，倡议全省高校学报的编辑同仁们：遵守宪法和法规，坚持“二为”方针；增强政治意识，坚持正确导向；廉洁自律，反对学术腐败；坚持学术规范，提倡优良学风；爱岗敬业，打造学术精品；维护知识产权，推动学术繁荣。为提高学报质量、繁荣哲学社会科学和自然科学作出贡献。

这是一次承上启下、求真务实的会议，必将对湖南省高校学报的发展产生积极和深远的影响。

3. 六届一次常务理事会

2005年12月2日，新当选的湖南省高等学校学报研究会第六届理事会常务理事召开了六届一次常务理事会议。会议由换届筹备领导小组成员任楚威主持。换届筹备领导小组向与会代表介绍了新形势下研究会的主要任务、新一届领导班子的调整以及设置工作委员会的设想。通过充分酝酿讨论，张曾荣、章育良、熊楚才、任楚威、王道平、李建华、汪晓当选第六届理事会领导工作班子成员。会议决定第六届研究会设立学术委员会、编辑委员会和监察委员会，并确定了相应人选；聘请卜庆华担任湖南省高等学校学报研究会第六届理事会顾问。

（三）第七次会员大会

回顾研究会第六次会员大会以来，湖南省高等学校学报研究会的工作在改革发展中又取得了新的成绩。“名栏”建设成果显著，“岳麓书院与传统文化”等一批特色栏目正在崛起。有组织的编辑学研究进入新常态，2006年首次设立了编辑学研究基金，4项课题获准立项，2008年研究会第二期课题招标，又有5项课题立项。信息化、标准化建设全面推进，一批高校学报采用了网上投审稿系统。

在这一时期，4家学报被评为“中国高校精品科技期刊”，7家学报被评为“中国高校优秀科技期刊”，6家学报被评为“中国高校特色科技期刊”；2家学报被评为全国高校“双十佳社科学报”，12 家学报被评为全国高校“百强社科学报”，4 家学报被评为全国高校“优秀社科学报”；1 人入选湖南省首批新闻出版行业领军人才，4 人荣获全国“高校科技期刊突出贡献奖”等。

为了认真贯彻党的十七届四中全会精神，响应全省新闻出版系统大力推进出版体制改革，努力推动新闻出版业大发展、大繁荣，迎接新世纪第二个 10 年的到来的号召，湖南省高等学校学报研究会决定召开第七次会员大会，选举产生新一届理事会。

1. 第七次会员大会筹备：召开了 4 次常务理事会

2009 年第一次常务理事会议于 4 月 9 日在长沙理工大学召开，长沙理工大学党委副书记李明到会并发表讲话。参加会议的代表有：王海东、章育良、任楚威、王道平、李建华、童小娇、汪晓、陈灿华。此次会议主要讨论了第七次会员大会的筹备工作，还讨论了研究会理事长单位、理事长、副理事长、常务理事的换届选举问题。第一，关于理事长单位的变更和理事长人选的确定问题，根据研究会章程，并报请湖南省民政厅批准，决定下一届理事长单位仍为中南大学，并拟同意王海东任理事长。第二，关于副理事长人选的换届问题：（1）根据研究会章程，并报请湖南省民政厅批准，同意已连续两届任副理事长的任楚威、熊楚才、王道平仍出任副理事长。（2）决定增选两位副理事长。第三，接受长沙理工大学期刊社童小娇辞去研究会副理事长职务，并同意刘玉兰为研究会常务理事、副理事长。这次会议基本决定了理事长单位挂靠以及理事长、副理事长的人选等重要事宜。

2009 年 9 月 16 日，湖南省高等学校学报研究会第二次理事长办公会议在中南大学出版社召开，王海东、章育良、熊楚才、任楚威、王道平、李建华、刘玉兰、汪晓和陈灿华等参加会议。会议主要商讨 2009 年本研究会年会的有关事宜，具体包括：（1）年会召开的时间、地点。（2）研究会换届选举工作。（3）“湖南省高校学报优秀编辑工作者”和“湖南省高校学报优秀编辑学论文”评比（即“双优”评比）工作。（4）研究会 2009 年年会优秀论文评比等。本次会议依据 4 月在长沙理工大学召开的第一次常务理事会议的有关精神，经过协商，达成以下共识：（1）研究会年会定于 2009 年 10 月底在重庆召开。（2）依据研究会章程，对研究会理事长、常务理事、秘书长、工作委员会进行改选。对下届理事长、常务理事、工作委员会候选名单进行了审议。（3）为了总结经验、表彰先进、展示成果，决定开展湖南省高校学报双优评比活动，并制定了具体评比办法。（4）确定年会主题为“高校学报的科学发展”。

2009 年 10 月 20 日，湖南省高等学校学报研究会第三次理事长办公会议暨“三优”评比会在湖南大学期刊社举行。参加会议的代表有：王海东、熊楚才、任楚威、王道平、李建华、刘玉兰、汪晓、陈灿华、兰甲云等。会议主要讨论 2009 年研究会年会的会议议程，以及湖南省高等学校学报研究会优秀编辑、优秀编辑学论文、优秀年度学术论文的评比工作。秘书长汪晓汇报了会议的准备情况以及会议议程。陈灿华汇报了湖南省高等学校学报研究会优秀编辑、优秀编辑学论文、优秀年度学术论文的申报情况。随后，评审专家对湖南省高校学报优秀编辑、优秀编辑学论文、2009 年年会学术论文进行了认真评审，共评选出优秀编辑 55 人，优秀编辑学论文一等奖 16 篇，二等奖 23 篇；优秀年度学术论文一等奖 10 篇，二等奖 15 篇。

2009 年 10 月 28 日晚上，湖南省高等学校学报研究会第四次常务理事会议在重庆市东方苑宾馆召开。会议审议了常务副理事长王海东提交的《湖南省高等学校学报研究会第六届理事会工作报告》和副理事长熊楚才提交的《关于修改〈湖南省高等学校学报研究会章程〉的报告》。

2. 第七次会员大会召开

2009 年 10 月 29 日上午，湖南省高等学校学报研究会会员大会暨 2009 年年会在重庆市东方苑宾馆隆重举行。参加会议的领导有湖南省新闻出版局报刊处副处长陈奇亮，中国高校自科学报研究会副理事长杜文涛，重庆市高校学报研究会理事长汤兴华，中国高校自科学报研究会秘书长郑进宝。湖南省高等学校学报研究会常务副理事长王海东，副理事长章育良、王道平、任楚威、熊楚才、李建华，秘书长汪晓以及 134 名会员代表参加了会议。陈奇亮副处长发表了讲话，他认为湖南省高等学校学报研究会充满活力、凝聚力和影响力，富有创造性，希望编辑爱岗敬业，进行编辑学理论研究，积极参加研究会组织的各项活动等。

会议由副理事长王道平主持，副理事长章育良致开幕词。常务副理事长王海东代表第六届理事会作了第六届理事会工作报告。全面回顾了研究会第六届理事会成立以来的工作，总结了经验，鼓励大家在今后的工作中以科学发展观为指导，转变办刊理念，建立有效机制，提升学报质量，办出学报特色。

副理事长熊楚才作了关于修改研究会章程的报告。大会按照修改后的研究会章程，选举产生了湖南省高等学校学报研究会第七届理事会，并产生了常务理事和理事长、副理事长、秘书长，组成了新的工作班子。经过代表的无记名投票，王海东等 37 位候选人当选为研究会第七届理事会常务理事；王海东当选为研究会理事会第七届理事长，章育良、王道平、熊楚才、李建华、刘玉兰、吴家庆、王以群当选为副理事长，汪晓当选为秘书长。

大会传达了全国学会的有关精神，表彰了一批优秀编辑和优秀编辑学论著，并围绕学报事业的发展，争创名刊、名栏、名编辑等许多理论与实践问题进行了深入的探讨与切磋，交流了工作经验。湖南省委党校詹花秀就“坚持办刊特色：高校学报求生存、图发展之道”，中南大学陈灿华就“惩治与预防学术不端行为的具体措施”，湖南科技学院王晚霞就“学报编辑部地方新升本科院校学报栏目设置策略”，长沙理工大学林向阳就“期刊信息资源共享之探讨”分别进行了大会发言。会议组织严密、学术气氛浓厚，达到了预期效果。

四 研究会活动丰富多彩

新世纪新征程，湖南省高等学校学报研究会坚持党的全面领导，秉持办会初衷，遵循学会章程，以提高学报办刊质量为核心，团结带领广大会员举办了丰富多彩、富有成效的学会活动，在制度化、广泛性、专业化和群众参与度等方面都出现了新的繁荣态势。

（一）年会及工作会议常态化

1. 2002 年年会：热议加入 WTO 和学报改革发展

2002 年 10 月 9 日至 12 日，湖南省高等学校学报研究会 2002 年年会暨学术研讨会在湖南文理学院召开。来自全省 60 余家高校学报的 105 名代表出席了会议。本次会议的主题是“加入 WTO 后湖南高校学报的改革发展”。会议的主要内容有：审议 2002 年度工作报告，审议 2002 年度财务工作报告，讨论研究会 20 周年庆典筹备工作报告，传达 2002 年中国高等学校哲学社会科学学报工作会议精神。

湖南省新闻出版局副局长马如俊，湖南省新闻出版局报刊处副处长罗永康，湖南省高校工委原副书记胡学军，湖南文理学院党委书记杨万柱、副院长魏怡，常德职业技术学院党委副书记熊昌本，湖南省高等学校学报研究会常务副理事长、中南大学学术期刊中心主任张曾荣，研究会副理事长、《湘潭大学学报（哲学社会科学版）》主编章育良等参加会议。

湖南省新闻出版局马如俊副局长发表了讲话，充分肯定了近几年我省高校学报改革和发展的成绩和本次会议所议定的主题，并就高校学报改革的热点问题提出了指导性意见。马如俊副局长指出，当前我国的改革开放和现代化建设进入了一个新的历史发展时期，新时期新阶段所赋予我们的历史机遇以及加入世贸组织的挑战，对高校学报工作提出了一系列重大的课题和更高的要求。我们必须提高认识，统一思想，抓住当前难得的发展机遇，切实加强和改进学报工作，全面提高学报的办刊质量，努力开创高校学报工作的新局面。首先，要明确高校学报的生存价值。高校学报是我国高等教育事业的重要组成部分，在推进高校教学科研和繁荣发展我国科技文化事业方面具有不可替代的作用。学报的主办单位及编辑部，要牢固地树立精品意识，以质量求生存，以特色求发展，只有办出一流的期刊，才能够推出更多有较高水平和较大学术影响的精品力作，才能够使学报在推进生产力转化，促进社会进步中发挥应有的作用。其次，要明确高校学报定位问题。在经济全球化的背景下，出版行业的产品逐渐以世界市场为生存条件和竞争舞台。我们必须在办刊理念和办刊模式上适应这一变化趋势，根据自己的学科优势和行业优势，把刊物做大做强，塑造出刊物的学术个性和文化特征。最后，要努力提高学报的编辑素质。编辑素质是关键，对学报的选题、策划、科技信息动态的把握至关重要。因此，提高编辑素质是学报管理的一项长期性工作。希望各学校认真贯彻落实教育部文件精神，切实为学报编辑提供良好的工作条件、学习机会和晋升通道。

湖南省高等学校学报研究会副理事长张曾荣教授作了《抓住机遇、开拓创新、与时俱进，为创精品学报而努力》的主题报告，回顾了一年来的工作成绩。第一，独立评审或组织参加科技评奖活动，成绩斐然。5 种学报被评为第二届全国“百强社科学报”，8 种学报被评为第二届全国“优秀社科学报”，8 位学报主编被评为“全国高校社科学报优秀主编”。第二，筹备研究会成立 20 周年庆典活动等。筹备活动早就在 2002 年上半年就已经开始了，这次年会对于 20 周年庆典活动进行了进一步梳理。明确纪念册题名为《春华秋实》。内容包括：湖南省高等学校学报研究会 20 周年大事记，研究会历届工作班子成员名单，全省高校学报优秀个人、优秀集体以及优秀编辑学论著题录，诗联荟萃，学会会员单位名册等。同时，对 2003 年的工作作了部署：召开庆祝研究会成立 20 周年大会，围绕办好精品学报召开专题研讨会。他号召全体与会同志以优异成绩迎接党的十六大胜利召开。

2. 2007 年理事长办公会：讨论学报出版质量年工作安排

2007 年 4 月 16 日至 17 日，湖南省高等学校学报研究会理事长、秘书长会议在湘潭大学出版社召开。参加会议的代表有：王海东、章育良、任楚威、王道平、李建华、童小娇、汪晓、陈灿华和张静。

理事长王海东提出了 2007 年学报研究会的主要工作：（1）确定 2007 年为湖南省高校学报出版质量年，应采取具体措施，提高我省高校学报整体质量，彰显特色，树立品牌。（2）召开一次省高校学报常务理事会议。（3）举办一期编辑信息化培训班。（4）分别举办一期文科学报和理科学报主编培训班。（5）对 2006 年本研究会的 4 项立项课题进行中期检查。他还传达了中国高校自科学报研究会于 2007 年 3 月 11 日在北海召开的常务理事会会议精神，传达了教育部科技司对我国高校自科学报的办刊意见，指出每种期刊需对自身发展提出规划。

副理事长章育良分析了我省高校学报的现状，指出我省学报平台较小，进入 EI、SCI、CSSCI、CSCD 的期刊较少。针对一些栏目雷同、优质稿件较少的情况，我们需要对期刊资源进行整合，加强信息交流，提高期刊的出版质量。

副理事长王道平传达了中国期刊协会 2007 年 2 月 6 日在北京召开的中国期刊协会第四届全国会员大会精神：共有与会代表 200 余人，会议以无记名投票的方式选举了第四届理事会理事 253 名，以举手表决的方式选举了第四届理事会常务理事 113 名，还选举了副会长、常务副会长、秘书长；选举新闻出版总署原副署长石峰为新一届理事会会长，期刊协会第三届理事会会长张伯海任本届理事会顾问。我省侯建、杨俊杰、欧阳勋、郝安、王道平、范正国作为代表参加会议。侯建被选举为常务理事，杨俊杰、欧阳勋、郝安、王道平、范正国被选举为理事。会议还决定于 2007 年 5 月下旬召开湖南省高等学校学报研究会常务理事会，由湖南科技大学承办。

3. 2007年常务理事会议：名刊名栏建设和规范出版检查

2007年5月19日至21日，湖南省高等学校学报研究会常务理事会议在湖南科技大学学术交流中心举行。参加会议的代表有常务理事22人。任楚威副理事长通报了2007年4月16日至17日在湘潭大学出版社召开的湖南省高等学校学报研究会理事长、秘书长会议精神。章育良副理事长传达了2007年4月19日在南昌举行的中国人文社会科学学报学会常务会议精神。王海东常务副理事长传达了中国高校自科学报研究会于2007年3月11日在北海召开的常务理事会会议精神，传达了教育部科技司对我国高校自科学报的办刊意见，传达了新闻出版总署将对期刊进行出版规范检查的相关文件和内容。

会议指出：（1）2007年是湖南省高校学报出版质量年，研究会和各学报编辑部应采取具体措施，提高我省高校学报整体质量，彰显期刊特色，树立期刊品牌。（2）以“名刊”和“名栏”建设为抓手，对照期刊评价指标体系要求，在学术质量、编校质量、印刷质量等方面下功夫，注重提高刊文的下载率、被引率、二次文献的转载率等，不断提高刊物的影响力。（3）规范出版，坚决杜绝和打击一号多刊、出售或租借刊号、委托他人办刊等违法现象，还要杜绝期刊标识混乱、版权页表述不全面等现象，必须高度重视，对照报刊出版管理规定，认真自查自纠，对存在的问题及时改正，以规范出版行为。

这次会议的召开，以质量建设为目标，以“名刊”和“名栏”建设为抓手，严格规范出版，为全年的学报改革发展和研究会的工作布局、定调。

4. 2008年两次常务理事会议：配合全国学会重大工作部署

2008年5月下旬，研究会在湖南财经高等专科学校召开了第一次常务理事会议。这次会议传达了中国高等学校自然科学学报研究会组织开展的“第二届中国高校精品·优秀·特色科技期刊奖”评比活动和“高校科技期刊先进集体”评选活动的有关精神。

会议同意陈一民不再担任研究会学术工作委员会主任，由陈灿华任学术工作委员会主任，兰甲云任学术工作委员会副主任。

2008年7月下旬，研究会在长沙召开了常务理事工作会议。根据中国人文社会科学学报学会下达的《第六次全国会员代表大会的通知》的精神及原则，经研究决定，推荐下列学报编辑部和个人为中国人文社会科学学报学会理事候选单位及常务理事候选人。

理事候选单位：湘潭大学、湖南大学、中南大学、湖南师范大学、湖南城市学院、湖南科技大学、湖南农业大学、长沙理工大学。

常务理事候选人：章育良、王道平。

鉴于《湖南师范大学学报》长期以来积极支持、参加学会工作，学报也取得了较好成绩，在全国有一定影响，建议学会增加该学报主编吴家庆教授为常务理事。

（二）其他重要会议

2001年4月29日，湖南省高等学校学报研究会常务理事会在湖南大学岳麓书院召开，主要讨论了常务理事增补等工作。

2001 年 9 月 7 日，湖南省高等学校学报研究会常务理事会在中南大学铁道校区召开，会议讨论决定了省科技期刊编辑学会理事候选名单和“双优”评比参评工作的有关事项。

2001 年 12 月 3 日至 7 日，湖南省新闻出版局在税务专科学校举办“湖南省第三期社科期刊编辑培训班”。

2001 年 12 月 30 日，湖南省高等学校学报研究会常务理事会在中南大学铁道校区召开。会议主要研究了研究会成立 20 周年庆典活动的筹备工作，通报了“金牛奖”“银牛奖”颁奖大会盛况。

2002 年 6 月 22 日，湖南省高等学校学报研究会五届二次常务理事会在湖南农业大学召开。

2002 年 9 月 5 日至 6 日，湖南省高等学校学报研究会理事长办公会在湘潭大学召开，讨论了研究会成立 20 周年庆典活动的筹备工作。

2002 年 10 月 9 日至 12 日，湖南省高等学校学报研究会学术年会在湖南文理学院召开。

2004 年 1 月 11 日，湖南省高等学校学报研究会常务理事会在长沙市金洲大酒店召开，主要议题为各专业委员会的调整与分工。

2004 年 11 月 29 日至 12 月 30 日，值湖南人文科技学院“专升本”和《湖南人文科技学院学报》创刊 20 周年“双庆”之际，湖南省高等学校学报研究会学术年会在娄底市召开。熊楚才在会议上传达了全国高校学报“三优”评比会议精神。

2005 年 1 月 6 日，湖南省高等学校学报研究会理事长、秘书长会议在中南大学期刊中心召开，会议研究决定了本会承办省期刊协会 2005 年春节联谊活动和研究会换届选举的相关事宜。

2005 年 3 月 2 日，熊楚才代表研究会参加了在湖南省委招待处二楼一会议室召开的“全省理论报刊负责人座谈会”，学习了中共湖南省委宣传部、省新闻出版局《关于加强社科理论报刊导向管理的意见》及省委副书记谢康生“关于理论阅评工作的重要批示”。省委宣传部部长蒋建国到会作了重要讲话。

2005 年 9 月 17 日，湖南省高等学校学报研究会理事长、秘书长会议在长沙理工大学召开，主要讨论研究了本会各工作委员会分工事宜。

2006 年 1 月 18 日，湖南省高等学校学报研究会六届二次常务理事会在天园度假中心召开，研究讨论了研究会 2006 年工作计划。

2006 年 3 月 7 日，湖南省高校学报、校报总编工作会议在今朝宾馆召开。省高校工委负责人传达了中宣部“出版情况专题通报会”精神，分析了目前新闻出版工作面临的形势，提出了今后的工作任务和要求。强调要提高思想认识，把政治导向放在第一位；要落实责任，把社会责任放在第一位；要强化管理，把依法办刊放在第一位；要促进发展，把提高质量、搞好服务放在第一位。

2006年7月7日至9日，湖南省高等学校学报研究会六届三次常务理事会在石门召开。会议听取了秘书处关于本年度学会工作中期总结、检查的汇报以及中南大学关于调整本校常务理事的报告，并研究了2006年年会的有关事项。

2006年9月22日，湖南省高等学校学报研究会常务理事会在湖南工业职业技术学院召开。会议讨论研究了科技期刊编辑学会理事会换届选举高校学报系统候选人名单。

2006年10月16日，湖南省高等学校学报研究会理事长办公会在长沙召开。张曾荣、章育良、熊楚才、任楚威、王道平、李建华、汪晓参加了会议。会议讨论了年会的主题、内容、时间、地点等问题，决定在12月中旬召开年会，并要求做好征文工作，征文要体现学术特色。会议审议了编辑学课题申报评审工作，原则上通过了赵佳荣、刘晓霞、王健、简姿亚4位同志申报的课题。会议研究了中南大学关于调整常务理事的报告，同意由王海东同志（中南大学出版社社长）接任张曾荣同志担任本会常务理事。同时，将向常务理事会建议根据工作需要调整学会工作班子。

五 学术活动成为亮点

各类学术活动特别是2006年首次设立的研究会基金项目，为湖南省高等学校学报研究会擦亮了底色，突出了特色。这一时期的学术活动有力地配合了研究会确定的出版质量年、高校学报运行机制改革年、期刊数字化出版年等主题活动，取得了亮眼的成绩。

（一）参加全国评优活动成果丰硕

2000年11月4日至8日，中国人文社会科学学报学会在福建师范大学举行第四次代表大会，章育良、兰甲云、刘范弟、易永卿等代表和大会筹备组成员卜庆华、优秀论文获奖作者张文刚参加了会议。

2001年2月22日，在北京举行的第三届“全国百佳出版工作者”颁奖大会上，卜庆华被评为“全国百佳出版工作者”。

2001年11月15日至20日，中国高等学校自然科学学报研究会“双优”评选表彰大会暨四届二次理事会、四届四次常务理事会在安徽屯溪召开，来自全国29个省区市的240多名代表参加了会议。我省参加会议的代表有中南大学陈灿华、晏绍明、贾万尚，湖南大学张高明，湖南师范大学任楚威、张宽信，湖南农业大学熊楚才、罗慧敏、陈艳芳，湘潭大学李军熵，湖南科技大学王窈惠、龚德炎，吉首大学易必武，湖南文理学院谭长贵等。

长沙交通学院秦晓燕、湖南农业大学熊楚才、湖南师范大学张宽信、吉首大学易必武、湖南科技大学王窈惠、湘潭大学李军熵、湖南大学张高明、中南林学院邓白罗、中南大学陈灿华等9位老师被评选为优秀编辑工作者。我省有10篇论文获奖。

湖南科技大学的王窈惠老师就“从刊物数字化到检索国际化”问题在经验交流环节

作了交流发言。

2001 年 12 月 12 日，中国科学技术期刊编辑学会四届二次理事会暨“金牛奖”“银牛奖”颁奖大会在北京隆重开幕，湖南科技期刊编辑界有 6 名编辑获此殊荣：熊楚才荣获“金牛奖”，任楚威、张宽信、肖家元、潘生、罗慧敏荣获“银牛奖”。

2002 年 10 月 21 日至 28 日，中国高等学校自然科学学报研究会建会 15 周年庆祝大会暨四届三次理事会议在昆明召开，来自全国各地的 320 余名代表参加了这次盛会。

大会颁发了中国高等学校自然科学学报研究会评定的“高校学报突出贡献奖”，我省皮光中、张曾荣、李昌佳、许潜毅、阳丽霞、汪晓、李军熵、王窈惠等 8 人获此殊荣。

2006 年 7 月，教育部科学技术司委托中国高校自科学报研究会开展“首届中国高校精品·优秀·特色科技期刊奖评比”和“2006 年高校科技期刊优秀编辑工作者及优秀编辑学论著评比”，我省 3 家学报被评为“精品科技期刊”，4 家学报被评为“优秀科技期刊”，5 家期刊被评为“特色科技期刊”。此外，5 人被评为优秀编辑工作者，2 篇论文被评为“优秀编辑学论文（论著）”。

在 2008 年“第二届中国高校精品·优秀·特色科技期刊奖”评选中，湖南省再次斩获佳绩，4 家学报被评为“精品科技期刊”，5 家学报被评为“优秀科技期刊”，3 家学报被评为“特色科技期刊”。其中“精品科技期刊”数量较首届增加了 1 种，成绩显著。

在全国高校社科学报评比中，我省文科学报也表现优异。在 2009 年全国高校社科学报的评比中，我省 2 家学报被评为全国高校“十佳社科学报”，12 家学报被评为全国高校“百强社科学报”，4 家学报被评为全国高校“优秀社科学报”，9 家学报的相关栏目被评为全国高校社科学报“优秀栏目”。

（二）举办各类学术研讨会

为体现学术研究作为研究会的核心工作，这一时期，湖南省高等学校学报研究会独立举办了多场具有历史意义的学术研讨活动。

1. 2004 年文科学报争创名刊研讨会

为传达和贯彻“教育部高校哲学社会科学名刊工程首批入选学报建设座谈会”的精神，进一步解放思想，深化改革，推动省高校学报整体质量的提高，湖南省高校学报研究会于 2004 年 3 月 4 日在湖南师范大学红楼召开了湖南省高校学报争创名刊、名栏（名篇）研讨会。全省高校文科学报主编、高校学报期刊社主要负责人参加了会议。湖南师范大学副校长蒋冀骋到会并发表讲话。

我省出席教育部高校哲学社会科学名刊工程首批入选学报建设座谈会的特邀代表、省高校学报研究会顾问、湖南师范大学卜庆华向与会同志介绍了座谈会的情况和教育部副部长袁贵仁的讲话精神，并就我省高校学报如何参与名刊工程建设提出了自己的看法：湖南高校学报参与名刊工程建设既有其优势，也有其不足。从优势方面说，改革开放20多年来，我省高校学报取得了长足的进步，不仅数量有较大增加，而且整体质量也有明显提高，有些学报形成了自己的品牌和特色；但是，我省高校学报与入选名刊工程学报相比，还有不小的差距。他勉励与会的同志针对我省高校学报存在的问题，大力进行改革；希望我们的主编检查自己的学报学术定位是否正确、栏目设置是否合理，了解自己学报的优势和薄弱环节；努力实行双向匿名审稿；提倡不收版面费，杜绝一切人情稿、关系稿；重视校内和校外作者队伍的建设，努力实行开门办刊；经常了解学报文献统计和排名情况，多刊发有益于增加被引频次的学术论文；着力研究学报的改进措施；等等。

《伦理学研究》主编、著名伦理学家唐凯麟应邀参加会议。他强调高校哲学社会科学研究要以马克思主义理论为基础，学校领导首先要重视学报建设，要把最好的文章给学报，提高学报的地位；编辑部要加强与学术界的联系，主动组稿，也可以聘请一些栏目主持人，办出刊物的特色。

与会同志围绕卜庆华的讲话，就我省高校哲学社会科学学报如何创建名刊、名栏、名篇和培养名编辑展开了热烈讨论。湖南师范大学吴家庆、吉首大学张登巧、湖南理工学院杨年保、湖南大学王道平、湖南公安高等专科学校陈一明、湘潭大学章育良、湖南大学姚德权、零陵学院杨金专等分别结合本校学报实际作了专题发言，介绍了各自学报在建设名刊、名栏方面的经验和设想。

会议还就各学报的特色栏目、发行量、审稿量、收费等有关情况作了问卷调查，以供规划学报改革与发展方案参考。

首批入选教育部高校哲学社会科学名刊的11家学报还发布了倡议书，倡议湖南省所有学报：（1）坚持先进文化的前进方向和正确的舆论导向，理论联系实际，学术结合时代，追踪社会思潮、理论前沿和学术热点。（2）实行学术资源整合，树立特色化的发展理念，走特色化的发展道路。（3）贯彻“双百”方针，坚持解放思想，求真务实，积极推进理论创新。（4）严肃学术纪律和学术规范，倡导优良学风和文风，强化行业自律，坦诚接受社会监督。（5）互通信息，交流经验。（6）加强宣传，扩大影响，联合发布广告。（7）由中国人文社科学报学会牵头，设立具有联络性质的“高校社科名刊主编论坛”，由各家入选学报定期轮流主办，交流经验和做法，协调各家学报的工作。倡议大家增强发展繁荣哲学社会科学的历史使命意识和政治责任感，抓住机遇，乘势而上，以优异的工作成绩迎接美好的春天。

2. 2004年自然科学学报研讨会

2004年4月15日，湖南省高等学校自然科学学报编辑部主要负责人在湖南师范大学红楼参加了本会召开的自然科学学报研讨会。会上，常务副理事长张曾荣传达了中国高等学校自然科学学报研究会四届九次常务理事会关于换届工作的有关决议和“关于开展2004年全国高校科技期刊优秀评比活动的通知”。副理事长任楚威作了湖南省第四次科技期刊等级评定总结，号召我省高校自科学报积极参加2004年全国高校优秀科技期刊、优秀编辑工作者及优秀编辑学论著的评比活动，力争“评出水平、评出方向、评出士气”。

学术委员会主任张静就湖南省第十届自然科学优秀学术论文评比活动作了说明，研究会将推选2篇优秀科技编辑学论文参加2004年全国高校科技期刊优秀评比活动。

3. 2009年湖南省科技期刊编辑学会研讨会

2009年6月5日至9日，湖南省高等学校学报研究会自科学报专业委员会与湖南省科技期刊编辑学会首次联合举办的学术研讨会在江西省南昌市召开，与会代表41人。

学术研讨会由副理事长王道平主持。《中国锰业》周柳霞、中南大学陈灿华、《湖南水利水电》颜德明、南华大学王以群、《汽车电气》彭利平、吉首大学陈炳权、《机车电传动》陈立春先后发言，就科技期刊的经营管理、新形势下科技期刊编辑现状分析及应具备的素质、数字化时代科技期刊的经营与拓展、精品期刊的创建等交流了各自的经验。湖南省科技期刊编辑学会副理事长范正国、省高等学校学报研究会理事长王海东分别就科技期刊和高校学报的现状及发展对策作了发言，省科技期刊编辑学会理事长龚维忠作了总结发言。

（三）首次启动研究会课题申报工作

1. 2006年首次启动研究会课题申报

根据湖南省高等学校学报研究会六届二次会议讨论通过的学报研究会工作要点、学术委员会2006年工作计划，研究会决定组织实施编辑学研究课题的选题策划、申报评审工作。2006年5月，湖南省高等学校学报研究会组织了自研究会成立以来的首次研究课题申报工作，本次设置的3个研究课题为“湖南省高校科技期刊现状调查与分析”“湖南省高校科技期刊评价体系与研究”“湖南省高校科技期刊发展战略研究”。所有会员单位或个人申报的课题均由研究会学术委员会组织专家进行评审确定。研究期限为1~2年，2007年6月30日研究会将组织专家进行课题成果验收。

2006年10月16日，湖南省高等学校学报研究会首次编辑学课题评审工作会议在长沙召开。张曾荣、章育良、熊楚才、任楚威、王道平、李建华、汪晓作为专家组成员参加了会议。经过认真评审，会议原则上通过了赵佳荣、刘晓霞、王健、简姿亚4位同志申报的课题。要求自立项之日起，在1~2年内完成课题研究任务。

2007年7月11日至12日，湖南省高等学校学报研究会研究课题中期检查会议在湖南株洲仁达宾馆召开。参加此次会议的专家有王海东、任楚威、熊楚才、王道平、李建华、童小娇、汪晓、陈灿华等。课题主要责任人有湖南农业大学赵佳荣、湖南科技大学王健、湖南文理学院刘晓霞、长沙学院简姿亚。

刘晓霞、王健、简姿亚、赵佳荣先后汇报了各自工作的进展、所取得的成绩、下一步工作计划和应采取的措施。与会专家对各项目执行情况进行质询，认为各课题所在单位领导重视，课题负责人及课题组成员工作努力，各课题研究均有不同程度的进展，特别是赵佳荣老师负责的课题“农科类高校人文社科学报特色栏目建设研究”，因领导重视，目标明确，分工具体，群体参与，已取得了阶段性成果。

与会专家认为，在后续研究阶段，课题“学报信息化管理过程中存在的不足及完善”需进一步明确目标，加快研究进度；课题“从特色栏目到专业学报：高校学报的发展之路”需更详细、具体地分析制约高校学报发展的因素，提出高校学报的发展路径，并争取在高档次期刊上发表相关研究论文；课题“关于创办特色争鸣栏目的思考”应进一步明确研究思路，加强研究力量，加快研究进度。

此次研究课题的设定、申报、评审、中期检查等各个环节严格规范，为研究会今后开展常态化课题研究探索了路径，积累了经验。

2. 2008年研究会第二期课题立项

2008年3月22日，湖南省高等学校学报研究会理事长、秘书长会议决定于2008年5月启动研究会第二期研究课题立项工作。

2008年5月28日，研究会发出湖南省高等学校学报研究会第二期编辑学课题申报的通知。本次设立了4个课题，分别是高校审稿专家数据库的建立，湖南省高校学报现状及发展对策，湖南省高校科技期刊与非高校科技期刊的比较研究，高校学报对科技、社会发展的功能研究。并对每一个课题提出了具体要求，比如，对第一个课题的要求是：（1）统计高校、科研院所中具有副高职称及以上的专家信息，包括姓名、出生年月、学历、职称、从事专业、研究方向、联系电话和邮箱、审稿意愿等；（2）第一阶段收录省内专家信息，第二阶段收录省外专家信息；（3）该数据库是动态的，需每半年更新一次；（4）研究成果免费提供给省内各高校学报编辑部使用等。所有课题研究年限为2年，2010年9月30日验收。

2008年10月21日，湖南省高等学校学报研究会在湖南农业大学召开理事长、秘书长会议，审议了研究会第二期课题立项工作，批准4个课题为研究会第二期研究立项课题。

（四）承办湖南省高校学报发展研讨会

2006年10月16日，湖南省新闻出版局在长沙理工大学召开了湖南省高校学报发展研讨会，会议讨论了我省高校学报的发展现状、存在的问题，并围绕如何强化主管、主办单位的作用，要加强内部管理和规章制度的建设，杜绝学术腐败，创办名刊、名栏等议题展开研讨。

会议由湖南省新闻出版局主办，长沙理工大学期刊中心承办。湖南省新闻出版局副局长侯建，报刊处处长苏仁进、副处长杨俊杰，长沙理工大学副校长付宏渊参加会议并讲话。湘潭大学、中南大学、湖南大学、湖南农业大学、湖南师范大学、长沙理工大学等6所高校的期刊社（中心）社长和负责人应邀参与了研讨。

会议由湖南省新闻出版局报刊处处长苏仁进主持，长沙理工大学副校长付宏渊致欢迎词，侯建副局长就我省高校学报工作作了重要讲话。湘潭大学期刊社社长章育良、湖南大学期刊社社长王道平、湖南师范大学期刊社社长任楚威、湖南农业大学期刊社社长熊楚才、中南大学出版社副社长李昌佳、长沙理工大学期刊中心主任童小娇、长沙理工大学期刊中心书记兼副主任刘玉兰分别在会上发言。

侯建在发言中指出，本次会议的中心议题是研讨我省高校学报的发展现状、存在的问题及今后如何创建学术品牌。他指出，学报是展示学校科研、学术水平的重要“窗口”，是宣传和培养高素质人才的重要阵地，是传承、积累优秀文化的工具和载体，具有促进学科建设的功能，因而非常重要。我省高校学报从 1998 年起快速发展，学报数量不断增加，办刊质量有了很大进步，形成了一批名牌学报，创立了自己的品牌和特色，造就了一支稳定的、高素质的编辑队伍。在创建学术品牌问题上，侯建指出，第一，要始终坚持正确的政治方向和学术导向；第二，要坚持走特色化发展之路；第三，要重视作者队伍建设；第四，要加强内部管理，严格遵守期刊出版政策法规；第五，主办单位要高度重视学报的出版工作。

会议由侯建副局长作总结发言，他指出，此次高校学报研讨会是一次成功的会议，既交流了办刊经验，又总结了优势和不足，达到了预期目的。研讨会成为我省各高校学报办名刊、名栏的一个阶段性总结和全新的起点。

六　其他活动精彩纷呈

这一时期，各会员单位还各自开展了一些业务活动，为湖南省高等学校学报研究会增添了亮丽的色彩。

（一）《湘南学院学报》举行创刊 100 期庆典

2005 年 12 月 23 日上午，《湘南学院学报》创刊 100 期暨晋升省一级期刊庆祝大会在湘南学院苏仙校区学术报告厅举行。湘南学院党委、行政领导，学报编辑委员会全体成员，各系及相关处室负责人参加了会议。省内外近千家学报题词、来函或致电表示祝贺，湖南省科技厅条财处、湖南省高等学校学报研究会相关领导和专家到会，湖南省新闻出版局领导致电祝贺。庆祝大会上，编辑部汇报了学报 26 年来的发展概况，新老编辑、编委畅叙学报发展历程，共商学报发展大计；湖南省科技厅、湖南省高等学校学报研究会到会领导分别发言，盛赞《湘南学院学报》的发展进步；学院党委书记李白均、院长曹石珠发表讲话，对学报的建设和发展提出了新的期望。

（二）《湖南师范大学学报》创刊 50 周年庆典

2006 年 6 月 28 日，《湖南师范大学学报》创刊 50 周年庆祝大会在湖南师范大学红楼报告厅举行。大会由湖南师范大学副校长龚维忠主持。湖南师范大学校党委副书记、副校长蒋冀骋代表学校致辞，湖南师范大学期刊社社长任楚威向来宾汇报了学报的发展情况。湖南省新闻出版局副局长侯建对该校学报在过去 50 年的发展历程中所积累的宝贵经验给予了高度评价，认为本次大会不仅对《湖南师范大学学报》有着承前启后的意义，而且对全省高校学报也有着十分重要的借鉴意义。教育部社科司出版处处长田敬诚指出，《湖南师范大学学报》有着高知名度、高文摘率，在编辑学研究上取得了丰硕成果，希望学报能继续引领学术潮流。中国人文社科学报学会理事长、《北京大学学报（哲学社会科学版）》主编龙协涛，中国高校自然科学学报研究会理事长、北京林业大学颜帅，《新华文摘》总编张耀铭分别发言。中国新闻出版总署署长龙新民发来了贺信。

《高等学校文科学术文摘》杂志社总编姚申，南京大学中国社会科学研究评价中心主任马晓军，中国工程院院士、湖南师范大学教授刘筠等到会祝贺。参加庆典大会的还有省委宣传部理论处、出版处，省新闻出版局报刊处，省科技厅条财处，省教育厅高教处、科技处的负责人以及学校二级单位的负责人和湖南省兄弟院校学报的代表。为庆祝《湖南师范大学学报》创刊50周年，学校期刊社编辑出版了《学术惟新——湖南师范大学学报创刊50周年庆典专辑》。

（三）《湖南农业大学学报》创刊50周年庆典

2006年11月29日，《湖南农业大学学报》创刊50周年庆典在湖南农业大学隆重举行。来自教育部、湖南省新闻出版局、中国社科院、中国人民大学、《高等学校文科学术文摘》杂志社、中国高校自然科学学报研究会、湖南省科技期刊编辑学会、湖南省高等学校学报研究会和兄弟院校学报编辑部的领导和专家，以及全体校领导、学报编委会成员、各学院及处室负责人和期刊社全体离退休职工、在职编辑人员等150余人参加了庆典。学校副校长符少辉主持会议，校长周清明代表学校党政领导致辞，党委书记刘强发表了讲话。湖南省新闻出版局副局长侯建、教育部科技司邹晖、中国高校自然科学学报研究会理事长颜帅先后讲话。

（四）长沙理工大学期刊中心两次召开经验交流会

为提高所属期刊的办刊水平和刊物的影响力，长沙理工大学期刊中心先后两次邀请省内部分高校学报专家，举办经验交流会。

2006年3月31日下午，湖南省高等学校学报研究会常务副理事长张曾荣、湖南省高等学校学报研究会秘书长汪晓、中南大学学报编辑部主任陈灿华一行3人参加在长沙理工大学期刊中心召开的经验交流座谈会。张曾荣作了题为“提高办刊水平，加强与著名检索机构的联系”的发言。长沙理工大学期刊中心主任童小娇、书记刘玉兰、副主任王新生及期刊中心各刊负责人参加了座谈会。

张曾荣一行就如何提高期刊学术水平及编校质量、合理设置栏目、加强与国际知名数据库联系、如何约稿和统稿、如何办出特色等问题进行了阐述，并针对长沙理工大学的期刊发展提出了具体意见和建议。

2007年6月6日下午，中南大学出版社、湖南大学期刊社、湖南师范大学期刊社、湖南农业大学期刊社的部分专家参加了在长沙理工大学召开的湖南省部分高校学报办刊经验交流会。会议由长沙理工大学期刊中心主任童小娇主持，中南大学出版社社长王海东、湖南大学期刊社社长王道平、湖南师范大学期刊社社长任楚威、湖南农业大学期刊社社长熊楚才等专家就学报类期刊稿源、论文等级评比、栏目责任编辑制以及如何成为国内外相关数据库来源期刊等话题进行了热烈讨论。大家各抒己见，开拓了办刊思路。长沙理工大学期刊中心全体编辑人员参加了此次会议。

2000 年至 2009 年，湖南省高等学校学报研究会在调整改革的总基调下，带领全省高校学报实施名刊、名栏工程，推进期刊质量年和机制创新年活动，推进期刊信息化、数字化建设，规范期刊出版，取得了令人满意的成绩：第一，成功举办研究会成立 20 周年庆典，全面回顾和总结 20 年来研究会所取得的成绩和成功的经验。第二，突出研究属性，围绕学报研究、编辑学研究、规范出版、数字化建设等主题，经常性地举办各种学术活动，成果形式多样，彰显了湖南省高校学报研究会会员群体的研究能力和研究水平。第三，开展“有组织科研”，自 2006 年第一次设立研究会基金课题，组织会员开展针对性的研究以后，2008 年又组织了第二期课题立项工作，研究主题更加集中和前沿，会员的参与度更高，成果的指导性更强。第四，研究会第三次代表大会的召开和换届选举的顺利进行，以及专业委员会功能的及时调整，为研究会在新世纪第一个 10 年的工作提供了组织保证。第五，走出去办会，在加强与外省兄弟研究会的联系方面做了许多尝试，获得了更多经验。总体来说，湖南省高等学校学报研究会在这一段时间的工作，始终以马克思主义为指导，以建设有中国特色社会主义文化为己任，取得了令人瞩目的成绩，呈现出“春华秋实”“硕果盈枝”的画卷。

阔步期（2010—2023）

2010 年开始，湖南省高等学校学报研究会进入新世纪的第二个 10 年。2010 年也是湖南省高等学校学报研究会第七届理事会工作的第一个年头，全国报刊退出机制试点工作也从这一年开始。

2012 年 11 月 8 日至 14 日在北京召开的中国共产党第十八次全国代表大会，是在我国进入全面建成小康社会决胜阶段召开的一次十分重要的大会。从党的十八大开始，中国特色社会主义进入了承前启后、继往开来、在新的历史条件下继续夺取新时代中国特色社会主义伟大胜利的新时代。在这个新时代，文化在综合国力竞争中的地位和作用更加凸显，文化越来越成为民族凝聚力和创造力的重要源泉、越来越成为综合国力竞争的重要因素、越来越成为经济社会发展的重要支撑，丰富精神文化生活越来越成为我国人民的热切愿望。

高校学报工作是新时代我国文化工作的一个重要组成部分，继续贯彻改革开放是这一时期学报发展的主旋律。一是在名刊名栏建设的基础上，推动精品期刊建设、世界一流科技期刊建设工作，将改革开放主题放到世界文化竞争的宏大视野之中；二是推动传统媒体和新兴媒体融合发展；三是推动期刊管理体制改革，鼓励高校综合性学报向专业性学术期刊转化，继续推进非时政类报刊出版单位改革等。

湖南省高等学校学报研究会积极响应党的号召，持续推进湖南高校学报改革不断深入，通过学术研讨、评优评奖、课题研究、引导专业化发展、促进期刊集群发展等手段，吹响了向世界一流期刊发展的号角。

一 研究会 14 年工作概貌

湖南省高等学校学报研究会经过近 30 年的奋斗历程，实现了跨越式发展，近 30 家学报获得国家统一刊号，全省高校学报基本实现内涵式发展，会员单位数量持续稳步增长，1983 年研究会成立之初仅有 24 家会员单位，到 2000 年增长至 64 家。经过 30 年的发展，到2013年底，湖南省高等学校学报研究会团体会员已近90家，到2023年，研究会团体会员已达95家，其中，常务理事42家（含秘书长、副秘书长单位）。会员单位中，有5种卓越行动计划科技期刊。会员总数在全国省级学报研究会中名列前茅。

（一）研究会改革发展

2015年3月，教育部和国家新闻出版广电总局发布了《关于进一步加强和改进高校出版工作的意见》，要求“高校要推动已完成转企改制的出版单位建立有文化特色的现代企业制度、完善法人治理结构、健全经营管理机制，使其成为合格的市场主体”，“推动符合高校实际的期刊编辑部体制改革和机制创新，探索建立期刊编辑部分散组稿审稿、出版企业统一出版发行的运营模式”，明确了高校学报的发展方向。

2019年，“中国科技期刊卓越行动计划”“湘版世界一流科技期刊建设项目”启动，极大地促进了期刊的转型发展。尤其是2021年5月9日，习近平给《文史哲》编辑部全体编辑人员的回信，极大地鼓舞了广大编辑人员。

湖南省高等学校学报研究会的发展与国家政策同频共振，与全国科技期刊改革发展同步前行，在改革中求发展。

为配合国家大政方针，2010年，根据高校学报发展的形势与需要，研究会进行了专业委员会的调整：撤销原编辑委员会，保留学术委员会；撤销原监察委员会，设立监察版权委员会；新增数字出版委员会。2014年决定调整为社科学报编辑工作委员会、自科学报编辑工作委员会和学术委员会等3个专业委员会，工作方向更加精准。2018年在原有3个专业委员会的基础上，恢复设立青年委员会，把青年编辑的培养和发展放在了重要位置。

2010年至2023年间，湖南省高等学校学报研究会还召开了3次会员大会，改选了理事会及其领导班子，为湖南省高等学校学报研究会的稳步前行提供了组织保障。

为了加强党对学报工作的全面领导，2016年开始，研究会成立了功能性党支部，并经常性开展党的路线、方针、政策教育，始终保持党对研究会的全面领导，确保研究会正确的政治方向、舆论导向和价值取向。

（二）年会主题嬗变与改革的价值取向

年会主题的演变也是湖南省高等学校学报研究会改革发展、与时俱进的重要标志之一，体现了研究会改革发展的价值取向。

2010年年会的主题是“稿源策划、学术诚信、机遇挑战”。虽然只有12个字，但内涵丰富。研究会领导班子认为，未来几年是中国期刊发展的关键时期、攻坚时期、大有作为的时期，应主动抓住机遇，而不应错过机遇；要精心策划，而不是守株待兔；要诚信办刊，而不是背离学术，我们的学报事业一定会进入到一个全新的、令我们自豪的新阶段。

2011年年会的主题为“高校学报的创新与发展”，这个主题切合国家调整改革的大政方针。2012 年年会主题是“高校学报的运行机制改革和创新发展”，是对 2012 年 7 月新闻出版总署颁布的《关于报刊编辑部体制改革的实施办法》的响应。之后，2013 年年会主题为“高校学术期刊质量保证体系研究”，2014 年年会的主题为“深化改革背景下的期刊发展研究”，2015 年年会主题为“高校学报（学术期刊）内涵质量建设与差异化发展”，2016 年年会主题为“创一流期刊、一流栏目”，2020 年年会主题为“新形势下高校学报提质增效的路径研究”，2021 年年会主题为“新时代学术期刊发展机遇、挑战与应对策略”，2023 年年会主题为“学习贯彻党的二十大精神，办好新时代学术期刊”等，都体现了湖南省高等学校学报研究会的文化使命与担当。

（三）学术活动与国家级获奖

研究会在推动学术活动方面也有了新的举措，取得了显著效果。第一，2012 年完成了研究会第三期编辑学研究课题的申报与评审工作，新立项研究课题 9 项。第二，2015 年年会期间创新性地举办了首次编辑业务知识抢答赛。自 2015 年起，编辑业务知识抢答赛成为研究会年会的常规活动。第三，2016 年，为了进一步贯彻国家新闻出版广电总局关于加强学术期刊管理的要求，研究会决定对本会会员期刊质量进行检查。以研究会为组织单位对会员期刊进行质量检查，在全国范围内也是屈指可数的举措。

在这一时期内，会员单位或个人出版编辑学专著 7 部，分别是：2012 年，周远程的《现代校对管理学》由中国言实出版社出版，并获 2014 年高校社科期刊“优秀编辑学论著”奖励；2016 年，周远程的《实用校对学原理》由东北师范大学出版社出版；2016 年，李文邦的《青年毛泽东编辑实践与编辑思想研究（1918—1927）》由湖南师范大学出版社出版；2019 年，研究会组编的《新时代期刊编辑出版的理论与实践》由湖南大学出版社出版；2022 年，邓履翔的《期刊编辑与高校学术诚信体系研究》由浙江大学出版社出版；2022 年，蒋学东的《学术期刊生态系统构建与治理》由经济科学出版社出版；2023 年，谢翠蓉、兰甲云的《编辑素养与学术传播研究》由湖南大学出版社出版。

会员单位获得了高层次奖励，数量超过了全国平均水平，而且，覆盖面相对均衡。《中南大学学报（自然科学版）》等 46 种期刊获得 181 项国家级奖励，包含“国家期刊奖”等众多国家级荣誉。会员个人中有 30 余人获得全国“优秀主编”等国家级奖励，2 人获得“全国新闻出版行业领军人才”称号等。

总体来看，2010 年至 2023 年间，湖南省高等学校学报研究会及其会员单位、个人，高举改革发展大旗，在改革中提高，走内涵发展道路，追求卓越，赶超一流，取得了前所未有的成绩。

二 研究会活动与时俱进

从 2010 年到 2023 年的 14 年间，湖南省高等学校学报研究会以豪迈的步伐走向成熟与辉煌，在改革发展和“世界一流期刊”建设的总目标下，研究会各项活动常态化、规律性开展，与时俱进，主题突出。

（一）2010 年至 2012 年研究会活动

1. 2010 年研究会活动充实饱满

按照年初工作计划，2010 年，研究会围绕我国科技期刊发展现状与改革趋势、科技期刊体制创新发展展开学术研讨，同时继续推进研究会信息化工作全面铺开。

2010 年，研究会学术委员会组织了 2 次重要的学术研讨会。2010 年 6 月 20 日至 26 日，湖南省科技期刊编辑学会 2010 年学术年会在陕西省西安市隆重召开。湖南省科技期刊编辑学会理事长龚维忠，秘书长任楚威，副秘书长许小波、颜德明、陈灿华，以及学会常务理事、理事共 50 人参加会议。会议探讨了我国科技期刊发展现状与改革趋势、科技期刊体制创新发展、学报类管理体制与运作模式改革创新、期刊编辑的出版品牌意识、科技期刊的知识产权问题、科技期刊数字出版运营模式思考、科技文稿编辑加工、科技期刊编排规则、编辑的沟通能力与技巧、编辑应有的职业道德、期刊编辑素质培养与管理、成功期刊的运作示范及科技期刊发展创新等问题。理事长龚维忠作总结发言并传达了上级主管部门的有关会议精神，就期刊今后的发展思路以及期刊改制等大家关心的问题提出了自己的见解。2010 年 6 月 23 日至 27 日，湖南省高等学校学报研究会文科学报学术研讨会在长沙及上海两地召开。40 余名文科学报主编、编辑与会。副理事长章育良就文科学报参加全国优秀学报和湖南省优秀学报活动发言，并就评比中普遍存在的问题进行了分析，介绍了评比的程序和方法。部分文科学报负责人也就当前形势和湖南省文科学报现状进行了分析。与会同志还交流了办刊经验。

2010 年 10 月 20 日至 24 日，湖南省高等学校学报研究会 2010 年会在珠海市召开。10 月 20 日晚上，召开了湖南省高等学校学报研究会七届二次常务理事会议。会议审议了理事长王海东教授提交的《湖南省高等学校学报研究会 2010 年度工作报告》及汪晓秘书长提交的《2010 年度研究会财务工作报告》。10 月 21 日上午，湖南省高等学校学报研究会 2010 年年会隆重举行。湖南省高等学校学报研究会理事长王海东，副理事长章育良、李建华、刘玉兰、王以群，秘书长汪晓及 76 名会员代表参加了会议。副理事长李建华宣读了湖南省高等学校学报研究会第四届优秀社科学报、特色栏目评奖结果以及 2010 年度优秀论文获奖名单。副理事长章育良结合全国高校文科学报评优工作以及当前形势作了主旨发言。会议还进行了学术研讨。会上，理事长王海东以《浙江大学学报》为例，提倡大力推进学报信息化建设，并把学报信息化建设纳入研究会的重点工作。

2. 2011 年研究会活动紧扣质量评估

2011 年 7 月 16 日至 21 日，湖南省科技期刊编辑学会 2011 年学术年会在内蒙古自治区呼和浩特市召开，会议主要议题有：期刊质量评估、我国科技期刊发展现状与改革趋势、科技期刊体制创新发展、学报管理体制与运作模式改革创新、期刊编辑的出版品牌意识、科技期刊的知识产权问题、科技期刊数字出版运营模式思考、科技文稿编辑加工、科技期刊编排规则、编辑的沟通能力与技巧、编辑应有的职业道德、期刊编辑素质培养与管理及成功期刊的运作示范等。

2011 年 11 月 11 日至 14 日，湖南省高等学校学报研究会 2011 年年会在广西南宁隆重召开。11 月 11 日晚，召开了湖南省高等学校学报研究会七届三次常务理事会议。11 月 12 日，召开了 2011 年年会及学术研讨会，改革和期刊质量评估是本次年会研讨的主题。研讨会上，与会代表结合学习《报纸期刊出版质量综合评估办法（试行）》展开充分研讨，认识到期刊改革的重要性、期刊质量评估的紧迫性。与会代表一致认为，改革是期刊实现高水平发展的必由之路，质量是期刊发展的生命线，并表示将积极贯彻落实上级文件精神和研究会的工作部署，抓期刊质量、促改革发展。会议还号召广大会员单位把深入学习宣传贯彻《中共中央关于深化文化体制改革推动社会主义文化大发展大繁荣若干重大问题的决定》作为重大而紧迫的政治任务。

3. 2012 年研究会活动推动数字出版和机制改革

2012 年 4 月 13 日，湖南省高等学校学报研究会 2012 年第一次常务理事会在湖南文理学院召开。来自湖南省各高校的期刊社社长、学报主编 30 多人参加了此次会议。会议由湖南省高等学校学报研究会理事长王海东主持，湖南文理学院副校长龚作奇参加会议并致辞。本次会议的主要议题是部署 2012 年度的工作。2012 年，湖南省高校学报研究会的主要工作包括：一是确立“高校学报的运行机制改革和创新发展”为年会主题；二是启动第三批研究课题；三是推动高校学报数字出版。为推动数字出版，研究会决定下半年举办一次相关经验交流培训班，为各大高校的数字出版工作提供指导。

2012 年 7 月 12 日至 21 日，湖南省科技期刊编辑学会 2012 年学术年会在湖南长沙召开。会议研讨内容包括：科技期刊发展现状与改革趋势、科技期刊体制改革的探讨、学报管理体制与运作模式改革创新、期刊编辑的出版品牌意识、科技期刊的知识产权问题、科技期刊数字出版运营模式思考、科技期刊的发展如何适应市场经济的要求、科技期刊的发行工作、科技期刊的广告工作、科技期刊编辑的现状分析和应具备的素质、科技期刊的经营与拓展、科技期刊的运行机制探析、科技期刊的规模化和强强联合及科技期刊的质量控制等。

2012 年 10 月 27 日，在福建厦门召开的湖南省高等学校学报研究会 2012 年年会，继续围绕期刊改革主题，重点讨论了湖南高校学报的运行机制改革和创新发展问题。会议还认真总结了一年来高校学报运行机制改革所积累的经验和取得的成绩。

4. 推动研究会第三期课题立项

2012 年，推动第三期课题立项工作。5 月 1 日，湖南省高等学校学报研究会第三期立项课题正式启动；7 月 5 日，在湖南警察学院召开了研究会 2012 年第二次理事长办公会议，与会专家对研究会第三期课题申报材料进行了认真评审，经过票决，同意 9 项课题予以立项。

2010 年至 2012 年，正是我国科技期刊体制改革的启动年，因此，这一时期的学术活动主题、年会主题、年会征文，包括课题立项等都是围绕期刊体制改革这一主题展开的。

（二）2013 年至 2015 年研究会活动

1. 2013 年研究会活动

2013 年 12 月 5 日，湖南省高等学校学报研究会八届一次会员大会暨学术年会在浏阳飞天凯莱度假酒店隆重召开。参加会议的有第七届研究会副理事长章育良、吴家庆、李建华，秘书长汪晓，以及常务理事、理事等共计 129 名代表参加了会议。会议分三个阶段进行。

第一阶段是会员大会，由第七届理事长、中南大学出版社社长王飞跃主持，副理事长吴家庆致开幕词，副理事长章育良代表王海东理事长作第七届研究会工作报告，秘书长汪晓作第七届研究会财务工作报告。副理事长李建华宣读了 2013 年学术年会获奖论文作者名单，秘书长汪晓宣读了 2013 年摄影作品获奖名单。

第二阶段是学术研讨，由副理事长李建华主持。湖南师范大学徐超富就“期刊主编终校的兴趣逻辑方法”，湖南农业大学赵佳荣就“高校学术期刊质量管理制度创新研究”，湖南大学厉亚就“学术出版中应加强学术道德教育”，湖南城市学院易永卿就“学术期刊的质量保障机制”分别发言。

第三阶段是选举，由副理事长吴家庆主持。按照学会章程，共选举产生 35 位常务理事。然后，经常务理事推选，选举产生研究会第八届工作班子：中南大学出版社社长王飞跃教授为理事长，章育良、吴家庆、雷鸣、陈浩凯、郭源君、赵佳荣、熊正为为副理事长，陈灿华为秘书长。理事长王飞跃教授代表新一届研究会班子成员发表了讲话，表示将勤奋工作，集思广益，群策群力，将学会工作不断推向新的高度。

2. 2014 年研究会活动

2014 年 10 月 24 日，湖南省高等学校学报研究会八届二次会员大会暨学术年会在邵阳学院隆重举行。邵阳学院校长陈晓飞，湖南省新闻出版广电局报刊处处长陈奇亮，研究会理事长王飞跃，副理事长章育良、陈浩凯、熊正为、郭源君，秘书长陈灿华，以及常务理事、理事等共计 136 名代表参加会议。会议分三个阶段进行。

第一阶段是开幕式，由副理事长章育良主持。邵阳学院校长陈晓飞致欢迎词，代表邵阳学院领导班子对会议的召开表示衷心的祝贺，对各位代表的到来表示热烈的欢迎，然后对邵阳学院进行了简要介绍。省新闻出版广电局报刊处处长陈奇亮对研究会会员大会暨学术年会的顺利召开表示热烈祝贺，对我省高校学报取得的成果表示肯定，然后通报了湖南省新闻出版广电局机构改革情况、非时政类报刊体制改革情况及学术期刊认定、转型与新技术的冲击等与会代表关心的问题。副理事长郭源君宣读了 2014 年学术年会获奖论文作者名单、优秀编辑名单，并为论文获奖作者和优秀编辑颁发了证书。王飞跃理事长作年度工作报告，陈灿华秘书长作年度财务工作报告。

第二阶段是学术交流，由副理事长陈浩凯主持。湖南师范大学徐超富就“名栏社科学报的评价方法”，中南大学邓履翔就“学术期刊如何防范学术论文署名纠纷”，湖南大学张海英就“台湾学术论文编辑中的常见问题”，湖南科技大学晏小敏“就基于共生理论的高校学报编辑场域的关系性分析”，湖南文理学院刘晓霞就“文化体制改革下地方高校学报发展策略”作分享，并与代表进行了交流。

第三阶段是分组交流研讨。本科院校理工科学报组由副理事长熊正为主持，文科学报组由《邵阳学院学报（社会科学版）》主任、常务理事贺独主持，高职高专学报组由《湖南工业职院学报》主任、常务理事杨学文主持。与会代表交流了各自的办刊经验和体会，并就期刊中存在的瓶颈问题、解决办法进行了充分交流，大家踊跃发言，各抒己见，会议富有成效。

3. 2015 年研究会活动

研究会召开了三次理事长办公会议。第一次理事长办公会议于 2015 年 5 月 13 日在湖南科技大学召开。会议主要讨论了研究会 2015 年度工作计划与安排。第二次理事长办公会议于 2015 年 9 月 7 日在中南大学召开。此次会议的核心议题是今年年会的有关事宜。经讨论决定：研究会 2015 年学术年会于 2015 年 10 月下旬在湘南学院召开，会议主题为“高校学报（学术期刊）内涵质量建设与差异化发展”，并决定年会优秀论文征文及评比。对第三期研究会立项课题研究内容与进度予以检查和督促，定于 2015 年年会之前结题。第三次理事长办公会议于 2015 年 10 月 21 日在湖南大学出版社召开，主要讨论 2015 年年会相关事宜。此次会议对研究会年会论文进行了评审，对研究会第三期 9 项研究课题结题报告进行审阅，认为这 9 项研究课题均已达到结题要求，同意结题。

2015 年 5 月 14 日，研究会在湖南工业大学召开了第一次常务理事会议。会议首先讨论了常务理事变更情况，对第一次理事长办公会议内容进行了讨论，并确定了年会的时间和地点，确定年会主题为“高校学报（学术期刊）内涵质量建设与差异化发展”；决定继续举行年会征文活动。此外，为了活跃学术气氛，提高编辑业务水平，决定在年会期间举行编辑业务知识抢答赛。会议还传达了上级有关文件精神，与会常务理事就我省高校学报其他问题进行了讨论。第二次常务理事会议于 2015 年 10 月 30 日在湘南学院举行。会议主要讨论和审议了研究会 2015 年度工作报告和财务报告，并讨论了年会的相关事宜。

2015 年 7 月 2 日至 4 日，研究会文科学报专业委员会在湖南城市学院召开了文科学报经验交流会。与会代表 50 余人，就办刊所面临的问题如办刊经费问题、人员结构问题、人才队伍建设与培养问题、学报的专业化与特色化问题，国家的期刊评价体系问题、编辑职称及待遇等进行了充分交流与探讨。2015 年 7 月 24 日至 7 月 29 日，与省科技期刊编辑学会一道在怀化学院举办了 2015 年学术年会暨编辑培训研讨班，就如何深入贯彻科技期刊的规范化，科技期刊现状、发展趋势和应对措施，互联网与科技期刊融合发展等进行了学术研讨。

2015年10月31日上午，研究会2015年学术年会在湘南学院召开，会议分三个阶段进行。第一阶段为开幕式，理事长王飞跃作研究会2015年度工作报告，秘书长陈灿华作研究会2015年度财务报告，副理事长章育良宣读2015年学术年会获奖论文作者名单并颁奖。第二阶段为学术交流，主要由第三期课题负责人和优秀论文代表汇报研究成果。第三阶段为编辑知识抢答赛等。

（三）2016年研究会活动

2016年6月24日至25日，湖南省高等学校学报研究会理工科学报专业委员会经验交流会在邵阳学院举行，来自湖南省各高校学报的40余名代表参加了会议。与会代表介绍了各自的办刊经验，并针对目前办刊过程中遇到的困难如优质稿源，编校质量，栏目设置，刊物持续发展方法、措施等问题展开讨论。与会代表一致认为，这次湖南省高等学校学报研究会理工科学报专业委员会经验交流会办得很圆满、很成功，也很有意义。大家共同交流经验、探讨思路，就刊物发展问题进行深入探讨，不仅开阔了眼界，更明确了今后努力的方向，希望以后各学报之间加强交流与合作，以刊会友，以会会友，相互学习交流，相互借鉴，取长补短，为繁荣科学发展作出学报人应有的贡献。

2016年8月28日，湖南省高等学校学报研究会在长沙召开了文科学报常务理事会议，向全国高校文科学报研究会推荐本省理事单位和常务理事，并讨论2016年下半年本研究会在文科学报方面的有关工作。与会代表共25人，经充分讨论，最后通过无记名投票方式选举产生了11个理事单位和2个常务理事单位及人选。11个理事单位（期刊）为《湘潭大学学报（哲学社会科学版）》《湖南财政经济学院学报》《中南大学学报（社会科学版）》《吉首大学学报（社会科学版）》《湖南师范大学社会科学学报》《湖南大学学报（社会科学版）》《长沙理工大学学报（社会科学版）》《武陵学刊》《南华大学学报（社会科学版）》《湖南科技大学学报（社会科学版）》《中南林业科技大学学报（社会科学版）》。会议推荐章育良、雷鸣为全国高校文科学报研究会常务理事人选。此外，向全国文科学报研究会推荐了我省高校学报界7位从事编辑工作30年及以上的编辑参加玉笔奖的评比。

2016年9月13日，湖南省高等学校学报研究会在湖南师范大学召开了2016年第二次理事长办公会议。会议讨论决定2016年年会于10月27日至29日在湖南科技学院召开，会议主题为“创一流期刊、一流栏目”，决定年内开展对会员期刊的质量检查工作。质量检查工作由研究会统一安排，分文科、理科两个组别进行。

2016年10月27日至10月29日，湖南省高等学校学报研究会2016年年会暨学术年会在湖南科技学院隆重召开。参加会议的有：湖南科技学院党委书记陈弘，研究会理事长王飞跃，副理事长雷鸣、赵佳荣、陈浩凯、郭源君、熊正为，秘书长陈灿华及会员代表共110人。陈弘致欢迎词，王飞跃作研究会2016年度工作报告。

中南大学邓履翔就“新媒体融合背景下科技期刊省域全媒体出版平台建设”，湖南师范大学段发明就“区别即存在：‘教科书研究’特色栏目建设经验谈”，衡阳师范学院周远成就“学术出版规范与学术编辑修养定位：综合性学术刊物学报质量把关的根本”，湖南工业职业技术学院龙凌就“高职学报与行业学会合作办刊的 SWOT 分析：以湖南工业职业技术学院及湖南省机械工程学会为例”，湖南科技学院呙艳妮就“‘双一流’背景下地方本科院校学报特色品牌创建研究：以湖南省属地方高校学报为例”，湖南工业大学李珂就“常见易混淆字词辨析”，邵阳学院刘晓毅就“‘互联网+’背景下学报编辑的发展思考”，南华大学蒋湘莲就“学术期刊学术不端的成因浅析”等进行了分享。

会议还组织了颇具特色、内容丰富的编辑业务知识抢答赛。

（四）2017 年研究会活动

2017 年，湖南省高等学校学报研究会围绕学术交流、研究会建设、换届工作等重点工作，开展了丰富而扎实的活动，取得了显著成效。

1. 学术交流活动

（1）召开了 2 次专业委员会经验交流会。

一是理工科学报专业委员会经验交流会。2017 年 6 月 23 日，理工科学报专业委员会在湖南文理学院召开经验交流会，主题为“如何提高期刊的编校质量”。会议由陈灿华主持，共有 47 名代表参会。湖南农业大学赵佳荣、湖南文理学院杨江河等作了主题发言，与会代表就办刊所面临的问题进行了充分交流与探讨，达到了相互学习、相互借鉴的目的。

二是文科学报专业委员会经验交流会。2017 年 6 月 29 日至 30 日，文科学报专业委员会在湖南人文科技学院召开。会议由章育良主持，与会代表 40 人。湖南大学兰甲云、中南大学谭晓萍等作了主题发言，其余代表也进行了自由发言，围绕办刊问题展开深入讨论。

（2）召开了 1 次学术年会。

2017 年 11 月，湖南省高等学校学报研究会学术年会在怀化召开。会议期间，举办了征文评比、学术研讨等活动。学术年会的核心议题是研究会的换届选举工作。在年会期间，研究会举办了编辑知识抢答赛，内容涉及期刊政策、法律法规、编排规范等，通过比赛增强了会员之间的交流，提升了编辑的业务能力。

（3）召开了 3 次理事长办公会和 2 次常务理事会。

2017 年 4 月 11 日，在中南大学召开第一次理事长办公会议，讨论了 2017 年工作安排、常务理事变更、专委会学术研讨会等事项。

2017 年 5 月 24 日，在湖南理工学院召开第二次理事长办公会议暨第一次常务理事会议，会议通报了常务理事变更情况，推选了新一届副理事长人选，并讨论了年会和换届相关事宜。

2017 年 11 月 10 日，在湖南科技学院召开第三次理事长办公会议暨第二次常务理事会议，审议了第八届研究会工作报告和财务报告，重点讨论了年会相关事宜。

2. 研究会建设与换届工作

（1）研究会建设工作。

一是组织架构调整。2017 年，研究会根据高校学报发展需要，调整了专业委员会，设立了社科学报编辑工作委员会、自科学报编辑工作委员会和学术委员会。

二是制度化建设。研究会注重工作计划性，年初通过理事长办公会议和常务理事会议研究当年工作计划，并认真落实。全年召开 3~4 次理事长办公会、2 次常务理事会、1~2 次学术研讨会和 1 次年会，实现了研究会工作的制度化。

（2）换届工作。

一是筹备委员会成立。2017 年 5 月 23 日，研究会成立了由雷鸣、章育良等 9 人组成的换届筹备委员会，具体实施换届选举工作。

二是候选人推选。经征求意见和讨论，确定湖南大学为第九届理事长挂靠单位，并推选了第九届研究会常务理事、理事长、副理事长、秘书长候选人。

（五）2018 年研究会活动

2019 年 1 月 11 日，湖南省高等学校学报研究会 2018 年度会员大会暨 2018 年学术年会在湖南城市学院召开。

湖南省高等学校学报研究会理事长雷鸣，湖南省广电局新闻报刊处副处长刘时军，湖南省社科联副主席戴树源，湖南城市学院党委书记罗成翼、副校长何振及会员单位代表共 130 余人参加会议。湖南城市学院党委书记罗成翼致辞，湖南省广电局新闻报刊处副处长刘时军、湖南省社科联副主席戴树源等分别发表讲话。

理事长雷鸣作了湖南省高等学校学报研究会 2018 年度工作报告，全面总结了新一届班子成立一年来所取得的成绩：第一，召开了 4 次理事长办公会议。自 2017 年 11 月新一届理事会成立以来，先后召开了 4 次理事长办公会。2018 年 4 月 10 日，召开了第一次理事长办公会议，会议决定研究会设立学报质量委员会、文科学报专业委员会、理工科学报专业委员会和青年委员会等 4 个专业委员会和 1 个秘书处，并明确了各专业委员会的工作职责和人员组成。2018 年 7 月 24 日，召开了第二次理事长办公会议，会议根据中共湖南省教育厅省委教育工委直属机关委员会的《关于同意成立湖南省高等学校学报研究会党支部的批复》，选举产生了雷鸣、谢翠蓉、杨保华、陈灿华、兰甲云等 5 位同志为组成人员的研究会党支部。会议决定组建全国高校文科学报研究会成立 30 周年纪念大会筹备工作组，委托湖南大学、长沙理工大学承办本次会议。2018 年 12 月 4 日，召开了第三次理事长办公会议。会议研究确定了 2018 年学术年会召开的时间、地点，并决定由学报质量委员会征集年会论文并组织评选。2019 年 1 月 6 日，召开了第四次理事长办公会议，对 2018 年年会论文进行了评审。第二，召开了两次常务理事会议。2018 年 7 月 24 日，召开了研究会第一次常务理事会议，会议通报了财务审计情况、年检情况及支部筹建情况等，提请审议通过了研究会副秘书长聘任人选和各专业委员会组成人员人选等。2019 年 1 月 10 日，召开了研究会第二次常务理事会议，讨论了 2019 年工作计划，审议通过了财务管理制度及部分常务理事变更事项。第三，召开了理工科学报经验交流会和文科学报经验交流会。2018 年 9 月 29 日，湖南省高等学校学报研究会理工科学报专业委员会经验交流会在南华大学召开，会议围绕“如何提高学术期刊的学术质量和编校质量”主题进行了交流讨论。2018 年 10 月 26 日，文科学报专业委员会经验交流会在衡阳师范学院举行。会议围绕“教育部名栏建设经验交流”和“栏目策划经验交流”进行了充分的研讨。第四，加强研究会自身建设。(1) 理事长单位交接及变更工作顺利完成。(2) 党建工作顺利开展。7 月 24 日，经过选举产生了研究会党支部，9 月 10 日，湖南省教育厅省委教育工委直属机关委员会下达了《关于同意省高等学校学报研究会党支部成立选举结果的批复》。(3) 财务管理建章立制。拟订了《湖南省高等学校学报研究会财务管理制度》，并于 2019 年 1 月 6 日经理事长办公会议讨论通过。第五，在湖南省高等学校学报研究会指导下，湖南大学、长沙理工大学承办了全国高校文科学报研究会成立 30 周年纪念大会。与会代表 400 余人，各级领导和嘉宾 30 余人，会议取得了圆满成功。第六，信息化建设取得新成就。在原有湖南高校学报大家庭 QQ 群的基础上，开设了省高校学报研究会群、湖南省高等学校学报研究会理工学报群、湖南省高校学报研究文科学报群、省高校学报研究会理事长群、湖南省高校学报秘书处群，实现了信息的分级发布和管理，信息公开工作全方位无死角。第七，学报建设成效显著。2018 年，研究会会员单位和个人在相关部门组织的一系列评比活动中均取得了突出成绩。在 2018 年中国高校科技期刊研究会举行的“杰出·百佳·优秀”期刊评比中，1 种期刊被评为中国高校杰出科技期刊，4 种期刊被评为中国高校百佳科技期刊，9 种期刊被评为中国高校优秀科技期刊。此外，《中南大学学报（自然科学版）》被中国科学技术信息研究所评为百种中国杰出学术期刊，被中国学术期刊（光盘版）电子杂志社、清华大学图书馆评选为中国最具国际影响力期刊等。在湖南省新闻出版广电局、湖南省期刊协会组织的湖南省第八届“双十佳”期刊的评选中，有 7 家会员单位入选，占了全省期刊总数的“半壁江山”。在湖南省出版工作者协会组织的“湖湘优秀出版物”评选活动中，有 12 种期刊入选。在湖南省第八届优秀中青年期刊出版工作者评选中，有 8 位青年编辑入选。

会议还号召全体会员单位为高等学校的“双一流”建设作出实质贡献。可以说，新一届班子亮相第一年，认真履行职责，继续深化改革，取得了较大成绩，交了一份比较满意的答卷。

大会还进行了办刊经验研讨与学术交流活动，陈灿华、兰甲云分别作了题为“报刊中常见政治问题剖析”“学术传播评价的话语权问题”的专题讲座，与会部分代表作了交流发言。会上还表彰了 2018 年年会优秀论文获奖作者。

（六）2019 年研究会活动

2019 年 5 月 23 日至 25 日，湖南省高等学校学报研究会理工科学报专业委员会经验交流会在湖南省吉首市举行，来自湖南省高校学报的 50 余人参加了会议。会议的主题是“融媒体技术与高校学报发展”，参会代表畅所欲言，积极交流和探索融媒体时代下高校学报的发展之路。来自湖南大学、中南林业科技大学、湖南农业大学、中南大学、湖南理工学院、长沙学院、湖南工业大学、湖南工业职业技术学院、湖南科技学院等单位的代表作了主题发言，其余代表自由发言。代表们纷纷提问并讨论，气氛相当热烈。

2019 年，湖南省高等学校学报研究会文科学报专业委员会召开了两次会议。2019 年 4 月，研究会文科学报专业委员会在长沙福盛源大酒店召开全国评奖动员会，全省文科学报主编 40 余人参加会议，章育良、兰甲云传达了全国高校文科学报研究会常务理事会会议精神，并就省内初评工作进行了部署。5 月，根据全国高校文科学报研究会常务理事会会议精神，文科学报专业委员会在湘潭盘龙山庄大酒店召开了省高校学报评比工作会议，对申报参加全国高校学报研究会各项评奖的单位和个人进行初评。

2019 年 10 月 18 日至 20 日，湖南省高等学校学报研究会青年委员会 2019 年度工作研讨会在湖南理工学院举行，参加此次会议的有来自省各高校学报的青年编辑 40 余人。

会议由研究会副理事长、《长沙理工大学学报（社会科学版）》主编陈浩凯主持，研究会理事长雷鸣、副理事长章育良及《云梦学刊》主编彭柏林分别发言。他们从多年的从业经验出发，在编辑的角色调试、科研发展、能力提升等多方面给青年编辑以指导，并勉励青年编辑“不忘初心、牢记使命”，做一名优秀的编辑。邵阳学院期刊社青年编辑刘晓毅对湖南省高校学报从业人员情况的调研结果作了简短汇报。湖南大学姚锋、湖南师范大学胡文杰、中南大学伍锦花、湖南科技大学朱正余、湖南邮电职业技术学院刘恋等 5 位青年编辑代表在会上作了发言，分享了他们的编辑工作经验及感受。最后，大家就编辑行业的发展趋势、编辑职业规划以及如何做好期刊编辑工作展开了热烈的讨论。

2019 年 11 月 25 日至 28 日，研究会组织会员单位参加在肇庆举办的全国高校文科研究会第八届理事会第五次会议。我省文科学报获得大丰收，全国获奖比例较高：湖南省 5 家学报获得全国高校社科期刊“名刊”称号，6 家学报获得全国高校社科期刊“精品期刊”称号，8 家学报获得全国高校社科期刊“优秀期刊”称号。

2019 年 12 月 5 日至 7 日，湖南省高等学校学报研究会 2019 年年会在耒阳召开，会议审议通过了研究会年度工作报告、研究会财务工作报告，通过了部分常务理事变更事项，表彰了学术年会获奖论文作者，进行了办刊经验交流等。随后，湘潭大学出版社总编章育良、中南大学陈灿华先后作了编辑业务知识讲座。

理事长雷鸣作工作报告，回顾了 2019 年研究会的工作：第一，“不忘初心、牢记使命”主题教育扎实推进。组织了 1 次学习交流活动，组织了 1 次主题党日活动，党支部书记参加了 5 次集中培训，等等。第二，学会各项活动顺利开展。召开了 4 次理事长办公会议、2 次常务理事会议。第三，研究会自身建设取得成绩，编辑出版《新时代期刊编辑出版的理论与实践》一书。第四，各专业委员会活动丰富多彩。理工科学报经验交流会、文科学报经验交流会、青年委员会工作研讨会如期召开。第五，学报建设成效显著，3 种期刊入选“中国科技期刊卓越行动计划”梯队期刊项目。会议还部署了 2020 年研究会工作：（1）继续抓好“不忘初心、牢记使命”主题教育。（2）继续推进研究会常规工作。理工科学报专业委员会于 2020 年 5 月召开经验交流会，主题是“争创一流科技期刊”；文科学报专业委员会于 2020 年 6 月召开经验交流会，主题是“学术期刊的选题策划”；青年委员会于 2020 年 10 月召开工作研讨会，主题是“双一流背景下青年编辑的使命与担当”；质量委员会继续组织 2020 年学术年会征文评比活动。

2019 年 12 月 10 日，由中共湖南省委党校（湖南行政学院）期刊社和湖南省高等学校学报研究会联合组织编写的《新时代期刊编辑出版的理论与实践》一书由湖南大学出版社出版发行。该书收录了湖南省委党校期刊社及本研究会 2018 年度学术征文一、二等奖论文，具体包括期刊出版理论研究、期刊出版实务研究、数字出版与新媒体研究、期刊出版要素研究、其他研究等 5 个栏目共 19 篇论文。

本书坚持以习近平新时代中国特色社会主义思想为指导，秉持“贴近实际、贴近生活、贴近群众”的原则，紧跟学科前沿，服务学报发展实际，注重科学研究方法，对做好新时期期刊编辑工作具有一定的指导意义。

（七）2020 年研究会活动

到 2020 年底，湖南省高等学校学报研究会有会员单位 94 家，其中常务理事单位 38 家，理事长单位 9 家。会员单位根据学科分类，有科技类期刊 37 家，社科类期刊 40 家，综合类期刊 17 家。会员单位按照重要来源期刊库分类：科技类期刊有 SCI 来源期刊 2 家，EI 来源期刊 4 家，CSCD 来源期刊 7 家，科技部核心期刊 20 余家；社科类期刊有 CSSCI 来源期刊 9 家，中国社科院核心期刊 11 家，北京大学图书馆核心期刊 11 家。

2020 年召开了 4 次理事长办公会议，值得一提的是，2020 年 7 月 17 日在长沙福盛源大酒店召开了第二次理事长办公会议。会议审议通过了各专业委员会活动方案，确定了文科学报专业委员会、理工科学报专业委员会、青年委员会的活动时间、地点及主题，确定 2020 年年会论文主题为“新形势下高校学报提质增效的路径研究”。

2020 年 7 月 24 日至 25 日，在长沙福盛源大酒店召开 2020 年第一次常务理事会议，审议了《湖南省高等学校学报研究会章程》。

2020 年 9 月 24 日至 26 日，湖南省高等学校学报研究会理工科学报专业委员会经验交流会在湖南株洲举行。此次交流会议的主题为“新形势下科技期刊发展对策”。来自湖南省高校学报的 52 名代表参加了研讨。会议由湖南省高校学报研究会秘书长陈灿华主持。陈灿华首先介绍了国家最近新出台的关于项目评审、人才评价、“破五唯”等相关政策，认为这些政策的出台为我国科技期刊的发展提供了更好的环境。因此，在新形势下，我国科技期刊将得到更好更大的发展，希望大家抓住机遇，乘势而上，奋发而为，彰显期刊人的责任、使命和担当。南华大学期刊社刘迎云、湖南工业职业技术学院期刊社胡蓉、湖南工业大学期刊社阳春乔、湖南中医药大学期刊社邹龙、《中南大学学报（自然科学版）》陈灿华、《湖南大学学报（自然科学版）》张高明、湖南理工学院期刊社彭柏林、邵阳学院期刊社刘水强、中南林业科技大学期刊社伍谦作了重点发言，其余同志作了自由发言。与会代表达成了共识：注重栏目特色、注重精耕细作、注重新的办刊理念和办刊手段、注重编辑能力建设、注重数字化转型与融媒体发展。

2020 年 10 月 22 日至 24 日，文科学报专业委员会经验交流会在韶山宾馆召开，70 余位会员代表参加会议研讨。与会代表围绕如何将选题策划与习近平总书记重要讲话精神结合，在历史文化传承创新方面策划系列选题、围绕建党 100 周年策划相关选题、围绕突出湖南学术刊物的学术特色等进行了广泛的研讨。代表们还就如何将选题策划与提升影响因子、提高文摘率相结合，如何将选题策划与建立具有中国特色的学术体系、学科体系、话语体系相结合等提出了各自的想法。研究会理事长雷鸣主持会议，中共湖南省委宣传部出版处副处长王歆到会致辞，《财经理论与实践》主编姚德权、长沙理工大学陈浩凯、湖南师范大学段发明、湖南科技大学罗渊、湘潭大学章育良等围绕选题策划先后发言，分享了他们的办刊心得及经验。

2020 年 10 月 28 日，质量委员会发出年会征文通知，确立 2020 年年会论文主题为“新形势下高校学报提质增效的路径研究”。2020 年 12 月 20 日，质量委员会组织召开评审会，对所有符合要求的论文进行评比，共评选出一等奖 6 篇、二等奖 9 篇、三等奖 12 篇。

2020 年 12 月 5 日至 8 日，中国高校科技期刊研究会第 24 次年会暨渝沪湘高校科技期刊论坛在重庆召开。湖南省高等学校学报研究会作为联合主办单位之一，共同承办了中国高校科技期刊研究会第 24 次年会暨渝沪湘高校科技期刊论坛，全省 30 余名代表参加会议。会议期间，研究会秘书长陈灿华代表湖南省高等学校学报研究会致辞并主持了大会学术会议分论坛，副理事长杨保华作大会报告，常务理事杨春明主持师范类分论坛并作报告，秦明阳在青年分论坛作报告。

2021 年 1 月 6 日，研究会在长沙福盛源大酒店召开了 2020 年第二次常务理事会。会议审议了湖南省高等学校学报研究会 2021 年工作要点，将研究会 2021 年工作的总基调确定为“湘版一流和主题宣传”，年度工作计划有：一是理工科学报专业委员会以“争创湘版一流科技期刊”为主题，于 2021 年 5 月召开经验交流会；二是文科学报专业委员会以“建党 100 周年选题策划”为主题，于 2021 年 6 月召开经验交流会；三是青年委员会以“卓越背景下青年编辑的使命与担当”为主题，于 2021 年 9 月或 10 月召开工作研讨会；质量委员会组织 2021 年学术年会征文评比活动及建党 100 周年主题好文章评选。会议还提出了组织人员编撰《湖南省高等学校学报研究会发展简史》（暂定名）和策划建党 100 周年主题论文评选的动议。

2020 年湖南省高等学校学报研究会年会延期举行，从某种意义上讲，2020 年第二次常务理事会议起到了年会的作用。

（八）2021 年研究会活动

2021 年是我国全面实施“十四五”规划的开局之年，同时也迎来中国共产党建党 100 周年。在这种背景下，湖南省高等学校学报研究会坚持以习近平新时代中国特色社会主义思想为指导，深入学习贯彻党的十九届五中、六中全会精神以及省第十二次党代会精神，紧紧围绕中央和湖南省工作大局，结合行业实际，践行研究会服务宗旨，不断创新服务理念、拓展服务领域、改进服务方式、提高服务质量、增强服务能力，实现了预期工作目标，取得了积极的工作成效。

1. 召开了 4 次理事长办公会

2021 年 4 月 15 日，在湖南大学出版社会议室召开第一次理事长办公会议，会议讨论了 2021 年工作计划及各专业委员会活动安排、年会征文主题等。

7 月 1 日，在长沙福盛源大酒店召开第二次理事长办公会议，会议审议通过了各专业委员会活动方案，确定了文科学报专业委员会、理工科学报专业委员会、青年委员会的活动时间、地点及主题，确定了年会论文的主题等。

9 月 16 日，在湖南祁阳召开了第三次理事长办公会议，确定了年会时间、地点、主题等。

2022 年 1 月 8 日，召开了第四次理事长办公会议，组织专家对年会优秀论文进行了评审，评出优秀论文一等奖 7 篇，二等奖 11 篇，三等奖 7 篇；评出主题好文章 37 篇。会议还对年会的相关事宜进行了初步审议，并对研究会换届工作进行了初步酝酿。

2. 召开了 2 次常务理事会议

2021 年 7 月 2 日，湖南省高等学校学报研究会 2021 年第一次常务理事会在长沙福盛源大酒店召开。与会代表学习了习近平总书记在庆祝中国共产党成立 100 周年大会上的重要讲话精神；审议了研究会 2021 年工作要点，特别提出要深入扎实推进党史学习教育，为“十四五”开好局、起好步，为创建一流学术期刊汲取精神能量。会议在 2020 年第二次常务理事会议确定的工作计划基础上，提出了三个新的工作计划：一是创建湖南省高等学校学报研究会网站，搭建会员单位交流互动平台。二是组织人员编撰《湖南省高等学校学报研究会发展简史》（暂定名），成立编撰工作项目组，暂定由雷鸣、章育良任组长，卜庆华、李军熵、张曾荣、王道平、赵佳荣、龚维忠、李建华担任顾问委员会成员，秘书处兰甲云、陈灿华、谢翠蓉、段发明等为项目组成员。三是研究会第九届理事会换届工作。

2022 年 1 月 8 日，在湖南大学期刊与出版社召开第二次常务理事会议，会议审议了研究会 2022 年度工作要点，讨论了研究会各专业委员会年度工作安排，讨论了研究会 2022 年度评奖工作，讨论了研究会常务理事单位、理事单位增选等事宜。理事长雷鸣还宣讲了党的十九届六中全会精神。

由于换届审批工作的流程，研究会决定将尽快召开 2022 年度研究会年会暨第十次会员大会，进行换届选举。

3. 召开了专业委员会会议

（1）理工科学报专业委员会经验交流会。

2021年7月11日至14日，湖南省高等学校学报研究会理工科学报专业委员会经验交流会在湖南怀化举行。来自湖南省高校学报的52名代表参加了研讨。会议由湖南省高校学报研究会秘书长陈灿华主持。此次交流会的主题为“创湘版一流科技期刊的对策探讨”。怀化学院副校长伍贤进致辞。怀化学院张斌、湖南工业大学傅丽华、湖南中医药大学匡静之、湖南工程学院杨妍、湖南城市学院付贵海、湖南大学张高明、湖南文理学院刘刚毅、中南大学郑羽彤、吉首大学易必武、长沙学院曾广禄、湖南农业大学苏爱华、中南大学陈灿华先后发言。陈灿华秘书长总结指出，建设一流科技期刊是时代的需要，近年来国家制定了许多促进期刊发展的政策，湖南省也相继采取了许多有利于我省期刊发展的举措，希望各位编辑强化使命担当，以国家“十四五”规划为契机，不断加强期刊内容建设、人才队伍建设和信息化建设，争创湘版一流科技期刊。

与会代表们一致认为，这次经验交流会办得很圆满、很成功，也很有意义。大家共同交流办刊经验、探讨办刊思路，就新形势下科技期刊如何结合自身优势和特色创办一流科技期刊明确了方向。

（2）文科学报专业委员会经验交流会。

2021年9月16日至18日，文科学报专业委员会经验交流会在湖南祁阳召开，70余位会员代表参加了会议。与会代表围绕“新形势下湖南省品牌社科期刊建设的路径探讨”等主题进行了广泛的研讨。研究会理事长雷鸣主持会议，省委宣传部出版处副处长王歆到会并致辞，《财经理论与实践》主编姚德权、长沙理工大学陈浩凯、湖南师范大学段发明、湘潭大学章育良等先后发言，分享了办刊心得及围绕热点选题进行策划的经验等。

（3）质量委员会组织了论文征集和评审工作。

2021年10月28日，质量委员会发出年会征文通知，确立2021年会论文主题为“新时代学术期刊发展机遇、挑战与应对策略”，主题宣传好文章论文评选围绕“庆祝中国共产党成立100周年”开展。2022年1月8日，湖南省高校学报研究会质量委员会组织专家评审，评出优秀论文一等奖7篇、二等奖11篇、三等奖7篇，评出主题宣传好文章37篇。

（九）2022年研究会活动

2022年，湖南省高等学校学报研究会克服困难，保证了各项工作平稳、有序、有效开展。

2022年9月22日至25日，湖南省高等学校学报研究会理工科学报专业委员会在怀化新晃召开了学术研讨会，会议主题为“融媒体时代科技期刊发展策略研究”。与会代表共50余人。会议由湖南省高等学校学报研究会理工科专业委员会秘书长陈灿华主持。中南大学陈灿华、郑羽彤、赵俊、涂鹏，湘潭大学王文强，湖南大学张高明、李靖波，湖南工业大学邓彬，湖南农业大学苏爱华，湘南学院王岐本，湖南中医药大学邹龙，湖南科技学院宫彦军等先后发言。与会代表紧紧围绕主题发表见解。大家一致认为：期刊必须顺应时代潮流，要充分利用融媒体技术宣传推广，更快更好地发挥期刊论文的社会效益和经济效益；融媒体时代学术期刊传播模式需创新，亟须加大精准推送、网络首发、优先出版、OSID、云排版等力度；亟须提高编辑的综合素质，充分掌握融媒体技术，加强传播能力等。最后，理事长李文邦作会议总结，他指出：学会是平台，是纽带，是桥梁，学会核心宗旨是提倡实事求是，弘扬科学精神，研究会将本着务实原则，让各参会成员有经验借鉴和思想触动。经世致用，抓住机遇，研究大问题、真问题、难问题，办解决实际问题的好期刊。他表示将通过学会活动，提高刊物整体质量，注重编辑能力提升，为出版强省、出版强国贡献学会的智慧与力量。这次经验交流会开得很成功。大家共同交流融媒体时代科技期刊发展策略、探讨办刊思路，就新形势下科技期刊如何结合自身优势和特色创办一流科技期刊明确了方向。

2023 年 1 月 6 日，质量委员会组织了年会论文征集及相关评审工作。共评出编辑学论文一等奖 11 篇、二等奖 11 篇、三等奖 9 篇，评出主题宣传好文章 37 篇、优秀摄影作品与书画作品 19 幅、主题好文章优秀组织单位 9 家。

2023 年 3 月 27 日至 29 日，湖南省高等学校学报研究会在江西萍乡举办 2022 年度会员大会。本次年会旨在促进湖南省学报界的创新发展与学术交流，邀请了《北京大学学报》前主编龙协涛教授以及《东南大学学报》主编毛善锋作专题演讲，吸引了省内众多编辑、学者和行业精英的参与。

本次年会主要分为三个阶段。第一阶段为开幕式。由陈浩凯副理事长主持，会议审议通过了《湖南省高等学校学报研究会 2022 年度工作报告》《湖南省高等学校学报研究会 2022 年度财务工作报告》，审议通过了湖南省高等学校学报研究会调整团体会员会费标准的方案，通报了部分理事单位的理事变更情况。会上还为获得 2022 年度优秀论文、主题宣传好文章以及优秀摄影、书画作品的个人及单位进行了颁奖。第二阶段为优秀论文作者经验分享。湖南师范大学夏丽云、湘潭大学廖文婷、中南大学秦明阳、长沙理工大学黄园、邵阳学院刘晓毅分别从栏目建设到编辑如何提升选题策划能力，从期刊影响力提升的实践经验到高校期刊“育新人”的时代使命，多维度地为参会者提供了丰富的学术资源和经验分享。第三阶段为专家讲座。中南大学陈灿华和湖南理工学院彭柏林作了精彩讲座。他们从办刊实践出发，为会议代表带来了宝贵的编辑经验，也提出了深刻的思考和警示，为学术交流和创新发展注入了新的活力和动力，讲座内容丰富、独具特色。此外，本次年会还举办了青年委员会活动，参与活动的年轻编辑不仅学到了知识，结交了朋友，也收获了不一样的回忆和体验。

（十）2023 年研究会活动

2023 年 5 月 25 日至 28 日，理工科学报专业委员会 2023 年度经验交流暨培训会议在湖南凤凰召开。会议主题为“高校学报学术影响力的内涵及提升途径”。湖南理工学院杨年保、湖南环境生物职业技术学院蒋一锄、湖南城市学院付贵海、中南大学何运斌、吉首大学易必武、中南林业科技大学伍谦、长沙理工大学赵冰、湖南大学张高明等作了经验分享。

2023 年 10 月 12 日至 15 日，文科学报专业委员会经验交流暨培训会在湖南永州召开。会议主题为“学习贯彻党的二十大精神 推进社科期刊高质量发展”。会上，湘潭大学期刊社社长王洁群为大家作了题为“学术期刊编辑出版工作中的复杂性思维”的培训讲座，他从哲学的角度出发，博古通今地分析了“复杂性”在期刊编辑工作中的重要性。湖南大学姚德权、中南林业科技大学成凤明、湖南科技大学曾祥炎、湖南师范大学张曙光、长沙理工大学陈浩凯、中共湖南省委党校杨炼、邵阳学院马骥、湖南科技学院潘雁飞等围绕会议主题分别发言。大会还表彰了湖南省优秀社科期刊、特色栏目、玉笔奖获奖单位和个人等。

2023 年 11 月 16 日至 19 日，2023 年度青年委员会工作交流暨培训会在湖南郴州召开。会议围绕“期刊高质量发展——青年编辑的使命与担当”主题，进行了工作交流和业务培训。副理事长黄飞、陈浩凯，秘书长谢翠蓉等参加了会议。会议由黄飞主持，陈浩凯作会议总结点评。会上，湖南师范大学尹金凤应邀为大家作了“与青年编辑话成长”的培训讲座，她从自己丰富的实践经验出发，在编辑实务、个人发展等方面给青年编辑提供了科学的指导和建议。中南大学涂鹏、伍锦花，湖南大学李菲，湘潭大学肖钊，邵阳学院刘晓毅等作了经验分享。分享环节结束后，秘书处组织了丰富多彩的互动游戏，现场气氛热烈，充满欢声笑语，会议达到了高潮。与会代表一致认为，本次青委会组织的活动是很有收获的一次活动，代表们既增长了知识，又交流了经验，还增进了友谊。

2023 年 12 月 14 日至 16 日，湖南省高等学校学报研究会 2023 年度会员大会在湖南湘西凤凰召开，全体会员单位共话湖南省高等学校发展大计。

12 月 15 日上午，湖南省高等学校学报研究会举行开幕式，副理事长章育良主持。理事长李文邦作了湖南省高等学校学报研究会 2023 年度工作报告，报告从党建工作、学会活动、自身建设、学报成绩 4 个方面对 2023 年研究会工作进行了全面的回顾和总结，并对 2024 年工作进行了部署：一是要服务中央和湖南省工作大局，深化主题宣传；二是要加强期刊交流合作，服务行业和会员单位；三是要加强自身建设，提升服务水平。秘书长谢翠蓉作了湖南省高等学校学报研究会 2023 年度财务工作报告，对 2023 年度研究会财务收支状况进行了详细说明。全体会员一致通过了本年度工作报告及财务工作报告。副秘书长段发明宣布了 2023 年度期刊主题宣传好文章、编辑学年度优秀论文论著、优秀主编、优秀编辑等多项评比结果。随后，研究会班子成员为获奖单位和个人颁奖。

本次会议邀请了全国高校科技期刊研究会副理事长、《同济大学学报》主编赵惠祥及国家新闻出版署出版融合发展重点实验室副主任、武汉理工大学白立华作专题讲座。

赵惠祥全面介绍了他们的办刊情况，并从规范出版的重要性、编校过程的标准规范以及如何打造高质量学术期刊展开讲座。白立华以出版融合发展为主线，对当前我国出版业融合发展面临的问题及如何促进出版融合发展作了培训。他指出要以产学研视角带动出版融合发展，并提出要从技术、人才、产品等多角度发力，共促出版融合创新。两位专家倾囊相授，讲座精彩，参会代表获益良多。

12 月 16 日上午，年会办刊经验交流分享会举行，副理事长伍济钢主持分享会，分享代表主要有论文一等奖代表、优秀主编代表及优秀编辑代表。论文一等奖代表中南大学赵俊就“人工智能技术为学术期刊出版带来的机遇与挑战”进行了分享，强调了不仅要充分利用人工智能技术，更要坚守文化本质和出版初心；中南大学蒋学东作了题为“如何打造有特色的工程技术期刊”的精彩汇报；湘潭大学廖文婷以主题出版为核心，分享了高校社科学报主题出版能力的提升路径。优秀主编代表长沙理工大学陈浩凯以 2022 年至 2023 年两年间在期刊审读、稿件审阅中发现的意识形态问题案例为研究对象，分析意识形态问题的表征和原因，提出了 5 点避免意识形态错误的措施；张海英以自身编辑工作为例，主要就期刊约稿、组稿等方面进行办刊经验分享；中南大学邓履翔从“思想先行、影响先行、研究先行、锻炼先行”4 个“先行”展开分享；湖南理工学院彭柏林从“质量为王、特色办刊、学术至上、紧跟时代”4 个理念对办刊经验进行分享。优秀编辑代表湖南师范大学夏丽云从自身出发，对编辑如何提高自身业务能力等作了分享；湖南科技大学刘兰霞对提高期刊编校质量提出了个人思考；湖南农业大学李东辉从编辑工作角度分享了个人编校感受，强调要与作者、读者、审稿人加强对话。各位代表的精彩分享让在场同行收获颇丰。

最后，副理事长陈浩凯作会议总结，他表示，此次会议内容丰富翔实，提出的问题针对性强，总结的经验可操作性强。会员代表在自由讨论环节气氛热烈、交流充分，展现了良好的会风会貌。希望在大家的共同努力下，湖南省高等学校学报研究会越办越好、全省高校学报都能高质量发展；希望全省学报界同仁一起努力，共同为全省期刊的发展繁荣作出新的更大贡献。

本次年会还对 2024 年提出了 3 项新的工作，一是组织编撰《湖南省高等学校学报研究会发展历程（1983—2023）》（暂定名），二是开展 2024—2026 年编辑学课题立项申报及评审工作，三是组织两次高水平期刊发展建设研讨会。在这 3 项工作中，组织编撰《湖南省高等学校学报研究会发展历程（1983—2023）》（暂定名）这项工作，在 2021 年 1 月 6 日就有了动议，这次是正式付诸实施；编辑学课题立项申报及评审工作已经中断多年，本次恢复组织课题申报立项，具有新的重要意义；特别是瞄准高水平期刊建设，有针对性地“组织两次高水平期刊发展建设研讨会”，这是一项前所未有的举措，必将对湖南省高校学报高质量发展产生巨大的促进作用。

三 机构改革与活动创新

期刊改革发展是贯穿21世纪第二个10年的核心主题。2012年，全国哲学社会科学规划办公室推出了国家社科基金资助期刊计划。2013年9月，国家新闻出版广电总局推出“百强社科期刊”“百强科技期刊”计划，突出了专业化、专题化和特色化发展的变革要求，对高校学报的发展影响甚大。特别是2012年7月，国家新闻出版总署出台的《关于报刊编辑部体制改革的实施办法》提出“转企改制”方案，对学报编辑部提出了严峻考验。

（一）转企改制新政和学报改革发展

在期刊改革背景下，湖南省高等学校学报研究会2014年全年的理事长办公会议、常务理事会会议乃至年底的全体会员大会等，都把改革发展作为核心议题。

2014年4月29日，湖南省高等学校学报研究会第八届理事会第一次常务理事会议在湖南大学出版社召开。王飞跃理事长在会上通报了2014年第一次理事长办公会会议精神，讨论了研究会2014年工作要点，提出2014年年会的主题为“深化改革背景下的期刊发展研究”。

2014年9月15日，湖南省高等学校学报研究会在长沙理工大学召开了2014年第二次理事长办公会议，这次会议进一步明确年会主题为“深化改革背景下的期刊发展研究”。

2014年10月24日，研究会在邵阳学院召开了八届二次会员大会暨学术年会。参会人员包括邵阳学院院长陈晓飞，湖南省新闻出版广电局报刊处处长陈奇亮，研究会理事长王飞跃，副理事长章育良、陈浩凯、熊正为、郭源君，秘书长陈灿华及会员单位代表，共136人。湖南省新闻出版广电局报刊处陈奇亮处长通报了省新闻出版广电局机构改革情况，非时政类报刊体制改革情况，学术期刊认定、转型情况等，分析了高校学报面临的新技术冲击带来的挑战等。

研究会理事长王飞跃作年度工作报告，把改革放在突出的位置加以强调，他在“当前的形势与任务”中指出：目前，国家主管部门已明确“凡是有条件、愿意转企的期刊单位尽可能自己申请；凡不具备条件、不愿意转的，保留现行体制”，因此，我们不再为期刊改制而揪心。但在信息化、网络化高度发达的今天，深化改革是一个永恒的话题。本次年会讨论的“深化改革背景下的期刊发展研究”，是一个很紧迫、很重要又很现实的话题。大会认为，我们所处的时代是全面深化改革背景下的时代，也是信息高度发达、网络异常繁荣的时代。在这种背景下，我们可以借助国家改革政策和高新技术，不断改造自己、提升自己，开创出版编辑新境界；同时，改革也给我们期刊人带来挑战，空间竞争异常激烈、外部变化迅疾，要打破过去多年形成的习惯与程序，老经验、老方法不管用了，包括接受方式、生产方式、编辑出版模式，都受到空前挑战，理念跟不上，手段跟不上，到处都会遇到危机和风险。为此，我们应从以下几个方面保持高度关注。第一，内容为王，质量至上，这是期刊的生存之本。第二，特色是期刊的“魂”，这是期刊的生存之道。第三，与时俱进，开拓创新，这是期刊永远立于不败之地的法宝。迈入新世纪，人类社会正走在以信息技术为核心的知识经济时代，信息化已成为推动国民经济和社会发展的助力器，抓好期刊数字化、网络化建设是关系期刊行业发展的战略举措。为此，我们要不断关注国内外数字化、网络化期刊发展趋势，应用数字化、网络化等现代出版手段，不断推动期刊经营管理与体制机制创新。我们必须解放思想，以科学发展观来大力推进各项工作，转变办刊理念，全面推进体制机制创新，提升学报质量，办出学报特色。只有把我们的学报做优、做强，才能在激烈的竞争中永远立于不败之地。

与会代表围绕地方高校学报的发展策略、名栏社科学报的评价方法、学术期刊如何防范学术论文署名纠纷、高校学报编辑场域的关系性分析等问题开展了热烈讨论，并达成了共识：要办好一种刊，必须有改革意识、竞争意识，要有高素质的编辑队伍，要依靠优质的稿源，要加强数字化建设。

本次会议的召开全面激发了湖南省高校学报界同仁对改革发展的热情，把湖南高校学报的改革发展推向了纵深处。在 2014 年年会的 38 篇获奖论文中，有 25 篇论文研究期刊改革发展的问题。这一数据说明，在湖南省高等学校学报研究会的精心组织和倡导下，期刊改革已经成为大家普遍关心的热点问题。

（二）专业委员会的机构改革和党支部成立

为了适应期刊改革发展的新形势，研究会的机构设置也需要随着形势的变化而进行调整。

1. 专业委员会改革

专委会的改革早在 2014 年就已经开始。2014 年 4 月 2 日，湖南省高等学校学报研究会第七届理事会第一次理事长办公会议在湖南农业大学召开，参加会议的代表有理事长王飞跃，副理事长章育良、吴家庆、雷鸣、陈浩凯、郭源君、赵佳荣、熊正为，秘书长陈灿华，会议由王飞跃理事长主持。会议决定，第一，成立 3 个专业委员会，即社科学报编辑工作委员会，提议吴家庆任主任；自科学报编辑工作委员会，提议郭源君任主任；学术委员会，提议赵佳荣任主任。决定每个专业委员会由 3 人组成，由主任组建，并且提出每年的工作计划和安排。第二，拟增补湖南大学的潘亚辉和湖南财政经济学院的彭程甸为研究会副秘书长。待常务理事会讨论通过。

2014 年 4 月 29 日，湖南省高等学校学报研究会第一次常务理事会议在湖南大学出版社召开。会议应到常务理事 35 人，实到 32 人。本次会议着重研究了研究会专业委员会的机构改革和人选安排问题，大会通过如下决定：（1）增补湖南大学的潘亚辉和湖南财政经济学院的彭程甸为副秘书长，协助秘书长开展工作。（2）成立 3 个专业委员会，即社科学报编辑工作委员会、自科学报编辑工作委员会和学术委员会。（3）通过各专业委员会负责人及委员人选，吴家庆任社科学报编辑工作委员会主任，郭源君任自科学报编辑工作委员会主任，赵佳荣任学术委员会主任。每个专业委员会由5到7人组成，专业委员会组成人员由各专委会主任提名组建，并负责提出每年的工作计划和安排。

2018年4月10日下午，湖南省高等学校学报研究会理事长办公会在湖南大学出版社会议室召开。研究会理事长、湖南大学期刊与出版社社长雷鸣主持了会议，副理事长章育良、赵佳荣、陈浩凯、刘金明，秘书长陈灿华、兰甲云，副秘书长谢翠蓉、段发明等参加了会议。会议通报了理事长单位交接情况，讨论了研究会机构设置及人员配备问题。会议决定设立学报质量委员会、文科学报专业委员会、理工科学报专业委员会和青年委员会4个专业委员会和秘书处，明确各专业委员会的工作职责和人员组成。与上届相比，本次专业委员会成员有所扩大，代表性更加全面和广泛，特别是考虑到了专科学报和职业技术学院学报代表的参与问题。

2. 党支部的成立

2016年研究会党支部成立。2016年4月29日，湖南省高等学校学报研究会2016年度第一次理事长办公会议在湖南财政经济学院召开，参加会议的研究会班子成员有章育良、吴家庆、雷鸣、陈浩凯、郭源君、赵佳荣，秘书长陈灿华，副秘书长潘亚辉、彭程甸。根据湖南省教育厅和湖南省民政厅的要求，与会代表经过讨论决定成立研究会党支部，王飞跃任书记，陈灿华任副书记兼组织委员，潘亚辉任纪检委员，彭程甸任青年委员兼宣传委员，陈浩凯任统战委员。

2018年进行了党支部改选。截至2018年初，湖南省高等学校学报研究会理事会领导班子共有党员11人，其中，湖南大学3人、中南大学2人、湖南师范大学1人、湘潭大学1人、湖南农业大学1人、湖南科技大学1人、长沙理工大学1人、南华大学1人。为了加强党对研究会工作的全面领导，更好地团结全省高校学报编辑工作者，积极开展编辑学研究和国内外学术交流，不断提高刊物质量，使之更好地为繁荣发展哲学社会科学、建设和谐文化、弘扬中华文化、推进文化与科技创新、发现和培养人才、加速经济发展和社会进步服务，发挥阵地作用，2018年4月10日，湖南省高等学校学报研究会理事长办公会决定成立新的研究会功能性党支部，并进行了实质性的筹备工作。

2018年6月27日，湖南省高等学校学报研究会向中共湖南省教育厅省委教育工委直属机关委员会提出成立党支部的申请。2018年7月20日，中共湖南省教育厅省委教育工委直属机关委员会同意湖南省高等学校学报研究会关于成立党支部的申请。2018年7月24日，根据湖南省教育厅省委教育工委直属机关委员会的《关于同意成立湖南省高等学校学报研究会党支部的批复》，研究会召开2018年度第二次理事长办公会，选举产生了雷鸣、谢翠蓉、杨保华、陈灿华、兰甲云等5位同志组成研究会党支部。

2018年9月10日，湖南省教育厅省委教育工委直属机关委员会下达了《关于同意省高等学校学报研究会党支部成立选举结果的批复》，研究会新一届党支部正式成立。

湖南省高等学校学报研究会第八次、第九次全员大会以后的机构改革和党支部的成立，是湖南省高等学校学报研究会全面落实党的十八大精神，全面推进期刊改革发展的重大举措，适应了时代发展的要求，加强了研究会的能力建设，理顺了工作思路，明确了工作重点，为研究会的发展提供了组织保障。

（三）改革背景下的编辑业务知识抢答赛

2015 年 5 月 14 日，湖南省高等学校学报研究会在湖南工业大学召开了 2015 年度第一次常务理事会议。为了提高编辑业务水平，决定在年会期间举行编辑业务知识抢答赛。举行编辑业务知识抢答赛的决定，丰富了湖南省高等学校学报研究会的学术活动内容。

2015 年 7 月 2 日至 4 日，文科学报专业委员会在湖南城市学院召开了文科学报经验交流会，会上再次确认了在 2015 年年会期间举行编辑业务知识抢答赛的决定。

2015 年 10 月 31 日，湖南省高等学校学报研究会八届三次会员大会暨学术年会在湘南学院召开，共 130 余人与会。参加会议的领导有：湖南省新闻出版广电局副局长尹飞舟、报刊处处长陈奇亮，湘南学院副校长黄小益，研究会理事长王飞跃，副理事长章育良、雷鸣、赵佳荣、陈浩凯、郭源君、熊正为。

湖南省新闻出版广电局副局长尹飞舟发表了讲话。理事长王飞跃作了研究会 2015 年度工作报告。报告指出：2015 年 3 月，教育部和国家新闻出版广电总局发布了《教育部 国家新闻出版广电总局关于进一步加强和改进高校出版工作的意见》。为此，我们必须做到：准确把握出版工作方向、定位和中心环节；进一步健全内部管理机制，强化质量管理，确保出版物内容、编校、设计和印制等各个环节的质量；要重视选题质量，杜绝低水平重复出版；严格执行审校规章制度，强化主编责任制、责任编辑制、栏目主持人制；要贯彻落实《期刊出版管理暂行规定》《互联网出版管理暂行规定》等有关法律法规；严禁买卖刊号等行为，禁止出版国家法律法规禁止的内容；要增强著作权保护意识，尊重著作权，坚决抵制剽窃、抄袭、盗版等侵犯他人著作权的行为；要注重编辑人才培养，充分发挥编辑的主观能动性和创造性。

随后，陈灿华秘书长主持了编辑业务知识抢答赛，抢答赛题目来自本省期刊中经常出现的有关编辑知识方面的问题。参与者积极抢答，气氛活跃热烈。这次编辑业务知识抢答赛的成功举办，为该项活动的常规化奠定了基础。

（四）适应改革需求的期刊结对审读

期刊改革必须走内涵发展的道路，高质量发展是时代的主题，也是期刊发展的主题。为推动湖南省高校学报办刊质量的整体提升，研究会采取了一系列应对措施，重要的举措之一就是在研究会的统一领导下对会员期刊进行结对审读。

2016 年 4 月 29 日，湖南省高等学校学报研究会 2016 年度第一次理事长办公会议在湖南财政经济学院召开，研究会班子成员章育良、吴家庆、雷鸣、陈浩凯、郭源君、赵佳荣，秘书长陈灿华，副秘书长潘亚辉、彭程甸等参加会议。本次会议决定启动对会员期刊的结对审读工作。审读工作由研究会组织，理工科学报专业委员会和文科学报专业委员会分别组织实施对我省理工科学报和文科学报的审读工作。审读方式按照类别和层次进行分组，然后各类期刊两两结对互查，检查内容包括政治质量、学术质量、编辑校对质量、印刷装帧质量等，并将审查意见于规定时间内全部返回至秘书处，由秘书处汇总后进行总体反馈。

2016 年 9 月 13 日，湖南省高等学校学报研究会在湖南师范大学召开了第二次理事长办公会议，对审读工作形成了方案，由质量委员会组织落实，陈灿华负责具体工作。

根据 2016 年两次理事长办公会会议精神，从 9 月下旬开始，对会员单位期刊的结对审读活动正式开始，审读内容主要有：第一，政治质量。包括是否执行宪法确定的基本原则，是否执行党和国家的有关方针、政策、法律法规，是否刊载《出版管理条例》和其他法律法规以及国家规定的禁止内容，是否认真贯彻执行国家有关科学技术和出版方面的政策、法令、条例，是否认真贯彻执行国家保密、版权、专利、国界等规定，是否积极倡导社会主义科技道德、编辑道德，重视社会主义精神文明建设等。第二，学术质量。包括知识性错误、学术不端问题、学术规范问题等。第三，编辑质量。包括作者署名、摘要、关键词、正文、参考文献等是否符合现行国家标准，数量和单位的名称、符号及其书写是否符合有关标准，图表是否科学、规范，有无语法、逻辑错误，有无不规范的科技名词术语、错别字以及标点符号错误等。第四，印刷质量。

各会员期刊高度重视本次审读工作，安排经验丰富、认真负责的编辑对照审读要求认真审读，并在 2016 年 12 月底提交了审读结果。研究会将审读结果汇总后迅速反馈给各会员单位进行整改。审读活动的开展，适应了改革发展形势的需要，增强了会员单位的质量意识。

四 第八、九、十次会员大会

从 2010 年到 2023 年，湖南省高等学校学报研究会按照《湖南省高等学校学报研究会章程》，先后组织召开了三次会员大会，选举产生了研究会第八届、第九届、第十届理事会及其领导班子，保证了研究会工作有序推进。

（一）第八次会员大会

为了贯彻落实党的十八大和党的十八届三中全会精神，深入研究湖南高校学报改革发展的新形势、新目标、新任务，促进研究会高质量发展，2013 年底，湖南省高等学校学报研究会召开了第八次会员大会暨 2013 年学术年会。

1. 会议筹备

为了办好 2013 年的学术年会和换届大会，在副理事长章育良的主持下，湖南省高等学校学报研究会先后召开了两次理事长办公会议、一次换届筹备委员会会议、两次常务理事会议，广泛听取意见和建议，扎实完成了筹备换届选举工作事宜。

2013年6月23日，湖南省高等学校学报研究会在长沙市召开了2013年第一次理事长办公会议，确定换届筹备委员会名单。经讨论，换届筹备委员会由以下15人组成：理事长王海东，副理事长章育良、王道平、李建华、吴家庆、刘玉兰、王以群，秘书长汪晓，副秘书长陈灿华，以及会员代表赵佳荣、张凤华、伍谦、易必武、钟兴永、张文刚。会议决定尽快召开换届筹备委员会会议，确定研究会理事长挂靠单位的产生方法。

2013年7月9日，换届筹备委员会成员在长沙召开换届筹备会议，商讨理事长挂靠单位的产生办法。参加会议的代表有换届筹备委员会成员：章育良、王道平、吴家庆、刘玉兰、汪晓、陈灿华、赵佳荣、张凤华、伍谦、易必武、张文刚。会议确定了理事长挂靠单位的产生办法：（1）理事长挂靠单位或自行申报，或推荐。（2）对理事长挂靠单位的要求是：地点在长株潭地区；有期刊社建制，有3种或3种以上期刊，至少有一种期刊在湖南省以及全国有一定影响力；热心学会工作，乐于奉献，有一定的人力和财力支撑。（3）报名截止日期为2013年7月19日。会议决定9月份召开常务理事会，确定理事长挂靠单位，并就如何产生新一届常务理事、副理事长、理事长和秘书长等事宜进行了讨论。此外，会议还决定聘任本届学会期间离任或退休的理事长王海东，以及副理事长王道平、李建华、王以群为第八届研究会学术顾问。

2013年9月28日，湖南省高等学校学报研究会第一次常务理事会在湖南财政经济学院召开。会议的主要议题是投票选举研究会第八届理事长挂靠单位。参加会议的代表有副理事长章育良、李建华、吴家庆、刘玉兰、王以群，以及常务理事共31人。会上，章育良副理事长通报了6月23日的理事长办公会议以及7月9日的换届筹备委员会会议的主要精神。关于理事长单位挂靠单位的申报问题，根据自愿申报的原则，共有中南大学、湖南大学、湖南师范大学、湖南科技大学4家单位申报。申报单位的代表中南大学出版社社长王飞跃、湖南大学期刊与出版社社长雷鸣、湖南师范大学期刊社社长吴家庆、湖南科技大学期刊社主编罗渊分别进行了申报陈述。通过无记名投票，会议选举中南大学为研究会第八届理事长挂靠单位。

2013年11月4日，研究会在中南大学出版社召开了第二次理事长办公会议，部署选举工作。参加会议的有中南大学出版社社长、第八届研究会理事长候选人王飞跃，第七届研究会副理事长章育良、吴家庆，秘书长汪晓，副秘书长陈灿华等。会议就年会换届选举工作等进行了具体部署和安排，并决定聘请王海东、王道平、李建华、王以群为第八届研究会顾问。

2013年12月5日，湖南省高等学校学报研究会2013年第二次常务理事会在湖南浏阳召开。会议的主要议题是审议大会报告、讨论换届选举事宜等。章育良、吴家庆、李建华等副理事长以及常务理事共30人参会。

2. 第八次会员大会召开

2013年12月5日，湖南省高等学校学报研究会第八次会员大会暨2013年学术年会在浏阳飞天凯莱度假酒店隆重召开，参加会议的有第七届研究会副理事长章育良、吴家庆、李建华，秘书长汪晓，以及常务理事、理事，共129人。

王飞跃教授主持会议。吴家庆教授致开幕词。章育良教授代第七届研究会理事长王海东作第七届研究会工作报告。报告全面回顾本届研究会自2009年12月产生以来的工作成就：团体会员已达90家；推举产生第七届全国高等学校文科学报研究会2名常务理事人选和6家理事单位；实现了研究会工作的制度化；学术活动成为亮点；建立了高校审稿专家数据库；紧跟时代，大力推进学报信息化建设；积极参与全国期刊的评优活动，取得了较好的成绩；等等。号召大家转变办刊理念，建立有效机制，提升学报质量，办出学报特色，为全省高校学报的繁荣与发展作出积极而有创造性的贡献。副理事长吴家庆作了《关于修改〈湖南高等学校学报研究会章程〉的几点说明》的报告，对《湖南高等学校学报研究会章程（2009年修订本）》提出了10点修改意见。按照学会章程，大会共选举产生35位常务理事。经常务理事推选，选举产生研究会第八届工作班子。中南大学出版社社长王飞跃任理事长，章育良、吴家庆、雷鸣、陈浩凯、郭源君、熊正为、赵佳荣任副理事长，陈灿华任秘书长。理事长王飞跃代表新一届研究会班子成员讲话，表示将勤奋工作，并在全体会员的努力下，集思广益，群策群力，将学会工作不断推向新的高度。同时，特聘王海东、王道平、李建华、王以群为第八届研究会顾问。

副理事长李建华主持学术研讨阶段会议，学术研讨以“高校学术期刊质量保障体系研究”为主题。湖南师范大学徐超富就期刊主编工作体会，湖南农业大学赵佳荣就高校学术期刊质量管理制度创新研究，湖南大学厉亚就学术出版中应加强学术道德教育，湖南城市学院易永卿就学术期刊的质量保障机制等主题作了典型发言。

研究会副理事长雷鸣致闭幕词。他指出学术期刊的管理机制和新的业态环境正在形成；以互联网和移动通信为代表的新的传播手段正在改变着学术出版的面貌，学报人的工作环境也在发生着变化，所有这一切，都需要我们去认真地面对；同时，专业化、特色化、品牌化是高校学术期刊的发展方向，保持品位、提升品质、打造品牌是每一家学报都面临的共同任务。他号召代表们以党的十八届三中全会精神为指导，坚持开放与改革，为开创我省学报工作的新局面而努力奋斗。

（二）第九次会员大会

正值全国上下认真学习党的十九大精神之际，湖南省高等学校学报研究会迎来了第九次全体会员大会，并对研究会领导班子进行换届选举。

1. 会议筹备

2017年4月11日，湖南省高等学校学报研究会在中南大学出版社召开了年度第一次理事长办公会议。参加会议的有副理事长雷鸣、章育良、赵佳荣、陈浩凯、熊正为，秘书长陈灿华，副秘书长潘亚辉。会议由章育良副理事长主持。这次理事长办公会议讨论的主要问题是研究会换届选举，经过讨论，形成以下决议：（1）决定在本年度第一次常务理事会议期间成立换届筹备委员会，成员由11至13人组成。（2）确定理事长挂靠单位。挂靠单位可自行申报，也可以接受推荐报名。对理事长挂靠单位的要求是：地点在长株潭地区；有期刊社建制，有3种或3种以上期刊，且至少有一种期刊在湖南省乃至全国有一定影响力；热心学会工作，乐于奉献并有能力奉献，有一定的人力和财力资源。（3）决定下一届研究会设立2名秘书长。（4）鉴于理事长王飞跃，副理事长吴家庆、郭源君、熊正为等有工作变动，会议决定，相关单位推荐副理事长人选交由研究会常务理事会讨论。

2017年5月24日，湖南省高等学校学报研究会2017年第一次常务理事会议在湖南岳阳召开。参加此次会议的代表共36人，其中常务理事31人。会议由章育良副理事长主持。首先，通报了常务理事变更情况。经理事长办公会议决定，推选中南大学出版社杨保华、湖南师范大学李培超、湖南科技大学刘金明、南华大学刘迎云为副理事长人选。经与会常务理事审议，同意推选人选，将在研究会第九次会员大会期间表决通过。其次，讨论了2017年的主要工作：（1）确定2017年年会地点（理事长办公会议提议在怀化召开）。（2）研究会专委会（理工科学报专业委员会、文科学报专业委员会）于6月份开展学术研讨会，重点研讨如何提高期刊编校质量。（3）年会核心议题为研究会换届选举。经理事长办公会议决定并征求相关理事单位的意见，决定湖南大学期刊与出版社为第九届理事长挂靠单位。成立了由雷鸣、章育良、杨保华、李培超、赵佳荣、陈浩凯、刘迎云、刘金明、陈灿华等9人组成的换届筹备委员会，具体开展换届选举工作。

2017年9月8日，湖南省高等学校学报研究会2017年第二次理事长办公会议在湖南农业大学召开，雷鸣、章育良、赵佳荣、陈浩凯、刘金明、陈灿华、潘亚辉、卢克建（代副理事长刘迎云）参加会议。会议由章育良主持，重点讨论了研究会的挂靠、年会和换届选举事宜。（1）关于研究会挂靠单位的问题。本研究会目前挂靠在湖南省教育厅，由于本研究会成立的功能性党组织找不到挂靠单位，致使年检到6月份才通过。（2）关于年会召开有关事宜。经讨论，年会定于2017年11月中下旬在湖南怀化召开，届时举行征文评比、学术研讨、知识抢答赛等活动。（3）关于换届选举问题。经讨论，一致推选湖南省高等学校学报研究会第九届理事会理事长挂靠单位为湖南大学期刊与出版社；常务理事人数约为35名，产生方式为：以本届常务理事所在单位为依据，发送常务理事申报表，在现有基础上增补1至2所职业院校为常务理事单位，个别尚未成为常务理事的单位，经所在单位负责人申请，并经研究会换届筹备委员会同意，可先填写申请表，再由常务理事会议讨论后决定。（4）同意研究会下设学术期刊学术与编校质量委员会、人文社会科学学术期刊专业委员会和自然科学（理工农林医）学术期刊专业委员会。（5）为了便于工作，建议研究会设立2个秘书长岗位、2个副秘书长岗位，提议陈灿华和兰甲云为秘书长人选，其中，兰甲云负责研究会文科学报的相关工作，陈灿华负责研究会理工科学报的相关工作。会议决定于今年10月中旬召开一次常务理事会议，通报并讨论年会相关事宜和换届筹备委员会的工作情况。

2017年11月3日，研究会召开了换届筹备委员会扩大会议。与会代表除研究会换届筹备委员会成员外，还有长株潭常务理事。与会代表同意研究会换届筹备委员会的提议，确定了研究会第九届常务理事、理事长、副理事长、秘书长候选人，并就学术年会事宜进行了探讨。

2017年11月10日，湖南省高等学校学报研究会第二次常务理事会议在湖南科技学院召开。参加会议的有研究会副理事长雷鸣、章育良、杨保华、赵佳荣、陈浩凯、刘金明、刘迎云，秘书长陈灿华及常务理事，共32人。会议由副理事长章育良主持。会议审议了第八届研究会工作报告和财务报告，重点讨论了本次年会和换届选举的有关事宜，与会代表就所有议题达成共识，为换届选举奠定了坚实基础。

2. 第九次会员大会召开

在充分筹备的基础上，湖南省高等学校学报研究会第九次会员大会暨2017年学术年会于2017年11月10日至12日在怀化学院隆重召开。参加会议的有怀化学院副校长余朝文，研究会班子成员雷鸣、章育良、杨保华、刘金明、陈浩凯、赵佳荣、刘迎云、陈灿华等，共130余人参加了本次大会。

11月11日上午，会议在雄壮的国歌声中拉开序幕。余朝文致欢迎词，章育良副理事长作研究会第八届理事会工作报告。报告全面回顾了本届研究会取得的成绩：团结广大会员，加强了研究会建设；有条不紊、扎实推进研究会工作；深入开展学术活动；紧跟时代，大力推进学报信息化建设；积极组织评优评先，成绩突出；等等。号召大家必须以党的十九大精神为指导，认真研究国家改革发展的新形势、新目标、新任务，认真探讨和学习新的办刊理念，及时掌握新的办刊手段，把本研究会学报整体质量和水平不断推向新的高度和水平。勉励大家不懈努力，与时俱进，开拓创新，以时不我待的紧迫感和时代感，为湖南省高校学报的繁荣与发展作出积极而有创造性的贡献。

11月11日下午，副理事长刘金明主持换届选举。首先，副理事长雷鸣作了关于第九届研究会章程修改的报告和说明。他指出，在筹备湖南省高等学校学报研究会换届工作时，对《湖南省高等学校学报研究会章程》的修订工作也提上了议事日程。9月8日，在湖南农业大学召开的理事长办公会上，正式提出了章程修订的指导意见。11月3日，在湖南财政经济学院召开的换届筹备委员会扩大会议上，进行了初步讨论，各位理事长对章程修改提出了多方面的意见与建议。11月7日，在湖南大学召开的理事长碰头会上，形成了章程修订的草案。11月10日下午，研究会常务理事会对章程修订草案进行了认真审议和完善。与会代表表决通过了新的章程。随后，陈灿华秘书长介绍了37位常务理事候选人的基本情况，与会代表通过举手表决的方式选举常务理事，一致同意参选的37位候选人当选为第九届理事会常务理事。最后，新当选的常务理事召开了第一次会议，选举产生了第九届研究会理事长、副理事长、秘书长。经选举，雷鸣任第九届理事会理事长，章育良、杨保华、李培超、陈浩凯、赵佳荣、刘金明、刘迎云任副理事长，陈灿华、兰甲云任秘书长。

本次年会还开展了学术交流，表彰了研究会2017年学术年会获奖论文作者。最后，陈灿华秘书长组织了编辑业务知识抢答赛，并为获胜者颁发了奖品。

湖南省高等学校学报研究会第九次会员大会是一次认真学习贯彻落实党的十九大精神的会议。本次大会以党的十九大精神为指导，认真研究了湖南省期刊改革发展的新形势、新目标、新任务，深入探讨和研究新的办刊理念、办刊手段，产生了新一届领导班子，为研究会工作高质量发展奠定了坚实基础。大会认为，党的十八大以来，我国的社会面貌发生了深刻而重大的变化，全面深化改革、全面依法治国、全面从严治党的推进以及建设高水平大学的需要，向高校学报提出了更高的要求，需要我们与时俱进，把新时代的新精神写进我们的章程。

（三）第十次会员大会

自 2017 年 11 月 11 日本届理事会履职以来，在中共湖南省委宣传部、湖南省民政厅、湖南省教育厅等业务主管部门的指导下，在各会员单位的大力支持下，研究会紧紧围绕党和国家以及湖南省工作大局，加强省内高校期刊交流与合作，为高校学报服好务、搭好桥、铺好路，圆满完成了工作任务和历史使命。

4 年半以来，研究会建立健全了组织架构，形成了健全的制度体系，财务管理规范科学，活动开展丰富多彩，积极组织会员单位参加中国期刊协会、中国科协、全国高校科技期刊研究会、全国高校文科学报研究会的各项评比评奖活动，以及组织会员单位积极参加教育部、中共湖南省委宣传部、湖南省教育厅、湖南省科技厅等业务主管单位的评比活动，成果丰硕。

1. 会议筹备

2021 年 6 月 24 日，研究会在湖南大学出版社召开理事长办公会议，讨论了理事会换届工作，初步决定在 2021 年 11 月中下旬完成换届工作，并要求秘书处做好相关工作。

2021 年 7 月 1 日至 2 日，研究会在长沙福盛源大酒店召开理事长办公会暨常务理事会，专题讨论了第十届理事会换届筹备工作：审议了第九届理事会工作报告，审议了第九届理事会财务工作报告，审议了湖南省高等学校学报研究会章程修改的说明，审议了第十届理事会拟任理事名单，审议了第十届理事会拟任负责人名单（含理事长、副理事长、秘书长等），决定在 2021 年底完成换届选举工作。

2021 年 10 月 12 日，研究会在湖南大学出版社会议室召开理事长办公会，再次讨论了第十次全体会员大会的时间、地点和议程，讨论了研究会理事长单位、拟任理事人选名单等。

2021 年 11 月至 2022 年 7 月，研究会秘书处多次向湖南省民政厅、湖南省教育厅进行换届前工作报备。由于此项工作较为复杂，申报材料数易其稿，导致审批延迟。

2022 年 6 月，湖南省民政厅审核通过了换届前的报批材料；2022 年 7 月，湖南省教育厅审核通过了研究会换届材料，同意换届。

2022 年 7 月 23 日，研究会再次召开理事长办公会议，决定在 2022 年 7 月 30 日至 8

月 1 日召开第十次会员大会。本次会议详细讨论了大会议程，章程修订说明，拟任理事、理事长、秘书长及其他事项。

2. 第十次会员大会召开

2022 年 7 月 30 日至 8 月 1 日，湖南省高等学校学报研究会第十次会员大会在长沙福盛源大酒店召开。湖南省民政厅社会组织管理局局长朱志明，湖南大学党委副书记陈伟全程参会。研究会第九届理事会班子成员雷鸣、章育良、李培超、陈浩凯、刘金明、苏爱华，拟任第十届理事会理事长、湖南大学期刊与出版社社长李文邦，湖南省科技期刊编辑学会副理事长兼秘书长杨春明，湖南省高等学校学报研究会秘书处谢翠蓉、陈灿华、兰甲云等参加了会议。

会上，湖南大学党委副书记陈伟致辞，湖南省民政厅社会组织管理局局长朱志明发表了讲话，理事长雷鸣代表第九届理事会作了湖南省高等学校学报研究会第九届理事会工作报告。报告全面回顾总结了 4 年半以来研究会的工作：（1）建立健全了研究会组织架构。组建了研究会党支部、秘书处，完善了理工科学报专业委员会、文科学报专业委员会、质量与学术委员会和青年委员会，并经常性地开展工作。（2）形成了健全的制度体系。制定了多项工作制度，如《湖南省高等学校学报研究会财务管理制度》、各分支机构的工作职责等，使各项工作有章可循。（3）财务管理规范科学。对第八届理事会理事长单位进行了离任审计，厘清了财务收支状况，并在此基础上，开设了研究会专户，实现了收支两条线。每年都对研究会的财务进行了审计，保障了研究会财务工作的合法合规。（4）研究会活动丰富多彩。每年按期召开理事长办公会、常务理事会、学术年会等。各专业委员会紧紧围绕研究会年度工作计划，周密安排，制定经验交流会主题，策划形式多样的年度活动。（5）组织会员单位期刊参加中国期刊协会、中国科协、全国高校科技期刊研究会、全国高校文科学报研究会的各项评比评奖活动。（6）组织会员单位积极参加教育部、中共湖南省委宣传部、湖南省教育厅、湖南省科技厅等业务主管单位的评比活动等，成果丰硕。随后，听取和审议了副理事长杨保华关于章程修订的说明，听取并审议了谢翠蓉秘书长作的财务报告。

在选举阶段，副理事长章育良首先向大会汇报了换届选举工作情况报告：（1）理事长、副理事长、秘书长变更情况。湖南大学期刊与出版社李文邦同志接任雷鸣同志任理事长，中南大学出版社黄飞同志接任杨保华同志任副理事长；湖南科技大学期刊社伍济钢同志接任刘金明同志任副理事长；南华大学代艳丽同志接任刘迎云同志任副理事长。根据湖南省民政厅要求，结合研究会工作实际，由湖南大学期刊与出版社谢翠蓉同志任秘书长。（2）理事变更情况：《中南大学学报（医学版）》理事单位变更为《中南大学学报（社会科学版）》，理事由彭敏宁变更为谭晓萍；《湘潭大学学报（自然科学版》）理事由龙顺潮变更为王文强；《长沙理工大学学报（自然科学版）》理事由刘国奇变更为赵冰；《邵阳学院学报》理事由刘水强变更为马骥；《湖南科技学院学报》理事由宫彦军变更为潘雁飞。《湖南工程学院学报》增补为理事单位，理事为杨妍。

副理事长苏爱华介绍了理事候选人基本情况，与会代表通过投票的方式选举理事，一致同意参选的39名候选人当选为第十届研究会理事。随后，李文邦组织新当选的理事召开十届一次理事会议。经选举，李文邦任第十届湖南省高等学校学报研究会理事长，章育良、李培超、黄飞、陈浩凯、苏爱华、伍济钢、代艳丽任副理事长，谢翠蓉任秘书长。

五 承办全国高等学校文科学报研究会成立30周年纪念大会

因为湖南人勇担使命的精神和历史的机缘巧合，全国高等学校文科学报研究会从诞生之日起就与湖南省高等学校学报研究会结下了不解之缘。作为全国高等学校文科学报研究会的诞生地，湖南一定要与全国高等学校文科学报研究会一起，见证其成立30周年这一具有历史意义的重大时刻。

（一）缘起与筹备

1. 30周年纪念大会缘起

1988年11月5日到9日，全国高等学校文科学报研究会在湖南师范大学成立。它的成立展示了湖南省高等学校学报研究会的能力和水平，产生了全国性的影响。

到2018年，全国高等学校文科学报研究会已届而立之年，一定要举办一次隆重的纪念大会。但纪念大会到哪里开、开成什么样的规模等，成了迫切和具体的问题。为了充分论证和精心筹划，时任全国高等学校文科学报研究会理事长的蒋重跃教授多次组织理事长办公会议，并广泛征求全国学报研究会常务理事的意见。大家一致认为，全国高等学校文科学报研究会成立30周年纪念大会一定要回到其诞生地——湖南召开。在全国高等学校文科学报研究会理事长蒋重跃、秘书长刘曙光等领导与湖南高等学校学报研究会理事长雷鸣等负责同志多次协商后，确定全国高等学校文科学报研究会成立30周年纪念大会在长沙召开，由湖南省高等学校学报研究会牵头。

2. 30周年纪念大会筹备

接受任务后，湖南省高等学校学报研究会非常重视会议的筹备工作，并于2018年7月24日召开了该年度第二次理事长办公会议讨论会议筹备事宜。在综合考虑举办地点、接待能力、会场安排、交通便利、办会经验等各方面因素后，研究会副理事长、《长沙理工大学学报（社会科学版）》主编陈浩凯主动请缨，由长沙理工大学、湖南大学共同承办本次纪念大会。经理事长办公会议反复研究，同意了陈浩凯副理事长的请求，决定报请全国高等学校文科学报研究会委托长沙理工大学承办会议，并组建了全国高校文科学报研究会成立30周年纪念大会筹备工作组。工作组由湖南省高等学校学报研究会直接领导，成员由湖南省高等学校学报研究会秘书处全体成员、长沙理工大学学报（社会科学版）编辑部和湖南大学期刊社相关人员共同组成。

长沙理工大学校领导高度重视这次会议的承办工作，认为会议对宣传学校、提升学校学报的影响力具有重要意义，随即成立了会议筹备工作班子。经与湖南省高等学校学报研究会商定，成立了全国高校文科学报研究会成立 30 周年纪念大会筹备领导小组，全国高等学校文科学报研究会秘书长刘曙光、长沙理工大学党政办主任周艳红任总指挥，湖南省高等学校学报研究会理事长雷鸣、副理事长陈浩凯任副总指挥。筹备工作班子成员包括湖南省高等学校学报研究会副理事长陈浩凯、秘书长谢翠蓉、副秘书长兰甲云、长沙理工大学学报（社会科学版）编辑部主任杨文正、长沙理工大学宣传部副部长邓崛峰、长沙理工大学国际学术交流中心主任曹红英等。

在筹备领导小组的领导下，陈浩凯组织长沙理工大学学报（社会科学版）编辑部全体编辑、长沙理工大学相关职能处室干部、部分研究生代表等，将工作人员分成会议材料组、联络组、会务组、宣传组、接待组、安保组、老同志和领导特别工作组等 7 个小组，分工负责，定期召开碰头会，听取工作汇报，解决实际问题。筹备工作顺利平稳推进。

（二）纪念大会在长沙理工大学顺利召开

2018 年 11 月 9 日至 11 日，由湖南省高等学校学报研究会牵头，长沙理工大学、湖南大学共同承办的全国高校文科学报研究会成立 30 周年纪念大会在长沙理工大学国际会议交流中心隆重举行。出席大会的领导有：中国期刊协会会长吴尚之、教育部社科司司长刘贵芹、中宣部出版局原副局长刘建生、湖南省教育厅巡视员葛建中、国家新闻出版署新闻报刊司处长卓宏勇、教育部社科司出版处处长田敬诚、中国高校科技期刊研究会理事长颜帅、全国高等学校文科学报研究会理事长蒋重跃、长沙理工大学校党委书记付宏渊、长沙理工大学校长曹一家、湖南省社科联副主席戴树源、湖南省高等学校学报研究会理事长雷鸣等。全国高校文科学报负责人及代表共 400 余人参加了大会。

开幕式上，长沙理工大学校党委书记付宏渊致欢迎词，全国高等学校文科学报研究会理事长蒋重跃致开幕词，中国期刊协会会长吴尚之、教育部社科司司长刘贵芹发表重要讲话，中宣部出版局原副局长刘建生、国家新闻出版署新闻报刊司处长卓宏勇、湖南省教育厅巡视员葛建中、中国高校科技期刊研究会理事长颜帅、《中国学术期刊（光盘版）》电子杂志社有限公司总经理刘学东、湖南省高等学校学报研究会理事长雷鸣等分别讲话。

全国高校文科学报研究会成立30周年纪念大会合影

全国高等学校文科学报研究会创会元老潘国琪理事长、龙协涛理事长、武京闽理事长、肖汉森副理事长、蒋广学副理事长、卜庆华副理事长、张积玉副理事长等分别发言，回顾了研究会30年发展历程，勉励后来者改革创新。

本次大会研究了学术期刊在中国特色哲学社会科学话语体系构建中的作用、学术期刊的学术评价等问题，总结了研究会成立30年来的工作成就。

长沙理工大学校党委书记付宏渊在大会致欢迎词中表示，“文科学报是展示高校人文科学研究的重要平台”，一所没有繁荣的人文社会科学的大学，不能称为高水平大学，也就无法培养出“长着中国脸、拥有中国心、抱有中国情、富有中国味”的社会主义建设者和接班人。

吴尚之指出，30年来，全国高校文科学报研究会在加快构建中国特色哲学社会科学、推动中国期刊繁荣发展、培养编辑出版人才等方面发挥了重要作用；研究会组织会员单位积极服务和引导学术界着力构建具有中国特色的哲学社会科学，在学科体系、学术体系、话语体系等方面充分体现中国特色、中国风格和中国气派。对于未来高校文科学报的发展，吴尚之表示，要更加注重融合创新，在继续发展传统纸媒出版的同时，加快推进传统媒体与新兴媒体、出版产业与新兴文化业态、期刊出版与科学技术的深度融合。

刘贵芹司长强调，高校文科学报是社会主义意识形态的重要阵地，是加快构建中国特色哲学社会科学的重要平台，是国家文化软实力和中华文化影响力的重要载体，是落实立德树人根本任务的重要途径，也是加快教育现代化、建设教育强国、办好人民满意的教育的重要方面，要坚持正确的政治方向和办刊导向，要聚焦特色化、高质量发展，要全面加强高校学报的党建工作。

湖南省高等学校学报研究会理事长雷鸣表示，本次30周年纪念大会在湖南召开，是对湖南学报界的鼓励和鞭策。他认为：“湖南目前9所学校文科学报获得国家社科基金，9种学报进入C刊，多种期刊进入教育部学报名栏建设工程，为繁荣和发展我国社会主义事业、创建中国特色哲学社会科学、高校‘双一流’建设作出了应有的贡献。”

30年来，全国高校文科学报研究会积极配合有关部门推进高校哲学社会科学名刊、名栏工程建设，目前名刊工程入选期刊31种，名栏入选期刊65种。会上，《北京大学学报》常务副主编刘曙光，《高等学校文科学术文摘》社长、总编辑何云峰教授分别作了题为《哲学社会科学的中国特色与中华文明的主体性》《学术发表的内涵和外延辨析》的报告，《吉林大学社会科学学报》秦曰龙等来自全国9所高等院校的学报负责人作了交流发言。

大会还为在“超星杯·编缘”征文竞赛活动中的获奖者举行了颁奖仪式。本次举办的“超星杯·编缘”征文竞赛活动得到广大会员的积极响应，经专家评选，评出荣誉奖1篇、金奖8篇、银奖20篇、铜奖29篇。湖南文理学院张文刚撰写的文章《无怨无悔话编缘》获得银奖。全部获奖作品编撰成《编缘》，并于2018年11月由贵州大学出版社出版。

2010年至2023年，随着党的十八大、党的十九大、党的二十大和庆祝中国共产党成立100周年大会的召开，国家颁布了《中共中央关于深化文化体制改革推动社会主义文化大发展大繁荣若干重大问题的决定》等一系列关于期刊改革发展的新政策，习近平总书记在不同的场合对办好一流学术期刊作出了明确的指示，中国的学术期刊迎来了非常好的发展时期。

2011年10月18日，党的十七届六中全会通过了《中共中央关于深化文化体制改革推动社会主义文化大发展大繁荣若干重大问题的决定》，部署了深化文化体制改革、推动社会主义文化大发展大繁荣，进一步掀起社会主义文化建设新高潮的路线图。2014年8月，中央全面深化改革领导小组第四次会议审议并通过了《关于推动传统媒体和新兴媒体融合发展的指导意见》，明确了新形势下媒体融合发展的顶层设计。2015年2月，教育部、国家新闻出版广电总局发布的《关于进一步加强和改进高校出版工作的意见》强调了深化高校学报体制改革。2017年3月，国家新闻出版广电总局、财政部印发《关于深化新闻出版业数字化转型升级工作的通知》，明确了推进新闻出版业数字化转型升级的工作安排。2019年，中国科协、中宣部、教育部、科技部联合印发《关于深化改革培育世界一流科技期刊的意见》，这是推动我国科技期刊改革发展的纲领性文件。2019年，中国科协等七部门联合实施《中国科技期刊卓越行动计划》。特别是2020年9月12日，习近平在科学家座谈会上的讲话中强调“要办好一流学术期刊和各类学术平台，加强国内国际学术交流”。2021年5月9日，习近平给《文史哲》编辑部全体编辑人员回信，再次对办好哲学社会科学期刊提出殷切期望。

新时代新征程上，湖南省高等学校学报研究会不辱使命，团结奋斗，攻坚克难，勠力进取，取得了一系列具有开创性的成果：一是积极宣传党的路线方针政策，围绕党和国家重大主题、重大命题或论断、马克思主义和习近平新时代中国特色社会主义思想、重大历史时间节点等，开展重点研究，做好主题宣传，一批主题宣传好文章被中宣部表彰奖励。二是围绕卓越期刊、世界一流期刊建设，制度化常态化组织学术活动，开展编辑学研究，探索高水平期刊发展道路，一批会员期刊入选“中国科技期刊卓越行动计划”项目期刊、“中国最具国际影响力学术期刊”、中国国际影响力优秀学术期刊、国家哲学社会科学文献中心年度综合性人文社会科学最受欢迎期刊等，其他全国性获奖也远远超过以往任何时期，体现了湖南高校学报研究会会员期刊整体水平的提高。三是开展有组织的科研，设置基金项目，集中针对性提出研究选题，组织会员成立研究小组，开展课题研究，解决实际问题，并在重要刊物上发表了一批更高水平的科研论文，研究会还组织出版了研究论文集。四是各项工作务求实效，精准服务意识日渐增强。但是，也还存在一些提升的空间，比如期刊智库建设、会员期刊集群化发展、会员共享的公共服务平台建设等，需要在今后的改革发展中不断加以完善。

第二章

研究会组织架构及理事会名录

湖南省高等学校学报工作研究会第一届理事会名录（1985）

湖南师范学院
湖南大学
中南矿冶学院
国防科技大学
湘潭大学
湖南医学院
长沙铁道学院
湖南农学院
中南林学院
湖南财经学院
湘潭师范专科学校

1985 年 11 月，湖南省高校学报联合地方科技期刊、科技报，经省科协正式行文批准，成立了湖南省科技期刊编辑工作者协会。“湖南省高等学校学报工作研究会”成为省科技期刊编辑工作者协会的一个组成部分，同时又以“湖南省高等学校学报研究会”的名义独立开展活动。《湖南教育学院学报》的主编陈钧兼任湖南省科技期刊编辑工作者协会理事长，领导班子的其他成员不详。

湖南省高等学校学报研究会第二届理事会名录（1987）

1987 年 10 月 4 日至 8 日，省编协第二届学术年会召开。会议期间，学报组的全体代表经过讨论和酝酿，选举产生了湖南省高等学校学报研究会首届理事会（后改为第二届）。

理事长

陈　钧

副理事长

皮光中　张述峰　唐子畏　杨布生

秘书长

陈冠初　赵树民

湖南省高等学校学报研究会第三届理事会名录（1990）

理事长

张楚廷

常务副理事长

卜庆华

副理事长

皮光中　文辉璧　刘子娟

秘书长

龚维忠　靳绍彤

副秘书长

严衡山　谭兴贵

常务理事

卜庆华　文大可　文辉璧　皮光中　史大浩　张楚廷　刘子娟　严衡山　罗兆沛
林植峰　张志邦　龚维忠　潘　生　靳绍彤　薛绍莲

理事

卜庆华　文大可　文辉璧　皮光中　石彦陶　史大浩　刘子娟　刘本立　刘喜峰
孙景阳　向成国　李钧如　旷荣泽　严衡山　罗兆沛　林植峰　张楚廷　张志邦
海文华　龚维忠　谢龙翔　谭兴贵　潘　生　靳绍彤　薛绍莲

机构设置及分工

秘书组：龚维忠　靳绍彤　严衡山　谭兴贵

学术组：文辉璧　史大浩　刘子娟　林植峰　张志邦　薛绍莲

组织组：严衡山（文科）　谭兴贵（理科）

财务组：龚维忠

培训组：文大可

青年组：潘　生

为适应高校学报改革发展的需要，根据本会学术研究工作特点，经常务理事会讨论，报请理事长审核同意，在原有工作组的基础上增设了 CUJA 联络组等小组，并聘请部分会员参与有关工作。

机构调整及分工

1993 年，增设专科学报工作委员会，名单如下：

主任：黄国明

副主任：戴介华

委员：蒋永星　曹石珠　陈松柏　任　冰　邓乐群

1995 年，增设自科学报研究分会和社科学报研究分会，名单如下：

自科学报研究分会

主任：皮光中

副主任：刘子娟

秘书长：谭兴贵

副秘书长：李昌佳

社科学报研究分会

主任：卜庆华

副秘书长：汪太理

另增补肖家元为湖南省高等学校学报研究会副秘书长，主管财务和联系两个分会的工作。两个分会的秘书长、副秘书长同时也是研究会的秘书长和副秘书长。

湖南省高等学校学报研究会第四届理事会名录（1996）

名誉理事长

张楚廷

常务副理事长

卜庆华

副理事长

李昌佳　李军熵　章育良

秘书长

任楚威

副秘书长

熊楚才　汪太理　肖家元

常务理事

卜庆华　邓乐群　王素琴　叶向荣　刘本立　任楚威　李昌佳　李军熵　汪太理

章育良　周国清　雷　鸣　熊楚才　潘　生

机构设置及分工

学术委员会

主任：潘　生

副主任：周贤玉　陈润叶　易小明　薛其林

组织财务委员会

主任：肖家元

副主任：陈松柏

青年委员会

主任：雷　鸣

副主任：张永中　刘吉元　石潇纯　李　严

专科学校学报委员会

主任：邓乐群

副主任：蒋祖顺　吴永江　黄红华

咨询委员会

主任：皮光中

副主任：刘子娟

委员：陈其相　史大浩　林植峰　张志邦　陶应舒　靳绍彤

湖南省高等学校学报研究会第五届理事会名录（2001）

理事长

邱冠周

副理事长

王道平　张曾荣　章育良　谭容培　熊楚才

秘书长

李建华　晏绍明

副秘书长

汪　晓

常务理事

石潇纯　李传书　李建华　杨金专　欧绍华　周国清　易晓明　罗庚岭　郑清平
孟毅辉　姚德权　章育良　谭容培　魏启德　邓白罗　王窈惠　王道平　刘本立
刘吉元　任楚威　李克安　李军熵　李应求　张曾荣　晏绍明　黄芝蓉　程云辉
谭长贵　熊楚才　潘　生　陈焕然　钟海平　蒋祖顺

第五届理事会调整名录

2002 年，增补常务理事，名单如下：

陈杨宝　文跃智

机构调整及分工

2002 年，工作委员会调整，名单如下：

学术工作委员会主任：任楚威

现代化工作委员会主任：王窈惠

青年工作委员会主任：石潇纯

对外联络工作委员会主任：李建华

湖南省高等学校学报研究会第六届
理事会名录（2005）

理事长

邱冠周

常务副理事长

张曾荣

副理事长

章育良　熊楚才　任楚威　王道平　李建华　童小娇

秘书长

汪　晓

常务理事

邓白罗　王道平　王新生　文瑞明　文耀智　龙顺潮　石潇纯　阳　太　刘吉元
刘景慧　任楚威　陈一民　张文刚　李克安　李建华　张京华　陈科华　汪　晓
吴家庆　张登巧　张曾荣　张　静　林再兰　李昌兰　周唯一　孟毅辉　胡新华
姚德权　晏绍明　徐爱良　黄红华　章育良　童小娇　熊卫平　熊楚才　薛其林

机构设置及分工

学术委员会

主任：陈一民　　　　副主任：陈灿华

编辑委员会

主任：张　静　　　　副主任：成凤明

监察委员会

主任：王新生　　　　副主任：朱美香

第六届理事会调整名录

2006 年，增选王海东为常务理事，并接任张曾荣为常务副理事长。

机构调整及分工

2008 年，工作委员会调整，名单如下：

学术委员会

主任：陈灿华　　　　副主任：兰甲云

湖南省高等学校学报研究会第七届
理事会名录（2009）

理事长

王海东

副理事长

章育良　王道平　熊楚才　李建华　刘玉兰　吴家庆　王以群

秘书长

汪　晓

常务理事

马跃龙　王以群　王海东　王道平　王新生　文瑞明　文耀智　龙顺潮　石潇纯
阳　太　李建华　刘玉兰　刘剑康　刘景慧　伍　谦　张　静　张凤华　张文刚
张齐政　张京华　陈灿华　汪　晓　吴家庆　邹乐群　林再兰　昌　兰　易必武
贺　翀　钟兴永　胡和平　姚德权　徐爱良　徐超富　章育良　彭程甸　熊楚才
薛其林

机构调整及分工

2010年，专业委员会调整，名单如下：

学术委员会主任：王道平

监察版权委员会主任：刘玉兰

数字出版委员会主任：李建华

湖南省高等学校学报研究会第八届理事会名录（2013）

理事长

王飞跃

副理事长

章育良　吴家庆　雷　鸣　陈浩凯　郭源君　熊正为　赵佳荣

秘书长

陈灿华

常务理事

方志蓉　王习贤　王飞跃　龙顺潮　仲　辉　伍　谦　吴家庆　张凤华　张文刚
张齐政　张京华　张高明　李伟迪　李映山　杨学文　邹乐群　陈灿华　陈浩凯
昌　兰　易必武　易永卿　胡和平　胡　鹏　贺　翀　赵佳荣　钟巧灵　钟兴永
徐超富　郭源君　章育良　彭程甸　蒋俊和　雷　鸣　熊正为　薛其林

第八届理事会调整名录

2014 年，增选潘亚辉、彭程甸为副秘书长。

2015 年，杨学文、钟兴永不再担任常务理事。增选刘恋、龙凌、彭柏林为常务理事。

2016 年，张凤华、彭程甸、吴家庆不再担任常务理事。增选黄春华、余华、李培超担任常务理事。

机构设置及调整

2014 年，新增 2 个专业委员会，名单如下：

社科学报编辑工作委员会

主任：吴家庆

委员：苏　慧　兰甲云　饶娣清　彭程甸　王习贤　张文刚

自科学报编辑工作委员会

主任：郭源君

委员：邓履翔　张高明　龙顺潮　易必武　苏爱华　方志蓉

2014 年，学术委员会调整，名单如下：

主任：赵佳荣

委员：陈灿华　仲　辉　徐超富　伍　谦　张齐政　贺　翀

湖南省高等学校学报研究会第九届理事会名录（2017）

理事长

雷　鸣

副理事长

章育良　杨保华　李培超　陈浩凯　赵佳荣　刘金明　刘迎云

秘书长

陈灿华　兰甲云

常务副秘书长

谢翠蓉

常务理事

陈灿华　杨保华　李培超　杨春明　雷　鸣　张高明　姚德权　刘国奇　陈浩凯
刘金明　章育良　龙顺潮　伍　谦　傅丽华　苏爱华　赵佳荣　刘迎云　彭柏林
邹　龙　易必武　孟新田　郭冬生　刘水强　周金华　刘　恋　余　华　邓　志
王习贤　周俊敏　蒋　芳　宫彦军　张　斌　彭分文　张　吕　龙　凌　费　芳
范　适　吴纪宁　彭敏宁

第九届理事会调整名录

2020 年，常务理事会变更名单如下：

湖南农业大学：副理事长由赵佳荣变更为苏爱华。

湖南邮电职业学院：常务理事由刘恋变更为聂志宇。

湖南城市学院：常务理事由孟新田变更为付贵海。

《湖南生态科学学报》：常务理事由范适变更为付美云。

机构调整及分工

2018 年，专业委员会调整，名单如下：

学报质量委员会

主任：李培超

副主任：段发明　刘金明

委员：姚德权　赵　俊　龙顺潮　方志蓉　彭柏林　刘水强　彭分文

文科学报专业委员会

主任：章育良

副主任：兰甲云　赵佳荣

委员：谭晓萍　王习贤　粟世来　罗　渊　余　华　周俊敏　薛其林
朱迪光

理工科学报专业委员会

主任：刘迎云

副主任：陈灿华　杨春明

委员：张高明　苏爱华　蒋云霞　易必武　伍　谦　彭敏宁　李　杰
宫彦军　阳春乔　周金华

青年委员会

主任：杨保华

副主任：陈浩凯　谢翠蓉　兰甲云（兼）

委员：刘　恋　张　燕　邓履翔　刘晓毅　龙　凌　邓　志　范　适
费　芳　谌晓芹

2019 年，专业委员会调整，名单如下：

学报质量委员会

委员：姚德权　赵　俊　龙顺潮　刘国奇　彭柏林　刘水强　彭分文

文科学报专业委员会

副主任：兰甲云

委员：谭晓萍　王习贤　粟世来　罗　渊　余　华　周俊敏　张　吕
蒋　芳　费　芳

理工科学报专业委员会

委员：张高明　苏爱华　蒋云霞　易必武　伍　谦　彭敏宁　邹　龙
宫彦军　阳春乔　周金华　付美云

青年委员会

委员：余　华　张　燕　邓履翔　刘晓毅　龙　凌　邓　志　戴文静
谌晓芹　张　赓

湖南省高等学校学报研究会第十届
理事会名录（2022）

理事长

李文邦

副理事长

章育良　黄　飞　李培超　陈浩凯　苏爱华　伍济钢　代艳丽

秘书长

谢翠蓉

副秘书长

陈灿华　兰甲云　段发明

常务理事

陈灿华　黄　飞　谭晓萍　李培超　杨春明　李文邦　张高明　姚德权　赵　冰
陈浩凯　伍济钢　章育良　王文强　伍　谦　胡　帆　苏爱华　代艳丽　彭柏林
邹　龙　易必武　付贵海　郭冬生　马　骥　王岐本　杨　妍　余　华　邓　志
杨　炼　周俊敏　蒋　芳　潘雁飞　杨　卫　彭分文　曾广录　龙　凌　彭　薇
蒋一锄　吴纪宁　聂志宇

荣誉理事长

雷　鸣

荣誉副理事长

刘金明

第十届理事会调整名录

2023 年，常务理事变更名单如下：

湖南农业大学：副理事长由苏爱华变更为匡远配。

湖南工商大学：常务理事由周俊敏变更为邓柏盛。

湖南工业职业技术学院：常务理事由龙凌变更为易杰。

湖南财政经济学院：常务理事由余华变更为彭文斌。

机构调整及分工

2023 年，专业委员会调整，名单如下：

文科学报专业委员会

主任：章育良　　副主任：代艳丽　　秘书长：兰甲云

理工科学报专业委员会

主任：苏爱华　　副主任：伍济钢　　秘书长：陈灿华

质量委员会

主任：李培超　　　　副主任：伍济钢　　　　秘书长：段发明

青年委员会

主任：黄　飞　　　　副主任：陈浩凯　　　　秘书长：谢翠蓉

研究会党支部组织架构及分工

中共湖南省高等学校学报研究会党支部（2016）

书记：王飞跃　　　　宣传委员：彭程甸

副书记：陈灿华　　　　统战委员：陈浩凯

组织委员：陈灿华（兼）　　　　青年委员：彭程甸（兼）

纪检委员：潘亚辉

中共湖南省高等学校学报研究会党支部（2018）

书记：雷　鸣　　　　纪检委员：杨保华（兼）

副书记：杨保华　　　　统战委员：兰甲云

组织委员：谢翠蓉　　　　青年委员：兰甲云（兼）

宣传委员：陈灿华

中共湖南省高等学校学报研究会党支部（2023）

书记：李文邦　　　　统战委员：兰甲云

副书记：黄　飞　　　　纪检委员：黄　飞（兼）

组织委员：谢翠蓉　　　　青年委员：兰甲云（兼）

宣传委员：陈灿华

第三章

研究会制度建设

湖南省高等学校学报研究会章程（第三届）

1990年10月27日通过

第一章　总　则

第一条　湖南省高等学校学报研究会（以下简称本会），是在湖南省教育委员会领导下的学报编辑工作者自愿结合的群众性学术团体，业务上受湖南省高教学会的指导。

第二条　本会以马克思列宁主义、毛泽东思想为指导思想，坚持四项基本原则，坚持改革开放的总方针，发扬学术民主，开展百家争鸣，提倡实事求是，崇尚科学道德，团结全省学报工作者，积极进行编辑学、学报学的研究，开展国内外学术交流，不断提高学报质量，使学报更好地为我国社会主义物质文明和精神文明建设服务。

第三条　本会的基本任务是：学习和贯彻党的出版方针政策和法规；开展学术活动，举办年会学术讨论会、培训班等，提高编辑人员的素质；组织优秀学报、优秀编辑和优秀编辑学论著的评选，促进学报工作的改革；出版《湖南高校学报通讯》和有关编辑学论文集；建立与兄弟学会的联系，促进横向合作；向有关部门反映会员的意见和要求，维护其合法权益。

第二章　会　员

第四条　凡承认本会章程，愿意参加本会活动，并持有期刊登记证的湖南省各高等院校学报编辑部（室）均可申请为本会团体会员。

第五条　入会程序：符合第四条的编辑部（室）提出申请，经常务理事会批准，即成为团体会员，其所属成员经登记备案后即成为个人会员。非团体会员所属的学报的工作人员（含专职或兼职编辑和编务人员）可申请为个人会员。

第六条 会员的权利：

1. 在本会组织中有选举权、被选举权和表决权；
2. 对本会的各项工作有批评、建议权；
3. 优先参加本会举办的各种活动，优先取得本会的各种资料；
4. 会员有申请退会的自由。

第七条 会员的义务：

1. 遵守本会章程，执行本会决议，承担和完成本会所委托的任务；
2. 积极参加本会组织的各项活动，积极撰写学术论文并及时反映各方面的意见和要求；
3. 团体会员按规定缴纳会费。

第三章　组织机构

第八条 本会的组织原则是民主集中制。最高权力机构是会员代表大会。会员代表大会每四年召开一次（必要时可以提前或延期），由理事会召集之。会员代表大会的主要职责是：

1. 决定本会的工作方针和任务；
2. 审查理事会的工作报告和财务报告；
3. 推选理事，组成理事会；
4. 制订和修改本会章程。

会员代表大会闭会期间，由理事会行使其职权。

第九条 本会最高执行机构是理事会。理事会每届任期四年，根据需要，理事可以连选连任。理事会的职责是：

1. 执行会员代表大会的各项决议；
2. 制定本届理事会工作计划和条例；
3. 研究和筹备召开学术年会、研讨会、培训班等；
4. 筹备召开下届会员代表大会，并向大会报告工作；
5. 协商推选常务理事。

第十条 由理事会民主协商，选举常务理事若干人，组成常务理事会。由常务理事会推选出理事长一人，副理事长若干人，秘书长一人，副秘书长若干人。理事长负责本会的全面领导工作；副理事长协助理事长工作，并可以行使理事长委托的部分职权；正、副秘书长负责处理日常会务工作。理事长一般不连任。在理事会闭会期间，由常务理事会行使理事会职责。常务理事会根据需要召开。

第十一条 根据工作需要，理事会下设若干工作小组，负责组织各项具体工作，各小组成员由理事长聘请。

第十二条 本会办公地址设在理事长所在单位。

第四章 经 费

第十三条 本会经费来源：

1. 会费；
2. 有关领导部门拨予；
3. 社会团体或个人捐赠；
4. 自筹。

第十四条 经费使用管理：

1. 经费主要用于年会、学术讨论会、出版会刊和论文集、日常办公开支等方面；
2. 实行财政民主，加强审计监督；
3. 财务小组定期向会员代表大会公布收支账目。

第五章 附 则

第十五条 本章程自会员代表大会通过之日起生效，并报上级主管部门备案。本章程根据需要进行修改，修改权属会员代表大会，解释权属本会常务理事会。

湖南省高等学校学报研究会章程（第四届）

1996年12月5日通过

第一章 总 则

第一条 湖南省高等学校学报研究会（以下简称本会），是在湖南省教育委员会领导下的湖南省高等学校学报编辑单位和编辑工作者组成的全省性的群众性学术团体，属省一级学会。业务上受湖南省高教学会的指导。

第二条 本会以马克思列宁主义、毛泽东思想和邓小平建设有中国特色社会主义理论为指导思想，并且明确坚持为人民服务、为社会主义服务的方向，贯彻百花齐放、百家争鸣的方针。

第三条 本会的基本任务是：学习和贯彻党的出版方针政策和法规；开展学术活动，举办年会学术讨论会、培训班等，提高编辑人员的素质；组织优秀学报、优秀编辑和优秀编辑学论著的评选，促进学报工作的改革；出版《湖南高校学报通讯》和有关编辑学论文集；建立与兄弟学会的联系，促进横向合作；向有关部门反映会员的意见和要求，维护其合法权益，完成学会及新闻出版部门下达的任务。

第二章 会 员

第四条 凡承认本会章程，愿意参加本会活动，并持有期刊登记证的湖南省各高等院校学报编辑部（室）均可申请为本会团体会员。

第五条 入会程序：符合第四条的编辑部（室）提出申请，经常务理事会批准，即成为团体会员，其所属成员经登记备案后即成为个人会员。非团体会员所属的学报的工作人员（含专职或兼职编辑和编务人员）可申请为个人会员。

第六条 会员的权利：

1. 在本会组织中有选举权、被选举权和表决权；

2. 对本会的各项工作有批评、建议权；

3. 优先参加本会举办的各种活动，优先取得本会的各种资料；

4. 会员有申请退会的自由。

第七条 会员的义务：

1. 遵守本会章程，执行本会决议，承担和完成本会所委托的任务；

2. 积极参加本会组织的各项活动，积极撰写学术论文并及时反映各方面的意见和要求；

3. 团体会员按规定缴纳会费。

第三章 组织机构

第八条 本会的组织原则是民主集中制。最高权力机构是会员代表大会。会员代表大会每四年召开一次（必要时可以提前或延期），由理事会召集之。会员代表大会的主要职责是：

1. 决定本会的工作方针和任务；

2. 审查理事会的工作报告和财务报告；

3. 推选理事，组成理事会；

4. 制订和修改本会章程。

会员代表大会闭会期间，由理事会行使其职权。

第九条 本会最高执行机构是理事会。理事会每届任期四年，根据需要，理事可以连选连任。无特殊原因连续两次不参加研究会召开的会议，则取消理事、常务理事资格。理事会的职责是：

1. 执行会员代表大会的各项决议；

2. 制定本届理事会工作计划和条例；

3. 研究和筹备召开学术年会、研讨会、培训班等；

4. 筹备召开下届会员代表大会，并向大会报告工作；

5. 协商推选常务理事。

第十条 由理事会民主协商，选举常务理事若干人，组成常务理事会。由常务理事会推选出理事长一人，副理事长若干人，秘书长一人，副秘书长若干人。理事长负责本会的全面领导工作；副理事长协助理事长工作，并可以行使理事长委托的部分职权；正、副秘书长负责处理日常会务工作。理事长一般不连任。在理事会闭会期间，由常务理事会行使理事会职责。常务理事会根据需要召开。

第十一条 根据工作需要，理事会下设若干工作小组和咨询委员会，负责组织各项具体工作，各小组成员、咨询委员会委员由理事长聘请。

第十二条 本会办公地址设在理事长所在单位。

第四章 经 费

第十三条 各编辑部（室）每年按时缴纳会费，若连续两年不交会费者，取消会员资格，待补交会费后方可恢复，若当年不交会费者，则取消评优、评先资格。

本会经费来源：

1. 会费；
2. 有关领导部门拨予；
3. 社会团体或个人捐赠；
4. 自筹。

第十四条 经费使用管理：

1. 经费主要用于年会、学术讨论会、出版会刊和论文集、日常办公开支等方面；
2. 实行财政民主，加强审计监督；
3. 财务小组定期向会员代表大会公布收支账目。

第五章 附 则

第十五条 本章程自会员代表大会通过之日起生效，并报上级主管部门备案。本章程根据需要进行修改，修改权属会员代表大会，解释权属本会常务理事会。

湖南省高等学校学报研究会章程（第五届）

2001年11月11日通过

第一章　总　则

第一条　本团体的名称为湖南省高等学校学报研究会。英文译名为 The Association of Journals of Universities and Colleges in Hunan Province，英文缩写为 AJH。

第二条　本团体的性质：本团体是湖南省高等学校学报编辑工作者自愿结合的群众性的非营利性的学术团体。

第三条　本团体的宗旨是以马克思列宁主义、毛泽东思想、邓小平理论为指导思想，坚持四项基本原则，遵守宪法、法律法规和国家政策，发扬学术民主，开展百家争鸣，提倡实事求是，崇尚科学道德。团结全省学报工作者，积极进行编辑学、学报学的研究，开展国内外学术交流，不断提高学报质量，使学报更好地为我国社会主义物质文明和精神文明建设服务。

第四条　本团体业务上受湖南省教委的指导和管理。本团体的社团登记管理机关为湖南省民政厅。

第五条　本团体的住所为湖南省长沙市。

第二章　业务范围

第六条　本团体的业务范围：

（一）学习和贯彻党的出版方针政策和法规；

（二）开展学术活动，举办年会、学术讨论会、培训班等；

（三）组织优秀学报、优秀编辑和优秀编辑学论著的评选；

（四）出版《湖南高校学报通讯》和有关编辑学论文集；

（五）建立与兄弟学会的联系，促进横向合作；

（六）向有关部门反映会员的意见和要求，维护其合法权益。

第三章　会　员

第七条　本团体的会员为单位会员。

第八条　申请加入本团体的会员，必须具备下列条件：

（一）拥护本团体的章程；

（二）有加入本团体的意愿；

（三）持有高等院校学报期刊登记证。

第九条　会员入会的程序是：

（一）提交入会申请书；

（二）经理事会讨论通过；

（三）由理事会或理事会授权的机构发给会员证。

第十条　会员享有下列权利：

（一）本团体的选举权、被选举权和表决权；

（二）参加本团体的活动；

（三）获得本团体服务的优先权，优先取得本团体的各种资料；

（四）对本团体工作的批评建议权和监督权；

（五）入会自愿、退会自由。

第十一条　会员履行下列义务：

（一）执行本团体的决议；

（二）维护本团体合法权益；

（三）完成本团体交办的工作；

（四）按规定缴纳会费；

（五）向本团体反映情况，提供有关资料；

（六）积极参加本团体组织的各项活动，积极撰写学术论文。

第十二条　会员退会应书面通知本团体，并交回会员证。

会员如果 1 年不缴纳会费或不参加本团体活动的，视为自动退会。

第十三条　会员如有严重违反本章程的行为，经理事会或常务理事会表决通过，予以除名。

第四章　组织机构和负责人产生、罢免

第十四条　本团体的最高权力机构是会员大会，会员大会的职权是：

（一）制定和修改章程；

（二）选举和罢免理事；

（三）审议理事会的工作报告和财务报告；

（四）决定终止事宜；

（五）决定本团体的工作方针和任务；

（六）决定其他重大事宜。

第十五条 会员大会须有 2/3 以上的会员出席方能召开，其决议须经到会会员半数以上表决通过方能生效。

第十六条 会员大会每届 4 年。因特殊情况需提前或延期换届的，须由理事会表决通过，报业务主管单位审查并经社团登记管理机关批准同意。但延期换届最长不超过 1 年。

第十七条 理事会是会员大会的执行机构，在闭会期间领导本团体开展日常工作，对会员大会负责。

第十八条 理事会的职权是：

（一）执行会员大会的决议；

（二）选举和罢免理事长、副理事长、秘书长；

（三）筹备召开会员大会；

（四）向会员大会报告工作和财务状况；

（五）决定会员的吸收或除名；

（六）决定设立办事机构、分支机构、代表机构和实体机构；

（七）决定副秘书长、各机构主要负责人的聘任；

（八）领导本团体各机构开展工作；

（九）制定内部管理制度；

（十）制定本届理事会工作计划和条例；

（十一）研究和筹备召开学术年会、研讨会、培训班等；

（十二）筹备召开下届会员大会，并向大会报告工作；

（十三）决定其他重大事项。

第十九条 理事会须有 2/3 以上理事出席方能召开，其决议须经到会理事 2/3 以上表决通过方能生效。

第二十条 理事会每年至少召开一次会议；情况特殊的，也可采用通信形式召开。

第二十一条 本团体设立常务理事会。常务理事会由选举产生，在理事会闭会期间行使第十八条第（一）（三）（五）（六）（七）（八）（九）（十）（十一）（十二）项的职权，对理事会负责（常务理事人数不超过理事人数的 1/3）。

第二十二条 常务理事会须有 2/3 以上常务理事出席方能召开，其决议须经到会常务理事 2/3 以上表决通过方能生效。

第二十三条 常务理事会至少每半年召开一次会议；情况特殊的也可采用通信形式召开。

第二十四条 本团体的理事长、副理事长、秘书长必须具备下列条件：

（一）坚持党的路线、方针、政策，政治素质好；

（二）在本团体业务领域内有较大影响；

（三）理事长、副理事长、秘书长最高任职年龄不超过 70 周岁，秘书长为专职；

（四）身体健康，能坚持正常工作；

（五）未受过剥夺政治权利的刑事处罚；

（六）具有完全民事行为能力。

第二十五条 本团体理事长、副理事长、秘书长如超过最高任职年龄的，须经理事会表决通过，报业务主管单位审查并经社团登记管理机关批准同意后，方可任职。

第二十六条 本团体理事长、副理事长、秘书长任期 4 年。理事长、副理事长、秘书长任期最长不得超过两届，因特殊情况需延长任期的，须经会员大会 2/3 以上会员表决通过，报业务主管单位审查并经社团登记管理机关批准同意后，方可任职。

第二十七条 本团体理事长为本团体法定代表人。如因特殊情况需由副理事长或秘书长担任法定代表人，应报业务主管单位审查并经社团登记管理机关批准同意后，方可担任。

本团体法定代表人不兼任其他团体的法定代表人。

第二十八条 本团体理事长行使下列职权：

（一）召集和主持理事会（或常务理事会）；

（二）检查会员大会、理事会（或常务理事会）决议的落实情况；

（三）代表本团体签署有关重要文件。

第二十九条 本团体秘书长行使下列职权：

（一）主持办事机构开展日常工作，组织实施年度工作计划；

（二）协调各分支机构、代表机构、实体机构开展工作；

（三）提名副秘书长以及各办事机构、分支机构、代表机构和实体机构主要负责人，交理事会或常务理事会决定；

（四）决定办事机构、代表机构、实体机构专职工作人员的聘用；

（五）处理其他日常事务。

第五章　资产管理、使用原则

第三十条　本团体经费来源：

（一）会费；

（二）捐赠；

（三）政府资助；

（四）在核准的业务范围内开展活动或服务的收入；

（五）利息；

（六）其他合法收入。

第三十一条　本团体按照国家有关规定收取会员费。

第三十二条　本团体经费必须用于本章程规定的业务范围和事业的发展，不得在会员中分配。

第三十三条　本团体建立严格的财务管理制度，保证会计资料合法、真实、准确、完整。

第三十四条　本团体配备具有专业资格的会计人员。会计不得兼任出纳。会计人员必须进行会计核算，实行会计监督。会计人员调动工作或离职时，必须与接管人员办清交接手续。

第三十五条　本团体的资产管理必须执行规定的财务管理制度，接受会员大会和财政部门的监督。资产来源属于国家拨款或者社会捐赠、资助的，必须接受审计机关的监督，并将有关情况以适当方式向社会公布。

第三十六条　本团体换届或更换代表人之前必须接受社团登记管理机关和业务主管单位组织的财务审计。

第三十七条　本团体的资产，任何单位、个人不得侵占、私分和挪用。

第三十八条　本团体专职工作人员的工资和保险、福利待遇，参照国家对事业单位的有关规定执行。

第六章　章程的修改程序

第三十九条　对本团体章程的修改，须经理事会表决通过后报会员大会审议。

第四十条　本团体修改的章程，须在会员大会通过后 15 日内，经业务主管单位审查同意，并报社团登记管理机关核准后生效。

第七章　终止程序及终止后的财产处理

第四十一条　本团体完成宗旨或自行解散或由于分立、合并等原因需要注销的，由理事会或常务理事会提出终止动议。

第四十二条　本团体终止动议须经会员大会表决通过，并报业务主管单位审查同意。

第四十三条　本团体终止前，须在业务主管单位及有关机关指导下成立清算组织清理债权债务，处理善后事宜。清算期间，不开展清算以外的活动。

第四十四条　本团体经社团登记管理机关注销登记手续后即为终止。

第四十五条　本团体终止后的剩余财产，在业务主管单位和社团登记管理机关的监督下，按照国家有关规定，用于发展与本团体宗旨相关的事业。

第八章　附　则

第四十六条　本章程经 2001 年 11 月 11 日会员大会表决通过。

第四十七条　本章程的解释权属于本团体的理事会。

第四十八条　本章程自社团登记管理机关核准之日起生效。

湖南省高等学校学报研究会章程（第六届）

2005年12月2日通过

第一章　总　则

第一条　本会的名称为湖南省高等学校学报研究会，英文译名为 The Association of Journals of Universities and Colleges in Hunan Province，英文缩写为 AJH。

第二条　本会的性质：本会是湖南省高等学校学报工作者自愿结合而成并依法登记的学术性、非营利性的社会团体。

第三条　本会的宗旨是以马克思列宁主义、毛泽东思想、邓小平理论和江泽民“三个代表”重要思想为指导，坚持四项基本原则，遵守宪法、法律法规和国家政策，发扬学术民主，抵制学术腐败，提倡实事求是，崇尚科学道德。团结全省学报工作者，积极进行编辑学、学报学的研究，开展国内外学术交流，不断提高学报质量，使学报更好地为我国社会主义物质文明、精神文明和政治文明建设服务。

第四条　本会接受湖南省教育厅和民政厅的业务指导和监督管理。

第五条　本会的住所为湖南省长沙市。

第二章　业务范围

第六条　本会的业务范围：

（一）宣传和贯彻党的出版方针政策和法律法规；

（二）开展学术活动，举办年会、学术讨论会、培训班等；

（三）组织优秀学报、优秀编辑和优秀编辑学论著的评选和基金课题申报工作；

（四）出版《湖南省高等学校学报研究会会讯》和有关编辑学论文集；

（五）建立与兄弟学会的联系，促进横向合作；

（六）向有关部门反映会员的意见和要求，维护其合法权益。

第三章 会 员

第七条 本会的会员为单位会员。

第八条 申请加入本会的会员，必须具备下列条件：

（一）拥护本会的章程；

（二）有加入本会的意愿；

（三）持有高等院校学报期刊登记证。

第九条 会员入会的程序是：

（一）提交入会申请书；

（二）经理事会讨论通过；

（三）由理事会或理事会授权的机构发给会员证。

第十条 会员享有下列权利：

（一）本会的选举权、被选举权和表决权；

（二）参加本会的活动；

（三）获得本会服务的优先权；优先取得本会的各种资料；

（四）对本会工作的批评建议权和监督权；

（五）入会自愿、退会自由。

第十一条 会员履行下列义务：

（一）执行本会的决议；

（二）维护本会合法权益；

（三）完成本会交办的工作；

（四）按规定缴纳会费，会员如果1年不缴纳会费或不参加本会活动的，视为自动退会，并取消当年参加本会年会和评奖资格，待补交会费后方可恢复其资格；

（五）向本会反映情况，提供有关资料；

（六）积极参加本会组织的各项活动，积极撰写学术论文。

第十二条 会员退会应书面通知本会，并交回会员证。

第十三条 会员如有严重违反本章程的行为，经理事会或常务理事会表决通过，予以除名。

第四章　组织机构和负责人产生、罢免

第十四条　本会的最高权力机构是会员大会，会员大会的职权是：

（一）制定和修改章程；

（二）选举和罢免理事；

（三）审议理事会的工作报告和财务报告；

（四）决定本会的工作方针和任务；

（五）决定终止事宜；

（六）决定其他重大事宜。

第十五条　会员大会须有2/3以上的会员出席方能召开，其决议须经到会会员半数以上表决通过方能生效。

第十六条　会员大会每届4年。因特殊情况需提前或延期换届的，须由理事会表决通过，报业务主管单位审查并经社团登记管理机关批准同意。但延期换届最长不超过1年。

第十七条　理事会是会员大会的执行机构，在闭会期间领导本会开展日常工作，对会员大会负责。理事以期刊编辑部为单位，凡自愿遵守本会章程，按时缴纳会费者，均可成为理事单位。

第十八条　理事会的职权是：

（一）执行会员大会的决议；

（二）选举和罢免理事长、副理事长、秘书长；

（三）筹备召开会员大会；

（四）向会员大会报告工作和财务状况；

（五）决定会员的吸收或除名；

（六）决定设立办事机构、分支机构、代表机构和实体机构；

（七）决定副秘书长、各机构主要负责人的聘任；

（八）领导本会各机构开展工作；

（九）制定内部管理制度；

（十）制定本届理事会工作计划和条例；

（十一）决定其他重大事项。

第十九条　理事会须有2/3以上理事出席方能召开，其决议须经到会理事2/3以上通过方能生效。

第二十条　理事会每年至少召开1次会议；情况特殊时，也可采用通信形式召开。

第二十一条　本会设立常务理事会。常务理事会由理事会选举产生，在理事会闭会期间

行使第十八条第（一）（三）（五）（六）（七）（八）（九）（十）项的职权，对理事会负责（常务理事人数不超过理事人数的1/3）。本会设立顾问，学术工作、编辑工作、监察工作委员会和秘书处。顾问聘请热心学会工作、精力充沛的上级主管部门领导和资深的原学会负责人担任，具体人选和参与活动内容由理事长办公会研究决定。

第二十二条 常务理事会须有2/3以上常务理事出席方能召开，其决议须经到会常务理事2/3以上表决通过方能生效。

第二十三条 常务理事会至少每半年召开1次会议，情况特殊的也可采用通信形式召开。常务理事不得以工作忙为由请假，无特殊原因无故2次不参加常务理事会者取消常务理事资格。

第二十四条 本会的理事长、副理事长、秘书长须具备下列条件：

（一）坚持党的路线、方针、政策，政治素质好；

（二）在本会业务领域内有较大影响；

（三）理事长、副理事长、秘书长最高任职年龄不超过70周岁，秘书长为专职；

（四）身体健康，能坚持正常工作；

（五）未受过剥夺政治权利的刑事处罚；

（六）具有完全民事行为能力。

第二十五条 本会理事长、副理事长、秘书长如超过最高任职年龄的，须经理事会表决通过，报业务主管单位审查并经社团登记管理机关批准同意后，方可任职。

第二十六条 本会理事长、副理事长、秘书长任期4年。理事长、副理事长、秘书长任期最长不得超过2届，因特殊情况需延长任期的，须经会员大会2/3以上会员表决通过，报业务主管单位审查并经社团登记管理机关批准同意后，方可任职。

第二十七条 本会理事长为本会法定代表人。如因特殊情况需由副理事长或秘书长担任法定代表人，应报业务主管单位审查并经社团登记管理机关批准同意后，方可担任。

本会法定代表人不兼任其他团体的法定代表人。

第二十八条 本会理事长行使下列职权：

（一）召集和主持理事会（或常务理事会）；

（二）检查会员大会、理事会（或常务理事会）决议的落实情况；

（三）代表本会签署有关重要文件。

第二十九条 本会秘书长行使下列职权：

（一）主持办事机构开展日常工作，组织实施年度工作计划；

（二）协调各分支机构、代表机构、实体机构开展工作；

（三）提名副秘书长以及各办事机构、分支机构、代表机构和实体机构主要负责人，交理事会或常务理事会决定；

（四）决定办事机构、代表机构、实体机构专职工作人员的聘用；

（五）处理其他日常事务。

第五章 资产管理、使用原则

第三十条 本会经费来源：

（一）会费；

（二）捐赠；

（三）政府资助；

（四）在核准的业务范围内开展活动或服务的收入；

（五）利息；

（六）其他合法收入。

第三十一条 本会按照国家有关规定收取会员会费。

第三十二条 本会经费必须用于本章程规定的业务范围和事业的发展，不得在会员中分配。分会活动经费本着综合平衡的原则，一般要求自筹，特殊情况需经报告审批后方可适当开支。

第三十三条 本会建立严格的财务管理制度，保证会计资料合法、真实、准确、完整。

第三十四条 本会配备具有专业资格的会计人员。会计不得兼任出纳。会计人员必须进行会计核算，实行会计监督。会计人员调动工作或离职时，必须与接管人员办清交接手续。

第三十五条 本会的资产管理必须执行规定的财务管理制度，接受会员大会和财政部门的监督。资产来源属于国家拨款或者社会捐赠、资助的，必须接受审计机关的监督，并将有关情况以适当方式向社会公布。

第三十六条 本会换届或更换代表人之前必须接受社团登记管理机关和业务主管单位组织的财务审计。

第三十七条 本会的资产，任何单位、个人不得侵占、私分和挪用。

第三十八条 本会专职工作人员的工资和保险、福利待遇，参照国家对事业单位的有关规定执行。

第六章　章程的修改程序

第三十九条　对本会章程的修改，须经理事会表决通过后报会员大会审议。

第四十条　本会修改的章程，须在会员大会通过后 15 日内，经业务主管单位审查同意，并报社团登记管理机关核准后生效。

第七章　终止程序及终止后的财产处理

第四十一条　本会完成重组或自行解散或由于分立、合并等原因需要注销的，由理事会或常务理事会提出终止动议。

第四十二条　本会终止动议须经会员大会表决通过，并报业务主管单位审查同意。

第四十三条　本会终止前，须在业务主管单位及有关机关指导下成立清算组织，清理债权债务，处理善后事宜。清算期间，不开展清算以外的活动。

第四十四条　本会经社团登记管理机关注销登记手续后即为终止。

第四十五条　本会终止后的剩余财产，在业务主管单位和社团登记管理机关的监督下，按照国家有关规定，用于发展与本会宗旨相关的事业。

第八章　附　则

第四十六条　本章程 2005 年 12 月 2 日经会员大会表决通过。

第四十七条　本章程的解释权属本会的理事会。

第四十八条　本章程自社团登记管理机关核准之日起生效。

湖南省高等学校学报研究会章程（第七届）

2009年10月29日通过

第一章　总　则

第一条　本会的名称为湖南省高等学校学报研究会，英文译名为The Association of Journals of Universities and Colleges in Hunan Province，英文缩写为AJH。

第二条　本会的性质：本会是湖南省高等学校学报工作者及高校主办的学术期刊编辑出版机构和有关人员自愿结合而成并依法登记的学术性、非营利性的社会团体。

第三条　本会的宗旨是以马克思列宁主义、毛泽东思想、邓小平理论和江泽民“三个代表”重要思想为指导，坚持科学发展观，坚持四项基本原则，遵守宪法、法律法规和国家政策，发扬学术民主，抵制学术腐败，用社会主义荣辱观引领风尚，提倡实事求是，弘扬科学精神。团结全省编辑工作者，积极开展编辑学研究和国内外学术交流，不断提高刊物质量，使之更好地为繁荣发展哲学社会科学、建设和谐文化、弘扬中华文化、推进文化与科技创新、发现和培养人才、加速经济发展和社会进步服务。

第四条　本会接受湖南省教育厅和民政厅的业务指导和监督管理。

第五条　本会的住所为湖南省长沙市。

第二章　业务范围

第六条　本会的业务范围：

（一）宣传和贯彻党的出版方针政策、法律法规和国家标准；

（二）开展学术活动，举办年会、学术讨论会、培训班等；

（三）组织优秀学报、优秀编辑和优秀编辑学论著的评选和基金课题申报工作；

（四）出版《湖南省高等学校学报研究会会讯》和有关编辑学论文集；

（五）开展对外学术交流，建立与省外、境外兄弟学会的联系，组织考察活动，促进横向合作；举办旨在为会员服务的各种非营利性的业务活动；

（六）向有关部门反映会员的意见和要求，维护其合法权益。

第三章 会 员

第七条 本会的会员为单位会员。以具有独立刊号、独立刊名的编辑部为一个团体会员单位。凡本会的正式会员，由本会秘书处发给团体会员证。

第八条 会员入会的必备条件：

（一）拥护本会的章程；

（二）有加入本会的意愿，履行权利义务，递交申请书；

（三）持有高等院校期刊登记证。

第九条 会员入会的程序是：

（一）提交入会申请书；

（二）经理事会讨论通过；

（三）由理事会或理事会授权的机构发给会员证。

第十条 会员享有的权利：

（一）本会的选举权、被选举权和表决权；

（二）参加本会的活动；

（三）获得本会服务的优先权；优先取得本会的各种资料；

（四）对本会工作的批评建议权和监督权；

（五）入会自愿、退会自由。

第十一条 会员必须履行的义务：

（一）执行本会的决议；

（二）维护本会合法权益；

（三）完成本会交办的工作；

（四）按规定缴纳会费，会员如果1年不缴纳会费或不参加本会活动的，视为自动退会，并取消当年参加本会年会和评奖资格，待补交会费后方可恢复其资格；

（五）向本会反映情况，提供有关资料；

（六）积极参加本会组织的各项活动，积极撰写学术论文。

第十二条 会员退会应书面通知本会，并交回会员证。

第十三条 会员如有严重违反本章程的行为，经理事会或常务理事会表决通过，予以除名。

第四章 组织机构和负责人产生、罢免

第十四条 本会的最高权力机构是会员大会，会员大会的职权是：

（一）制定和修改章程；

（二）选举和罢免理事；

（三）审议理事会的工作报告和财务报告；

（四）决定本会的工作方针和任务；

（五）决定终止事宜；

（六）决定其他重大事宜。

第十五条 会员大会须有 2/3 以上的会员出席方能召开，其决议须经到会会员半数以上表决通过方能生效。

第十六条 会员大会每届 4 年。因特殊情况需提前或延期换届的，须由理事会表决通过，报业务主管单位审查并经社团登记管理机关批准同意。但延期换届最长不超过 1 年。

第十七条 理事会是会员大会的执行机构，在闭会期间领导本会开展日常工作，对会员大会负责。理事以期刊编辑部为单位，凡自愿遵守本会章程，按时缴纳会费者，均可成为理事单位。

第十八条 理事会的职权：

（一）执行会员大会的决议；

（二）选举和罢免理事长、副理事长、秘书长；

（三）筹备召开会员大会；

（四）向会员大会报告工作和财务状况；

（五）决定会员的吸收或除名；

（六）决定设立办事机构、分支机构、代表机构和实体机构；

（七）决定副秘书长、各机构主要负责人的聘任；

（八）领导本会各机构开展工作；

（九）制定内部管理制度；

（十）制定本届理事会工作计划和条例；

（十一）决定其他重大事项。

第十九条 理事会须有 2/3 以上理事出席方能召开，其决议须经到会理事 2/3 以上通过方能生效。

第二十条 理事会每年至少召开一次会议；情况特殊时，也可采用通信形式召开。

第二十一条 本会设立常务理事会。常务理事会由理事会选举产生，在理事会闭会期间行使第十八条第（一）（三）（五）（六）（七）（八）（九）（十）项的职权，对理事会负责（常务理事人数不超过理事人数的1/3）。本会设立顾问，学术工作、编辑工作、监察工作委员会和秘书处。顾问聘请热心学会工作，精力充沛的上级主管部门领导和资深的原学会负责人担任，具体人选和参与活动内容由理事长办公会研究决定。

第二十二条 常务理事会须有2/3以上常务理事出席方能召开，其决议须经到会常务理事2/3以上表决通过方能生效。

第二十三条 常务理事会至少每半年召开一次会议，情况特殊的也可采用通信形式召开。常务理事不得以工作忙为由请假，无特殊原因无故两次不参加常务理事会者取消常务理事资格。

第二十四条 本会的理事长、副理事长、秘书长必须具备的条件：

（一）坚持党的路线、方针、政策，政治素质好；

（二）在本会业务领域内有较大影响；

（三）理事长、副理事长、秘书长最高任职年龄不超过70周岁，秘书长为专职；

（四）身体健康，能坚持正常工作；

（五）未受过剥夺政治权利的刑事处罚；

（六）具有完全民事行为能力。

第二十五条 本会理事长、副理事长、秘书长如超过最高任职年龄的，须经理事会表决通过，报业务主管单位审查并经社团登记管理机关批准同意后，方可任职。

第二十六条 本会理事长、副理事长、秘书长任期4年。理事长、副理事长、秘书长任期最长不得超过两届，因特殊情况需延长任期的，须经会员大会2/3以上会员表决通过，报业务主管单位审查并经社团登记管理机关批准同意后方可任职。

第二十七条 本会理事长为本会法定代表人。如因特殊情况需由副理事长或秘书长担任法定代表人，应报业务主管单位审查并经社团登记管理机关批准同意后，方可担任。

本会法定代表人不兼任其他团体的法定代表人。

第二十八条 本会理事长行使下列职权：

（一）召集和主持理事会（或常务理事会）；

（二）检查会员大会、理事会（或常务理事会）决议的落实情况；

（三）代表本会签署有关重要文件。

第二十九条 本会秘书长行使下列职权：

（一）主持办事机构开展日常工作，组织实施年度工作计划；

（二）协调各分支机构、代表机构、实体机构开展工作；

（三）提名副秘书长以及各办事机构、分支机构、代表机构和实体机构主要负责人，交理事会或常务理事会决定；

（四）决定办事机构、代表机构、实体机构专职工作人员的聘用；

（五）处理其他日常事务。

第五章 资产管理、使用原则

第三十条 本会经费来源：

（一）会费；

（二）捐赠；

（三）政府资助；

（四）在核准的业务范围内开展活动或服务的收入；

（五）利息；

（六）其他合法收入。

第三十一条 本会按照国家有关规定收取会员会费。

第三十二条 本会经费必须用于本章程规定的业务范围和事业的发展，不得在会员中分配。分会活动经费本着综合平衡的原则，一般要求自筹，特殊情况需经报告审批后方可适当开支。

第三十三条 本会建立严格的财务管理制度，保证会计资料合法、真实、准确、完整。

第三十四条 本会配备具有专业资格的会计人员。会计不得兼任出纳。会计人员必须进行会计核算，实行会计监督。会计人员调动工作或离职时，必须与接管人员办清交接手续。

第三十五条 本会的资产管理必须执行规定的财务管理制度，接受会员大会和财政部门的监督。资产来源属于国家拨款或者社会捐赠、资助的，必须接受审计机关的监督，并将有关情况以适当方式向社会公布。

第三十六条 本会换届或更换代表人之前必须接受社团登记管理机关和业务主管单位组织的财务审计。

第三十七条 本会的资产，任何单位、个人不得侵占、私分和挪用。

第三十八条 本会专职工作人员的工资和保险、福利待遇，参照国家对事业单位的有关规定执行。

第六章　章程的修改程序

第三十九条　对本会章程的修改，须经理事会表决通过后报会员大会审议。

第四十条　本会修改的章程，须在会员大会通过后 15 日内，经业务主管单位审查同意，并报社团登记管理机关核准后生效。

第七章　终止程序及终止后的财产处理

第四十一条　本会完成重组或自行解散或由于分立、合并等原因需要注销的，由理事会或常务理事会提出终止动议。

第四十二条　本会终止动议须经会员大会表决通过，并报业务主管单位审查同意。

第四十三条　本会终止前，须在业务主管单位及有关机关指导下成立清算组织，清理债权债务，处理善后事宜。清算期间，不开展清算以外的活动。

第四十四条　本会经社团登记管理机关注销登记手续后即为终止。

第四十五条　本会终止后的剩余财产，在业务主管单位和社团登记管理机关的监督下，按照国家有关规定，用于发展与本会宗旨相关的事业。

第八章　附　则

第四十六条　本章程 2009 年 10 月 29 日经会员大会表决通过。

第四十七条　本章程的解释权属本会的理事会。

第四十八条　本章程自社团登记管理机关核准之日起生效。

湖南省高等学校学报研究会章程（第八届）

2013年12月5日通过

第一章　总　则

第一条　本会的名称为湖南省高等学校学报研究会，英文译名为The Association of Journals of Universities and Colleges in Hunan Province，英文缩写为AJH。

第二条　本会的性质：本会为湖南省境内高等学校学报及高校主办的学术期刊编辑出版机构和有关人员自愿组织的地方性、非营利性的群众性学术团体。

第三条　本会的宗旨是以马克思列宁主义、毛泽东思想、邓小平理论、“三个代表”重要思想和科学发展观为指导，坚持四项基本原则，遵守宪法、法律法规和国家政策，发扬学术民主，抵制学术腐败，用社会主义荣辱观引领风尚，提倡实事求是，弘扬科学精神。团结全省编辑工作者，积极开展编辑学研究和国内外学术交流，不断提高刊物质量，使之更好地为繁荣发展哲学社会科学、建设和谐文化、弘扬中华文化、推进文化与科技创新、发现和培养人才、加速经济发展和社会进步服务。

第四条　本会（团体）接受湖南省教育厅、民政厅和湖南省社科联的业务指导和监督管理。

第五条　本会的会址设在湖南省长沙市。

第二章　业务范围

第六条　本会的业务范围：

（一）宣传和贯彻党的出版方针政策、法律法规和国家标准；

（二）开展学术活动，举办年会、学术讨论会，组织会员单位的编辑、编务人员培训等；

（三）组织会员期刊审读，优秀学报、优秀编辑、优秀编辑学论著的评选和基金课题申报工作；

（四）出版《湖南省高等学校学报研究会会讯》和有关编辑学论文集；

（五）开展对外学术交流，建立与省外、境外兄弟学会的联系，组织考察活动，促进横向合作；举办旨在为会员服务的各种非营利性的业务活动；

（六）向有关部门反映会员的意见和要求，维护其合法权益。

第三章　会　员

第七条　本会的会员为单位会员或者个人会员。以具有独立刊号、独立刊名的编辑部为单位可以申请加入成为团体会员，成为团体会员后由本会秘书处发给团体会员证。个人会员须是从事编辑工作或对编辑工作有兴趣、具有讲师或相当于讲师以上职称的自然人，经个人申请，研究会批准后成为个人会员。

第八条　会员入会的必备条件：

（一）拥护本会的章程；

（二）有加入本会的意愿，愿意履行义务，递交入会申请书；

（三）持有高等院校期刊登记证（个人会员须具有相应的职称或学历）。

第九条　会员入会的程序是：

（一）提交入会申请书；

（二）经理事会讨论通过；

（三）由理事会或理事会授权的机构发给会员证。

第十条　会员享有的权利：

（一）本会的选举权、被选举权和表决权；

（二）参加本会的活动；

（三）获得本会服务的优先权，优先取得本会的各种资料；

（四）对本会工作的批评建议权和监督权；

（五）入会自愿、退会自由。

第十一条　会员必须履行的义务：

（一）执行本会的决议；

（二）维护本会合法权益；

（三）完成本会交办的工作；

（四）按规定缴纳会费，会员如果 1 年不缴纳会费或不参加本会活动的，视为自动退会，并取消当年参加本会年会和评奖资格，待补交会费后方可恢复其资格；

（五）向本会反映情况，提供有关资料；

（六）积极参加本会组织的各项活动，积极撰写学术论文。

第十二条 会员退会应书面通知本会，并交回会员证。

第十三条 会员如有严重违反本章程的行为，经理事会或常务理事会表决通过，予以除名。

第四章 组织机构和负责人产生、罢免

第十四条 本会的最高权力机构是会员大会，会员大会的职权是：

（一）制定和修改章程；

（二）选举和罢免理事；

（三）审议理事会的工作报告和财务报告；

（四）决定本会的工作方针和任务；

（五）决定终止事宜；

（六）决定其他重大事宜。

第十五条 会员大会须有2/3以上的会员出席方能召开，其决议须经到会会员半数以上表决通过方能生效。

第十六条 会员大会每4年一届。因特殊情况需提前或延期换届的，须由理事会表决通过，报业务主管单位审查并经社团登记管理机关批准同意。但延期换届最长不超过1年。

第十七条 理事会是会员大会的执行机构，在闭会期间领导本会开展日常工作，对会员大会负责。理事以期刊编辑部为单位，凡自愿遵守本会章程，按时缴纳会费者，均可成为理事单位。理事单位可以向会员大会推荐常务理事，理事长单位最多可推荐3名常务理事，副理事长单位最多可推荐2名常务理事。

第十八条 理事会的职权：

（一）执行会员大会的决议；

（二）选举和罢免理事长、副理事长、秘书长；

（三）筹备召开会员大会；

（四）向会员大会报告工作和财务状况；

（五）决定会员的吸收或除名；

（六）决定设立办事机构、分支机构、代表机构和实体机构；

（七）决定副秘书长、各机构主要负责人的聘任；

（八）领导本会各机构开展工作；

（九）制定内部管理制度；

（十）制定本届理事会工作计划和条例；

（十一）决定其他重大事项。

第十九条 理事会须有 2/3 以上理事出席方能召开，其决议须经到会理事 2/3 以上通过方能生效。

第二十条 理事会每年至少召开一次会议；情况特殊时，也可采用通信形式召开。

第二十一条 本会设立常务理事会。常务理事会由理事会选举产生，在理事会闭会期间行使第十八条第（一）（三）（五）（六）（七）（八）（九）（十）项的职权，对理事会负责（常务理事人数不超过理事人数的 1/3）。本会设立顾问，学术工作、编辑工作、监察工作委员会和秘书处。顾问聘请热心学会工作，精力充沛的上级主管部门领导和资深的原学会负责人担任，具体人选和参与活动内容由理事长办公会研究决定。

第二十二条 常务理事会须有 2/3 以上常务理事出席方能召开，其决议须经到会常务理事 2/3 以上表决通过方能生效。

第二十三条 常务理事会至少每半年召开一次会议，情况特殊的也可采用通信形式召开。常务理事不得以工作忙为由请假，无特殊原因无故两次不参加常务理事会者取消常务理事资格。

第二十四条 本会的理事长、副理事长、秘书长必须具备的条件：

（一）坚持党的路线、方针、政策，政治素质好；

（二）在本会业务领域内有较大影响；

（三）理事长、副理事长、秘书长最高任职年龄不超过 70 周岁，秘书长为专职；

（四）理事长、副理事长、秘书长应热心会务工作，理事长、副理事长应具备正高职称，且在高校核心期刊工作 5 年以上；

（五）身体健康，能坚持正常工作；

（六）未受过剥夺政治权利的刑事处罚；

（七）具有完全民事行为能力。

第二十五条 本会理事长、副理事长、秘书长如超过最高任职年龄的，须经理事会表决通过，报业务主管单位审查并经社团登记管理机关批准同意后，方可任职。

第二十六条 本会理事长、副理事长、秘书长任期 4 年，可连选连任，但理事长单位连续任职时限最多为两届。

第二十七条 本会理事长为本会法定代表人。如因特殊情况需由副理事长或秘书长担任法定代表人，应报业务主管单位审查并经社团登记管理机关批准同意后，方可担任。

本会法定代表人不兼任其他团体的法定代表人。

第二十八条 本会理事长行使下列职权：

（一）召集和主持理事会（或常务理事会）；

（二）检查会员大会、理事会（或常务理事会）决议的落实情况；

（三）代表本会签署有关重要文件。

第二十九条 本会秘书长行使下列职权：

（一）主持办事机构开展日常工作，组织实施年度工作计划；

（二）协调各分支机构、代表机构、实体机构开展工作；

（三）提名副秘书长以及各办事机构、分支机构、代表机构和实体机构主要负责人，交理事会或常务理事会决定；

（四）决定办事机构、代表机构、实体机构专职工作人员的聘用；

（五）处理其他日常事务。

第五章 资产管理、使用原则

第三十条 本会经费来源：

（一）会费；

（二）捐赠；

（三）政府资助；

（四）在核准的业务范围内开展活动或服务的收入；

（五）利息；

（六）其他合法收入。

第三十一条 本会按照国家有关规定收取会员会费。

第三十二条 本会经费必须用于本章程规定的业务范围和事业的发展，不得在会员中分配。分会活动经费本着综合平衡的原则，一般要求自筹，特殊情况需经报告审批后方可适当开支。

第三十三条 本会建立严格的财务管理制度，保证会计资料合法、真实、准确、完整。

第三十四条 本会配备具有专业资格的会计人员。会计不得兼任出纳。会计人员必须进行会计核算，实行会计监督。会计人员调动工作或离职时，必须与接管人员办清交接手续。

第三十五条 本会的资产管理必须执行规定的财务管理制度，接受会员大会和财政部门的监督。资产来源属于国家拨款或者社会捐赠、资助的，必须接受审计机关的监督，并将有关情况以适当方式向社会公布。

第三十六条 本会换届或更换代表人之前必须接受社团登记管理机关和业务主管单位组织的财务审计。

第三十七条 本会的资产，任何单位、个人不得侵占、私分和挪用。

第三十八条 本会专职工作人员的工资和保险、福利待遇，参照国家对事业单位的有关规定执行。

第六章　章程的修改程序

第三十九条　本会设立专门的章程修改工作小组，根据收集的意见，对相关条款和文字作修改，对本会章程的修改，须经理事会表决通过后报会员大会审议。

第四十条　本会修改的章程，须在会员大会通过后 15 日内，经业务主管单位审查同意，并报社团登记管理机关核准后生效。

第七章　终止程序及终止后的财产处理

第四十一条　本会完成重组或自行解散或由于分立、合并等原因需要注销的，由理事会或常务理事会提出终止动议。

第四十二条　本会终止动议须经会员大会表决通过，并报业务主管单位审查同意。

第四十三条　本会终止前，须在业务主管单位及有关机关指导下成立清算组织，清理债权债务，处理善后事宜。清算期间，不开展清算以外的活动。

第四十四条　本会经社团登记管理机关注销登记手续后即为终止。

第四十五条　本会终止后的剩余财产，在业务主管单位和社团登记管理机关的监督下，按照国家有关规定，用于发展与本会宗旨相关的事业。

第八章　附　则

第四十六条　本章程 2013 年 12 月 5 日经会员大会表决通过。

第四十七条　本章程的解释权属本会的理事会。

第四十八条　本章程自社团登记管理机关核准之日起生效。

湖南省高等学校学报研究会章程（第九届）

2017年11月11日通过

第一章　总　则

第一条　本会名称为湖南省高等学校学报研究会，英文译名为 The Association of Journals of Universities and Colleges in Hunan Province，英文缩写为 AJH。

第二条　本会性质：本会为湖南省内高等学校学报及高校主办的学术期刊编辑出版机构和有关人员自愿组织的地方性、非营利性的群众性学术团体。

第三条　本会的宗旨是以马克思列宁主义、毛泽东思想、邓小平理论、“三个代表”重要思想、科学发展观、习近平新时代中国特色社会主义思想为指导，坚持四项基本原则，遵守宪法、法律法规和国家政策，发扬学术民主，抵制学术腐败，用社会主义核心价值观引领风尚，提倡实事求是，弘扬科学精神。团结全省高校学报编辑工作者，积极开展编辑学研究和国内外学术交流，不断提高刊物质量，使之更好地为繁荣发展哲学社会科学、建设和谐文化、弘扬中华文化、推进文化与科技创新、发现和培养人才、加速经济发展和社会进步服务。

第四条　本会（团体）接受湖南省教育厅、民政厅和湖南省社科联的业务指导和监督管理。

第五条　本会会址设在湖南省长沙市。

第二章　业务范围

第六条　本会业务范围：

（一）宣传和贯彻党的出版方针政策、法律法规和国家标准；

（二）开展学术活动，举办年会、学术讨论会，组织会员单位的编辑、编务人员培训等；

（三）组织会员期刊审读，优秀学报、优秀编辑、优秀编辑学论著的评选和基金课题申报工作；

（四）出版《湖南省高等学校学报研究会会讯》和有关编辑学论文集；

（五）开展对外学术交流，建立与省外、境外兄弟学会的联系，组织考察活动，促进横向合作；举办旨在为会员服务的各种非营利性的业务活动；

（六）向有关部门反映会员（理事）的意见和要求，维护其合法权益。

第三章 会 员

第七条 本会的会员为单位会员或者个人会员。以具有独立刊号、独立刊名的编辑部为单位可以申请加入成为团体会员，成为团体会员后由本会秘书处发给团体会员证。个人会员须是从事编辑工作或对编辑工作有研究、具有中级或中级以上职称的且是非会员单位个人，经本人申请，研究会批准后成为个人会员。本会会员即为本会理事（团体理事或个人理事）。

第八条 会员入会的必备条件：

（一）拥护本会的章程；

（二）有加入本会的意愿，愿意履行义务，递交入会申请书；

（三）持有高等院校期刊出版许可证或内部资助出版登记证［个人会员（理事）须具有相应的职称或学历］。

第九条 会员（理事）入会的程序是：

（一）提交入会申请书；

（二）经理事会讨论通过；

（三）由理事会或常务理事会授权的机构发给会员（理事）证。

第十条 会员（理事）享有的权利：

（一）选举权、被选举权和表决权；

（二）参加本会的活动；

（三）获得本会服务的优先权；优先取得本会的各种资料；

（四）对本会工作的批评建议权和监督权；

（五）入会自愿、退会自由。

第十一条 会员（理事）的义务：

（一）执行本会的决议；

（二）维护本会合法权益；

（三）完成本会交办的工作；

（四）按规定缴纳会费，会员（理事）如果2年不缴纳会费或不参加本会活动的，视为自动退会，并取消当年参加本会年会和评奖资格，待补交会费后方可恢复其资格；

（五）向本会反映情况，提供有关资料；

（六）积极参加本会组织的各项活动。

第十二条 会员（理事）退会应书面通知本会，并交回会员（理事）证。

第十三条 会员（理事）如经常不履行义务，经理事会或常务理事会表决通过，予以除名。

第四章 组织机构和负责人产生、罢免

第十四条 本会的最高权力机构是会员（理事）大会，会员（理事）大会的职权是：

（一）制定和修改章程；

（二）选举和罢免理事；

（三）审议理事会的工作报告和财务报告；

（四）决定本会的工作方针和任务；

（五）决定终止事宜；

（六）决定其他重大事宜。

第十五条 会员（理事）大会须有2/3以上的会员（理事）出席方能召开，其决议须经参会会员（理事）半数以上表决通过方能生效。理事会每年至少召开一次会议；情况特殊时，也可采用通信形式召开。

第十六条 会员大会（或会员代表大会）每届4年。因特殊情况需提前或延期换届的，须由理事会表决通过，报业务主管单位审查并经社团登记管理机关批准同意。但延期换届最长不超过1年。

第十七条 本会设立常务理事会。常务理事会由理事会选举产生，是会员（理事）大会的执行机构，在理事会闭会期间行使理事会职权，领导本会开展日常工作，对理事会负责。常务理事单位数不超过理事单位数的1/3。理事以期刊编辑部为单位，凡自愿遵守本会章程，按时缴纳会费者，均可成为理事单位。理事所在单位可以向会员（理事）大会推荐常务理事，理事长单位最多可推荐3名常务理事；副理事长单位原则上最多可推荐2名常务理事，但拥有5种及以上有一定影响力期刊的会员（理事）单位可增加1名常务理事。出任常务理事须征得期刊主办单位的同意与批准。

第十八条 本会设立学报学术与质量委员会、人文社会科学学报专业委员会、自然科学（理工农林医）学报专业委员会、青年委员会，并设立秘书处。

第十九条 常务理事会的职权：

（一）执行会员（理事）大会的决议；

（二）选举和罢免理事长、副理事长、秘书长；

（三）筹备召开会员（理事）大会；

（四）向会员（理事）大会报告工作和财务状况；

（五）决定会员（理事）的吸收或除名；

（六）决定设立办事机构、分支机构、代表机构和实体机构；

（七）决定副秘书长、各机构主要负责人的聘任；

（八）领导本会各机构开展工作；

（九）制定内部管理制度；

（十）制定本届理事会工作计划和条例；

（十一）决定其他重大事项。

第二十条 常务理事会须有2/3以上常务理事出席方能召开，其决议须经到会常务理事2/3以上表决通过方能生效。

第二十一条 常务理事会至少每半年召开一次会议，情况特殊的也可采用通信形式召开。常务理事不得无故缺席，无特殊原因无故2次不参加常务理事会者取消常务理事资格。

第二十二条 本会的理事长、副理事长、秘书长必须具备的条件：

（一）坚持党的路线、方针、政策，政治素质好；

（二）在本会业务领域内有较大影响；

（三）理事长、副理事长、秘书长最高任职年龄不超过65周岁；

（四）理事长、副理事长、秘书长应是本单位或所在期刊的实际负责人；

（五）身体健康，能坚持正常工作；

（六）未受过剥夺政治权利的刑事处罚；

（七）具有完全民事行为能力。

第二十三条 本会理事长、副理事长、秘书长如超过最高任职年龄的，须经理事会表决通过，报业务主管单位审查并经社团登记管理机关批准同意后，方可任职。

第二十四条 本会理事长、副理事长、秘书长任期4年，可连选连任，但理事长单位连续任职时限最多为两届。为便于开展工作，本会设立2名秘书长。

第二十五条 本会理事长为本会法定代表人。如因特殊情况需由副理事长或秘书长担任法定代表人，应报业务主管单位审查并经社团登记管理机关批准同意后，方可担任。

本会法定代表人不兼任其他团体的法定代表人。

第二十六条 本会理事长行使下列职权：

（一）召集和主持理事会（或常务理事会）；

（二）检查会员（理事）大会、理事会（或常务理事会）决议的落实情况；

（三）代表本会签署有关重要文件。

第二十七条 本会秘书长行使下列职权：

（一）主持办事机构开展日常工作，组织实施年度工作计划；

（二）协调各分支机构、代表机构、实体机构开展工作；

（三）提名副秘书长以及各办事机构、分支机构、代表机构和实体机构主要负责人，交理事会或常务理事会决定；

（四）提请理事长办公会或常务理事会决定办事机构、代表机构、实体机构专职工作人员的聘用；

（五）处理其他日常事务。

第二十八条 根据湖南省教育厅和湖南省民政厅要求，本研究会设立功能性党组织，党组织机构在理事会领导机构中产生。

第五章　资产管理、使用原则

第二十九条 本会经费来源：

（一）会费；

（二）捐赠；

（三）政府资助；

（四）在核准的业务范围内开展活动或服务的收入；

（五）利息；

（六）其他合法收入。

第三十条 本会按照国家有关规定收取会员（理事）会费。

第三十一条 会费按理事长单位、常务理事单位、理事单位分档缴纳。

第三十二条 本会经费必须用于本章程规定的业务范围和事业的发展，不得在会员（理事）中分配。分会活动经费本着综合平衡的原则，一般要求自筹，特殊情况需经报告审批后方可适当开支。

第三十三条 本会建立严格的财务管理制度，保证会计资料合法、真实、准确、完整。

第三十四条 本会配备具有专业资格的会计人员。会计不得兼任出纳。会计人员必须进行会计核算，实行会计监督。会计人员调动工作或离职时，必须与接管人员办清交接手续。

第三十五条 本会的资产管理必须执行规定的财务管理制度，接受会员（理事）大会和财政部门的监督。资产来源属于国家拨款或者社会捐赠、资助的，必须接受审计机关的监督，并将有关情况以适当方式向社会公布。

第三十六条 本会换届或更换代表人之前必须接受社团登记管理机关和业务主管单位组

织的财务审计。

第三十七条 本会的资产，任何单位、个人不得侵占、私分和挪用。

第三十八条 本会专职工作人员的工资和保险、福利待遇，参照国家对事业单位的有关规定执行。

第六章 章程的修改程序

第三十九条 本会设立专门的章程修改工作小组，根据收集的意见，对相关条款和文字作修改。对本会章程的修改，须经常务理事会表决通过后报会员（理事）大会审议。

第四十条 本会修改的章程，须在会员（理事）大会通过后15日内，经业务主管单位审查同意，并报社团登记管理机关核准后生效。

第七章 终止程序及终止后的财产处理

第四十一条 本会完成重组或自行解散或由于分立、合并等原因需要注销的，由理事会或常务理事会提出终止动议。

第四十二条 本会终止动议须经会员（理事）大会表决通过，并报业务主管单位审查同意。

第四十三条 本会终止前，须在业务主管单位及有关机关指导下成立清算组织，清理债权债务，处理善后事宜。清算期间，不开展清算以外的活动。

第四十四条 本会经社团登记管理机关注销登记手续后即为终止。

第四十五条 本会终止后的剩余财产，在业务主管单位和社团登记管理机关的监督下，按照国家有关规定，用于发展与本会宗旨相关的事业。

第八章 附 则

第四十六条 本章程2017年11月11日经会员（理事）大会表决通过。

第四十七条 本章程的解释权属本会的理事会。

第四十八条 本章程自社团登记管理机关核准之日起生效。

湖南省高等学校学报研究会章程（第十届）

2022年7月31日通过

第一章　总　则

第一条　本会名称为湖南省高等学校学报研究会，英文译名为 The Association of Journals of Universities and Colleges in Hunan Province，英文缩写为 AJH。

第二条　本会性质：本会是由湖南省内从事高等学校学报工作及在该领域有一定影响的专家学者自愿组成的全省性、学术性、非营利性的社会组织。

第三条　本会宗旨是遵守宪法、法律法规和国家政策，践行社会主义核心价值观，弘扬爱国主义精神，遵守社会道德风尚，自觉加强诚信自律建设。以马克思列宁主义、毛泽东思想、邓小平理论、“三个代表”重要思想、科学发展观、习近平新时代中国特色社会主义思想为指导，坚持四项基本原则，致力于发扬学术民主，抵制学术腐败，提倡实事求是，弘扬科学精神。团结全省高校学报编辑工作者，积极开展编辑学研究和国内外学术交流，不断提高刊物质量，使之更好地为繁荣发展哲学社会科学、建设和谐文化、弘扬中华文化、推进文化与科技创新、发现和培养人才、加速经济发展和社会进步服务。

本会坚持中国共产党的全面领导，根据《中国共产党章程》的规定，设立中国共产党的组织，开展党的活动，为党组织的活动提供必要条件。

第四条　本会接受湖南省教育厅、湖南省民政厅的业务指导和监督管理。

第五条　本会地址设在湖南大学天马教学区期刊与出版社三楼。

第二章　业务范围

第六条　本会的业务范围：

（一）服务会员、服务党和政府、服务经济社会发展；

（二）宣传和贯彻党的出版方针政策、法律法规和国家标准；

（三）开展学术活动，举办年会、学术讨论会，组织会员单位的编辑、编务人员培训等；

（四）组织会员期刊审读，组织优秀学报、优秀编辑、优秀编辑学论著的评选和基金课题申报工作；

（五）出版《湖南省高等学校学报研究会会讯》和有关编辑学论文集；

（六）开展对外学术交流，建立与国内外相关机构的联系，组织考察活动，促进横向合作；举办旨在为会员服务的各种非营利性的业务活动；

（七）向有关部门反映会员的意见和诉求，维护其合法权益。

第三章　会　员

第七条　本会的会员为单位会员或者个人会员。具有独立刊号、独立刊名的编辑部（杂志社）可以申请加入成为团体会员，由本会秘书处发给团体会员证。从事编辑工作或对高校学报编辑工作有研究的专家学者，经本人申请、研究会批准后成为个人会员。

第八条　申请加入本会的会员，必须具备下列条件：

（一）拥护本会的章程；

（二）有加入本会的意愿；

（三）在本会的业务（行业、学科）领域内具有一定的影响；

（四）单位会员应持有期刊出版许可证或内部资料出版登记证，个人会员须具有相应的职称或学历。

第九条　会员入会的程序是：

（一）提交入会申请书；

（二）经理事会讨论通过；

（三）由理事会授权的机构发给会员证，并予以公告。

第十条　会员享有下列权利：

（一）本会的选举权、被选举权和表决权；

（二）参加本会的活动并获得本会服务的优先权；

（三）对本会工作的知情权、建议权和监督权；

（四）入会自愿、退会自由，并办理入、退会手续。

第十一条　会员履行下列义务：

（一）遵守本会的章程和各项规定；

（二）执行本会的决议；

（三）维护本会合法权益；

（四）完成本会交办的工作；

（五）按规定缴纳会费；

（六）向本会反映情况，提供有关资料；

（七）积极参加本会组织的各项活动。

第十二条 会员退会应书面通知本会，交回会员证。会员如果一年不缴纳会费或不参加本会活动的，视为自动退会。

第十三条 会员如有严重违反本章程的行为，经理事会或常务理事会表决通过，予以除名。

第四章 组织机构和负责人产生、罢免

第十四条 本会的最高权力机构是会员大会（或会员代表大会），会员大会（或会员代表大会）的职权是：

（一）制定和修改章程；

（二）选举和罢免理事；

（三）审议理事会的工作报告和财务报告；

（四）决定终止事宜；

（五）决定本会的工作方针和任务；

（六）决定会费标准；

（七）决定其他重大事宜。

第十五条 会员大会（或会员代表大会）须有2/3以上的会员（或会员代表）出席方能召开，其决议须经到会会员（或会员代表）半数以上表决通过方能生效。

第十六条 会员大会（或会员代表大会）每届4年（会员大会或会员代表大会每届最长不超过5年）。因特殊情况需提前或延期换届的，须由理事会表决通过，报业务主管单位审查并经社团登记管理机关批准同意。但延期换届最长不超过1年。

第十七条 理事会是会员大会（或会员代表大会）的执行机构，在闭会期间领导本会开展日常工作，对会员大会（或会员代表大会）负责。

第十八条 理事会的职权是：

（一）执行会员大会（或会员代表大会）的决议；

（二）选举和罢免理事长、副理事长、秘书长；

（三）筹备召开会员大会（或会员代表大会）；

（四）向会员大会（或会员代表大会）报告工作和财务状况；

（五）决定会员的吸收或除名；

（六）决定设立办事机构、分支机构、代表机构和实体机构；

（七）决定副秘书长、各机构主要负责人的聘任；

（八）领导本会各机构开展工作；

（九）审定内部管理制度；

（十）制订本届理事会工作计划和条例；

（十一）决定其他重大事项。

第十九条 理事会须有2/3以上理事出席方能召开，其决议须经到会理事2/3以上表决通过方能生效。

第二十条 理事会至少每半年召开一次会议，情况特殊的，也可采用通信形式召开。

第二十一条 本会不设立常务理事会。

第二十二条 本会的理事长、副理事长、秘书长必须具备下列条件：

（一）坚持党的路线、方针、政策、政治素质好；

（二）在本会业务领域内有较大影响；

（三）最高任职年龄不超过65周岁（理事长、副理事长为兼职，秘书长为专职）；

（四）身体健康，能坚持正常工作；

（五）未受过剥夺政治权利的刑事处罚；

（六）具有完全民事行为能力；

（七）理事长、副理事长、秘书长应是本单位或所在期刊的实际负责人。

第二十三条 本会理事长、副理事长、秘书长如超过最高任职年龄的，须经理事会表决通过，报业务主管单位审查并经社团登记管理机关批准同意后，方可任职。

第二十四条 本会理事长、副理事长、秘书长每届任期4年，连任不得超过两届。因特殊情况需延长任期的，须经会员大会（或会员代表大会）2/3以上会员表决通过，报业务主管单位审查并经社团登记管理机关批准同意后，方可任职。

第二十五条 本会理事长为本会法定代表人。因特殊情况，经理事会同意，并报业务主管单位审查、社团登记管理机关批准后，可以由副理事长或秘书长担任法定代表人。

本会法定代表人不兼任其他团体的法定代表人。

第二十六条 本会理事长行使下列职权：

（一）召集和主持理事会；或经1/3以上理事提议，也可以召开理事会议；

（二）检查会员大会（或会员代表大会）、理事会决议的落实情况；

（三）代表本会签署有关重要文件。

第二十七条 本会秘书长行使下列职权：

（一）主持办事机构开展日常工作，组织实施年度工作计划；

（二）协调各分支机构、代表机构、实体机构开展工作；

（三）提名副秘书长以及各办事机构、分支机构、代表机构和实体机构主要负责人，交理事会决定；

（四）决定办事机构、代表机构、实体机构专职工作人员的聘用；

（五）处理其他日常事务。

第五章　资产管理、使用原则

第二十八条　本会经费来源：

（一）会费；

（二）捐赠；

（三）政府资助；

（四）在核准的业务范围内开展活动和服务的收入；

（五）利息；

（六）其他合法收入。

第二十九条　本会按照国家有关规定收取会员会费。

第三十条　本会经费必须用于本章程规定的业务范围和事业的发展，不得在会员中分配。

第三十一条　本会建立严格的财务管理制度，保证会计资料合法、真实、准确、完整。

第三十二条　本会配备具有专业资格的会计人员。会计不得兼任出纳。会计人员必须进行会计核算，实行会计监督。会计人员调动工作或离职时，必须与接管人员办清交接手续。

第三十三条　本会的资产管理必须执行国家规定的财务管理制度，接受会员大会和财政部门的监督。资产来源属于国家拨款或者社会捐赠、资助的，必须接受审计机关的监督，并将有关情况以适当方式向社会公布。

第三十四条　本会换届或更换法定代表人之前必须接受社团登记管理机关和业务主管单位组织的财务审计。

第三十五条　本会的资产，任何单位、个人不得侵占、私分和挪用。

第三十六条　本会专职工作人员的工资和保险、福利待遇，参照国家对事业单位的有关规定执行。

第六章　章程的修改程序

第三十七条　对本会章程的修改，须经理事会表决通过后报会员大会（或会员代表大会）审议。

第三十八条 本会修改的章程，须在会员大会（或会员代表大会）通过后15日内，经业务主管单位审查同意，并报社团登记管理机关核准后生效。

第七章 终止程序及终止后的财产处理

第三十九条 本会完成宗旨或自行解散或由于分立、合并等原因需要注销的，由理事会或常务理事会提出终止动议。

第四十条 本会终止动议须经会员大会（或会员代表大会）表决通过，并报业务主管单位审查同意。

第四十一条 本会终止前，须在业务主管单位及有关机关指导下成立清算组织，清理债权债务，处理善后事宜。清算期间，不开展清算以外的活动。

第四十二条 本会经社团登记管理机关办理注销登记手续后即为终止。

第四十三条 本会终止后的剩余财产，在业务主管单位和社团登记管理机关的监督下，按照国家有关规定，用于发展与本会宗旨相关的事业。

第八章 附 则

第四十四条 本章程2022年7月31日经会员大会表决通过。

第四十五条 本章程的解释权属本会的理事会。

第四十六条 本章程自社团登记管理机关核准之日起生效。

第四章

研究会
重要文献、报告

团结务实　开拓创新
为提高学报整体质量而奋斗

研究会第三届理事会秘书长　龚维忠

1994年11月10日

各位领导、来宾、代表们：

湖南省高等学校学报研究会自1990年10月组成第三届理事会以来已有4年了。4年中，我们在省教委、省科委、省新闻出版局等上级领导部门的指导下，团结全体会员，齐心协力，积极开展各项工作，取得了可喜的成绩。概括地讲，研究会的工作主要是围绕团结务实，开拓创新，为提高我省高校学报的整体水平而奋斗。今天，我受本届理事会的委托，向参加年会的同志作一个简要的汇报，并初步提出1995年研究会几项主要工作的安排，请代表们审议。

一　4年来，研究会工作简要概述

（一）结合学报实际，认真抓好学术研讨工作

我们一直把引导会员开展广泛的编辑学研究摆在研究会工作的首位。4年中，我们共召开全国性和省级研讨会6次。分别是：1991年12月在湘潭大学召开本届第一次学术年会；1992年在湖南师范大学召开全国高校自然科学学学报主编研讨会，大会认真审定了《高校自然科学学报质量评比体系（草案）》，还就高校学报编辑部的管理工作如何适应当前改革开放的新形势及提高编辑素质进行了热烈讨论；1993年3月在省电力疗养院，召开全省高校学报主编研讨会，主要围绕高校学报编辑部的地位和性质、高校对学报工作的领导和学报如何面向经济建设主战场、如何与社会主义市场经济体制相适应等问题进行研讨；1993年6月在湖南农学院召开首届高校学报青年编辑学术会，大会对我省高校学报逐步壮大的青年编辑队伍，怎样发挥青年编辑的作用进行了热烈讨论；1993年12月在国防科大、岳阳师范专科学校、岳阳职大、岳阳大学召开纪念毛泽东同

志诞辰100周年学术研讨会，会议以毛泽东新闻出版思想为主题，进行了积极有益的研讨；1994年11月在中南工学院召开研究会第六次年会，研讨主题为高校学报应把学术质量放在首位，全面提高编排、装帧印刷整体质量，进一步加强编辑部管理工作。

4年来，研究会共举办大小学术研讨会6次，参会总人数为330余人，收到学术论文总数为130余篇。

（二）面对新形势，加强竞争意识，积极开展和协办学报“三优”评比活动，争创一流水平

研究会认为，评优工作实际是对学报整体质量的总结、管理工作的归纳和规范的概括，不同层次、不同种类、不同级别的评比是不同类别、不同性质、不同规格的学报整体水平的展示和有关部门对学报工作的肯定，它涵盖了上级领导部门及社会对我们学报编辑工作的承认和鼓励。近几年来的评比工作，概括地说有三大成果：一是学报编排从无标准步入规范编排，基本结束了长期以来编排的无序性，实现了与国际期刊编排的统一；二是评优推动了我省学报工作的同步发展和提高，为学报进行国际性学术交流奠定了坚实的基础；三是通过评比，学报间交流了经验，树立了榜样，促进了办刊手段的现代化。由此，研究会非常重视抓学报的“三优”评比。

4年来，研究会独立举办评优活动2次；参与全国文、理学会评比3次，协助参与省科委、省新闻出版局评优活动2次；并参与国家科委、中宣部、国家新闻出版署举办的首届全国科技期刊评优活动。总计举办、参与大小评优活动达8次，分别是：1991年10月在望城由省新闻出版局首次组织的全省高校学报评优活动；1991年12月，研究会在望城会议的基础上在湘潭举行了全省学报“三优”的评比活动；1992年5月，向全国自科学报研究会推荐全国优秀学报编辑工作者，参与全国评比活动；1992年5月，协助省科委、省新闻出版局开展我省首届科技期刊审读和10月的评优活动；1992年12月，参与全国首届优秀科技期刊评优活动；1993年5月，参与全国自科学报研究会全国青年编辑评优活动，10月参与全国文科学报中青年编辑评优活动。

4年来共评出省级优秀编辑和中青年优秀编辑55人，全国文、理学报学会优秀编辑16人，受表彰的4人，省级优秀论文45篇（数据截至1994年11月10日）。

值得一提的是，在1992年的国家评优工作中，我会有3家会员被评为全国优秀科技期刊。它们分别是《中国矿冶学院学报》获全国优秀科技期刊一等奖，《湖南师范大学自然科学学报》《湖南医科大学学报》均获三等奖。

（三）依靠会员办会，充分发挥会员积极性，研究会工作开展得生机勃勃

从1990年10月本届理事会产生起，我们就注意调动广大会员办会积极性。采取不分学报大小，相互尊重、相互支持，共同办好研究会活动的工作方法，收获良好效果。几年来，承办了学术研讨会的学校（按先后次序）有长沙交通学院、湖南师范大学、湘潭大学、长沙水电师院、湖南农业大学、国防科大、岳阳师范专科学校、中南工学院等

8所，对大会给予经费支持、协作办会的有中南工业大学、湖南大学、湖南医科大学、岳阳大学、岳阳职工大学、衡阳医学院、衡阳师范专科学校、湖南林业专科学校等10余所学校。

（四）4年来，研究会共办《通讯》6期，举办学术论文增刊1期，并主动和省外研究会交换、互通信息

我会活动情况多次被全国性相关研究会通讯工作资料转载，扩大了研究会的影响，受到广大会员一致好评。1994年由《长沙水电师院学报》编辑出版编辑学学术论文增刊1期。陈其相、谭兴贵副教授为此付出了辛勤劳动。

（五）号召会员开展编辑学研究，促进会员编辑业务素质的提高

在研究会的引导下，我省学报界涌现出一批研究编辑学的强将，例如中南工业大学、湖南大学、湘潭大学等10余所高校的学报编辑写出了一篇篇高质量的编辑学研究论文，发表在全国各大编辑专刊上，并受到各类文摘的转载。1991年，湖南师范大学学报编辑部集体编写了一本《学报编辑学概论》。

（六）选派代表参加全国性学术会议、参与各类评审委员会和审读工作

4年来，研究会派会员参加全国性学术会议10余次，参与省级、全国学报评优，职称评定工作多次，充分表明了研究会在学术界的地位和作用，并得到了政府有关部门的肯定和信任。

（七）4年来，扩大了队伍、壮大了组织

研究会从1990年的47家会员单位，已发展到50余家，并分别成立了省青年委员会、专科学校学报委员会。

二 1995年研究会工作的初步安排

第一，积极参与和协助省新闻出版局参加期刊评级工作。

第二，1995年上半年筹备研究会的换届改选工作。

第三，1995年上半年开展中国自然科学学报研究会的评优活动。

第四，为1996年全国性期刊评优活动做好各方面的准备。

本次会议还对湖南省高等学校学报研究会的换届选举工作进行了初步安排，决定在1995年适当的时间举行换届选举工作。

走向21世纪，夺取学报工作的新胜利

——在湖南省高等学校学报研究会1995年年会暨期刊等级评定学术研讨会上的报告

研究会第三届理事会常务副理事长　卜庆华

1995年11月12日

一　办刊整体质量不断提高，社会影响不断扩大

1995年6月，研究会在中南工业大学对省内的全国重点院校学报、一般院校学报和专科学校学报等进行了分类评审，共评出一等奖8家（其中重点院校学报4家，一般院校学报4家），二等奖4家，三等奖7家。这次评奖得到省科委的认可，以省科委的名义签发了奖状，并呈报全国自然科学学报研究会评审委员会，经过评审，共评出一等奖5名，二等奖4名。

在自然科学学报评奖活动的带动下，全省的社科学报也于1995年7月在湖南师范大学举行了评比活动，有8家学报被评为一等奖，11家学报被评为二等奖，并经省新闻出版局审核后发给奖状。从中共湖南省委宣传部组织的全省“十佳优秀理论报刊”和“十佳优秀理论编辑”的评选来看，全省参评的报刊有50多家，我们研究会有4家社科学报被评为优秀理论刊物，有5位同志被评为“十佳”编辑。

（一）推荐学报参加新闻出版署、全国高校学报学会等业务主管部门的评选活动

由湖南省高校学报研究会初评，然后组织相关专家复评，并报省局审定，推荐《湖南师范大学社会科学学报》作为学术理论类刊物的代表，参加全国优秀社科刊物的评选。

省自然科学学报共有 10 名编辑被评为优秀编辑，有 11 篇论文被评为优秀编辑学论文。文科学报经常务理事会推荐，益阳师范专科学校的周国清被推荐为田家炳基金优秀编辑奖的获奖对象。

（二）参与省新闻出版局期刊等级评审标准的制定

1994 年下半年以来，湖南省新闻出版局决心吸取外省期刊等级评定的经验，在我省开展这一工作。他们吸收了研究会的两名副理事长参与期刊等级标准的起草、修订和定稿工作。现期刊等级评审标准已由省新闻出版局、中共湖南省委宣传部和省科委联合署名作为正式文件下发，各类刊物的评审细则已进入定稿阶段。

（三）其他工作

第一，选送部分学报，如《中南工业大学学报》《湖南师范大学学报》《云梦学刊》《武陵学刊》等参加香港国际书展。

第二，研究会为湖南省理论骨干培训班开设多场编辑学专题讲座，新增 6 家会员单位。

第三，研究会鼓励会员单位做好编辑学者化工作，取得了一定成绩。如益阳师范专科学校陶用舒教授的《陶澍评传》、《湖湘论坛》林康副教授的《经济跳跃论》、衡阳师范专科学校林植峰副教授的《聊斋志异研究》等相继问世。我自己也有一部《郭沫若研究新论》于近期出版。

第四，积极支持研究会具备条件的内刊申报公开发行。从 1994 年以来，我省又有《云梦学刊》《武陵学刊》和《怀化师专学报》3 家刊物被批准公开发行。

三　部署研究会理事、常务理事调整、换届工作

最后谈谈关于研究会的改选问题。根据研究会的章程，研究会理事会任期为 4 年。从 1990 年 11 月研究会“三大”以来，已有 5 年了，研究会的理事、常务理事和领导机构人员已发生了很大变化。以常务理事来说，“三大”选出的常务理事共 15 名，现已有 8 名退休或调离学报岗位；理事原 25 名，现已有 11 名退休或调离学报岗位，特别是文科学报的常务理事仅有 2 名。再从年龄结构来看，7 名现任常务理事中 55 岁以上的有 6 名。根据上述情况，研究会的理事、常务理事有进行较大调整的必要，经常务理事会研究，有如下两点意见。

（一）明确研究会理事、常务理事的调整必须坚持从实际出发的原则

由于高校学报是高层次的学术机构，学报的主编一般都是学校的学术带头人，而研究会的理事、常务理事和领导人员又与主编常常是一致的，故学会的理事会组成年龄偏高一些是自然的。同时，为了保持研究会工作持续稳定地发展，研究会也需要一些德高望重的老同志继续为学报出谋划策，故改选理事会不宜从年龄上采取一刀切的办法，而且现在有些老同志仍留在学报岗位上担任学报主编，在他们退休前，不宜变动他们的理

事、常务理事职务。

（二）明确调整方法为补选

方法是缺多少补多少，同时考虑到研究会单位增加的状况，一些学报异军突起、办刊成绩突出，以及内刊理事少的状况，可适当增补一些理事和常务理事，理事可达会员总数的一半，常务理事可达会员单位总数的1/3。具体的意见是：

（1）常务理事由张楚廷、卜庆华、皮光中、刘子娟、任楚威、林植峰、汪太理、李学宇、谭兴贵、陶用舒、薛绍莲、潘生等15人组成（湘潭大学学报编辑部2名常务理事，人员由该校确定）。

（2）增补株洲工学院、邵阳师范专科学校学报两家内刊为理事单位。

（3）为便利工作，在研究会的统一领导下，设文科和自然科学学报两个分会。大政方针，如制订年度计划，任免理事、常务理事，举办年会和学术研讨会以及收取会费等，仍由研究会统一负责，但一些具体的业务活动，则由分会组织进行。经常务理事会推选，文科学报的理事长为卜庆华，副理事长暂缺，副秘书长为汪太理。自然科学学报分会理事长为皮光中，副理事长为刘子娟，秘书长为谭兴贵，副秘书长为李昌佳。另考虑到财务管理工作的需要和加强两个分会的联系，增补肖家元为副秘书长。

（4）在明年的适当的时机和适当的地点召开研究会第四次会员大会，进行换届选举。在换届选举前，先要确定主办单位。主办单位如何定，想先征求一下大家的意见。

以上报告，请到会的理事、代表审议。

祝会议开得圆满、成功！

研究会20年工作回顾与展望

研究会第五届理事会常务副理事长　张曾荣

2003年9月28日

各位领导、各位专家、各位编辑同仁：

今天，我们大家欢聚一堂，共庆湖南省高等学校学报研究会成立20周年。首先，我代表湖南省高校学报研究会向各位领导和专家，表示热烈的欢迎；向在研究会工作过的老前辈、老专家致以崇高的敬意；向辛勤工作在高校学报岗位的全体同志，表示衷心的感谢和诚挚的慰问。

一　研究会20年工作回顾

忆往昔，湖南省高等学校学报研究会历经两代学报人辛勤耕耘，不辱使命，谱写了辉煌的历史。

（一）建立和发展会员组织，为研究会工作奠定了良好的基础

1983年5月，湖南省高等学校学报研究会在岳麓山下湖南师范学院（现湖南师范大学）成立，是我国成立较早的高校学报社团之一。从此，我省高校学报有了一个相互学习交流、共同发展进步的组织机构，这是我省学报史上的盛举。

20年来，我们研究会坚持按会章办事，尊重广大会员的权益，勤恳地为大家服务，始终具有较强的吸引力和凝聚力。会员单位从成立之初的21家，发展到今天的79家，现已成为一个会员众多、与中国高校自然科学学报研究会和中国人文社科学报学会联系密切的学术团体，也是全国省市中力量较为雄厚，在全国优秀学报、优秀编辑和优秀编辑学论著评比活动中获奖较多的学术团体之一。

（二）创造性地开展学术研讨活动，提高编辑理论水平和办刊能力

20年来，我们坚持学术研究是研究会工作主体的指导方针，注意开展广泛性、经常

性的学术活动，组织了10多次全省性的学术研讨活动，集中研究了一些关系到执行国家标准、编排规范、学报发展方向和提高办刊质量等的一系列重要问题。1986年11月，在中南工业大学（现中南大学）举办了首期编辑人员业务培训班。1989年5月，举办了主编研讨会，专门讨论了常务理事会提出的《关于高校学报深化改革的建议》。这次会议揭开了本会举办大型学术研讨活动的序幕。1990年后，本会根据学报自身的特点，有计划地确定一些主题，持续举行了一年一度的学术年会和不定期的主编研讨会。1994年，本会在衡阳举行的学术年会，集中讨论了省新闻出版局草拟的期刊等级质量评估标准。这对提高学报的整体质量，起到了很好的促进作用。除了举行上述涉及全局性的学术讨论会外，研究会还组织了一些专业性的学术研讨活动，如1988年的湖南CUJA联络组会议，1990年4月的CUJA建库质量学习班，1996年在宁乡召开的“跨世纪青年编辑人才工程研讨会”，1998年在湖南税专举行的青年编辑学术研讨会和校对竞赛，1999年在湖南财专召开的文科学报学术期刊光盘版规范主编会，等。

本会20年来开展的多种形式的、群众性的学术研讨活动，扩大了编辑的视野，更新了编辑的观念，促进了学报的创新。同时，也极大地激发了大家研究编辑学的热情。20年来，本会会员单位和个人已发表编辑学论文500余篇，出版专著5部，其中有代表性的著作是《学报编辑学概论》《学报质量评估体系》《编校改错必读》和《编辑创新研究》。

（三）认真组织优秀学报评比，提高学报整体质量

为了提高办刊质量，本会多次组织会员单位参与国家和省新闻出版局、省科技厅举办的优秀期刊评比活动，通过评比，肯定了成绩，找出了差距，极大地提高了学报的整体质量，也展示了我省学报的风采。我省学报在全国和全省的期刊评比中，有3个显著的特点：一是获奖数量多；二是获奖等级高；三是获奖学报的分布较平衡。在1995年中共湖南省委宣传部组织的全省十佳理论报刊评比中，本会有4家学报入选；在1998年全国高校文科学报研究会举行的首届“十佳”“百强”和“优秀学报”评奖活动中，本会有13家学报获奖。在2000年湖南省首届十佳科技期刊和十佳社科期刊评比活动中，高校学报有7家被评为“十佳期刊”。在2002年湖南省“双十佳期刊编辑”评比中，我会有6位同志被评为“十佳期刊编辑”。

（四）编辑出版《会讯》、论文集和审稿人名录

本会编印的《会讯》，至今已出了27期。《会讯》及时传达了上级有关部门的指导性意见，发布通告通知，部署工作，并刊登了会员活动的简讯和一些文情并茂的诗联、散文，起到了上下沟通、左右联络、交流情感、愉悦身心的作用。

为反映会员的科研成果，推动编辑学研究的进一步开展，并借此提高编辑的知名

度，本会先后以《湖南师范大学学报》和《长沙水电师院学报》增刊的形式，出版了2本编辑学研究论文集。为提高全省学报的审稿质量，湘潭大学学报编辑部受本会的委托编印了一本专家来源多、信息量大的《审稿名录》。

（五）协助政府管理部门加强期刊管理和队伍建设

1999年、2002年，省新闻出版局和省科技厅分批举办期刊编辑人员上岗培训班，本会积极协助选派人员参与制订培训计划、编写教材和担任教学工作。同时，协助政府做好期刊的审读评比和管理工作，较好地发挥了研究会的桥梁与纽带作用。

经过20年历程，湖南省高等学校学报研究会形成了一种崇尚学术、精益求精、甘心为会员服务的优良传统和作风，铸成了一支高素质的编辑队伍。可以说，湖南省高等学校学报研究会的20年是开拓创新、积极进取的20年，是事业发展、成就辉煌的20年。

二　研究会工作展望

着眼当今，新的形势、新的机遇、新的挑战对我们提出了新的要求。为了进一步提高学报的学术地位、影响力和知名度，高校学报迫切需要调整办刊结构、整合办刊资源、提高办刊质量。为此，首先，我们要牢牢把握正确的出版导向，认真学习和贯彻“三个代表”重要思想，坚持先进文化的前进方向，稳步发展、开拓创新。我们要使高校学报成为坚持科学理论、传播先进文化、倡导科学精神的坚强阵地。

其次，我们要实施精品战略，调整结构，促进发展。实施精品战略，是“坚持先进文化前进方向”的本质要求。我们要调整学报结构、整合办刊资源，提高学报的质量，提倡办名刊、撰名著、出名人，实施“名刊工程”。研究会要积极探索实施精品战略的方案，努力提高学报在国内外的学术地位。

最后，我们要按照政治强、业务精、纪律严、作风正的要求，建设一支高素质的编辑人才队伍。要继续抓好有针对性的岗位培训和研讨活动，提倡编辑学者化。提倡编辑学者化是编辑出版高品位、高层次学报的需要，也是使编辑自身价值得到充分体现的根本途径。我们研究会有一批在全省和全国颇有影响的编辑家，他们不仅自身品格高、造诣深、治学严谨，而且注意培养新人，为学报出版事业作出了卓越的贡献。我们中青年编辑同志要以他们为楷模，不断提高自身素质，努力拼搏、甘于奉献，为推动学术创新，多出学术精品，为促进学报发展作出应有的贡献。

展望未来，我们完全有理由相信，在党的正确路线指引下，在各有关部门的大力支持下，在广大编辑同仁的共同努力下，我省的学报事业一定会再上台阶，再创辉煌。本会今年的工作主要是总结研究会20年来取得的成绩、经验和教训，编辑出版研究会成立20周年纪念册，组织召开20周年庆典大会，此项工作得到了广大会员单位的大力支持。全体会员不遗余力地提供资料、想办法、出主意，并积极捐资5万余元，使得我们手中拿到的《春华秋实》这本精美的纪念册得以顺利出版，也使得这次庆典活动能够办得喜气洋洋、隆重热烈。《春华秋实》这本纪念册是我会两代编辑心血的结晶。为了编写好这本纪念册，我们研究会的顾问、原常务副理事长卜庆华编审呕心沥血，倾注了大量的精力。编写组的全体同志围绕编写提纲及细则、收集资料、修改初稿、打印校对、美编设计和终审定稿等事项，先后多次召开了讨论会。省委、省新闻出版局、省科技厅和省科协的领导，以及中国高校自然科学学报研究会和中国人文社科学报学会的理事长和老领导欣然为纪念册题词，终于编印出版了这本具有收藏价值、使用价值和审美价值的纪念册。但由于时间紧、任务重，仍有一部分史料未收集全，纪念册中还存在一些疏漏和差错。我在此谨向大家表示歉意。

本次大会结束后，我们将针对研究会发展规划及如何适应学报改革需要等诸多问题召开专门会议进行研究，并在适当的时候召开常务理事会深入研讨，同时欢迎各位理事、代表将好的建议、想法反馈给我们。让我们大家一起携手，共同开创研究会工作的新篇章！

湖南省高等学校学报研究会第五届理事会工作报告

研究会第五届理事会常务副理事长　张曾荣

2005年12月2日

各位代表、同志们：

我受省高校学报研究会第五届理事会的委托，向大会作工作报告，请同志们审议。

一　研究会过去4年主要工作的回顾

本届理事会自2001年11月成立以来，在省委宣传部、省教育厅、省科技厅和省新闻出版局的正确指导下，在全体理事单位、各工作委员会和全体代表的共同努力下，以马列主义、毛泽东思想、邓小平理论和“三个代表”重要思想为指导，贯彻党的十六大精神，坚持围绕提高学报质量、加强队伍建设、促进学术研究这一工作重心，积极开展各项工作，取得了良好的成绩。4年来，研究会主要做了以下几方面的工作。

（一）贯彻落实“教育部高校哲学社会科学名刊工程首批入选学报建设座谈会”会议精神

2004年3月4日，本会在湖南师范大学红楼组织召开了“省高校学报争创名刊、名栏研讨会”，研究贯彻落实“教育部高校哲学社会科学名刊工程首批入选学报建设座谈会”的会议精神，动员全体会员单位结合实际，解放思想，深化改革，努力创建名刊、名栏工程。研究会顾问卜庆华编审介绍了座谈会概况和教育部领导的讲话精神，提出了我省高校学报参加名刊工程建设的构想。湖南师范大学著名伦理学家唐凯麟教授在会议上强调，高校哲学社会科学研究要以马克思主义理论为基础，加强与学术界的联系，主动出去组织稿件。与会的同志就我省高校学报如何创建名刊、名栏、名篇和培养名编辑展开了热烈的讨论。

此次研讨会是一次求真务实的会议，它为我省高校学报深化改革、办好特色栏目、打造优势品牌指明了方向。会后，我省高校学报无论是社会科学版还是自然科学版，均围绕提高学报质量开展了一系列建设名刊、名栏工程活动，取得了一定的成绩。目前，《湖南大学学报（社会科学版）》的“岳麓书院与传统文化”栏目已入选教育部高校哲学社会科学学报名栏建设工程。其他部分学报也正在积极申请加入名刊、名栏工程。《湖南大学学报（社会科学版）》和《财经理论与实践》已获准成为“中文社会科学引文索引”来源期刊。我省高校的自然科学学报也有一部分已位居全国同类高校学报的前列。

（二）优秀期刊、优秀编辑和优秀论文（论著）的评比

2002年，在中国人文社科学报学会开展的编辑“三优”评比活动中，我会积极动员、组织会员单位参评。我会评委会遵循公平、公正的原则，认真仔细评审，按评比标准打分排序，在此基础上达成的初评结果得到会员单位充分肯定。后经中国人文社科学报学会复评，我省推荐的14种学报中有5种学报被评为第二届全国“百强社科学报”；8种学报被评为第二届全国“优秀社科学报”；8位主编被评为“全国高校社科学报优秀主编”，汪晓和任国瑞同志被评为优秀编辑；姚德权撰写的《编辑创新研究》被评为优秀编辑学著作，叶向荣等3人撰写的《如何确定编辑定义的属——编辑概念构成方法系列论证之一》被评为优秀编辑学论文。

2003年9月，在庆祝省高校学报研究会成立20周年之际，开展了全省优秀学报主编和优秀学报编辑评比活动，共评选出优秀主编16人，优秀编辑32人。

2004年，教育部科技司组织开展全国高校优秀科技期刊评比活动，本会召开了参评动员会，号召各会员单位踊跃参评。在这次优秀科技期刊评比活动中，我省原有的《中南工业大学自然科学学报》《湖南师范大学自然科学学报》和《湖南农业大学学报》被评为全国高校优秀科技期刊一等奖，《吉首大学学报（自然科学版）》《湖南医科大学学报》和《湖南中医学院学报》《中南林学院学报》被评为全国高校优秀科技期刊二等奖，《湘潭大学自然科学学报》荣获2004年全国高校科技期刊优秀编辑出版质量奖。任楚威、陈灿华、张高明、刘吉元、邓白罗、昌兰和陈艳芬等8人，被评为2004年全国高校科技期刊优秀编辑工作者。此外，我省高校学报还有4篇论文获2004年全国高校科技期刊优秀编辑学论著奖。与参评的其他省份高校学报相比，我省高校学报是“三优”评比获奖较多的省份之一。

此外，在2001年12月中国科技期刊编辑学会的评优活动中，我省的熊楚才、任楚威、张宽信、肖家元、潘生等同志分别获金牛奖、银牛奖等荣誉。

（三）举办省高校学报研究会成立20周年庆典

2003年9月27日至28日，在湖南理工学院成功举办了湖南省高等学校学报研究会成立20周年庆典暨学报改革论坛，来自70多个会员单位的170余人和特邀嘉宾参加了庆典活动。中国人文社科学报学会理事长龙协涛教授，北京师范大学潘国琪教授，省新

闻出版局马如俊副局长，省科技期刊编辑学会常务副理事长、湖南师范大学副校长龚维忠教授，省科技期刊编辑学会副理事长、《湖南农业》杂志社范正国社长应邀出席大会，中国高校自然科学学报研究会和中国人文社科学报学会等发来了贺信。此次会议堪称我省高校学报研究会史上的一次大型盛会，会议总结回顾了学会20年来的历程，充分肯定了本会在开展学术研讨、提高办刊质量、增进交流和加强友谊等方面取得的成绩。

龙协涛教授在大会发言中高度评价我会20年来取得的成绩。他说："湖南省的学报，无论是在全国学报主办的评奖中，还是在国家新闻出版总署组织的评奖中，都是好评如潮，成绩骄人。你们的研究会是最团结的组织，文理相融，亲密合作，比翼齐飞，形成了人心齐、人气旺的可喜局面。"

马如俊副局长代表省新闻出版局和省期刊协会向本会表示热烈祝贺，她号召大家要抓住机遇迎接挑战，努力增强责任意识、品牌意识、全球意识、营销意识，不断提高学报质量。

研究会的老前辈皮光中教授和卜庆华编审，对研究会的发展历程作了情真意切的回忆，表达了他们对研究会的深厚感情和殷切期望。

在欢庆研究会成立20周年的同时，大会还举办"学报改革论坛"，就高校学报的改革发展问题进行了深入探讨。中国人文社科学报学会理事长龙协涛教授，北京师范大学潘国琪教授，湖南理工学院副院长余三定教授分别就名刊工程、名牌学报和办好特色栏目作了大会报告。省新闻出版局报刊处罗永康副处长向大会报告了全国报刊治理整顿工作的有关情况。

为搞好本次庆典活动，研究会还精心策划编撰了具有收藏价值、实用价值和审美价值的纪念册——《春华秋实》。湖南省委原副书记文选德，省新闻出版局局长刘明泰，省新闻出版局副局长马如俊，省科技厅副厅长王腊生，中国工程院院士、湖南省科协主席何继善，中国高校自然科学学报研究会理事长陈浩元，中国人文社科学报学会理事长龙协涛，北京师范大学潘国琪教授等为纪念册欣然题词。湖南理工学院的师生为庆典活动举办了精彩的文艺演出。本次会议开得隆重、热烈，受到与会人员的广泛好评。

（四）岗位培训

2005年4月27日至28日，本会邀请中国科技期刊编辑学会副秘书长，中国农业大学学报原主编李兴昌教授在中南大学举办了一次高水平的编辑培训研讨班。李兴昌教授就第三届国家期刊奖评比活动和科技期刊编辑出版质量评审方面的问题，进行了详细的讲评，并与参加培训的同志共同研讨了有关执行国家法定计量单位等问题。本会会员和省科技期刊编辑共60余人参加了培训研讨班。本次培训研讨班安排紧凑，信息量大，内容丰富，收效显著，参加培训的同志纷纷表示希望以后多举办类似的研讨班。

（五）学术活动

第五届理事会围绕提高学报整体质量，开展了一系列研讨活动，至今召开了4次每年一度的学术年会。2001 年 11 月在怀化学院，2002 年 10 月在湖南文理学院，2003 年 10 月在湖南理工学院，2004 年 11 月在湖南人文科技学院，分别举行了有关编辑学研究和高校学报改革论坛等学术活动。部分论文被评为优秀论文，推动了我省高校学报编辑学的研究。各会员单位对学术研究颇为重视，本次会议现已收到论文近 40 篇，学术活动呈现出良好的发展态势。

（六）其他工作

第一，编辑出版研究会《会讯》。本届理事会共编辑出版了 5 期《会讯》。

第二，承办省期刊协会 2005 年新春联谊会。2005 年 2 月 8 日，在省期刊协会的指导和全体会员单位的大力支持下，研究会精心组织策划，编排了形式多样的文艺表演，增进了编辑同仁之间的友谊。此次联谊会气氛热烈，内容高雅，形式多样，操办俭朴，被出版局领导及与会者称赞为历届联谊会办得最好的一次。

二 存在的主要问题

4 年来，我们取得了一定的成绩，积累了不少有益的经验，但同时也存在不少问题，体现在：(1) 近几年，我们研究会主要围绕学报的改革发展采取了一系列措施，比如提出办“名刊、名栏、名编辑”的口号，但未能深入探讨具体的实施方法。(2) 研究会在鼓励学术交流方面未建立完善的制度，年会上用于学术交流的论文数量和质量都有待提高。(3) 本届研究会编辑出版《会讯》偏少，这在一定程度上削弱了本会会员之间的信息交流，责任主要在于研究会挂靠单位投入的精力不足。(4) 研究会需要进一步建立健全各项议事规则和规章制度。

三 对第六届理事会工作的建议

（一）加强研究会自身建设

新的一届理事会在省委宣传部、省教育厅和省新闻出版局的指导下，要充分发挥研究会作为党和政府联系高校学报出版工作者的桥梁和纽带作用，积极努力地开展工作，热情主动地为会员单位服务，把全省高校学报出版工作者紧密地团结在研究会周围。加强职业道德教育，树立政治意识、大局意识和责任意识，努力建设一支政治强、业务精、作风正、纪律严的出版队伍。

新一届理事会要继续举办各种岗位培训，加强队伍建设；举办专题研讨，提高学术水平；组织评优评先，表彰奖励先进；要按照省民政厅对社会团体的要求，实行民主办会、科学办会，充分发挥行业自律作用。

（二）协助政府部门做好期刊管理工作

新闻出版总署今年 9 月 30 日公布了新的《期刊出版管理规定》，该规定对期刊创办、出版、监管和法律责任等作出了明确的规定，很多新内容是我们应该学习和研究的。新规定强调了4项监管制度，即期刊出版事后审读制度、质量评估制度、年度核验制度和从业人员资格管理制度。我们要组织学习新的《期刊出版管理规定》，进一步规范期刊出版行为，增强提高办刊质量的紧迫感和危机感。

最近，教育部通报了个别高校主办期刊违规的情况，明确要求各高校期刊要珍惜国家赋予的办刊权利，把社会效益放在首位，杜绝将出版期刊作为单纯的创收手段，特别要制止以创收为目的的收费现象；自觉遵守学术规范，抵制学术腐败，坚持质量第一，努力为教育、教学和教师更好地服务，全力办好刊物。坚决制止一稿多刊的违规做法，严格执行期刊出版管理规定。各会员单位要结合自身的实际情况，切实加强高校学报的出版管理工作。

（三）充分认识高校学报现状，加快学报改革步伐

目前，我省已有高校学报79家。高校学报已发展成为一个数量众多、规模较大的群体，部分高校学报已跻身全国优秀期刊前列，为提高教学科研水平和培养人才，促进学术交流发挥了重要作用。

但是，目前高校学报还存在明显的问题和不足。高校学报在很大程度上是拼盘式的综合性刊物，无论是社科学报还是自科学报，从宏观上看，都存在“全、散、小、弱”的状况；从微观上看，又存在定位不清、选题雷同、内容重复、特色个性不鲜明、名牌栏目重头文章不多等问题。这与高校学报的“综合性”定位相关。“综合性”的高校学报定位不利于扩大学报的社会影响，在很大程度上制约了学报的征稿，限制了学报的学术交流功能的发挥。与其他专业性学术刊物相比，高校学报的期刊影响因子和总被引频次都普遍较低，高校学报已到了改革的紧要关头。

各位代表、同志们，我省高校学报改革发展的任务十分艰巨，我们一定要认真贯彻落实科学的发展观，统一思想，凝聚力量，增强打造精品学报的意识，创造性地做好研究会的各项工作。要抓住机遇，转变传统的办刊理念，打破校际界限，广泛吸收校内外的优秀研究成果，根据学校的专业特色和学科优势，探索走联合办刊和办专业性期刊的道路，为我省高校学报的持续健康发展而努力奋斗。

湖南省高等学校学报研究会第六届理事会工作报告

研究会第六届理事会常务副理事长　王海东

2009年10月29日

各位领导、各位嘉宾、各位代表：

金秋十月，我们刚刚满怀豪情庆祝了祖国的六十华诞，又汇聚在拥有三千年巴渝文化底蕴的历史名城重庆！在湖南省高等学校学报研究会第七次代表大会隆重开幕之际，我代表研究会向莅临大会的领导、嘉宾和出席大会的代表们表示热烈的欢迎！

受理事会的委托，我就本届研究会的工作作如下报告，请代表们审议。

本届理事会自 2005 年 12 月产生以来，在省委宣传部、省新闻出版局和省教育厅等领导部门的关心和指导下，在中国高校自然科学学报研究会和全国高校文科学报研究会的支持和帮助下，努力开展各项工作，取得了良好的成绩。

一　研究会工作有计划、抓落实

研究会注重自身工作的计划性，每年的年初都要通过理事长办公会议和常务理事会议来研究当年的工作计划，并认真加以落实。每年召开 3~4 次理事长办公会，召开两次常务理事会、两次学术研讨会和一次年会。上述规律性的各项活动，实现了研究会工作的制度化，保障了研究会工作的实质性开展。

（一）全力开展学术活动

从一定意义上说，“学术”是研究会的生命力所在。因此，组织高校学报编辑工作者开展编辑理论的研究及实践探讨，是研究会工作不可或缺的重要内容。

4 年来，研究会分别在长沙、邵阳和重庆等地举办学术年会 4 次，与会代表共有 574 人次，收到学术论文共 115 篇。此外，研究会的学术工作委员会还分别在郴州、吉首、浏阳、杭州和南昌等地组织了 5 次专题学术交流，与会代表共 210 人次。

2006年10月，研究会积极协助省新闻出版局召开了“湖南省高校学报发展研讨会”。会议围绕我省高校学报的发展现状和存在的问题，创办名刊名栏，以及杜绝学术腐败等议题展开了深入的讨论。省新闻出版局领导充分肯定了我省高校学报取得的成绩，要求各高校学报坚持走特色化发展之路，培育4~6家高水平的高校学报，并以此带动我省高校学报办刊水平的提高。

2007年9月，研究会召开了由文科学报主编和负责人参加的学术研讨会，就我省进一步提高文科学报的办刊水平，创办我省文科学报的名刊、名栏，以及加强编辑队伍和作者队伍建设等问题进行了深入探讨。目前，我省文科学报发展势头良好，一批特色栏目正在崛起，例如，《湖南大学学报（社会科学版）》的“岳麓书院与传统文化”进入了教育部名栏工程；《湖南师范大学社会科学学报》的“新农村建设”、《湘潭大学学报（哲学社会科学版）》的“毛泽东思想研究”、《吉首大学学报（社会科学版）》的“民族文化研究”等栏目，在已有基础上，挖掘地域资源，丰富研究内容，提高学术水平，形成了以文带栏、以栏带刊的良好态势，彰显了刊物特色。

2007年10月，研究会召开了高校自科学报的办刊经验交流研讨会，20家高校自科学报的代表分别就学报英文摘要质量把关的制度建立、学报学术指标的对比分析、综合学报的发展、学报服务地方经济建设、提高学报影响因子的途径等介绍了各自的办刊经验。

2009年6月，研究会与省科技期刊编辑学会首次联合组织了学术研讨，针对学术出版所面临的诸如从印刷走向网络、从单一管理走向市场经营等新形势，就高校学报与科技期刊如何借鉴彼此的长处与经验，以建立有效的运行机制，实现自身更好的发展等方面的问题，进行了热烈的讨论与充分的交流，会议富有成效。

（二）积极推动编辑学研究

为了将我省高校学报的编辑学研究工作落到实处，研究会于2006年设立了编辑学研究基金。通过专家评审，湖南农业大学期刊社的“农科类高校人文社科学报特色栏目建设研究”等4项课题成为第一批获得立项资助的编辑学研究项目。

为了确保课题研究取得实效，2007年7月，研究会组织专家组对立项基金项目进行了中期检查。在项目负责人对研究工作进行汇报的基础上，专家组充分肯定了各课题组取得的阶段性成果，并针对检查中发现的问题提出了具体的改进意见和建议。2008年10月，专家组对第一批4项编辑学研究课题进行了结题评审，认为各项目组织工作落实，项目负责人工作认真积极；特别是中期检查后，各项目在研究进度和研究深度上均有了显著加强，各个项目均按计划顺利完成了全部研究任务。

与此同时，湖南科技大学期刊社的“高校学报创新发展及功能重构”等5项课题作为第二批编辑学研究项目获得立项资助。

为了进一步提高学报编辑的业务能力，2006年8月，研究会邀请中国高校自然科学学报研究会名誉理事长陈浩元编审作了“关于量与单位、数字的用法及著录参考文献新标准”的讲座，共有高校学报及科技期刊编辑60余人参加了讲座。2009年9月，研究会还组织了25家高校学报及科技期刊编辑共50余人参加的SCI数据库知识讲座。

（三）大力推进学报信息化建设

当前，学术期刊正呈现从以纸质出版为中心转向以网络出版为中心的趋势，这已是不争的事实。新闻出版总署印发的《新闻出版业“十一五”发展规划》强调要大力推进数字出版。

为了推动我省学报信息化的工作，研究会开展了一系列相关的具体工作，如2007年召开了以信息化为主题的学术年会，启动了“高校学报评审专家数据库”的立项研究，多次在学术研讨活动中安排稿件远程处理系统功能与使用的学习。省内各学报也积极开展了相关的工作，如国防科技大学学报编辑部较早启用了编务系统，湖南农业大学期刊社积极选择和试用相关的系统软件，中南大学学报的自然科学版、医学版和社会科学版均于2008年全面实现了稿件的网上远程处理和全文在线。

（四）认真编辑《会讯》

4年来，研究会共编辑出版《会讯》8期。《会讯》传达了上级领导部门的指导性意见，介绍了研究会开展的各项工作，刊载了各会员单位的办刊动态，展示了会员单位的办刊才华。《会讯》发挥了传递信息、交流经验、联络感情的作用，办得富有特色。

二 开展丰富多彩的交流、考察活动

研究会在自身主办各项活动的同时，也积极鼓励、支持和协助会员单位之间开展相关的活动。如湖南师范大学等4所高校的学报的主要领导和专家参加了长沙理工大学期刊社举办的高校学报办刊经验交流会，湖南大学期刊社组织编辑到中南大学出版社考察了学报信息化建设工作，长沙理工大学期刊中心组织编辑到湖南农业大学期刊社交流办刊经验。

在开展学术研究的同时，为了促进会员之间的深入交流，研究会先后组织会员前往炎帝陵、凤凰古城、鲁迅故里、周洛、丹霞山、壶瓶山、九宫山、武功山和莽山等地开展历史、文化、经济和地理学习考察活动。此外，研究会还多次组织了大学期刊社之间的乒乓球友谊赛。上述活动的开展，使研究会的工作更加丰富多彩和生动活泼。

三 认真组织学报评比活动

（一）开展论文（论著）评选活动

为了鼓励学报编辑积极开展学术研究，研究会每年均组织专家对年会学术论文进行认真的评比，4年中共评出《论主编终审的问题意识》等30篇一等奖论文，《论学术期刊编辑力》等48篇二等奖论文，并在年会上向获奖人员颁发了证书和奖金。

2009年10月，研究会组织了四年一度的“湖南省高校学报优秀编辑学论文”和“湖南省高校学报优秀编辑”评比，评选出了《专有版权及其保护》等16篇一等奖论文，《论科技期刊的发行创新》等23篇二等奖论文；陈健琼等56人被评为“湖南省高校学报优秀编辑”。

（二）推荐学报参与全国学会评优活动

4年来，我省高校学报积极参与全国学术期刊的评优活动，取得了较好的成绩。

1. 学报及栏目评优

在“中国高校精品·优秀·特色科技期刊”评比中，先后有《中南大学学报（医学版）》等4家学报被评为“中国高校精品科技期刊”，其中《湖南农业大学学报（自然科学版）》《中南大学学报（自然科学版）》和《中南大学学报（英文版）》等3家学报连续两届入选。《湖南大学学报（自然科学版）》等6家学报被评为“中国高校优秀科技期刊”，其中《湖南师范大学自然科学学报》《湘潭大学自然科学学报》和《湖南中医大学学报》等3家学报连续两届入选。《湖南理工学院学报（自然科学版）》《湖南城市学院学报（自然科学版）》和《吉首大学学报（自然科学版）》等6家学报被评为“中国高校特色科技期刊”，其中《衡阳师范学院学报》连续两届入选。此外，湖南城市学院学报编辑部、湖南师范大学自然科学学报编辑部和中南大学学报（自然科学版）编辑部等3家学报编辑部被评为“高校科技期刊先进集体”。

在全国高校社科学报的评比中，《湖南师范大学社会科学学报》和《湖南大学学报（社会科学版）》被评为全国高校“双十佳社科学报”；《湘潭大学学报》《湖南科技大学学报（社会科学版）》和《中南大学学报（社会科学版）》等12家学报被评为全国高校“百强社科学报”；《长沙大学学报（社会科学版）》等4家学报被评为全国“高校优秀社科学报”；《吉首大学学报》的“沈从文研究”、《湖南城市学院学报》的“湖湘文化研究”等9家学报的相关栏目被评为全国高校社科学报“优秀栏目”。

在湖南省期刊的“优秀栏目”评比中，《湖南财经高等专科学校学报》的“会计研究”、《衡阳师范学院学报》的“船山研究”和《湖南工业大学学报》的“包装研究”等13个栏目榜上有名。

《衡阳师范学院学报》和《湖南城市学院学报》被评为“全国地方高校学报‘十佳’学报”。

《湖南城市学院学报（自然科学版）》《湖南中医药大学学报》等7家学报获全国高校“科技期刊优秀编辑质量奖”。

值得庆贺的还有：《湖南大学学报（社会科学版）》和《湘潭大学学报（哲学社会科学版）》在2007年成为CSSCI源刊。

2. 个人评优

陈灿华入选湖南省首批新闻出版行业领军人才。

熊楚才、任楚威、陈灿华、张高明等4人荣获“‘中国知网杯’高校科技期刊突出贡献奖”。

彭程甸、周青、石潇纯、杨幼平、李彬和俞涛等6人被评为湖南省“优秀中青年出版工作者”。

李建华、徐超富、苏慧、张高明、赵一凡、文瑞明、方志蓉、谭长贵、陈丽文、文耀智、李克安等11人被评为湖南省“双十佳期刊编辑”。

陈灿华、陈丽文、方志蓉、王赛群、易必武、朱美香、苏爱华、文瑞明、袁晓燕和赵俊等10人被评为全国高校“科技期刊优秀编辑工作者”。

文耀智、兰甲云、石潇纯、李建华、张登巧、陈一民、余三定和饶娣清等8人被评为全国社科学报“优秀主编”。

宁晓青、陈向科、易永卿、杨斌和黄显中等5人被评为全国社科学报“优秀编辑”。

3. 论文（论著）评优

在全国高校“科技期刊优秀编辑学论著”的评比中，谭长贵的《核心期刊影响的惯性定律》获一等奖，陈丽文等的《国内外生物医学期刊稿件中医学伦理学意识比较》等7篇论文获二等奖。

石潇纯的著作《缘定今生辙——丁玲与她的编辑生涯》等3部论著获全国高校社科学报“优秀编辑学论著”奖。

在湖南省期刊的“优秀论文”评比中，熊楚才的《论主编终审的问题意识》等3篇论文获一等奖；全妙华的《地方院校学报发展的困境思考》获二等奖；熊正为的《知识经济与高校学报的改革与发展》获三等奖。

上述尚未详尽的统计已表明我省高校学报在全国已具有一定的影响力。

四　会员单位大力支持研究会工作

在过去的4年中，许多会员单位为研究会各种活动的开展，如理事长办公会、常务理事会、学术研讨会和学术年会的召开提供了人力、物力和财力等各方面的大力支持。在此，研究会要对下述单位表示特别的感谢！它们是：湖南文理学院学报编辑部、湖南工业大学期刊社、吉首大学学报编辑部、湖南财经高等专科学校学报编辑部、湘南学院学报编辑部、邵阳学院学报编辑部、湖南科技大学期刊社、湘潭大学期刊社、长沙理工大学期刊中心、湖南农业大学期刊社、湖南师范大学期刊社、湖南大学期刊社和中南大学出版社。

在回顾省高校学报研究会工作的时候，请允许我代表本届理事会，向省委宣传部、省新闻出版局和省教育厅的领导，以及所有关心和支持我会工作的有关单位，向中国高校自然科学学报研究会、全国高校文科学报研究会及兄弟省市的高校学报研究会，向所有会员单位和广大学报编辑同仁们表示衷心感谢！向无私奉献于研究会工作的同志们表示崇高的敬意与深深的谢意！

各位代表、同志们，高校学报需要我们以科学发展的思想来大力推进各项工作，转变办刊理念，建立有效机制，提升学报质量，办出学报特色。让我们共同为全省高校学报的繁荣与发展作出积极而有创造性的贡献！

谢谢大家！

湖南省高等学校
学报研究会第七届理事会工作报告

研究会第七届理事会副理事长　章育良

2013年12月5日

各位领导、各位嘉宾、各位代表：

湖南省高等学校学报研究会2013年年会暨学术研讨会在这里开幕了。今天，来自湖南省高校学报的129位代表会聚湖南浏阳，这是我省研究会又一次盛会。我谨代表研究会表示热烈欢迎！

受常务理事会的委托，我就本届研究会的工作作如下报告，请各位代表审议。

本届理事会自2009年12月产生以来，在省委宣传部、省新闻出版局和省教育厅、省民政厅等领导及部门的关心和指导下，在中国高校自然科学学报研究会和全国高校文科学报研究会的支持和帮助下，努力开展各项工作，取得了良好的成绩。

一　团结广大会员，加强了研究会建设

本届伊始，我研究会根据社团管理部门的要求及规定，经过大量复杂的行政审批手续以及会计师事务所的审计，顺利通过了民政厅对研究会原法定代表人8年来工作的离任审计，更换了新的法定代表人，核发了新的社团登记证。4年来，我研究会每年均顺利通过了教育厅、民政厅的年审。

2010年，根据高校学报发展与形势的需要，研究会进行了专业委员会的调整：撤销原编辑委员会，保留学术委员会；撤销原监察委员会，设立监察版权委员会；新增了数字出版委员会。经过本届研究会的努力，团结了广大会员，截至今天，我研究会团体会员已达90家，达到我研究会历史最高会员单位数量。在全国各省的学报研究会中，我们的会员单位也是最多之一。研究会还及时地对因工作岗位变动所调整的常务理事进行了增补。

本届研究会根据全国高等学校文科学报研究会通知精神，组织召开了湖南省高等学

校学报研究会文科常务理事工作会议，推选了第七届全国高等学校文科学报研究会我省常务理事人选及理事单位。常务理事人选为章育良（湘潭大学）、王道平（湖南大学），理事单位为湖南科技大学、湖南师范大学、中南大学、中南林业科技大学、衡阳师范学院、湖南财政经济学院等。

今年是我研究会换届之年。为了做好换届选举工作，我们于2013年6月23日召开了理事长办公会，成立了由15人组成的换届筹备工作小组，在7月9日召开了换届筹备工作小组会议，对章程的修改，常务理事的推选，新一届研究会理事长单位申报、推选规则以及新一届研究会工作计划均进行了认真研究。在9月28日召开了常务理事会、对申报承办研究会的单位进行了投票表决，最终决定第八届研究会挂靠中南大学。

研究会注重自身工作的计划性，每年的年初都通过理事长办公会议和常务理事会议来专题研究当年的工作计划，并认真加以落实。每年召开了3~4次理事长办公会，召开了2次常务理事会、2次学术研讨会和1次年会。上述规律性的各项活动，实现了研究会工作的制度化，保障了研究会工作的实质性开展。

此外，研究会还与省科技期刊编辑学会联合举办了学术研讨会，就我国科技期刊发展现状与改革趋势、科技期刊体制改革、学报管理体制与运作模式的改革创新、期刊编辑的出版品牌意识、科技期刊数字出版运营模式思考等进行了广泛而深入的探讨。

二 深入开展学术、交流活动，增强研究会凝聚力

从一定意义上说，“学术”是研究会的生命力所在。因此，组织高校学报编辑工作者开展编辑理论的研究及实践探讨，是研究会工作不可或缺的重要内容。

4年来，研究会分别在珠海、南宁、厦门以及浏阳等地举办了学术年会4次，广大会员积极参加学术活动，每次均有超过100名代表与会。特别是本次大会，与会代表达130人，创研究会历史上与会代表人数之最，显示了研究会旺盛的生命力。

在2010年学术年会中，研究会开展了以“稿源策划、学术诚信、机遇发展”为主题的学术征文活动，共有5篇论文获优秀论文一等奖，7篇论文获优秀论文二等奖。在2011年学术年会中，开展了以“高校学报的创新与发展”为主题的学术征文活动，共有10篇论文获优秀论文一等奖，23篇论文获优秀论文二等奖，9篇论文获优秀论文三等奖。在2012年学术年会中，开展了以“高校学报的运行机制改革及创新发展”为主题的学术征文活动，共评选出年度优秀编辑学论文一等奖8篇和二等奖14篇。在本次学术年会中，开展了以“高校学术期刊质量保证体系研究”为主题的学术征文活动，共评选出年度优秀编辑学论文一等奖10篇，二等奖15篇。

此外，研究会的学术工作委员会还分别在上海、西安、怀化、银川、常德和厦门等地组织了6次专题学术交流。

为扎实开展我省高校学报编辑工作，“高校审稿专家数据库的建立”等9项课题成

为第二批获得立项资助的编辑学研究项目。2011 年 9 月上旬，研究会在中南大学召开了第二期编辑学课题结题评审会。中南大学赵俊的“高校审稿专家数据库的建立”、湖南师范大学沈小玲的“高校科技期刊与非高校科技期刊比较研究”、湖南工程学院贺香梅的“信息不对称与普通高校学报特色栏目的构建”、湖南科技大学王小飞的“高校学报创新发展与功能重构”、湖南科技学院王晚霞的“地方新升本科院校学报栏目设置策略”的研究均取得了预期的研究成果，通过了结题验收。在此基础上，2012 年研究会适时启动了第三期编辑学 9 项课题的立项：

段发明　科技期刊改革：编辑专业发展的新生长点

朱雯霞　网络信息时代高校学报出版流程的再造

厉　亚　基于 AHP-灰色关联评价法的高校学报学术地位与水平综合评价研究

刘晓霞　高校学报模糊综合评价算法研究

邓履翔　网络传播环境下高校学报的版权保护

徐海燕　高校自科学报语言文字规范的问题及对策

王晓芳　网络出版环境下高校学报的数字化模式探讨

王道春　数字化出版对高校学报改革和发展的影响

赵　俊　高校审稿专家数据库的建立（二期延续课题）

另外，我研究会会员积极进行编辑学研究，例如衡阳师范学院周远程教授 2012 年出版了《现代校对管理学》专著一部。说到编辑学研究，我想多说几句。湖南过去在这个方面是很有基础的，但这些年有些滑坡，重大的、有影响力的成果在减少，研究会下一步要在这个方面努力，要提高认识，重点突出编辑学研究面临的焦点、热点问题，如数字化出版与高校学报的发展，期刊影响力与学术期刊的评价机制，学术期刊影响力提升途径，大数据时代的分散编辑与集中出版问题，学术期刊文风与学风问题，高校学报编审机制的科学化、规范化问题。

在开展学术研究的同时，为了促进会员之间的深入交流，研究会不断开展历史、文化、经济和地理等学习考察活动。先后考察了洪江古商城、丹霞地貌万福寨、塞上江南宁夏、呼伦贝尔大草原，以及壮美的南国德天瀑布，经济特区之珠海、厦门，古老建筑之土楼、侗寨。多方领略了祖国悠久的历史文化和壮美的自然风光。

研究会自 2011 年开始，连续 3 年开展了摄影大赛，共收到参赛作品 400 余幅。其中有 189 幅作品上传到研究会博客相册（经评选后仅保留获奖作品），供大家赏鉴。经过认真评选，2011 年评选出人物类一等奖 4 幅，风光类一等奖 7 幅；人物类二等奖 7 幅，风光类二等奖 13 幅。2012 年评选出一等奖 10 幅，二等奖 15 幅。2013 年评选出一等奖 8 幅，二等奖 12 幅。摄影大赛的开展加强了会员之间的交流，活跃了文化气氛，增强了研究会的凝聚力。此项赛事已经成为研究会会员喜闻乐见的活动。

此外，研究会还多次组织了大学期刊社之间的乒乓球友谊赛。

上述活动的开展，使研究会的工作更加丰富多彩和生动活泼。

三 紧跟时代，大力推进学报信息化建设

当前，学术期刊正呈现从以纸质出版为中心转向以网络出版为中心的趋势已是不争的事实。

国家《新闻出版业“十二五”发展规划》强调要大力推进数字出版。新闻出版总署表示要进一步深化高校出版单位改革，鼓励高校期刊集约化、规模化发展，构建学术期刊数字出版平台，创新高校期刊出版体制。

几年来，学报信息化建设一直成为研究会的工作重点。“高校审稿专家数据库的建立”的课题已经结题，各位专家认为此研究具有实用价值，建议通过在研究会成员单位之间的共同使用来尽快扩充专家库的容量。各校都在积极进行数字化、信息化建设，并取得了初步成果，例如，《中南大学学报》网站被评为“高校科技期刊优秀网站”。

为了推动我省学报信息化的工作，加强各成员间交流与联系，研究会利用“湖南省高校学报研究会博客”“湖南省高校学报大家庭 QQ 群”加快信息的传递与交流。目前我研究会 QQ 群已达 183 人，研究会博客访问量逾 68000 次。

4 年来，研究会共编辑出版《会讯》4 期。《会讯》传达了上级领导部门的指导性意见，介绍了研究会开展的各项工作，刊载了各会员单位的办刊动态，发挥了传递信息、交流经验、联络感情的作用。

四 积极组织会员单位参与学报各级、各类评优活动

4 年来，我省高校学报积极参与全国期刊的评优活动，取得了较好的成绩。

1. 学报及栏目评优

2013 年，国家新闻出版广电总局评选了百佳社科期刊，《湖南大学学报（社会科学版）》入选，《湖南师范大学社会科学学报》得到国家社科基金资助。中共湖南省委宣传部首次对全省优秀理论期刊和优秀理论栏目进行资助，共资助 13 种优秀理论期刊，资助周期为 2013 年至 2014 年，每年 4 万元。其中，学报有 9 种：《湖南师范大学社会科学学报》获湖南省特别优秀理论期刊资助；《湖南大学学报（社会科学版）》《湘潭大学学报（哲学社会科学版）》《湖湘论坛》《吉首大学学报（社会科学版）》《南华大学学报（社会科学版）》《邵阳学院学报（社会科学版）》《湖南城市学院学报（社会科学版）》《衡阳师范学院学报》获优秀理论期刊资助。此外，中共湖南省委宣传部评选优秀栏目期刊 12 种，其中，学报有 5 种：《湖南科技大学学报（哲学社会科学版）》的“毛泽东研究”，《怀化学院学报（社会科学版）》的“民族民间文化遗产田野调查与研究”，《湖南科技学院学报》的“柳宗元研究”，《云梦学刊》的“当代学术史研究”，《湖南人文科技学院学报》的“梅山文化研究”，每种资助 2 万元。

在教育部科技司开展的 2011 年“中国高校科技期刊优秀团队及优秀个人评选活动”

中，中南大学学报（自然科学版）编辑部获“中国高校科技期刊优秀团队”称号，《湖南农业大学学报（自然科学版）》入选 CSCD 来源期刊。

2010 年 4 月下旬，研究会召开了文科学报负责人会议，研究了参加全国高等学校文科学报研究会第四届评优活动以及开展我省第四届文科学报及栏目评优活动等工作，成立了推荐机构，聘请了 12 位学报界专家担任评审推荐人，并于 6 月上旬进行了封闭式评选，共有《湖南师范大学社会科学学报》等 19 家学报获湖南省高校学报一等奖，《怀化学院学报》等 5 家学报获湖南省高校学报二等奖，“岳麓书院与传统文化”等 18 个栏目获湖南省学报特色栏目奖。

2. 个人评优

2011 年在“中国高校科技期刊优秀团队及优秀个人评选活动”中，中南大学杨兵、湖南大学俞涛被评为“中国高校科技期刊优秀编辑”。

在中国高校科技期刊研究会开展的“优秀青年编辑”及“高校科技期刊优秀网站”评选中，中南大学赵俊被评为“优秀青年编辑”。

在全国高等学校文科学报研究会的年度评优中，湖南第一师范学院刘济远、湖南大学兰甲云、《云梦学刊》余三定被评为“优秀主编”；吉首大学粟世来、湖南第一师范学院刘祁、长沙师范学校梁堂华、长沙大学简姿亚、湖南大学张海英被评为“优秀编辑”。

3. 论文评优

王晚霞的《地方新升本科院校学报栏目设置策略》、张海英的《〈论语〉编纂的“硬伤”及其对现代编辑的启示》被评为“优秀编辑学论文”。

在回顾省高校学报研究会工作的时候，请允许我代表本届理事会，向省委宣传部、省新闻出版局、省教育厅和省民政厅的领导，以及所有关心和支持我研究会工作的有关单位，向中国高校自然科学学报研究会、全国高校文科学报研究会及兄弟省市的高校学报研究会，向所有会员单位和广大的学报编辑同仁们表示衷心感谢！向无私奉献于研究会工作的同志们表示崇高的敬意与深深的谢意！在这里，我特别要代表研究会向王海东理事长，王道平、李建华、王以群 3 位副理事长表示深深的敬意。他们或因工作调整，或因年龄退居二线，他们为湖南学报事业发展，为研究会工作作出了重要的贡献，付出了辛勤的劳动。

各位代表，全国上下正认真学习党的十八大和党的十八届三中全会精神，我们应认真研究国家改革发展的新形势、新目标、新任务，真正找到制约高校学术期刊发展的问题所在，进一步明确我们的新任务、新目标、新对策，以提高水平和质量，促进高校学术期刊的发展。

高校学报需要我们以科学发展的思想为指导，大力推进各项工作，转变办刊理念，建立有效机制，提升学报质量，办出学报特色。让我们共同为全省高校学报的繁荣与发展作出积极而有创造性的贡献！最后，祝各位代表工作顺利，万事如意。

谢谢大家！

湖南省高等学校学报研究会第八届理事会工作报告

研究会第八届理事会副理事长　章育良

2017年11月11日

各位领导、各位嘉宾、各位代表：

湖南省高等学校学报研究会第八届会员大会暨2017年学术年会在这里隆重开幕。今天，来自湖南省高校学报的130余位代表会聚湖南鹤城——怀化，这是我省研究会的又一次盛会。我谨代表研究会向各位领导、各位嘉宾和各位代表表示热烈欢迎！

受研究会常务理事会的委托，我就本届研究会的工作作如下报告，请各位代表审议。

本届研究会自2013年12月产生以来，在省委宣传部、省新闻出版广电局和省教育厅、省民政厅等领导及部门的关心和指导下，在中国高校自科学报研究会和全国高校文科学报研究会的支持和帮助下，努力开展各项工作，取得了良好成绩。

一　团结广大会员，加强了研究会建设

本届伊始，我研究会根据社团管理部门的要求及规定，经过行政审批手续以及会计师事务所审计，顺利通过了民政厅对研究会原法定代表人4年来工作的离任审计，更换了新的法定代表人，核发了新的社团登记证。4年来，我研究会每年均顺利通过了教育厅、民政厅的年审。

2014年，根据高校学报发展与形势需要，研究会对专业委员会进行了调整，成立了社科学报编辑工作委员会、自科学报编辑工作委员会和学术委员会，并对研究会会员单位的会费标准进行了调整。经过本届研究会的努力，团结了广大会员，截至今天，我研究会团体会员已达89家。研究会还及时对因工作岗位变动需调整的常务理事通过常务

理事会议进行了增补。

研究会注重自身工作的计划性，每年年初都通过理事长办公会议和常务理事会议研究当年的工作计划，并认真加以落实。每年召开了3~4次理事长办公会，召开了2次常务理事会、1~2次学术研讨会和1次年会。上述规律性的各项活动，实现了研究会工作的制度化，保障了研究会工作的实质性开展。

二 深入开展学术活动

从一定意义上说，“学术”是研究会的生命力所在，因此，组织高校学报编辑开展编辑理论研究及实践探讨，是研究会工作不可或缺的重要内容。

（一）理工科学报专业委员会、文科学报专业委员会定期开展学术研讨

研究会文科学报专业委员会分别于2015年7月2日至4日在湖南城市学院，2017年6月29日至30日在湖南人文科技学院召开了文科学报经验交流会议；理工科学报专业委员会分别于2016年6月24日至25日在邵阳学院，2017年6月23日在湖南文理学院召开了理工科学报经验交流会议。会议在50人左右，就办刊所面临的问题如办刊经费问题、人员结构问题、人才队伍建设与培养问题、学报的专业化与特色化问题、学报的数字出版与网络出版问题、国家的期刊评价体系问题、编辑职称及待遇等问题进行了充分交流与探讨。代表们发言踊跃，达到了相互交流、相互借鉴、取长补短的目的。

（二）学术委员会积极开展年会征文与评比等活动

1. 每年开展年会征文与优秀论文评比活动，积极推动编辑学研究

在2014年学术年会中，开展了以“深化改革背景下的期刊发展研究”为主题的学术征文活动，评选出年度优秀编辑学论文一等奖9篇，二等奖21篇，三等奖8篇。共评选出27名优秀编辑。

在2015年学术年会中，开展了以“高校学报（学术期刊）内涵质量建设与差异化发展”为主题的学术征文活动及评比。共评选出一等奖论文2篇，二等奖论文4篇，三等奖论文11篇。

在2016年的学术年会中，开展了以“创一流期刊、一流栏目”为主题的学术征文活动。共评选出一等奖论文1篇，二等奖论文7篇，三等奖论文16篇。

在2017年的学术年会中，开展了以“如何提高高校学报的编校质量和学术质量”为主题的学术征文活动，共评选出一等奖论文2篇，二等奖论文6篇，三等奖论文11篇。

通过年会征文和优秀论文评比，对获奖者颁发证书和奖金，这对本研究会编辑特别

是年轻编辑提高编辑理论和业务水平起到了很好的推动和促进作用。

2. 积极开展对研究课题的立项、中期检查、结题等工作

2014 年，组织专家对段发明等主持的 9 项第三期编辑学研究课题进行中期检查，指出了每项课题研究存在的主要问题和改进方向；2015 年，研究会对这 9 项研究课题成果予以审核并结题。

自 2015 年开始，研究会决定不再设立专题研究项目，而是加大年会优秀论文比例及奖励额度，以更加鼓励广大编辑特别是年轻编辑从事编辑学研究。

3. 组织对会员期刊编校质量进行审读

2016 年，研究会对会员期刊编校质量进行审读。其形式是：编辑部两两结对互查所办期刊，检查内容包括政治标准、学术水平、编辑校对质量、印刷装帧质量等。通过审读，及时发现了会员期刊中存在的问题，对提高会员期刊编校质量和期刊编辑业务能力起到了很好的促进作用。

4. 举行编辑业务知识抢答赛

自 2015 年以来，每年年会期间举行知识抢答赛，内容涉及与期刊有关的政策、法律法规、编排规范、编辑业务知识等，内容丰富，涉及面广，形式灵活多样。主持人及时予以解答并点评，对答题正确者给予一定的物质奖励。在每次抢答赛中，所有代表积极抢答，气氛紧张而又热烈，既丰富了编辑的理论知识和业务知识，又加强了会员之间的交流，活跃了气氛，增强了研究会的凝聚力。此项赛事已经成为研究会会员学术交流的重要途径，对全面提高我省高校学报整体水平、编辑特别是年轻编辑的业务能力起到了很好的推动作用。

5. 与科技期刊编辑学会一道开展学术交流活动

2014 年 7 月 11 日至 7 月 14 日在江西井冈山，2015 年 7 月 24 日至 7 月 29 日在怀化学院，2017 年在湖南新化等，本研究会与科技期刊编辑学会一道开展学术交流活动，就我国科技期刊发展现状与改革趋势、科技期刊体制改革、学报管理体制与运作模式的改革创新、期刊编辑的出版品牌意识、科技期刊数字出版运营模式思考等进行了广泛而深入的探讨。

6. 积极配合全国及湖南省相关学会、协会的各项工作

本研究会及时传达中国科技期刊研究会、中国期刊协会、中国高校自科学报研究会和全国高校文科学报研究会、湖南省期刊协会的有关会议、文件精神，积极配合、协助或参加这些学会或协会召开的一系列会议和评比活动。

2016 年 8 月 28 日，根据全国高校文科学报研究会的要求，本研究会在长沙召开了文科学报常务理事会议，通过无记名投票选举产生了 11 个理事单位和 2 个常务理事单位及人选。11 个理事单位为：湘潭大学学报（哲学社会科学版）编辑部、湖南财政经济学院学报编辑部、中南大学学报（社会科学版）编辑部、吉首大学学报（社会科学版）编辑部、湖南师范大学社会科学学报编辑部，湖南大学学报（社会科学版）编辑部、长沙理工大学学报（社会科学版）编辑部、武陵学刊编辑部、南华大学学报（社会科学版）编辑部、湖南科技大学学报（社会科学版）编辑部、中南林业科技大学学报（社会科学版）编辑部。2 位常务理事候选人为章育良和雷鸣。此外，此次会议还将已从事编辑工作满 30 年的 7 位文科编辑上报给全国文科学报研究会予以表彰，即湘潭大学出版社章育良、饶娣清、万莲姣，中南大学出版社汪晓、何彩章，中南林业科技大学期刊社成凤明和湖南商学院学报编辑部罗蕾。

三 紧跟时代，大力推进学报信息化建设

当前，学术期刊已经向数字化、网络化发展。几年来，学报信息化建设一直成为研究会的工作重点。为了推动我省学报信息化的工作，加强各成员间交流与联系，研究会利用“湖南省高等学校学报研究会博客”“湖南省高校学报大家庭 QQ 群”“省高校学报研究会微信群”等，加快会员之间的信息传递与交流。

4 年来，研究会每年编辑出版《会讯》。《会讯》及时传达上级领导部门的指导性意见，介绍研究会开展的各项工作，发挥了传递信息、交流经验、联络感情的作用。

四 换届工作稳步推进

今年是本研究会换届之年。为了做好换届选举工作，2017 年 4 月 11 日召开了理事长办公会议，会议就换届的具体事宜进行了探讨。5 月 24 日召开了常务理事会议，成立了由雷鸣、章育良、杨保华、李培超、赵佳荣、陈浩凯、刘迎云、刘金明、陈灿华等 9 人组成的换届筹备委员会，具体实施换届选举工作。经征求相关理事单位的意见，决定湖南大学期刊与出版社为下届理事长挂靠单位。

9 月 8 日，召开了第二次理事长办公会议，提议常务理事单位基本上保持现有规模，在现有基础上酌情增补 1～2 所综合性职业院校为常务理事单位。常务理事人选产生办法为：以本届常务理事单位为基础，发送常务理事申报表，由刊社（编辑部）确定具体人选并报学校批准（盖学校印章）后，提交换届筹备委员会。在此基础上，换届筹备委员会确定新一届研究会常务理事候选名单，提交今年常务理事会议审定和会员（代表）大会表决。在新一届研究会常务理事会上表决通过换届筹备委员会提出的理事长、副理事长人选；同意研究会下设学术期刊学术与编校质量委员会、人文社会科学学术期刊专业委员会和自然科学（理工农林医）学术期刊专业委员会；为了便于

工作，建议研究会设立2个秘书长岗位、2个副秘书长岗位；提议陈灿华和兰甲云为秘书长人选。

根据新形势和新要求，修订第九届湖南省高等学校学报研究会章程。

11月3日，召开了换届筹备委员会扩大会议。与会代表除研究会换届筹备委员会成员外，还有长株潭常务理事。与会代表同意研究会换届筹备委员会的提议，确定了研究会第九届常务理事、理事长、副理事长、秘书长候选人，并就学术年会事宜进行了探讨。

五 积极组织会员单位期刊及个人的评比，成绩突出

在全国及湖南省相关学会或协会组织的相关评比中，本研究会精心准备，并组织各会员单位积极申报，取得了可喜成绩。

（一）会员期刊成绩突出

2014年，在全国高等学校文科学报研究会组织的第五届评优活动中，本研究会《湖南大学学报（社会科学版）》《湖南科技大学学报（社会科学版）》《湖南师范大学社会科学学报》《湘潭大学学报（哲学社会科学版）》共4种期刊入选全国高校精品社科期刊，《财经理论与实践》《湖南城市学院学报》《湖南商学院学报》《武陵学刊》《云梦学刊》《中南大学学报（社会科学版）》共6种期刊入选全国高校百强社科期刊，《湖南农业大学学报（社会科学版）》《湖南财政经济学院学报》《湖南警察学院学报》《湖南科技学院学报》《湖南人文科技学院学报》《南华大学学报（社会科学版）》《湘南学院学报》《衡阳师范学院学报》《岳阳职业技术学院学报》《怀化学院学报》《吉首大学学报（社会科学版）》《邵阳学院学报（社会科学版）》共12种期刊入选全国高校优秀社科期刊；《湖南警察学院学报》的"当代中国农村法治"、湖南大学《财经理论与实践》的"金融与保险"、《湖南科技学院学报》的"柳宗元研究"、《湖南人文科技学院学报》的"梅山文化研究"、《南华大学学报（社会科学版）》的"核工业经济与管理"、《云梦学刊》的"当代学术史研究"、《衡阳师范学院学报》的"船山研究"、《岳阳职业技术学院学报》的"洞庭湖研究"、《怀化学院学报》的"民族民间文化遗产田野调查与研究"、《吉首大学学报（社会科学版）》的"民族学与人类学研究"共10种期刊的栏目入选全国高校社科期刊特色栏目。

2014年，在中国高校科技期刊研究会组织的第五届全国高校"精品·优秀·特色"科技期刊评比中，《中南大学学报（自然科学版）》和《中南大学学报（英文版）》）荣获精品科技期刊，《湖南大学学报（自然科学版）》和《中南大学学报（医学版）》荣获优秀科技期刊。

2015年，在湖南省期刊协会组织的第六届湖南省“双十佳期刊”等奖项评比中，《湖南科技大学学报（社会科学版）》《邵阳学院学报》《湖南大学学报（自然科学版）》《湖南师范大学自然科学学报》《中南大学学报（英文版）》荣获“双十佳期刊”。

2015年，在中国高校科技期刊研究会举行的系列评比活动中，湖南农业大学期刊社被评为第二届中国高校农业期刊先进集体，《吉首大学学报（自然科学版）》被评为第二届中国高校民族类优秀科技期刊，《中南大学学报（英文版）》被评为第一届中国高校优秀英文期刊。

2016年，在中国高校科技期刊研究会举行的“杰出·精品·优秀”期刊评比中，《中南大学学报（自然科学版）》被评为中国高校杰出科技期刊，《湖南大学学报（自然科学版）》《湖南农业大学学报（自然科学版）》《中南大学学报（英文版）》《中南大学学报（医学版）》被评为中国高校百佳科技期刊；《湖南工业大学学报》《包装学报》《湖南科技大学学报（自然科学版）》《湖南理工学院学报（自然科学版）》《湖南师范大学自然科学学报》《湖南文理学院学报（自然科学版）》《湖南中医药大学学报》《邵阳学院学报（自然科学版）》《湘潭大学学报（自然科学版）》和《中南林业科技大学学报》被评为中国高校优秀科技期刊。

2017年，在湖南省新闻出版广电局和湖南省版权局组织的第二届湖南出版政府奖评选活动中，《中南大学学报（自然科学版）》荣获湖南出版政府奖期刊奖。

2017年，《中南大学学报（自然科学版）》《中南大学学报（医学版）》《中南林业科技大学学报》被中国科技信息研究所评为第四届中国精品科技期刊。

此外，2014年至2017年，《中南大学学报（自然科学版）》连年被评为百种中国杰出学术期刊、中国国际影响力优秀学术期刊、中国精品科技期刊；《中南大学学报（英文版）》连年被评为中国最具国际影响力学术期刊。

（二）会员个人成绩突出

2014年，在全国高校文科学报研究会组织的评比中，湖南师范大学段发明、湖南大学胡勤、湖南农业大学李东辉、湖南警察学院王道春、湖南科技学院王晚霞、中南大学胡兴华共6人被评为全国高校社科期刊优秀编辑，湖南警察学院胡和平、湖南大学兰甲云、湖南财政经济学院彭程甸、湘潭大学万莲姣、湖南师范大学徐超富、衡阳师范学院张齐政、湖南农业大学赵佳荣、邵阳学院贺翀等8人被评为全国高校社科期刊优秀主编。

2014年，中南大学陈灿华被国家新闻出版广电总局评为全国新闻出版行业领军人才。

2015年，在湖南省期刊协会组织的系列评比中，中共湖南省委党校王习贤，湖南警察学院左小绚，湖南大学厉亚，湖南师范大学杨春明、张风华，南华大学蒋湘莲，湖南文理学院刘晓霞，中南大学郭征被评为湖南省优秀中青年期刊出版工作者。

2015年，在中国高校科技期刊研究会举行的系列评比活动中，吉首大学向阳洁被评为第二届中国高校民族类科技期刊优秀编辑，中南大学邓履翔被评为2015年中国高校科技期刊“优秀青年编辑”。

2016年，湖南大学期刊与出版社雷鸣被国家新闻出版广电总局评为全国新闻出版行业领军人才。

2017年，在湖南省新闻出版广电局和湖南省版权局组织的第二届湖南出版政府奖评选活动中，中南大学陈灿华、湖南大学兰甲云被评为湖南出版政府奖优秀人物奖。

2017年，在中国高校科技期刊研究会举行的“优秀团队和优秀个人”评比中，中南大学陈灿华被评为优秀主编，中南大学邓履翔、郭征，南华大学蒋湘莲被评为优秀编辑。此外，《中南大学学报（英文版）》荣获中国科技期刊编辑学会骏马奖。

（三）论文评比成绩突出

除本研究会每年组织的年会论文评比中涌现出一批优秀论文外，在全国及湖南省相关部门组织的优秀论文评比中，本研究会会员也取得了很好的成绩，如：2014年，湖南农业大学曾凡盛撰写的《“通作者之意，开览者之心”——从编辑学视角看金圣叹对〈水浒传〉、〈西厢记〉的评改》、湖南大学张海英撰写的《〈红黑〉停刊原因考》、南华大学卢克建等撰写的《学术期刊数字化出版的几个问题简析》共3篇论文被评为全国高校社科期刊优秀编辑学论文。

2015年，在湖南省期刊协会组织的优秀论文评比中，中南大学蒋学东撰写的《浅析数字出版背景下期刊编辑的读者本位意识》、湖南师范大学徐超富撰写的《人文社科期刊评价：方法回眸与架构重塑》荣获征文一等奖，湖南师范大学段发明撰写的《科技论文规范化修辞的问题与编辑应对》、中共湖南省委党校秦小珊撰写的《浅论新媒体时代传统期刊与读者关系的有效维护》荣获征文二等奖，湖南师范大学陈桂香撰写的《新媒体语境下学术期刊编辑意识的重塑》、湖南文理学院胡屹辉撰写的《浅论学术期刊编务资料工作的完善与创新》、湖南文理学院刘晓霞撰写的《文化体制改革下地方高校学报发展策略》、湖南师范大学张曙光撰写的《关于文集的文献类型标志的一些建议》荣获征文三等奖。

回顾本研究会的工作，请允许我代表本届理事会，向省委宣传部、省新闻出版广电局、省教育厅和省民政厅的领导，以及所有关心和支持我研究会工作的有关单位，向中国高校自然科学学报研究会、全国高校文科学报研究会及兄弟省市的高校学报研究会，向所有会员单位和广大的学报编辑同仁们表示衷心感谢！向无私奉献于研究会工作的同志们表示崇高的敬意与深深的谢意！在这里，我特别要代表研究会向王飞跃理事长，吴家庆、郭源君、熊正为三位副理事长表示深深的敬意。他们或因工作调整到其他岗位，或因年龄退居二线。他们为湖南省高校学报的发展、为研究会工作作出了重要贡献，付出了辛勤的劳动。

各位代表，全国上下正在认真学习党的十九大精神。我们必须以党的十九大精神为指导，认真研究国家改革发展的新形势、新目标、新任务，认真探讨和学习新的办刊理念，及时掌握新的办刊手段，把本研究会学报的整体质量和水平不断推向新的高度和水平。

同志们，我们所处的时代是一个一日千里、突飞猛进的时代。让我们不懈努力，与时俱进，开拓创新，以时不我待的紧迫感和时代感，为湖南省高校学报的繁荣与发展作出积极而有创造性的贡献！最后，祝各位代表工作顺利，万事如意。

谢谢大家！

湖南省高等学校
学报研究会第九届理事会工作报告

研究会第九届理事会理事长　雷　鸣

2022年7月31日

各位领导、各位理事、各位同志：

今天，我们在长沙福盛源大酒店欢聚一堂，隆重召开湖南省高等学校学报研究会第十次大会。首先，我代表湖南省高等学校学报研究会第九届理事会对与会的各位领导、理事和同志们表示热烈的欢迎和衷心的感谢！

一　本届研究会工作回顾与总结

受第九届理事会的委托，我在此作本届理事会的工作报告，请会议代表审议。

自2017年11月11日本届理事会履职以来，在中共湖南省委宣传部、湖南省民政厅、湖南省教育厅等业务主管部门的指导下，在各会员单位的大力支持下，研究会紧紧围绕党和国家及湖南省工作大局，深入学习习近平新时代中国特色社会主义思想和党的十九届历次全会精神，认真落实习近平总书记对新闻出版工作的重要指示批示精神，加强期刊交流与合作，为湖南省内高校学报、期刊服好务，搭好桥，铺好路，圆满地完成了工作任务和历史使命。

4年多来，研究会的主要工作概括如下：（1）建立健全了研究会组织架构。组建了研究会党支部、秘书处、理工科学报专业委员会、文科学报专业委员会、质量与学术委员会和青年委员会并经常性地开展工作；（2）形成了健全的制度体系。制定了系列的工作制度，如《湖南省高等学校学报研究会财务管理制度》、各分支机构的工作职责等，使各项工作有章可循；（3）财务管理规范科学。对第八届理事会理事长单位进行了离任审计，厘清了财务收支状况，并在此基础上，开设了研究会专户，实现了收支两条线。

每年都对研究会的财务进行了审计，保障了研究会财务工作的合法合规；（4）研究会活动丰富多彩。每年按期召开理事长办公会、常务理事会、学术年会。各专业委员会紧紧围绕研究会年度工作计划，周密安排，制定经验交流会主题，策划形式多样的年度活动，得到了会员单位的普遍好评；（5）组织会员单位参加中国期刊研究会、中国科协、中国高校科技期刊研究会、全国高校文科学报研究会的各项评比评奖活动；（6）号召会员单位积极参加教育部、中共湖南省委宣传部、湖南省教育厅、湖南省科技厅等业务主管单位的评比活动，成果丰硕；等等。

2021 年前，我们每年都召开了学术年会，对当年的工作进行了详细的回顾与总结，不再赘述。在此，仅就本届理事会 2021 年以来的工作进行报告。

（一）努力夯实党建基础，认真开展党史学习教育

根据上级党委要求，进一步夯实研究会支部党建基础，发挥党组织的政治核心作用。自本届理事会成立以来，在省教育厅机关党委的指导下，及时成立了党支部，把党建工作纳入研究会议事日程，摆在十分突出的位置，规范开展各项党建活动和主题教育。2021 年，研究会党支部认真组织开展党史学习教育，把“学史明理、学史增信、学史崇德、学史力行”同研究会工作实际有机地结合起来，取得了积极的成效。研究会党支部基本做到了每季度召开一次支部会议，根据党史学习教育的要求：（1）组织了 4 次学习研讨。（2）组织了 3 次主题党日活动。2021 年 7 月 1 日上午，组织全体常务理事集中收看了习近平总书记在庆祝中国共产党成立 100 周年大会上的重要讲话；2021 年 7 月 11 日至 14 日，组织支部党员参观通道转兵纪念馆及会同粟裕同志纪念馆；2021 年 9 月 16 日至 18 日，组织部分支部党员参观陶铸同志纪念馆。（3）党支部书记上党课。研究会支部书记雷鸣同志给党员同志上了 4 堂党课。7 月 12 日下午，结合党史学习教育和我党的出版史，上了题为“中国共产党百年出版及其当代启示”的专题党课。

同时，党支部及时组织大家认真学习贯彻落实习近平总书记重要指示批示精神、党中央重大决策部署以及上级有关部署、重大任务。我支部多次学习研讨了习近平总书记对《文史哲》编辑部的回信及考察调研湖南省和湖南大学时的重要讲话精神。

（二）研究会规范运转，各项活动顺利开展

1. 召开了 4 次理事长办公会议

2021 年 4 月 15 日，在湖南大学出版社召开第一次理事长办公会，会议讨论了 2021 年工作计划及各专业委员会活动安排、年会征文主题等。

2021 年 7 月 1 日，在长沙福盛源大酒店召开第二次理事长办公会，会议审议通过了各专业委员会活动方案，确定了文科学报专业委员会、理工科学报专业委员会、青年委员会的活动时间、地点及主题，确定了年会论文的主题等。

2021 年 9 月 16 日，在湖南祁阳召开了第三次理事长办公会，讨论了第十次会员大

会的时间、地点、主题等。

2022 年 1 月 8 日，召开了第四次理事长办公会，质量委员会组织专家对 2021 年度优秀研究论文和期刊主题好文章进行评审，共评出优秀论文一等奖 7 篇，二等奖 11 篇，三等奖 7 篇；评出主题好文章 37 篇。会议还对研究会换届工作进行了初步酝酿。

2. 召开了两次常务理事会议

2021 年 7 月 1 至 2 日，在湖南长沙福盛源大酒店召开 2021 年第一次常务理事会议，主要议程有：雷鸣同志作工作报告，审议《湖南省高等学校学报研究会章程》，审议研究会 2021 年度工作计划。

2022 年 1 月 8 日，在湖南大学期刊与出版社召开 2021 年度第二次常务理事会议，会议的主要议程有：审议研究会 2021 年度工作总结，审议研究会 2022 年度工作要点，讨论了研究会各专业委员会年度工作安排、研究会换届工作等。主题党日活动为党的十九届六中全会精神宣讲，主讲人是雷鸣理事长。

3. 研究会自身建设

（1）年检年审工作顺利通过。2021 年 1 月，顺利通过了会计师事务所对研究会 2020 年度的财务审计。2021 年 5 月，顺利通过了湖南省教育厅、湖南省民政厅对研究会的年检。

（2）财务管理工作规范有序。研究会聘请了会计人员和出纳人员，对 2021 年各专业委员会的经验交流会的会务费收支进行代管，依照“以会养会，量入为出”的原则，没有超支。对 2021 年的会费实行专户管理，依照财务管理有关规定进行支出，所有支出合理、规范、透明。

（3）信息化沟通及时有效。学报信息化建设一直是研究会努力推动的工作。2021 年，继续利用湖南高等学校学报大家庭 QQ 群、湖南省高等学校学报研究会理工学报群、湖南省高等学校学报研究会文科学报群、湖南省高等学校学报研究会常务理事群、湖南省高等学校学报研究会理事长群、湖南省高校学报秘书处群，实现了信息的分级发布和管理，确保信息工作全方位无死角。2021 年，微信群发挥了强大的信息优势，研究会所有会议、培训及评优工作通知均通过微信群和 QQ 群发布，确保每个会员单位都能及时参与。

（三）强化研究职能，专业委员会活动丰富多彩

2021 年，研究会 3 个专业委员会分别召开了经验交流会和工作研讨会。

1. 召开了理工科学报专业委员会经验交流会

2021 年 7 月 11 至 14 日，湖南省高等学校学报研究会理工科学报专业委员会经验交流会在湖南怀化举行。来自湖南省高校学报的 52 名代表参加了研讨。怀化学院张斌、湖南工业大学傅丽华、湖南中医药大学匡静之、湖南工程学院杨妍、湖南城市学院付贵

海、湖南大学张高明、湖南文理学院刘刚毅、中南大学郑羽彤、吉首大学易必武、长沙学院曾广禄、湖南农业大学苏爱华、中南大学陈灿华先后作主题发言。与会代表们一致认为，这次经验交流会开得很圆满、很成功，也很有意义。大家共同交流办刊经验、探讨办刊思路，就新形势下期刊如何结合自身优势和特色创办一流科技期刊明确了方向。

会议期间，全体党员同志参观了通道转兵纪念馆和粟裕同志纪念馆。

2. 召开了文科学报专业委员会经验交流会

2021 年 9 月 16 至 18 日，文科学报专业委员会经验交流会在湖南祁阳召开，70 余位会员代表参加会议研讨。与会代表围绕新形势下湖南省品牌社科期刊建设的路径探讨等主题进行了广泛的研讨。研究会理事长雷鸣教授主持会议，省委宣传部出版处副处长王歆到会致辞。湖南大学姚德权、长沙理工大学陈浩凯、湖南师范大学段发明、湘潭大学章育良等先后发言，分享了办刊心得及围绕热点选题策划的经验等。

会议期间，全体党员举行了向陶铸铜像敬献花篮仪式，重温入党誓词。

3. 质量委员会组织了论文征集和评审工作

10 月 28 日，质量委员会发出年会征文通知，确立 2021 年会论文征文主题为“新时代学术期刊发展机遇、挑战与应对策略”，期刊主题论文评选围绕“庆祝中国共产党成立 100 周年”开展。

截至 2021 年 12 月 30 日，质量委员会共收到各会员单位的征文 30 余篇。2022 年 1 月 8 日，高校学报研究会学报质量委员会组织专家评审，评选出优秀论文一等奖 7 篇，二等奖 11 篇，三等奖 7 篇。同时，评出期刊主题好文章 37 篇。

（四）创先争优，会员期刊和个人获奖颇丰

2021 年是我国全面实施“十四五”规划的开局之年，也是中国共产党建党 100 周年。一年来，湖南省高等学校学报研究会各会员单位，坚持以习近平新时代中国特色社会主义思想为指导，深入学习贯彻党的十九届五中全会、党的十九届六中全会精神以及省第十二次党代会精神，紧紧围绕国家和湖南省工作大局，结合行业实际，努力提高办刊质量、增强服务能力，取得了非凡的业绩，一大批期刊及个人获得各项荣誉和奖励。

1. 期刊获得的奖项和荣誉

（1）1 种期刊获“第五届中国出版政府奖期刊奖提名奖”。

《中南大学学报（自然科学版）》

（2）4 种期刊获“第三届湖南出版政府奖期刊奖提名奖”。

《财经理论与实践》《湖南师范大学社会科学学报》《湖南大学学报（自然科学版）》《生命科学研究》

（3）1 种期刊获国家社科基金资助期刊（2021 年受检合格，继续资助）。

《湖南师范大学社会科学学报》

（4）中国科技期刊卓越行动计划入选项目期刊（2021年在续项目）。

《中国有色金属学报（英文版）》《中南大学学报（英文版）》《中国有色金属学报》《中南大学学报（自然科学版）》《铁道科学与工程学报》

（5）5种期刊获“湖南省培育世界一流湘版科技期刊建设工程（2021—2022年）”项目立项。

梯队期刊：《中南林业科技大学学报》《中南大学学报（医学版）》《湖南师范大学自然科学学报》

高起点新刊：《交通安全与环境（英文）》《数字中医药（英文）》

（6）16家会员期刊获“湖南省品牌社科期刊资助项目”。

《中南大学学报（社会科学版）》《湖南大学学报（社会科学版）》《财经理论与实践》《中国文学研究》《湖南师范大学社会科学学报》《湘潭大学学报（哲学社会科学版）》《吉首大学学报（社会科学版）》《湖南第一师范学院学报》《船山学刊》《中国韵文学刊》《湖南农业大学学报（社会科学版）》《中南林业科技大学学报（社会科学版）》《湖南科技大学学报（社会科学版）》《城市学刊》《长沙理工大学学报（社会科学版）》《云梦学刊》

（7）3种期刊获湖南省教育厅主管社科类期刊“精品期刊”。

《湘潭大学学报（哲学社会科学版）》《湖南科技大学学报（社会科学版）》《中南林业科技大学学报（社会科学版）》

（8）EI收录期刊目录（2021核心版）。

1种新收录：《铁道科学与工程学报》

4种保持收录：《中南大学学报（英文版）》《中南大学学报（自然科学版）》《湖南大学学报（自然科学版）》

（9）2种期刊分获“2021中国最具国际影响力学术期刊（TOP 5%）”和“2021中国国际影响力优秀学术期刊（TOP 5%~10%）”。

《中南大学学报（英文版）》《中南大学学报（自然科学版）》

（10）10种期刊获2021年度全省期刊编校质量检查优秀等级。

《生命科学研究》《交通安全与环境（英文）》《中南大学学报（医学版）》《创新与创业教育》《湘潭大学学报（哲学社会科学版）》《湖南科技大学学报（社会科学版）》《湖南大学学报（自然科学版）》《中南大学学报（英文版）》《中国韵文学刊》《数字中医药（英文）》

（11）4种期刊入选第二十八届北京国际图书博览会“2021BIBF精品期刊展”名单。

《湖南科技大学学报（社会科学版）》《船山学刊》《生命科学研究》《湘潭大学学

报（哲学社会科学版）》

（12）2 种期刊获首届方正电子杯中国期刊设计奖“封面设计奖”。

《生命科学研究》《中南大学学报（英文版）》

（13）10 种期刊入选中文社会科学引文索引（CSSCI）来源期刊目录（2021—2022）（湖南共 16 种）。

《财经理论与实践》《大学教育科学》《湖南大学学报（社会科学版）》《湖南科技大学学报（社会科学版）》《湖南师范大学教育科学学报》《湖南师范大学社会科学学报》《吉首大学学报（社会科学版）》《湘潭大学学报（哲学社会科学版）》《中国文学研究》《中南大学学报（社会科学版）》

（14）9 种期刊入选中国科学引文数据库（CSCD）来源期刊列表（2021—2022 年度）（湖南共 22 种）。

CSCD 核心库 4 种：《中南大学学报（英文版）》《湖南大学学报（自然科学版》）《中南大学学报（医学版）》《中南大学学报（自然科学版）》

CSCD 扩展库 5 种：《中南林业科技大学学报》《湖南农业大学学报（自然科学版）》《计算机工程与科学》《生命科学研究》《铁道科学与工程学报》

（15）19 种期刊入选中文核心期刊要目总览（2020 年版）。

社会科学期刊 10 种：《湖南师范大学社会科学学报》《湖南科技大学学报（社会科学版）》《湘潭大学学报（哲学社会科学版）》《中南大学学报（社会科学版）》《湖南大学学报（社会科学版）》《湖湘论坛》《财经理论与实践》《湖南师范大学教育科学学报》《大学教育科学》《中国文学研究》

自然科学期刊 9 种：《中南大学学报（自然科学版）》《湖南大学学报（自然科学版）》《湖南科技大学学报（自然科学版）》《湖南师范大学自然科学学报》《中南大学学报（医学版）》《湖南农业大学学报（自然科学版）》《中南林业科技大学学报》《经济林研究》《铁道科学与工程学报》

（16）9 种期刊入选湖南省期刊协会组织评选的第九届湖南省双十佳期刊。

社会科学期刊 4 种：《湘潭大学学报（哲学社会科学版）》《现代大学教育》《吉首大学学报（社会科学版）》《中国韵文学刊》

自然科学期刊 5 种：《中南大学学报（医学版）》《计算技术与自动化》《湖南城市学院学报（自然科学版）》《湖南科技大学学报（自然科学版）》《数字中医药（英文）》

（17）10 家期刊的相关栏目入选湖南省期刊协会第八届湖南省期刊优秀栏目，名单如下表。

表 1　第八届湖南省期刊优秀栏目会员单位获奖名单

序号	刊名	栏目
1	湖南师范大学教育科学学报	教育法治
2	湘潭大学学报（哲学社会科学版）	毛泽东思想研究
3	船山学刊	船山学研究
4	湖南财政经济学院学报	财务与会计
5	大学教育科学	质量与评价
6	现代大学教育	理论探索
7	湘南学院学报	郴州纵横
8	计算技术与自动化	算法分析与研究
9	湖南工业大学学报	应用技术
10	武陵学刊	中华德文化研究

（18）12 家会员单位的 13 篇文章入选湖南省期刊协会第四届“湖南期刊主题宣传好文章”，名单如下表。

表 2　第四届“湖南期刊主题宣传好文章”会员单位获奖篇目

序号	文章名称	类型	作者	推荐刊社
1	实事求是：中国共产党思想路线的百年历程与马克思主义中国化	文章	李华文 陈宇翔	湖南大学学报（社会科学版）
2	习近平总书记关于时代新人重要论述的基本内涵与时代特征	文章	冯　刚 王　莹	湖南大学学报（社会科学版）
3	从中国之治到构建人类命运共同体——习近平新时代中国特色社会主义思想的政治学意涵	文章	欧阳辉纯 王木林	吉首大学学报（社会科学版）
4	以正确的党史观汲取百年征程中的奋斗伟力——习近平总书记关于党的历史重要论述的精神要义与理论旨归	文章	肖贵清	湖南科技大学学报（社会科学版）
5	开创与奠基——毛泽东对中华民族伟大复兴的独特历史贡献	文章	李　捷	湘潭大学学报（哲学社会科学版）
6	中国共产党百年法制建设历程回顾	文章	江必新	中南大学学报（社会科学版）
7	伟大斗争与中国共产党的历史发展	文章	吴汉全 孟德会	湖南师范大学社会科学学报
8	庆祝建党 100 周年专栏：马克思主义文艺理论研究（共 5 篇）	专题	段吉方 方汉文 王　杰 连晨玮 高　楠	中国文学研究

续表

序号	文章名称	类型	作者	推荐刊社
9	树立正确党史观：原理、原则与方法——学习习近平总书记关于党史学习教育的重要论述	文章	陈浩凯 张可荣	长沙理工大学学报（社会科学版）
10	充分肯定湘南起义历史地位，大力弘扬湘南起义革命精神	文章	唐正芒	湘南学院学报
11	论第一次世界大战对中国共产党成立的影响	文章	赵丛浩	衡阳师范学院学报
12	笔谈：新时代教育评价改革的逻辑向路与范式转换	文章	于发友 陈时见 王兆璟 王智超 石定芳	现代大学教育
13	船山伦理思想和青年毛泽东对船山伦理思想的创新性发展	文章	王泽应	船山学刊

2. 个人获得的重要奖项与荣誉

（1）3 人获“第三届湖南出版政府奖优秀出版人物奖”。

刘水强　尹金凤　邓履翔

（2）10 位同志入选湖南省培育世界一流湘版科技期刊“杰出中青年人才立项名单”。

杨保华　李艳红　何运斌　邓履翔　赵　俊　平静波　王　超　涂　鹏　鲁　姗　李兰芳

（3）2 人获“中国科技期刊卓越行动计划 2021 年度优秀编辑”。

赵　俊　蒋学东

（4）1 人入选“中国科协第五届科技期刊青年编辑大赛入围决赛名单”。

郑羽彤

（5）1 项课题获全国高校文科学报研究会 2021 年度编辑学重点项目（全国共 12 项）。

《新时代学术期刊编辑的核心素养与创新思维研究》

主持人：谢翠蓉（湖南大学）

（6）2021 年度中国高校科技期刊建设示范案例获奖名单。

论著金奖（全国共 8 篇，会员单位 1 篇）：

《培育世界一流科技期刊背景下中文科技期刊发展定位与使命——基于中文科技期刊与国家重大战略协调发展情况分析》

作者：秦明阳　邓履翔　陈灿华

作者单位：中南大学

优秀编辑（全国共 96 名，湖南 3 名）：

伍锦花　蒋学东　涂　鹏

二 研究会下一步工作设想与建议

2022年是党的二十大召开之年，也是全面落实省第十二次党代会部署的重要一年。2022年，湖南省高等学校学报研究会的主要工作任务是：深入学习宣传贯彻习近平新时代中国特色社会主义思想和党的十九大和党的十九届历次全会精神，深入落实习近平总书记对新闻出版工作的重要指示批示精神，全面落实省第十二次党代会有关要求，按照全国出版工作会议要求，紧紧围绕迎接、宣传、贯彻党的二十大精神这条主线，紧密围绕中央和省委的工作大局，立足新起点、践行新思想，不断开创湖南省高校学报高质量发展新局面，以优异成绩迎接党的二十大胜利召开。

（一）坚持服务国家和湖南省工作大局，深化主题宣传工作

第一，突出学习宣传贯彻习近平新时代中国特色社会主义思想这个首要政治任务，深入推动习近平新时代中国特色社会主义思想入脑入心、落地生根，组织各会员单位持续深化习近平新时代中国特色社会主义思想和习近平总书记对湖南重要讲话重要指示批示精神的宣传阐释。

第二，聚焦聚力主题主线，紧紧围绕迎接、宣传、贯彻党的二十大精神这条主线，组织各会员单位根据策划推出一批有特色、有质量、有影响的专栏和主题宣传文章。

第三，组织引导会员期刊围绕“三高四新”战略定位和使命任务，着力推出一批特色栏目和理论文章。

第四，动员各会员期刊积极参加“期刊主题宣传好文章”评选，发挥“好文章”的示范引领作用。

（二）加强会员交流合作，服务行业和会员单位

第一，积极组织参加上级主管部门、中国期刊协会、全国高校文科学报研究会、全国高校科技期刊研究会主办的相关活动，及时传达、落实相关指示精神。

第二，加强研究会学术研讨和办刊经验交流，办好每年的学术年会，不定期举办讲座和研讨活动，帮助各会员单位实现高质量发展。

第三，充分利用研究会《会讯》以及网络微信平台，加强宣传、联络和沟通服务，更好地为会员单位服务。

第四，加强与省期刊协会、省出版协会、省科技期刊编辑学会的沟通和联系，信息互通，活动互融，工作互助，成果互享，共同为全省期刊的发展繁荣作贡献。

（三）加强自身建设，提升服务水平

第一，及时组建新一届理事会，完成研究会的换届工作，组建好坚持正确的办会方向、富有活力、积极服务会员、公正廉洁的新一届研究会领导班子和工作团队。

第二，在省委宣传部、省教育厅、省民政厅指导下，把研究会党组织建设摆在重要位置，认真总结党史学习教育成效和做法，巩固拓展党史学习教育成果，进一步落实党

风廉政建设的各项规定，切实发挥研究会党支部的战斗堡垒作用。

第三，持续抓好研究会规范化、制度化建设，严格遵守党和国家有关社团管理的规定，按照《湖南省高等学校学报研究会章程》的要求，自觉接受会员单位对研究会工作的监督，不断完善研究会管理制度，强化管理职责，健全管理机制。

第四，规范有序开展研究会各项工作。坚持每季度召开一次理事长办公会，每半年召开一次常务理事会。每个专业委员会每年开展一次研讨活动，研究会召开一次全体会员参与的年会暨学术研讨会，保持和深化研究会的学术研究和行业特色。

第五，根据工作需要以及期刊单位岗位变动情况，适时调整和补充研究会理事和班子人选。

第六，加强专业委员会的建设，充分发挥专业委员会的作用。

各位会员代表，第九届理事会已经圆满完成了各项工作任务。4 年多的理事会工作，让我深深地体会到，本届学报研究会理事会是一个团结奋进的团队，大家合作愉快，工作富有成效。在本届理事会及其领导中，赵佳荣、刘迎云副理事长由于工作岗位变动，中途离开了学报工作，也有多位常务理事如周金华、刘水强、刘恋等同志由于工作变动，不再担任本届学报研究会的职务，还有刘金明、杨保华同志由于年龄或本单位分工的原因，不再出任下一届理事会及其领导班子成员。对他们在本届理事会中付出的辛劳和工作业绩，表示衷心的感谢和深深的敬意！同时，也对各会员单位对本届理事会的理解、帮助和支持，表示由衷的谢意！

研究会新一届理事会及其领导班子即将产生，在此，我谨代表第九届理事会预祝换届工作取得圆满成功！预祝新一届理事会再接再厉、踔厉奋发，为推进湖南省高校学报研究会的各项事业高质量发展作出更大贡献！

祝各位会议代表身体健康，万事如意，家庭幸福！

湖南省高等学校
学报研究会2023年度工作报告

研究会第十届理事会理事长　李文邦

2023年12月15日

各位代表、各位会员：

上午好！今天，我们相聚在这美丽神秘、魅力无边的湘西凤凰，共话湖南省高校学报发展大计。我谨代表湖南省高等学校学报研究会对与会的各位会员和代表表示热烈欢迎！向各位长期奋战在期刊工作一线的同志们表示崇高的敬意！我研究会现有会员单位95家（本年度新入会4家），其中，常务理事单位42家（含秘书长、副秘书长单位）。会员单位中，有卓越行动计划科技期刊5种（中南大学）；有CSSCI源刊11种，其中，湖南师范大学3种，湖南大学3种，中南大学、湘潭大学、湖南科技大学、吉首大学、湖南财政经济学院（经济地理）各1种。

受研究会理事会的委托，我就本年度研究会的工作作如下报告，请代表们审议。

一　2023年工作回顾

（一）党建工作

1. 继续夯实支部党建工作

一是继续抓党支部的制度建设，完善了"支部委员会工作制度""'三会一课'制度""组织生活会制度""支部主题党日制度"等制度建设。

二是开展了形式多样的学习活动。党的二十大召开之后，支部召开了线下的党员大会。理事长李文邦作了专题辅导报告。

三是发挥"学习强国"平台带动作用。截至11月30日，研究会支部委员谢翠蓉、陈灿华等同志的学习积分已有7万多分，支部书记李文邦同志的学习积分也已有6万多分，积分超过6万分的理事有20余人。研究会党员学以致用，形成了学用赶超的良好氛围。

2. 主题党日活动策划成效明显

（1）完成了党支部的换届工作。

2023 年 1 月 3 日召开党员大会，应到会有选举权党员 40 名，实到会有选举权党员 35 名，实到会有选举权党员数达到（超过）应到会有选举权党员数的 4/5。大会采取无记名投票和差额选举的办法，选举产生了新一届党支部委员会。根据得票情况，李文邦、谢翠蓉、陈灿华、黄飞、兰甲云等 5 位同志当选为新一届党支部委员会委员。同日，新一届党支部委员会召开第一次全体会议，应到会 5 人，实到会 5 人，采取无记名投票和等额选举的办法选举产生了新一届党支部委员会书记、副书记。李文邦任书记，黄飞任副书记，谢翠蓉任组织委员，陈灿华任宣传委员，兰甲云任统战委员，黄飞兼任纪检委员，兰甲云兼任青年委员。

（2）策划了 3 次主题党日活动。

2023 年 3 月 27 至 29 日，在江西省萍乡市召开 2022 年年会。3 月 29 日，研究会党支部开展主题党日活动，组织全体党员参观秋收起义纪念馆、安源路矿纪念馆。

2023 年 10 月 12 日至 15 日，湖南省高等学校学报研究会文科学报专业委员会 2023 年度经验交流暨培训会议在永州华天酒店召开。研究会组织全体参会党员参观了李达故居、红船广场等革命圣地，重温入党誓词，接受了红色教育。

湖南省高等学校学报研究会2022年年会合影

2023年3月，研究会党支部部分党员参观安源路矿纪念馆合影

2023年10月，研究会党支部部分党员参观李达故居合影

2023年10月，研究会党支部
部分党员参观红船广场合影

会员单位——湖南大学
期刊支部部分党员参观
沙洲村合影

2023年11月16日至19日，湖南省高等学校学报研究会青年委员会2023年工作交流暨培训会在郴州召开。11月19日，研究会党支部组织全体参会党员前往汝城县沙洲村半条被子故事发生地实地研学，全体党员重温入党誓词。

（3）党支部书记上了1次党课。

3月27日，研究会理事长、党支部书记李文邦同志为全体常务理事上了党的二十大精神宣讲主题党课。

（二）研究会各项活动顺利开展

1. 开了4次理事长办公会议

2023年1月3日，在湖南长沙福盛源大酒店召开2023年第一次理事长办公会议暨常务理事会议。会议的主要议程有：2022年度年会征文评比、2022年度主题好论文评选、2022年度书画（摄影）作品评比，审议研究会2022年度工作总结及2023年度工作要点及各专业委员会工作安排。

2023年3月13日，在湖南大学出版社会议室召开第二次理事长办公会，会议审议通过了研究会2022年度工作报告、财务工作报告、各专业委员会活动方案，确定了2022年度年会的召开地点为江西萍乡，确定了文科学报专业委员会、理工科学报专业委员会、青年委员会的活动时间、地点及主题，确定了年会论文的主题等。

2023年7月10至11日，在湖南株洲延年酒店召开了第三次理事长办公会，会议的主要议题是推选参加全国高校文科学报研究会期刊奖、特色栏目奖和玉笔奖等相应奖项的期刊和个人。

2023年11月26日，在湖南大学出版社会议室召开了第四次理事长办公会，会议对年会征文、优秀主题论文、优秀论文论著、优秀主编及编辑、优秀组织单位等进行了评选工作，讨论了2023年年会的相关事宜。

2. 召开了两次常务理事会议

2023年1月3日，在湖南长沙福盛源大酒店召开2023年第一次常务理事会议。会议通过了研究会党支部换届请示；审议通过了2022年度年会征文、2022年度主题好论文、2022年度书画（摄影）作品获奖名单；审议通过了研究会2022年度工作总结及2023年度工作要点，讨论了2023年度各专业委员会工作安排等。

2023年3月27日，在江西萍乡润达国际酒店召开了第二次常务理事会议，会议审议通过了部分常务理事单位变更申请；审议通过了研究会2022年年度工作报告、财务工作报告、各专业委员会活动方案，确定了文科学报专业委员会、理工科学报专业委员会、青年委员会的活动时间、地点及主题；确定了年会论文的主题。

3. 召开了2022年年会

2023年3月27日至29日，在江西省萍乡市召开2022年年会，会议的主要议程有：通过研究会年度工作报告、财务工作报告，宣读学术年会获奖论文作者名单、颁发证书，办刊经验交流，学术讲座，文科学报经验交流会，青年委员会座谈会。

4. 各专业委员会活动丰富多彩

（1）召开了理工科学报专业委员会经验交流会。

湖南省高校学报研究会理工科学报专业委员会2023年度经验交流暨培训会议于2023年5月25日至28日在湖南凤凰召开，会议主题为高校学报学术影响力的内涵及提升途径。与会代表56人。7位代表作了主题发言。

湖南环境生物职业技术学院蒋一锄作了题为“职院刊学术影响力提升实践：以《湖南生态科学学报》为例”的主题汇报。他从基本情况和职院刊学术影响力提升途径等方面介绍了学报的发展情况，并着重从学术质量、学术价值、学术影响3个方面展开。

湖南城市学院付贵海作了题为“立足学校特色，多举措提升期刊影响力”的主题汇报。他主要从学校特色、期刊现状、提升措施等3个方面进行了汇报。

中南大学何运斌作了“对标国际双一流，打造一流综合刊”的主题汇报。他指出，目前学报面临的挑战有：品牌影响力较低，难以吸引优质稿件；办刊环境竞争激烈，生存空间急剧压缩；办刊人才缺乏，竞争力不够。目前国家陆续出台一系列有利于期刊发展的政策，并在资金上予以支持。

吉首大学易必武作了题为“地方高校学报发展当中的变与不变”的汇报。他从学报的发展历史出发，强调期刊应立足学校特色专业，新增各类理工科特色专栏；坚持服务特色文化、服务学校特色学科、服务地方经济发展的理念不变；坚持编辑的身份和初心不变。

中南林业科技大学期刊社社长伍谦谈了近年来从事期刊行业的体会，认为对于中文科技期刊而言，当下是一个“最好的时代”，同时也是一个“最坏的时代”。“最坏的时代”体现在：大量高质量成果发表在国外期刊上，2012年至2022年的10年间国内中文期刊发文量持续走低；中文期刊缺少活力动力，体制僵化、边缘化。“最好的时代”主要体现在：自2019年起迎来前所未有的机遇，国家出台了一系列有利于期刊发展的政策，并给予基金资助。编辑部需顺应时代发展需要，抓住机遇，采取有力措施，全面提高期刊质量，如提高政治站位，为推进生态文明建设作出期刊贡献；加大组稿力度，增强传播手段；等等。

《长沙理工大学学报（自然科学版）》副社长、执行主编赵冰进行了题为“以‘专精特新’为目标引领的学报影响力提升策略，以长沙理工大学学报为例”的汇报。

《湖南大学学报（自然科学版）》张高明以“大科学大技术对科技期刊的影响”为主题进行了漫谈，向大家介绍了哲库公司、ChatGPT、卓越行动计划等当下大事件及其可能对期刊产生的影响。

中南大学陈灿华进行了题为“期刊中常见知识性问题剖析”的讲座。讲座内容主要从知识性问题、历史性问题、地理知识问题、科学知识问题等多个角度剖析了编校中常出现的错误。最后，陈主任表示，编辑出版是一个有遗憾的职业，对编辑职业要有敬畏之心，编辑责任重于泰山，要守土有责，在技能上编辑要苦练内功，炼就一双火眼金睛。

之后，与会代表围绕如何提高高校学报学术影响力及提升途径进行了充分交流与讨论。

中南大学陈灿华讲座

中南林业科技大学伍谦发言

颁奖现场

湘潭大学王洁群讲座

（2）召开了文科学报专业委员会经验交流会。

2023 年 10 月 12 日至 15 日，湖南省高等学校学报研究会文科学报专业委员会 2023 年度经验交流暨培训会议在永州华天酒店召开，会议围绕“学习贯彻党的二十大精神 推进社科期刊高质量发展”主题，开展了经验交流和专家讲座，并为获评湖南省优秀社科期刊、特色栏目、玉笔奖的单位和个人颁发奖状。湖南大学期刊与出版社社长李文邦、中南大学出版社副社长黄飞、《湖南大学学报（社会科学版）》执行主编兰甲云、《湘潭大学学报（哲学社会科学版）》常务副主编章育良、湖南科技大学期刊社社长伍济钢、长沙理工大学期刊社副社长陈浩凯等参加了会议。

在经验分享中，《财经理论与实践》姚德权主编、《中南林业科技大学学报（社会科学版）》成凤明教授、《湖南科技大学学报（社会科学版）》曾祥炎编审、《湖南师范大学教育科学学报》张曙光、《长沙理工大学学报（社会科学版）》陈浩凯副社长、中共湖南省委党校杨炼主任、《邵阳学院学报（社会科学版）》马骥社长、《湖南科技学院学报》潘雁飞等分别就各自刊物的发展和经验，进行了深入交流。

湘潭大学期刊社社长王洁群教授也应邀为大家作了题为“学术期刊编辑出版工作中的复杂性思维”的主题培训，从哲学的角度出发，博古通今地辩证分析了“复杂性”在期刊编辑工作中的重要性。

通过此次会议，湖南省高等学校学报研究会文科学报专业委员会为省内社科类编辑搭建了良好的交流和发展平台，促进了我省高校期刊同行的交流和成长，助力我省期刊的高质量发展。

湖南省高等学校学报研究会文科学报专委会会议合影（2023）

（3）青年委员会工作交流暨培训会。

2023 年 11 月 16 日至 19 日，湖南省高等学校学报研究会青年委员会 2023 年工作交流暨培训会在郴州龙女花园酒店召开，会议围绕“期刊高质量发展——青年编辑的使命与担当”主题，开展了丰富多彩的工作交流、专家讲座、经验分享和联谊活动。中南大学出版社副社长黄飞、长沙理工大学期刊社副社长陈浩凯、湖南省高校学报研究会秘书长谢翠蓉等参加了会议。

在专家讲座培训会议上，《湖南师范大学社会科学学报》的尹金凤编审应邀为大家进行了“与青年编辑话成长”主题培训。她从自己丰富的实践经验出发，在编辑实务、个人发展等方面给予了青年编辑科学的指导和建议。在学术交流会上，中南大学的涂鹏、伍锦花，湖南大学的李菲，湘潭大学的肖钊，邵阳学院的刘晓毅，湖南社会科学编辑部的张辛欣等 6 位编辑围绕自己的成长经历、工作经验等进行了精彩的发言和经验分享。

在联谊会上，来自湖南大学期刊社的李沁憶表演了精彩的文艺节目，主持并安排了丰富多彩的游戏互动环节。活动现场气氛热烈，充满欢声笑语，大家通过联谊进一步促进了沟通、交流和团结。

通过此次会议，湖南省高等学校学报研究会青年委员会为广大青年编辑搭建了良好的交流和发展平台，促进了我省高校期刊同行的交流和青年编辑的成长，助力我省期刊的高质量发展。

湖南省高等学校学报研究会青年委员会会议合影（2023）

（4）质量委员会组织了年会论文征文及相关评审工作。

湖南省高等学校学报研究会于 2023 年 10 月至 11 月开展了 2023 年年会期刊主题论文、编辑学论文论著、优秀主编、优秀编辑评选活动。截至 2023 年 11 月 24 日，共有 77 篇主题论文参选，收到编辑学论文 24 篇、论著 2 部，优秀主编申报表 24 份，优秀编辑申报表 51 份。2023 年 11 月 26 日，研究会学报质量委员会组织专家根据评选通知规定的条件，评出获奖主题论文 40 篇，编辑学论文论著一等奖 8 篇（部）、二等奖 6 篇、三等奖 9 篇，优秀主编 22 人、优秀编辑 37 人，优秀组织单位 14 家。

（三）研究会自身建设

1. 研究会年检年审工作顺利通过

2023 年 1 月，研究会顺利通过了省民政厅委派的会计师事务所对研究会 2021 年度的财务审计。2023 年 5 月，顺利通过了湖南省教育厅、湖南省民政厅对研究会的年检。

2. 财务管理工作规范有序

研究会聘请了兼职会计人员和出纳人员，对 2023 年各专业委员会的经验交流会的会务费收支进行代管，依照“以会养会，量入为出”的原则，没有超支。对 2023 年的会费实行专户管理，依照财务管理有关规定进行支出，确保所有支出合理、规范、透明。

3. 信息化建设稳步推进

学报信息化建设一直是研究会努力推动的工作。2023 年，研究会继续利用湖南高校学报大家庭 QQ 群、湖南省高校学报研究会理工学报群、湖南省高校学报研究会文科学报群、湖南省高校学报研究会常务理事群、湖南省高校学报研究会理事长群、湖南省高校学报秘书处群，实现了信息的分级发布和管理，确保信息工作全方位无死角。2023 年，微信群发挥了强大的信息优势，研究会所有会议、培训及评优工作通知均通过微信群和 QQ 群发布，确保每个会员单位都能及时参与。

4. 组织会员单位参加湖南省科技期刊编辑学会科技下乡活动

为了学习贯彻落实党的二十大精神，响应科普中国及科普湖南号召，湖南省高校学报研究会组织会员单位积极参加由湖南省科技期刊编辑学会倡议的捐赠活动。湖南大学期刊与出版社、中南大学出版社、湖南师范大学期刊社、邵阳学院等会员单位向郴州市北湖区福泉小学捐赠书刊、文化用品等，为普及科技知识、提高全民素质，彰显了期刊人的责任、使命和担当。

5. 积极配合上级主管部门及相关学会工作

及时组织会员单位参加教育部、中国科协、中共湖南省委宣传部、湖南省教育厅等上级主管部门的评奖评优活动。积极配合中国期刊协会、中国高校科技期刊研究会、全国高校文科学报研究会、中国科技期刊编辑学会、湖南省期刊协会、湖南省版协、湖南省科技期刊编辑学会等业务主管及兄弟学会的工作，及时转发学会的会议信息、相关评比通知等，为我省高校学报研究会会员单位及时掌握相关信息和参评相关学会组织的奖项起到了桥梁和纽带作用。

2023 年 7 月 10 日，为配合全国高校文科学报研究会第七届高校社科学术期刊质量检查与评估活动，研究会组织理事长、秘书长及相关专家组成评审专家组，评选全国高校文科学报研究会期刊奖、特色栏目奖和玉笔奖等相应奖项的获奖期刊和个人。

（四）学报建设成绩斐然

1. 2023 年度中国高校科技期刊建设示范案例库编辑团队及个人案例

编辑团队

中南大学学报（自然科学版）编辑部

铁道科学与工程学报编辑部

数字中医药（英文）编辑部

主编个人案例

陈灿华　邓履翔　蒋学东

编辑个人案例

陈丽文　何运斌　伍锦花　涂　鹏

青年编辑个人案例

胡文杰　秦明阳　郑羽彤

从事高校科技期刊编辑出版工作 30 年以上资深编辑案例

陈灿华　刘国奇　张高明

2. 全国高校文科学报研究会第七届高校社科学术期刊质量检查与评估活动结果

表 1　期刊奖

序号	参评期刊	主办单位	备注
1	湖南师范大学社会科学学报	湖南师范大学	全国高校权威社科期刊
2	湖南大学学报（社会科学版）	湖南大学	
3	湘潭大学学报（哲学社会科学版）	湘潭大学	
4	湖南科技大学学报（社会科学版）	湖南科技大学	
5	中南大学学报（社会科学版）	中南大学	
6	吉首大学学报（社会科学版）	吉首大学	全国高校精品社科期刊
7	财经理论与实践	湖南大学	
8	湖南师范大学教育科学学报	湖南师范大学	
9	湖湘论坛	中共湖南省委党校	
10	湖南农业大学学报（社会科学版）	湖南农业大学	
11	云梦学刊	湖南理工学院	全国高校优秀期刊
12	衡阳师范学院学报	衡阳师范学院	
13	长沙理工大学学报（社会科学版）	长沙理工大学	
14	中南林业科技大学学报（社会科学版）	中南林业科技大学	
15	城市学刊	湖南城市学院	
16	商学研究	湖南工商大学	
17	武陵学刊	湖南文理学院	
18	邵阳学院学报（社会科学版）	邵阳学院	质量进步奖
19	湖南工业大学学报（社会科学版）	湖南工业大学	
20	长沙大学学报（社会科学版）	长沙学院	
21	湖南第一师范学院学报	湖南第一师范学院	
22	湖南科技学院学报	湖南科技学院	

表 2　特色栏目奖

序号	参评期刊	栏目名称
1	云梦学刊	当代学术史研究
2	衡阳师范学院学报	船山研究

续表

序号	参评期刊	栏目名称
3	湖湘论坛	习近平新时代中国特色社会主义思想
4	长沙理工大学学报（社会科学版）	科技哲学研究
5	中南林业科技大学学报（社会科学版）	生态文明论坛
6	城市学刊	城市文化
7	武陵学刊	中华德文化研究
8	邵阳学院学报（社会科学版）	魏源及邵阳人文研究
9	湖南第一师范学院学报	小学教育研究
10	湖南科技学院学报	柳宗元研究
11	岳阳职业技术学院学报	洞庭湖研究
12	长沙民政职业技术学院学报	民政与社会工作

表 3　玉笔奖

序号	推荐单位	获奖人
1	湖南大学期刊与出版社	李文邦
2	《财经理论与实践》编辑部	姚德权
3	《财经理论与实践》编辑部	宁晓青
4	中南林业科技大学期刊社	成凤明
5	中共湖南省委党校	詹花秀
6	《时代法学》编辑部	邱玉枚

3. 第六届湖湘优秀出版物奖

期刊类荣誉奖（湖南省共 13 种，会员单位 6 种）

（1）《中南大学学报（自然科学版）》（中南大学出版社）2020 年入选“湖南省培育世界一流湘版科技期刊建设工程重点期刊”项目。

（2）《中国有色金属学报（英文版）》（中南大学出版社）2020 年入选“湖南省培育世界一流湘版科技期刊建设工程重点期刊”项目，2022 年获第三届湖南出版政府奖期刊奖。

（3）《财经理论与实践》（财经理论与实践编辑部）2022 年获第三届湖南出版政府奖期刊奖提名奖。

（4）《湖南师范大学社会科学学报》（湖南师范大学期刊社）2022 年获第三届湖南出版政府奖期刊奖提名奖。

（5）《湖南大学学报（自然科学版）》2022 年获第三届湖南出版政府奖期刊奖提名奖，2020 年、2022 年获中国高校百佳科技期刊奖。

（6）《生命科学研究》（湖南师范大学期刊社）2022 年获第三届湖南出版政府奖期

刊奖提名奖。

期刊奖

《湖湘论坛》（省委党校主办）

《中国韵文学刊》（湘潭大学主办）

《船山学刊》（省社科联主办）

《湘潭大学学报（哲学社会科学版）》（湘潭大学主办）

《湖南大学学报（社会科学版）》（湖南大学主办）

《数字中医药（英文）》（湖南中医药大学主办）

《交通安全与环境（英文）》（中南大学主办）

《铁道科学与工程学报》（中南大学主办）

《湖南师范大学自然科学学报》（湖南师范大学主办）

4. 湖南省智库建设经费：学术期刊资助期刊名单

序号	项目编号	所在单位	资助期刊	首拨经费/万元
1	学术期刊资助	中南大学	中南大学学报（社会科学版）	10
2	学术期刊资助	湖南大学	湖南大学学报（社会科学版）、财经理论与实践	20
3	学术期刊资助	湖南师范大学	湖南师范大学社会科学学报、湖南师范大学教育科学学报	20
4	学术期刊资助	湘潭大学	湘潭大学学报（哲学社会科学版）、中国韵文学刊	20
5	学术期刊资助	长沙理工大学	长沙理工大学学报（社会科学版）	10
6	学术期刊资助	湖南农业大学	湖南农业大学学报（社会科学版）	10
7	学术期刊资助	湖南科技大学	湖南科技大学学报（社会科学版）	10
8	学术期刊资助	中南林业科技大学	中南林业科技大学学报（社会科学版）	10
9	学术期刊资助	吉首大学	吉首大学学报（社会科学版）	10
10	学术期刊资助	衡阳师范学院	衡阳师范学院学报（社会科学版）	10
11	学术期刊资助	湖南省社会科学界联合会	湖南社会科学、船山学刊	20

5. 第五届“湖南期刊主题宣传好文章”获奖篇目

序号	文章标题	类型	作者	推荐刊社
1	新时代文艺工作的根本指针——学习习近平总书记关于文艺工作重要论述	文章	蒋祖烜	湖南师范大学社会科学学报
2	建设朝气蓬勃的马克思主义执政党——建党百年视域下新时代党的建设总目标的内在机理	文章	粟用湘	湖南师范大学社会科学学报
3	习近平关于中华优秀传统文化重要论述的理论蕴涵	文章	冯刚、鲁力	湖南大学学报（社会科学版）
4	中国传统家文化：地位、内涵与时代价值	文章	陈延斌、陈姝瑾	湖南大学学报（社会科学版）
5	中国共产党自我革命的百年实践、内在逻辑和基本经验	文章	吴建雄	中南大学学报（社会科学版）
6	中国共产党百年反腐倡廉的实践经验	文章	江必新、孙珺涛	中南大学学报（社会科学版）
7	全过程人民民主：人民民主特质的准确表达	文章	肖光荣	湖湘论坛
8	论伟大建党精神传承的红色记忆机制与实践图景	文章	杨婷	湖南社会科学
9	中国共产党自我革命的内涵和意义（笔谈）	组文	逄先知、李殿仁、王庭大等	文化软实力
10	用党的创新理论铸魂育人的方法论思考	文章	彭柏林、司念伟、彭鑫	云梦学刊
11	学习阐释党的二十大精神研究专题	组文	强乃社、马德帅、刘德中	湖南工业大学学报（社会科学版）
12	“实事求是”是中国化实践唯物主义	文章	朱汉民	船山学刊
13	促进农村低收入人口增收的政策取向	文章	叶兴庆、殷浩栋	湖南农业大学学报（社会科学版）
14	坚持人的全面发展：新中国如期消灭绝对贫困的密码	文章	王习明	湖湘论坛
15	中国式现代化新道路决定了人类文明新形态的本质	文章	宋才发	长沙理工大学学报（社会科学版）
16	中国共产党建设文化强国的百年探索和未来进路	文章	卢文忠	衡阳师范学院学报
17	中国“国强必霸论”的哲学批判与归正——兼论十九届六中全会《决议》中国“永远不称霸”的理论根据与实践宗旨	文章	刘睿、黄金金	衡阳师范学院学报

6. 其他获奖

（1）2023 年中国国际影响力优秀学术期刊（自然科学与工程技术）。

《中南大学学报（自然科学版）》

（2）2023 年“中国最具国际影响力学术期刊”。

《中南大学学报（英文版）》

（3）2023 中国国际影响力优秀学术期刊（人文社会科学）。

《财经理论与实践》

（4）国家哲学社会科学文献中心 2022 年度综合性人文社会科学最受欢迎期刊。

《湖南大学学报（社会科学版）》

《中南大学学报（社会科学版）》

《湖南科技大学学报（社会科学版）》

（5）国家哲学社会科学文献中心 2022 年度经济学最受欢迎期刊。

《财经理论与实践》

（6）入选科技期刊世界影响力指数（WJCI）报告（2023）。

《中南大学学报（自然科学版）》

一年来，湖南省高校学报研究会在所有会员单位的大力支持下，坚持以习近平新时代中国特色社会主义思想为指导，深入学习贯彻党的二十大精神，紧紧围绕中央和湖南省工作大局，结合行业实际，践行研究会服务宗旨，不断创新服务理念、拓展服务领域、改进服务方式、提高服务质量、增强服务能力，达成了预期工作目标，取得了较好的工作成效。

二 2024 年工作计划

研究会将继续深入学习贯彻习近平新时代中国特色社会主义思想和党的二十大精神，深入落实习近平总书记对新闻出版工作的重要指示批示精神，按照全国出版工作会议要求，紧紧围绕学习贯彻党的二十大精神这条主线，紧密围绕中央和省委的工作大局，立足新起点、践行新思想，不断开创湖南省高校学报高质量发展新局面。

（一）服务中央和湖南省工作大局，深化主题宣传

第一，突出学习宣传贯彻习近平新时代中国特色社会主义思想这个首要政治任务，深入推动习近平新时代中国特色社会主义思想入脑入心、落地生根，组织各会员单位持续深化习近平新时代中国特色社会主义思想和习近平总书记对湖南重要讲话重要指示批示精神的宣传阐释。

第二，聚焦聚力主题主线，紧紧围绕贯彻党的二十大精神这条主线，组织各会员单位根据各自的刊物定位策划推出一批有特色、有质量、有影响的专版专刊和主题宣传。

第三，组织引导期刊出版单位围绕“三高四新”战略定位和使命任务，着力推出一批特色栏目文章。

第四，协助业务主管部门做好“期刊主题宣传好文章”评选工作。发挥“好文章”的示范引领作用，持续巩固扩大评选活动的影响力、引导力、传播力。

（二）加强期刊交流合作，服务行业和会员单位

第一，继续推进研究会常规工作。每季度召开一次理事长办公会，每半年召开一次常务理事会，每个专业委员会开展一次活动，召开一次年会暨学术研讨会，推进研究会工作规范化运作。理工科学报专业委员会召开一次经验交流会，文科学报专业委员会召开一次经验交流会，青年委员会召开一次工作研讨会，质量委员会组织2024年学术年会征文评比活动及主题好论文评选活动。11月底12月初召开年会。

第二，组织编撰《湖南省高等学校学报研究会发展历程（1983—2023）》（暂定名）。

第三，积极参加上级主管部门、中国期刊协会、全国高校文科学报研究会、全国高校科技期刊研究会主办的相关活动。

第四，加强研究会学术研讨和办刊经验交流，不定期举办讲座和研讨活动，帮助各会员单位实现共同发展。

第五，承办全国高校文科学报研究会常务理事会议（以全国高校文科学报研究会具体安排为准）。

第六，主办一次编校知识大赛。

第七，组织开展2024年至2026年编辑学课题立项申报及遴选工作。

第八，组织两次高水平期刊发展建设研讨会。一是C刊发展建设研讨会。会员单位中的C刊和C扩参加，拟邀请南京大学CSSCI研究中心的人员作专题辅导。二是高水平科技期刊发展研讨会。会员单位中的卓越期刊、SCI、EI、CSCD期刊参加，拟邀请中国科协、中国科学院等业务主管部门负责人作专题辅导。

（三）加强自身建设，提升服务水平

第一，在省委宣传部、省教育厅、省民政厅领导下，把研究会党组织建设摆在重要位置，进一步落实党风廉政建设的各项规定，切实发挥研究会党支部的战斗堡垒作用。

第二，持续抓好研究会规范化、制度化建设，严格遵守党和国家有关社团管理的规定，按照《湖南省高等学校学报研究会章程》的要求，加强会员单位对研究会工作的监督，不断完善研究会管理制度，强化管理职责，健全管理机制。

第三，根据工作需要及期刊单位理事岗位变动情况，适时调整研究会理事人选。

第四，加强专业委员会的建设，充分发挥专业委员会作用。

第五，加强秘书处与各会员单位的沟通和联系，进一步提高秘书处工作水平和服务质量，充分利用研究会《会讯》以及网络微信平台，加强宣传、联络和沟通服务，更好地为会员单位服务。

第六，加强与中国期刊协会、省期刊协会、省出版协会、省科技期刊编辑学会的沟通和联系，保持信息互通、活动互融、工作互助、成果互享，共同为全省期刊的发展繁荣作贡献。

第五章

研究会会员单位重要荣誉及标志性成果

会员单位部分获奖情况

刊名	获奖名称	授奖单位	年份
财经理论与实践	首批哲学社会科学期刊重点专栏	中宣部	2023
财经理论与实践	第三届湖南出版政府奖期刊奖提名奖	湖南省人力资源和社会保障厅、湖南省新闻出版局	2022
财经理论与实践	中国国际影响力优秀学术期刊	《中国学术期刊（光盘版）》电子杂志社有限公司、清华大学图书馆	2023
财经理论与实践	经济学最受欢迎期刊	国家哲学社会科学文献中心	2022
财经理论与实践	中国科技论文在线优秀期刊一等奖	教育部科技发展中心	2010 至今
长沙理工大学学报（自然科学版）	湖南省第四届双十佳期刊奖	中共湖南省委宣传部、湖南省新闻出版局	2009
城市学刊	湖南省社科类一级学术期刊	中共湖南省委宣传部	1999
城市学刊	湖南省优秀理论期刊	中共湖南省委宣传部	1995、2013、2015
船山学刊	第二届国家期刊奖百种重点期刊奖	国家新闻出版总署	2003
衡阳师范学院学报	中国高校特色科技期刊奖	教育部科学技术司	2006、2008、2010
湖南城市学院学报（自然科学版）	湖南省一级科技期刊	湖南省科学技术厅、湖南省新闻出版局	2005
湖南城市学院学报（自然科学版）	中国高校特色科技期刊奖	教育部科学技术司	2008
湖南大学学报	全国高校自然科学学报编辑质量优秀奖二等奖	国家新闻出版署期刊司、国家教育委员会科学技术司	1989
湖南大学学报	全国高校自然科学学报研究会优秀学报 A、B 类学报一等奖	国家教育委员会科学技术司	1995
湖南大学学报（社会科学版）	中国百强报刊	国家新闻出版广电总局	2013
湖南大学学报（社会科学版）	湖南省资助优秀理论期刊	中共湖南省委宣传部	2013、2015、2019、2021、2023

续表1

刊名	获奖名称	授奖单位	年份
湖南大学学报（社会科学版）	综合性人文社会科学最受欢迎期刊	国家哲学社会科学文献中心	2016 至今
湖南大学学报（自然科学版）	全国优秀高校自然科学学报及教育部优秀科技期刊评比二等奖	教育部	1999
湖南大学学报（自然科学版）	第二届国家期刊奖百种重点期刊奖	国家新闻出版总署	2003
湖南大学学报（自然科学版）	湖南省双十佳期刊奖	中共湖南省委宣传部、湖南省新闻出版局	2007
湖南大学学报（自然科学版）	中国科技论文在线优秀期刊二等奖	教育部科技发展中心	2010
湖南大学学报（自然科学版）	第四届中国高校精品科技期刊奖	教育部科学技术司	2012
湖南大学学报（自然科学版）	第五届中国高校优秀科技期刊奖	教育部科学技术司	2014
湖南大学学报（自然科学版）	第三届湖南出版政府奖期刊奖提名奖	湖南省人力资源和社会保障厅、湖南省新闻出版局	2022
湖南科技大学学报（社会科学版）	中国科技论文在线优秀期刊一等奖	教育部科技发展中心	2014、2015、2016
湖南科技大学学报（社会科学版）	综合性人文社会科学最受欢迎期刊	国家哲学社会科学文献中心	2020
湖南科技大学学报（自然科学版）	第二届中国高校优秀科技期刊奖	教育部科学技术司	2008
湖南科技大学学报（自然科学版）	2021 年度数字化优秀期刊	中国煤炭行业知识服务平台	2021
湖南理工学院学报（自然科学版）	中国高校特色科技期刊奖	教育部科学技术司	2006
湖南农业大学学报（自然科学版）	全国高校优秀自然科学学报评比一等奖	国家教育委员会科学技术司	1995、1999、2004
湖南农业大学学报（自然科学版）	中国期刊方阵双百期刊	国家新闻出版署	1996
湖南农业大学学报（自然科学版）	湖南省首届双十佳期刊奖	中共湖南省委宣传部、湖南省新闻出版局	2000

续表2

刊名	获奖名称	授奖单位	年份
湖南农业大学学报（自然科学版）	中国高校精品科技期刊奖	教育部科学技术司	2006、2008、2010、2012
湖南社会科学	综合性人文社会科学最受欢迎期刊	国家哲学社会科学文献中心	2023
湖南师范大学社会科学学报	第三届湖南出版政府奖期刊奖提名奖	湖南省人力资源和社会保障厅、湖南省新闻出版局	2022
湖南师范大学社会科学学报	湖南省第二届双十佳期刊奖	中共湖南省委宣传部、湖南省新闻出版局、湖南省科学技术厅	2005
湖南文理学院学报（自然科学版）	中国科技论文在线优秀期刊二等奖	教育部科技发展中心	2014
湖南中医药大学学报	全国高校优秀自然科学学报评比二等奖	国家教育委员会科学技术司	1995
湖南中医药大学学报	中国高校优秀科技期刊奖	教育部科学技术司	2004 至今
湖南中医药大学学报	湖南省双十佳期刊奖	中共湖南省委宣传部、湖南省新闻出版局、湖南省科学技术厅、湖南省期刊协会	2005、2012、2023
湖湘论坛	湖南省首届双十佳期刊奖	中共湖南省委宣传部、湖南省新闻出版局	2000
湖湘论坛	湖南省第二届双十佳期刊奖	中共湖南省委宣传部、湖南省新闻出版局、湖南省科学技术厅	2005
湖湘论坛	湖南省资助优秀理论期刊	中共湖南省委宣传部	2014、2016
吉首大学学报（社会科学版）	全国民族地区“十佳”学报（期刊）	国家民族事务委员会文化宣传司、全国文科学报民族系统联络中心	2007
吉首大学学报（社会科学版）	中国科技论文在线优秀期刊一等奖	教育部科技发展中心	2018
吉首大学学报（社会科学版）	全国高校社科精品期刊	全国高等学校文科学报研究会	2018
吉首大学学报（自然科学版）	教育部优秀科技期刊评比三等奖	教育部	1999
吉首大学学报（自然科学版）	全国高校优秀科技期刊评比二等奖	教育部科学技术司	2004
吉首大学学报（自然科学版）	中国高校优秀科技期刊	中国高校科技期刊研究会	2018

续表3

刊名	获奖名称	授奖单位	年份
计算技术与自动化	湖南省一级科技期刊	湖南省科学技术厅、湖南省新闻出版局	2005
计算技术与自动化	中国科技论文在线优秀期刊二等奖	教育部科技发展中心	2017
经济林研究	林草科技重点期刊	国家林业和草原局	2022
邵阳学院学报（社会科学版）	湖南省资助优秀理论期刊	中共湖南省委宣传部	2013、2015
生命科学研究	第三届湖南出版政府奖期刊奖提名奖	湖南省人力资源和社会保障厅、湖南省新闻出版局	2022
数字中医药（英文）	湖南省第九届双十佳期刊奖	中共湖南省委宣传部、湖南省期刊协会	2021
武陵学刊	湖南省重点报刊出版专项资金资助期刊	中共湖南省委宣传部	2020
湘潭大学学报（哲学社会科学版）	湖南省优秀理论报刊	中共湖南省委宣传部	1995
湘潭大学学报（哲学社会科学版）	湖南省双十佳期刊奖	中共湖南省委宣传部、湖南省新闻出版局、湖南省科学技术司	2000、2005、2007、2009
湘潭大学学报（哲学社会科学版）	首届湖南出版政府奖期刊奖	湖南省新闻出版局	2012
湘潭大学学报（哲学社会科学版）	湖南省资助优秀理论期刊	中共湖南省委宣传部	2013
湘潭大学学报（自然科学版）	中国科技论文在线优秀期刊一等奖	教育部科技发展中心	2014
湘潭大学学报（自然科学版）	中国高校优秀科技期刊奖	教育部科学技术司	2006、2008、2010
湘潭大学学报（自然科学版）	中国期刊方阵双百期刊	国家新闻出版总署	2001
湘潭矿业学院学报（自然科学版）	全国优秀高校自然科学学报及教育部优秀科技期刊评比二等奖	教育部	1999
云梦学刊	教育部名栏建设工程期刊	教育部	2013
中南大学学报（社会科学版）	2016—2022年最受欢迎期刊	国家哲学社会科学文献中心	2022
中南大学学报（社会科学版）	综合性人文社会科学最受欢迎期刊	国家哲学社会科学文献中心	2019、2021、2022
中南大学学报（医学版）	中国高校精品科技期刊奖	教育部科学技术司	2008、2010、2012、2017、2023

续表4

刊名	获奖名称	授奖单位	年份
中南大学学报（医学版）	湖南省第四届双十佳期刊奖	中共湖南省委宣传部、湖南省新闻出版局	2009
中南大学学报（医学版）	全国高校优秀自然科学学报评比一等奖	国家教育委员会科学技术司	1995
中南大学学报（英文版）	中国高校精品科技期刊奖	教育部科学技术司	2006、2008、2010
中南大学学报（英文版）	中国最具国际影响力学术期刊	《中国学术期刊（光盘版）》电子杂志社有限公司、清华大学图书馆	2012 至今
中南大学学报（英文版）	第五届中国高校精品科技期刊奖	教育部科学技术司	2014
中南大学学报（自然科学版）	中国国际影响力优秀学术期刊	《中国学术期刊（光盘版）》电子杂志社有限公司、清华大学图书馆	2014 至今
中南大学学报（自然科学版）	中国出版政府奖期刊奖提名奖	国家新闻出版署	2021
中南大学学报（自然科学版）	第二届湖南出版政府奖期刊奖	湖南省新闻出版广电局	2017
中南大学学报（自然科学版）	中国精品科技期刊	中国科学技术信息研究所	2011、2012、2014、2017
中南大学学报（自然科学版）	湖南省双十佳期刊奖	中共湖南省委宣传部、湖南省新闻出版局、湖南省科学技术厅	2000、2005
中南大学学报（自然科学版）	第三届国家期刊奖百种科技期刊奖	国家新闻出版总署	2005
中南大学学报（自然科学版）	第二届国家期刊奖提名奖	国家新闻出版总署	2003
中南大学学报（自然科学版）	首届国家期刊奖	国家新闻出版署	1999
中南林业科技大学学报	全国优秀高校自然科学学报	教育部	1999
中南林业科技大学学报	全国高校优秀科技期刊二等奖	教育部科学技术司	2004
中南林业科技大学学报	中国精品科技期刊	中国科学技术信息研究所	2017 至今
中南林业科技大学学报	林草科技领军期刊	国家林业和草原局	2022

（说明：1. 材料来源于各会员单位报送，不全；2. 所获奖项只列入国家级、省部级政府奖励；行业、学会、协会的奖项均不计入；3. 按期刊名称汉语拼音排序）

会员单位期刊数据库收录情况

刊名	入选的相关期刊、核心期刊、数据库名称	源刊、核心期刊、数据库等所属机构	入选年份
包装学报	日本科学技术振兴机构数据库收录期刊	日本科学技术振兴机构	2020
财经理论与实践	中文社会科学引文索引（CSSCI）来源期刊	南京大学中国社会科学研究评价中心	2003 至今
财经理论与实践	中文核心期刊要目总览	北京大学图书馆	1992 至今
财经理论与实践	中国人文社会科学核心期刊	中国社会科学评价研究院	2000 至今
财经理论与实践	中国科技核心期刊	中国科学技术信息研究所	2010
长沙理工大学学报（社会科学版）	“复印报刊资料”重要转载来源期刊	中国人民大学书报资料中心	2015
长沙理工大学学报（社会科学版）	中国人文社会科学扩展期刊	中国社会科学评价研究院	2022
船山学刊	中文社会科学引文索引（CSSCI）扩展版来源期刊	南京大学中国社会科学研究评价中心	2000
船山学刊	中国人文社会科学核心期刊	中国社会科学评价研究院	2000
船山学刊	中文社会科学引文索引（CSSCI）扩展版来源期刊	南京大学中国社会科学研究评价中心	2007
船山学刊	中国人文社会科学扩展期刊	中国社会科学评价研究院	2014 至今
船山学刊	“复印报刊资料”重要转载来源期刊	中国人民大学书报资料中心	2014 至今
大学教育科学	中文社会科学引文索引（CSSCI）来源期刊	南京大学中国社会科学研究评价中心	2009 至今
大学教育科学	中文核心期刊要目总览	北京大学图书馆	2011 至今
大学教育科学	中国人文社会科学核心期刊	中国社会科学评价研究院	2014 至今
当代教育理论与实践	中国人文社会科学扩展期刊	中国社会科学评价研究院	2023
电力科学与技术学报	中国科学引文数据库（CSCD）来源期刊	中国科学院文献情报中心	2023
电力科学与技术学报	中文核心期刊要目总览	北京大学图书馆	2023

续表1

刊名	入选的相关期刊、核心期刊、数据库名称	源刊、核心期刊、数据库等所属机构	入选年份
电力科学与技术学报	中国科技核心期刊	中国科学技术信息研究所	2023
动力学与控制学报	中国科技核心期刊	中国科学技术信息研究所	2011
动力学与控制学报	Scopus	爱思维尔公司	2020
衡阳师范学院学报	中国人文社会科学扩展期刊	中国社会科学评价研究院	2016
湖南大学学报（社会科学版）	中文社会科学引文索引（CSSCI）来源期刊	南京大学中国社会科学研究评价中心	2007 至今
湖南大学学报（社会科学版）	中文核心期刊要目总览	北京大学图书馆	2008 至今
湖南大学学报（社会科学版）	中国人文社会科学核心期刊	中国社会科学评价研究院	2010 至今
湖南大学学报（自然科学版）	EI	美国工程师学会	2004
湖南大学学报（自然科学版）	Scopus	爱思维尔公司	1992
湖南大学学报（自然科学版）	INSPEC	美国工程技术学会	
湖南大学学报（自然科学版）	科学技术文献速报	日本科学技术振兴机构数据库	
湖南大学学报（自然科学版）	文摘杂志（AJ）	全俄科学技术信息研究所	
湖南大学学报（自然科学版）	中国科学引文数据库（CSCD）来源期刊	中国科学院文献情报中心	1995
湖南大学学报（自然科学版）	中国科技核心期刊	中国科学技术信息研究所	
湖南大学学报（自然科学版）	中文核心期刊要目总览	北京大学图书馆	
湖南工业大学学报（社会科学版）	中国人文社会科学扩展期刊	中国社会科学评价研究院	2022
湖南科技大学学报（社会科学版）	中文社会科学引文索引（CSSCI）来源期刊	南京大学中国社会科学研究评价中心	2012
湖南科技大学学报（社会科学版）	中文核心期刊要目总览	北京大学图书馆	2008

续表2

刊名	入选的相关期刊、核心期刊、数据库名称	源刊、核心期刊、数据库等所属机构	入选年份
湖南科技大学学报（社会科学版）	中国科技核心期刊	中国科学技术信息研究所	2007、2020
湖南科技大学学报（社会科学版）	中国人文社会科学核心期刊	中国社会科学评价研究院	2018
湖南农业大学学报（社会科学版）	中文社会科学引文索引（CSSCI）扩展版来源期刊	南京大学中国社会科学研究评价中心	2014
湖南农业大学学报（社会科学版）	中国人文社会科学核心期刊	中国社会科学评价研究院	2023
湖南农业大学学报（自然科学版）	中国科学引文数据库（CSCD）来源期刊	中国科学院文献情报中心	1996
湖南农业大学学报（自然科学版）	中文核心期刊要目总览	北京大学图书馆	2000
湖南农业大学学报（自然科学版）	中国科技核心期刊	中国科学技术信息研究所	2004
湖南人文科技学院学报	中国人文社会科学A刊引文数据库	中国社会科学评价研究院	
湖南社会科学	中文核心期刊要目总览	北京大学图书馆	2008、2011、2014、2017、2023
湖南社会科学	中文社会科学引文索引（CSSCI）来源期刊	南京大学中国社会科学研究评价中心	2011至今
湖南社会科学	中国人文社会科学扩展期刊	中国社会科学评价研究院	2018、2022
湖南生态科学学报	中国职业高等院校期刊AMI综合评价（2022年）核心期刊	中国社会科学评价研究院	2023
湖南师范大学教育科学学报	中文核心期刊要目总览	北京大学图书馆	2011至今
湖南师范大学教育科学学报	中文社会科学引文索引（CSSCI）来源期刊	南京大学中国社会科学研究评价中心	2014至今
湖南师范大学教育科学学报	中国人文社会科学核心期刊	中国社会科学评价研究院	2018至今
湖南师范大学教育科学学报	中国科技核心期刊	中国科学技术信息研究所	2017至今

续表3

刊名	入选的相关期刊、核心期刊、数据库名称	源刊、核心期刊、数据库等所属机构	入选年份
湖南师范大学教育科学学报	EBSCO	美国 EBSCO host 数据库	2024
湖南师范大学社会科学学报	中文社会科学引文索引（CSSCI）来源期刊	南京大学中国社会科学研究评价中心	1999 至今
湖南师范大学社会科学学报	中文核心期刊要目总览	北京大学图书馆	1992 至今
湖南师范大学社会科学学报	中国人文社会科学核心期刊	中国社会科学评价研究院	2018
湖南师范大学自然科学学报	中国科技核心期刊	中国科学技术信息研究所	1992
湖南师范大学自然科学学报	中文核心期刊要目总览	北京大学图书馆	1992
湖南文理学院学报（自然科学版）	剑桥科学文摘（CSA）	剑桥信息集团	2012
湖南文理学院学报（自然科学版）	化学文摘（CA）	美国化学学会化学文摘社	2014
湖南文理学院学报（自然科学版）	科学文摘（SA）	英国电气工程师学会（IEE）	2014
湖南文理学院学报（自然科学版）	数学文摘（Zbl MATH ）	德国数学学会	2009
湖南中医药大学学报	中国科技核心期刊	中国科学技术信息研究所	
湖湘论坛	中文核心期刊要目总览	北京大学图书馆	1992、2017、2020、2023
湖湘论坛	中文社会科学引文索引（CSSCI）来源期刊	南京大学中国社会科学研究评价中心	2017—2018
湖湘论坛	中国人文社会科学核心期刊	中国社会科学评价研究院	2018、2022
激光生物学报	中国科技核心期刊	中国科学技术信息研究所	2002 至今
激光生物学报	中国科学引文数据库（CSCD）来源期刊	中国科学院文献情报中心	2002 至今
激光生物学报	EBSCO	美国 EBSCO host 数据库	2020
激光生物学报	科学技术文献速报	日本科学技术振兴机构数据库	2021

续表4

刊名	入选的相关期刊、核心期刊、数据库名称	源刊、核心期刊、数据库等所属机构	入选年份
激光生物学报	化学文摘（CA）	美国化学学会化学文摘社	2002
激光生物学报	文摘杂志（AJ）	全俄科学技术信息研究所	2002
吉首大学学报（社会科学版）	中文社会科学引文索引（CSSCI）来源期刊	中国社会科学研究评价中心	2017 至今
吉首大学学报（社会科学版）	中国人文社会科学核心期刊	中国社会科学评价研究院	2014 至今
吉首大学学报（社会科学版）	中文核心期刊要目总览	北京大学图书馆	2008 至今
吉首大学学报（社会科学版）	“复印报刊资料”重要转载来源期刊	中国人民大学书报资料中心	2023
吉首大学学报（自然科学版）	数学评论（MR）	美国数学学会	1997
吉首大学学报（自然科学版）	化学文摘（CA）	美国化学学会化学文摘社	1997
吉首大学学报（自然科学版）	文摘杂志（AJ）	全俄科学技术信息研究所	1997
吉首大学学报（自然科学版）	Scopus	爱思唯尔公司	2003
计算技术与自动化	中国科技核心期刊	中国科学技术信息研究所	2006
交通安全与环境（英文）	EI	美国工程师学会	2022
交通安全与环境（英文）	Scopus	爱思唯尔公司	2021
交通安全与环境（英文）	ESCI	科睿唯安公司	2021
交通安全与环境（英文）	DOAJ	瑞典 Lund 大学图书馆	2021
交通科学与工程	中国科技核心期刊	中国科学技术信息研究所	2004
经济林研究	中国科技核心期刊	中国科学技术信息研究所	2004
经济林研究	中文核心期刊要目总览	北京大学图书馆	2011
经济林研究	科学技术文献速报	日本科学技术振兴机构数据库	2021
商学研究	中国人文社会科学核心期刊	中国社会科学评价研究院	2018

续表5

刊名	入选的相关期刊、核心期刊、数据库名称	源刊、核心期刊、数据库等所属机构	入选年份
生命科学研究	中国科学引文数据库（CSCD）来源期刊	中国科学院文献情报中心	2007—2010
生命科学研究	中文核心期刊要目总览	北京大学图书馆	2011 至今
生命科学研究	中国科技核心期刊	中国科学技术信息研究所	2003 至今
生命科学研究	化学文摘（CA）	美国化学学会化学文摘社	1999 至今
生命科学研究	文摘杂志（AJ）	全俄科学技术信息研究所	1999 至今
生命科学研究	剑桥科学文摘（CSA）	剑桥信息集团	1999 至今
铁道科学与工程学报	EI	美国工程师学会	2021
铁道科学与工程学报	Scopus	爱思唯尔公司	2023
铁道科学与工程学报	EBSCO	美国 EBSCO host 数据库	2022
铁道科学与工程学报	化学文摘（CA）	美国化学学会化学文摘社	2020
铁道科学与工程学报	科学技术文献速报	日本科学技术振兴机构数据库	2019
铁道科学与工程学报	中国科学引文数据库（CSCD）来源期刊	中国科学院文献情报中心	2007
铁道科学与工程学报	中文核心期刊要目总览	北京大学图书馆	2014
武陵学刊	“复印报刊资料”重要转载来源期刊	中国人民大学书报资料中心	2018 至今
湘潭大学学报（哲学社会科学版）	中文核心期刊要目总览	北京大学图书馆	1996、2004、2008、2011、2014、2017、2020、2023
湘潭大学学报（哲学社会科学版）	中文社会科学引文索引（CSSCI）来源期刊	南京大学中国社会科学研究评价中心	1999 至今
湘潭大学学报（哲学社会科学版）	中国人文社会科学核心期刊	中国社会科学评价研究院	2014 至今
湘潭大学学报（自然科学版）	中国科技核心期刊	中国科学技术信息研究所	2023

续表6

刊名	入选的相关期刊、核心期刊、数据库名称	源刊、核心期刊、数据库等所属机构	入选年份
湘潭大学学报（自然科学版）	化学文摘（CA）	美国化学学会化学文摘社	2024
湘潭大学学报（自然科学版）	文摘杂志（AJ）	全俄科学技术信息研究所	2020
湘潭大学学报（自然科学版）	中文核心期刊要目总览	北京大学图书馆	2004—2017
湘潭大学学报（自然科学版）	中国科学引文数据库（CSCD）来源期刊	中国科学院文献情报中心	2011—2012
湘潭大学学报（自然科学版）	数学评论（MR）	美国数学学会	1984—2007
湘潭大学学报（自然科学版）	Scopus	爱思唯尔公司	2000—2003
湘潭大学学报（自然科学版）	数学文摘（Zbl MATH）	德国数学学会	1980—2021
云梦学刊	中国人文社会科学核心期刊	中国社会科学评价研究院	2008
云梦学刊	中文社会科学引文索引（CSSCI）扩展版来源期刊	南京大学中国社会科学研究评价中心	2009
云梦学刊	“复印报刊资料”重要转载来源期刊	中国人民大学书报资料中心	2012
中国文学研究	中文社会科学引文索引（CSSCI）来源期刊	南京大学中国社会科学研究评价中心	2005 至今
中国文学研究	中文核心期刊要目总览	北京大学图书馆	2004 至今
中国文学研究	中国人文社会科学核心期刊	中国社会科学评价研究院	2018 至今
中国韵文学刊	中文核心期刊要目总览	北京大学图书馆	2014
中南大学学报（社会科学版）	中文社会科学引文索引（CSSCI）来源期刊	中国社会科学研究评价中心	2014
中南大学学报（社会科学版）	中文核心期刊要目总览	北京大学图书馆	2017
中南大学学报（社会科学版）	中国人文社会科学核心期刊	中国社会科学评价研究院	2018
中南大学学报（医学版）	Scopus	爱思唯尔公司	2004

续表7

刊名	入选的相关期刊、核心期刊、数据库名称	源刊、核心期刊、数据库等所属机构	入选年份
中南大学学报（医学版）	医学文摘（EM）	爱思唯尔公司	1995
中南大学学报（医学版）	化学文摘（CA）	美国化学学会化学文摘社	
中南大学学报（医学版）	文摘杂志（AJ）	全俄科学技术信息研究所	
中南大学学报（医学版）	科学技术文献速报	日本科学技术振兴机构数据库	
中南大学学报（医学版）	中国科学引文数据库（CSCD）来源期刊	中国科学院文献情报中心	
中南大学学报（医学版）	中文核心期刊要目总览	北京大学图书馆	1996
中南大学学报（医学版）	科技期刊世界影响力指数（WJCI）报告	中国科学技术协会	
中南大学学报（医学版）	中国科技核心期刊	中国科学技术信息研究所	
中南大学学报（英文版）	SCIE	科睿唯安公司	2000
中南大学学报（英文版）	EI	美国工程师学会	1995
中南大学学报（英文版）	中国科学引文数据库（CSCD）来源期刊	中国科学院文献情报中心	2015
中南大学学报（英文版）	中国科技期刊引证报告（核心版）	中国科学技术信息研究所	2019
中南大学学报（自然科学版）	EI	美国工程师学会	1993
中南大学学报（自然科学版）	Scopus	爱思唯尔公司	2000
中南大学学报（自然科学版）	剑桥科学文摘	剑桥信息集团	1993
中南大学学报（自然科学版）	化学文摘（CA）	美国化学学会化学文摘社	1993
中南大学学报（自然科学版）	科学技术文献速报	日本科学技术振兴机构数据库	1994

续表8

刊名	入选的相关期刊、核心期刊、数据库名称	源刊、核心期刊、数据库等所属机构	入选年份
中南大学学报（自然科学版）	文摘杂志（AJ）	全俄科学技术信息研究所	1994
中南大学学报（自然科学版）	INSPEC	美国工程技术学会	2022
中南大学学报（自然科学版）	中国科学引文数据库（CSCD）来源期刊	中国科学院文献情报中心	
中南大学学报（自然科学版）	中文核心期刊要目总览	北京大学图书馆	
中南林业科技大学学报	中国科学引文数据库（CSCD）来源期刊	中国科学院文献情报中心	1996
中南林业科技大学学报	中国科技核心期刊	中国科学技术信息研究所	1990
中南林业科技大学学报	中文核心期刊要目总览	北京大学图书馆	1992
中南林业科技大学学报	化学文摘（CA）	美国化学学会化学文摘社	2009
中南林业科技大学学报	科学技术文献速报	日本科学技术振兴机构数据库	2009
中南林业科技大学学报（社会科学版）	中国人文社会科学扩展期刊	中国社会科学评价研究院	2018
作物研究	中国科技核心期刊	中国科学技术信息研究所	2007

［说明：1. 材料来源于各会员单位报送，不全；2. 数据库只列入 SCI、EI、CSCD、CSSCI、北核、人大复印资料、中信所核心、中国社会科学评价研究院核心、学会入选期刊级别（T1、T2、T3）、国外数据库，其余数据库均不计入；3. 按期刊名称汉语拼音排序］

会员单位期刊基金资助项目情况

刊名	基金项目资助名称	资助单位	年份
财经理论与实践	湖南省重点报刊出版专项资金	中共湖南省委宣传部	2018、2021、2023
长沙理工大学学报（社会科学版）	湖南省品牌社科期刊资助项目	中共湖南省委宣传部	2021、2023
城市学刊	湖南省重点报刊出版专项资金	中共湖南省委宣传部	2020、2021

续表1

刊名	基金项目资助名称	资助单位	年份
城市学刊	名刊培育计划品牌栏目	湖南省教育厅	2021
船山学刊	湖南省重点报刊出版专项资金	中共湖南省委宣传部	2021、2023
船山学刊	首批哲学社会科学期刊重点建设专栏	中宣部	2023
电力科学与技术学报	湖南省培育世界一流湘版科技期刊建设工程	湖南省科学技术厅、中共湖南省委宣传部	2023
衡阳师范学院学报	湖南省资助优秀理论期刊	中共湖南省委宣传部	2013、2015、2023
衡阳师范学院学报	高校哲学社会科学学报名栏建设入选栏目	教育部	2012
湖南大学学报（社会科学版）	高校哲学社会科学学报名栏建设首批入选栏目	教育部	2004
湖南大学学报（社会科学版）	湖南省重点报刊出版专项资金	中共湖南省委宣传部	2016、2019 2021
湖南大学学报（自然科学版）	湖南省培育世界一流湘版科技期刊建设工程重点期刊	湖南省科学技术厅、中共湖南省委宣传部	2020
湖南科技大学学报（社会科学版）	名刊培育计划精品期刊	湖南省教育厅	2021
湖南科技大学学报（社会科学版）	湖南省资助优秀理论栏目	中共湖南省委宣传部	2016、2019、2021
湖南科技学院学报	湖南省资助优秀理论期刊	中共湖南省委宣传部	2013
湖南科技学院学报	名刊培育计划品牌栏目	湖南省教育厅	2021
湖南农业大学学报（社会科学版）	湖南省品牌社科期刊资助项目	中共湖南省委宣传部	2021、2023
湖南社会科学	湖南省品牌社科期刊资助项目	中共湖南省委宣传部	2023
湖南师范大学教育科学学报	湖南省重点报刊出版专项资金	中共湖南省委宣传部	2018、2023
湖南师范大学社会科学学报	国家社科基金	全国哲学社会科学工作办公室	2012
湖南师范大学社会科学学报	湖南省哲学社会科学基金	湖南省哲学社会科学规划基金办公室	2021

续表2

刊名	基金项目资助名称	资助单位	年份
湖南师范大学自然科学学报	湖南省培育世界一流湘版科技期刊建设工程梯队期刊	湖南省科学技术厅、中共湖南省委宣传部	2021
湖南中医药大学学报	湖南省培育世界一流湘版科技期刊建设工程梯队期刊	湖南省科学技术厅、中共湖南省委宣传部	2023
湖湘论坛	湖南省资助优秀理论期刊	中共湖南省委宣传部	2013、2018
吉首大学学报（社会科学版）	湖南省资助优秀理论期刊	中共湖南省委宣传部	2013、2015、2017、2019
吉首大学学报（社会科学版）	湖南省哲学社会科学基金	湖南省哲学社会科学规划基金办公室	2021、2023
交通安全与环境（英文）	湖南省湘版一流科技期刊建设工程高起点新刊	湖南省科学技术厅、中共湖南省委宣传部	2021
交通安全与环境（英文）	中国科技期刊国际影响力提升计划高起点新刊	中国科协等六部委	2017
生命科学研究	湖南省重点出版物资助	湖南省财政厅	2020
数字中医药（英文）	中国科技期刊国际影响力提升计划D类项目	中国科协等六部委	2016
数字中医药（英文）	中国科技期刊卓越行动计划子项目高水平办刊人才培育	中国科协等七部委	2020
数字中医药（英文）	湖南省培育世界一流湘版科技期刊建设工程高起点新刊	湖南省科学技术厅、中共湖南省委宣传部	2021
数字中医药（英文）	湖南省培育世界一流湘版科技期刊建设工程杰出中青年人才	湖南省科学技术厅、中共湖南省委宣传部	2021
铁道科学与工程学报	中国科技期刊卓越行动计划	中国科协等七部委	2019
铁道科学与工程学报	湖南省培育世界一流湘版科技期刊建设工程	湖南省科学技术厅、中共湖南省委宣传部	2020
文化软实力	湖南省重点报刊出版专项资金	中共湖南省委宣传部	2017
湘南学院学报	融媒体时代地方高校学报的作者服务体系建设	湖南省教育厅	2022
湘潭大学学报（哲学社会科学版）	湖南省重点报刊出版专项资金	中共湖南省委宣传部	2018、2020、2021、2023

续表3

刊名	基金项目资助名称	资助单位	年份
湘潭大学学报（哲学社会科学版）	名刊培育计划精品期刊	湖南省教育厅	2021
湘潭大学学报（自然科学版）	《湘潭大学自然科学学报》改革与发展	湖南省科学技术厅	2010
云梦学刊	高校哲学社会科学学报名栏建设第三批入选栏目	教育部	2013
云梦学刊	湖南省资助优秀理论栏目	中共湖南省委宣传部	2013
云梦学刊	湖南省品牌社科期刊资助项目	中共湖南省委宣传部	2021
云梦学刊	首批哲学社会科学期刊重点专栏后备专栏	中宣部	2023
中国文学研究	湖南省哲学社会科学基金	湖南省哲学社会科学规划基金办公室	2021
中国韵文学刊	湖南省哲学社会科学基金	湖南省哲学社会科学规划基金办公室	2021、2023
中国韵文学刊	传统文化学术期刊中冷门绝学的“两创”发展路径研究	湖南省教育厅	2023
中南大学学报（社会科学版）	湖南省品牌社科期刊资助项目	中共湖南省委宣传部	2021
中南大学学报（社会科学版）	湖南省高校社科类期刊管理工作研究	湖南省教育厅	2022
中南大学学报（医学版）	湖南省培育世界一流湘版科技期刊建设工程梯队期刊	湖南省科学技术厅、中共湖南省委宣传部	2021
中南大学学报（医学版）	湖南省培育世界一流湘版科技期刊建设工程杰出中青年人才	湖南省科学技术厅、中共湖南省委宣传部	2021
中南大学学报（英文版）	中国科技期刊国际影响力提升计划B类项目	中国科协等六部委	2013
中南大学学报（英文版）	湖南省重点报刊出版专项资金	中共湖南省委宣传部	2017
中南大学学报（英文版）	中国科技期刊卓越行动计划梯队期刊	中国科协等七部委	2019
中南大学学报（英文版）	湖南省培育世界一流湘版科技期刊建设工程重点期刊	湖南省科学技术厅、中共湖南省委宣传部	2020

续表4

刊名	基金项目资助名称	资助单位	年份
中南大学学报（自然科学版）	中国科技期刊卓越行动计划	中国科协等七部委	2019
中南大学学报（自然科学版）	湖南省培育世界一流湘版科技期刊建设工程	湖南省科学技术厅、中共湖南省委宣传部	2020
中南大学学报（自然科学版）	湖南省重点报刊出版专项资金	中共湖南省委宣传部	2019
中南林业科技大学学报	湖南省培育世界一流湘版科技期刊建设工程梯队期刊	湖南省科学技术厅、中共湖南省委宣传部	2021
中南林业科技大学学报（社会科学版）	湖南省品牌社科期刊资助项目	中共湖南省委宣传部	2021
中南林业科技大学学报（社会科学版）	名刊培育计划精品期刊	湖南省教育厅	2021
中南林业科技大学学报（社会科学版）	湖南省高校社科类期刊管理工作研究	湖南省教育厅	2022

（说明：1. 材料来源于各会员单位报送，不全；2. 所获基金奖项目只列入国家级、省部级政府部门资助的项目，其余均不计入；3. 按期刊名称汉语拼音排序）

会员单位期刊重点专栏建设情况

刊名	重点栏目或名栏	授奖单位	年份
财经理论与实践	金融与保险	中宣部（首批哲学社会科学期刊重点专栏）	2023
财经理论与实践	金融与保险	中共湖南省委宣传部（资助优秀理论栏目）	1998
城市学刊	城市文化	湖南省教育厅（名刊培育计划品牌栏目）	2021
船山学刊	船山学研究	中宣部（哲学社会科学期刊重点专栏）	2023
衡阳师范学院学报	船山研究	教育部（高校哲学社会科学学报名栏建设入选栏目）	2011
衡阳师范学院学报	船山研究	湖南省教育厅（名刊培育计划品牌栏目）	2021

续表

刊名	重点栏目或名栏	授奖单位	年份
湖南大学学报（社会科学版）	岳麓书院与传统文化	教育部（高校哲学社会科学学报名栏建设首批入选栏目）	2004
湖南科技大学学报（社会科学版）	毛泽东研究	中共湖南省委宣传部（资助优秀理论栏目）	2013
湖南科技学院学报	柳宗元研究	中共湖南省委宣传部	2013
湖南人文科技学院学报	梅山文化研究	中共湖南省委宣传部（资助优秀理论栏目）	2013
怀化学院学报	民族民间文化研究	中共湖南省委宣传部办公室（资助优秀理论栏目）	2015
吉首大学学报（社会科学版）	沈从文研究	国家民族事务委员会（优秀栏目）	2007
邵阳学院学报（社会科学版）	魏源及邵阳人文研究	湖南省教育厅（名刊培育计划品牌栏目）	2022
湘南学院学报	郴州纵横	湖南省教育厅（名刊培育计划品牌栏目）	2021
湘潭大学学报（哲学社会科学版）	毛泽东邓小平理论研究	中共湖南省委宣传部（资助优秀理论栏目）	1999
湘潭大学学报（哲学社会科学版）	毛泽东思想研究	教育部（高校哲学社会科学学报名栏建设入选栏目）	2014
云梦学刊	当代学术史研究	教育部（高校哲学社会科学学报名栏建设入选栏目）	2014
云梦学刊	当代学术史研究	中共湖南省委宣传部（资助优秀理论栏目）	2013
云梦学刊	当代学术史研究	中宣部（首批哲学社会科学期刊重点专栏建设后备专栏）	2023

（说明：1. 材料来源于各会员单位收集报送，不全；2. 重点栏目只列入国家级、省部级、行业协会授予的栏目，其余均不计入；3. 按期刊名称汉语拼音排序）

会员单位编辑个人发表编辑学论文情况

序号	作者	所在单位	文章名	发表期刊	发表刊期	备注（论文获奖）
1	谭容培	湖南师范大学学报编辑部	论编辑观念	编辑学刊	1988（3）	
2	卜庆华	湖南师范大学学报编辑部	《中国高等院校学报学概论》纲要	湖南师范大学社会科学学报	1989（4）	
3	龚维忠	湖南师范大学学报编辑部	试论科技期刊的装帧艺术	编辑学报	1989（4）	
4	谭容培	湖南师范大学学报编辑部	论编辑鉴识标准	编辑学刊	1990（1）	
5	卜庆华	湖南师范大学学报编辑部	论期刊主编的观念更新	编辑之友	1990（2）	
6	谭容培	湖南师范大学学报编辑部	谈谈编辑鉴识标准	出版发行研究	1990（2）	
7	杨布生	湖南师范大学学报编辑部	中国高等院校学报的历史源流	湖南师范大学社会科学学报	1990（2）	
8	谭容培	湖南师范大学学报编辑部	“双百”方针是繁荣学术发展学报的基本方针	湖南师范大学社会科学学报	1990（5）	
9	卜庆华	湖南师范大学学报编辑部	《高校学报编辑学概论》三百题简答（选登）	怀化师专学报	1990（6）	
10	龚维忠	湖南师范大学学报编辑部	论学报编辑的选题与组稿	湖南师范大学自然科学学报	1991（3）	
11	谭容培	湖南师范大学学报编辑部	论编辑的创造性	中国人民大学学报	1991（6）	
12	谭容培	湖南师范大学学报编辑部	论学报选题	编辑学刊	1992（1）	
13	龚维忠	湖南师范大学学报编辑部	对科技期刊评优的思考	株洲工学院学报	1994（2）	

续表1

序号	作者	所在单位	文章名	发表期刊	发表刊期	备注（论文获奖）
14	卜庆华 张宽信	湖南师范大学学报编辑部	论《学报质量评估体系》编写的指导方针	湖南师范大学社会科学学报	1996（3）	
15	谭容培 杨布生	湖南师范大学学报编辑部	论学报学术质量评估	湖南师范大学社会科学学报	1996（5）	
16	肖家元	湖南师范大学学报编辑部	关于参考文献著录中存在的问题及分析	湖南商学院学报	2000（1）	
17	龚维忠	湖南师范大学学报编辑部	论作为社会文化行为的编辑之责任	湖南师范大学社会科学学报	2000（1）	
18	龚维忠	湖南师范大学学报编辑部	编辑学研究综述	湖南大学学报（社会科学版）	2000（1）	
19	龚维忠	湖南师范大学学报编辑部	论编辑策划的基本性质及其表现特征	湖南商学院学报	2000（3）	
20	谭容培	湖南师范大学学报编辑部	论编辑导向	大众传媒（湖南大众传媒职业技术学院学报）	2001（1）	
21	卜庆华	湖南师范大学学报编辑部	21世纪湖南高校学报发展之思考——略论编辑队伍的建设	湖南师范大学社会科学学报	2001（4）	
22	卜庆华	湖南师范大学学报编辑部	校对的理论与实践	南通师范学院学报（哲学社会科学版）	2001（3）	
23	龚维忠	湖南师范大学学报编辑部	科技期刊等级评定的审视——湖南省历届科技期刊等级评定比较分析	编辑学报	2004（5）	
24	龚维忠	湖南师范大学学报编辑部	我国期刊编辑学研究综述	湖南师范大学社会科学学报	2004（5）	

续表2

序号	作者	所在单位	文章名	发表期刊	发表刊期	备注（论文获奖）
25	任楚威	湖南师范大学学报编辑部	参考文献统计分析——以湖南师范大学自然科学学报 1999～2008 年刊发论文为例	湖南师范大学自然科学学报	2009（2）	
26	任楚威 晏绍明	湖南师范大学学报编辑部	高校社科学报的导向与创新	长沙铁道学院学报（社会科学版）	2007（4）	
27	任楚威	湖南师范大学学报编辑部	我国 31 家师大自然科学学报质量分析	湖南师范大学自然科学学报	2007（3）	
28	任楚威	湖南师范大学学报编辑部	湖南省学术类科技期刊第五次审读评级分析	湖南师范大学自然科学学报	2006（1）	
29	任楚威	湖南师范大学学报编辑部	高校自然科学学报质量的量化管理	编辑学报	2005（3）	
30	任楚威	湖南师范大学学报编辑部	湖南科技期刊审读评级分析	湖南师范大学自然科学学报	2005（1）	
31	任楚威	湖南师范大学学报编辑部	湖南省学术类科技期刊第四次审读评级分析	湖南师范大学自然科学学报	2004（1）	
32	任楚威	湖南师范大学学报编辑部	湖南省学术类科技期刊第三次等级评定情况的分析	湖南师范大学自然科学学报	2002（3）	
33	任楚威	湖南师范大学学报编辑部	做好“三个坚持”全面提高学报质量——《湖南师范大学自然科学学报》编辑部的办刊体会	编辑学报	2002（3）	
34	任楚威	湖南师范大学学报编辑部	司马光是我国历史上一位杰出的编辑家	湘潭大学学报（社会科学版）	2000（3）	

续表3

序号	作者	所在单位	文章名	发表期刊	发表刊期	备注（论文获奖）
35	任楚威	湖南师范大学学报编辑部	出版物中量和单位的标准化	湖南师范大学自然科学学报	1999（1）	
36	任楚威	湖南师范大学学报编辑部	从《资治通鉴》的编写看司马光的编辑作风	编辑学刊	1999（1）	
37	任楚威	湖南师范大学学报编辑部	论学报的著作权	湖南师范大学自然科学学报	1997（4）	
38	任楚威	湖南师范大学学报编辑部	审校科技译文要多在“准确”二字上下功夫	中国科技翻译	1997（3）	
39	任楚威 肖家元	湖南师范大学学报编辑部	效益质量标准	湖南师范大学自然科学学报	1996（3）	
40	尹金凤 胡文昭	湖南师范大学社会科学学报编辑部	如何提升中国学术的话语权——兼论学术期刊编辑的问题意识与学术使命	中国编辑	2018（7）	
41	尹金凤	湖南师范大学社会科学学报编辑部	高校综合学报新闻栏目的创新发展：与专业期刊对比下的问题与对策	湖南师范大学社会科学学报	2018（4）	2019年全国高校文科学报研究会优秀编辑学论文
42	陈桂香	湖南师范大学社会科学学报编辑部	学术期刊知识服务理论探析	湖南师范大学社会科学学报	2019（6）	
43	李　彬	湖南师范大学社会科学学报编辑部	从人文科学与社会科学的关系看高校学报的专业化	湖南师范大学社会科学学报	2004（6）	2004年湖南省期刊协会优秀论文奖
44	李　彬	湖南师范大学社会科学学报编辑部	近代先进报刊的社会效益观管窥	吉首大学学报（社会科学版）	2013（3）	

续表4

序号	作者	所在单位	文章名	发表期刊	发表刊期	备注（论文获奖）
45	李　彬	湖南师范大学社会科学学报编辑部	论近代先进知识分子编辑群体的职业素养观	编辑之友	2013（11）	
46	段发明	湖南师范大学教育科学学报编辑部	刍议科技期刊需要小数据分析	科技与出版	2023（5）	
47	张曙光	湖南师范大学教育科学学报编辑部	学术评价乱象：表征、诱因与治理——基于量化评价的视角	湖南师范大学社会科学学报	2016（3）	2019年全国高校文科学报研究会优秀编辑学论文
48	夏丽云 徐敏赟 丁懿楠 代建华	湖南师范大学教育科学学报编辑部	智能推荐算法下的科技期刊国际传播策略研究——以中国科技期刊卓越行动计划入选期刊为例	中国科技期刊研究	2023（11）	
49	胡文杰 杨春明	湖南师范大学自然科学学报编辑部	新形势下学术期刊产业联盟发展模式研究	编辑学报	2018（3）	
50	陈冠初 周　青	生命科学研究编辑部	走向世界的《生命科学研究》	中国科技期刊研究	1999（2）	
51	陈冠初 周　青	生命科学研究编辑部	对学术期刊如何走向市场初探	中国科技期刊研究	2001（4）	
52	陈冠初 周　青	生命科学研究编辑部	对执行《中国学术期刊（光盘版）技术规范》的探讨	科技与出版	2001（3）	
53	陈冠初	生命科学研究编辑部	生命科学类期刊量和单位的标准化	编辑学报	2002（2）	
54	陈冠初	生命科学研究编辑部	我国科技期刊的未来	编辑学报	2003（2）	

续表5

序号	作者	所在单位	文章名	发表期刊	发表刊期	备注（论文获奖）
55	陈冠初	生命科学研究编辑部	中国科技期刊的国际标准化	编辑学报	2004（2）	
56	陈冠初	生命科学研究编辑部	我国科技期刊的评价问题	编辑学报	2004（4）	
57	陈冠初	科学研究编辑部	对中国科技核心期刊评价的探讨	中国科技期刊研究	2005（6）	
58	陈冠初	生命科学研究编辑部	略论我国科技期刊社的管理	中国科技期刊研究	2005（2）	
59	陈冠初	生命科学研究编辑部	略论我国科技学术期刊的终校	编辑学报	2006（2）	
60	陈冠初	生命科学研究编辑部	文献计量学与非文献计量学在期刊评价中的应用	编辑学报	2006（6）	
61	周　青	生命科学研究编辑部	综合性生物核心期刊网站建设情况分析与思考	编辑学报	2010（4）	
62	周　青	生命科学研究编辑部	从《生命科学研究》看《中国学术期刊（光盘版）》的效用	中国科技期刊研究	2000（6）	
63	周　青	生命科学研究编辑部	因特网在实现科技期刊出版现代化中的作用初探	编辑学报	2000（3）	
64	龙爱良	生命科学研究编辑部	参考文献著录的思考与建议	教师	2012（35）	
65	王婧之	中国文学研究编辑部	晚清“现形记”体小说的刊载与出版述论	出版发行研究	2015（9）	
66	王婧之 王　健 谢　淼	中国文学研究编辑部	文化自信视域下社科学术期刊特色栏目定位研究——以《中国文学研究》为例	传播与版权	2023（4）	

续表6

序号	作者	所在单位	文章名	发表期刊	发表刊期	备注（论文获奖）
67	陈灿华	中南大学学报（自然科学版）编辑部	论科技期刊的开源——以中南大学理工版学报办刊实践为例	编辑学报	2009（1）	
68	陈灿华	中南大学学报（自然科学版）编辑部	科技期刊充实和稳定作者队伍的措施	编辑学报	2004（3）	2005年湖南省期刊协会优秀论文奖
69	陈灿华 张曾荣	中南大学学报（自然科学版）编辑部	论期刊社人力资源的管理	编辑学报	2004（1）	
70	陈灿华	中南大学学报（自然科学版）编辑部	参考文献与作者和编辑	编辑学报	2003（1）	
71	陈灿华 张曾荣 王　璐	中南大学学报（自然科学版）编辑部	话说退稿	编辑学报	2002（2）	2002年被中国科技协会学会学术部、中国科学技术期刊编辑学会评为二等奖
72	陈灿华 张曾荣 王　璐	中南大学学报（自然科学版）编辑部	创新——学报活力之源	编辑学报	2001（5）	
73	陈灿华	中南大学学报（自然科学版）编辑部	如何树立科技期刊的品牌	科技与出版	2003（1）	
74	陈灿华	中南大学学报（自然科学版）编辑部	关爱自家已出版的期刊	中国科技期刊研究	2003（1）	2004年被教育部科技司评为二等奖
75	陈灿华 赵　俊	中南大学学报（自然科学版）编辑部	提高年青编辑综合素质的措施	湖南大学学报（社会科学版）	2009（1）	

续表7

序号	作者	所在单位	文章名	发表期刊	发表刊期	备注（论文获奖）
76	赵　俊 邓履翔 郭　征 秦明阳 陈灿华	交通安全与环境（英文）编辑部	科技期刊编辑的本质属性与角色定位	编辑学报	2023（2）	
77	邓履翔 沈辉戈	交通安全与环境（英文）编辑部	编码理论视角下学术期刊短视频编码策略研究	中国科技期刊研究	2023（3）	
78	陈雅婷 邓履翔	交通安全与环境（英文）编辑部	我国科技期刊编辑部运营模式辨析	编辑学报	2022（3）	
79	邓履翔 胡　英	交通安全与环境（英文）编辑部	浅谈新时代学术期刊编辑自我修养	中国出版	2022（8）	
80	邓履翔 沈辉戈	交通安全与环境（英文）编辑部	我国英文科技期刊发展中值得注意的几个问题	编辑学报	2021（6）	
81	邓履翔	交通安全与环境（英文）编辑部	学术传播视角下学术期刊内容角色转变	中国科技期刊研究	2021（12）	
82	杜　焱 邓履翔 张　光 涂　鹏 徐佳忆 陈　勇	交通安全与环境（英文）编辑部	高校学术期刊编辑在高校科研诚信体系建设中的角色与功能	中国科技期刊研究	2021（8）	
83	邓履翔 杨保华 吴湘华	交通安全与环境（英文）编辑部	高校期刊集群化建设的编辑培养策略及实践探索	科技与出版	2021（4）	
84	邓履翔 胡　英 沈辉戈	交通安全与环境（英文）编辑部	42所“双一流”高校学术不端行为处理办法比较研究	中国科技期刊研究	2021（2）	

续表8

序号	作者	所在单位	文章名	发表期刊	发表刊期	备注（论文获奖）
85	蒋学东 邓履翔 涂　鹏 阳丽霞	交通安全与环境（英文）编辑部	中国科技期刊卓越行动计划引领下的工程技术类期刊角色功能重塑途径探析	科技与出版	2021（1）	
86	邓履翔	交通安全与环境（英文）编辑部	科技期刊欺诈引用案例分析及编辑工作建议	中国科技期刊研究	2020（1）	
87	袁国瑞 邓履翔	交通安全与环境（英文）编辑部	综述论文对影响因子的影响分析——兼析高被引综述论文特征	中国科技期刊研究	2019（7）	
88	吴湘华 邓履翔	交通安全与环境（英文）编辑部	中国高校学术期刊发展探索	科技与出版	2019（4）	
89	邓履翔 王维朗 陈灿华	交通安全与环境（英文）编辑部	欺诈引用——一种新的不当引用行为	中国科技期刊研究	2018（3）	
90	邓履翔	交通安全与环境（英文）编辑部	学术期刊如何防范学术论文署名权纠纷	科技与出版	2017（8）	
91	邓履翔等	交通安全与环境（英文）编辑部	Digital object identifier and its use in core Chinese academic journals: A Chinese perspective	Learned Publishing	2017（2）	
92	邓履翔 彭超群	交通安全与环境（英文）编辑部	执行编辑如何把握科技期刊的论文质量	中国科技期刊研究	2012（6）	

续表9

序号	作者	所在单位	文章名	发表期刊	发表刊期	备注（论文获奖）
93	秦明阳 王　超 邓履翔 陈灿华 杨　华 赵　俊 伍锦花	中南大学	中国特色科技期刊评价体系的特征、探索与建议	编辑学报	2023（6）	
94	李昌佳	中南大学	学术出版引入同行专家评审机制的探讨	中南大学学报（社会科学版）	2006（3）	
95	李昌佳 陈卫萍	中南大学	引文分析：一种重要的期刊评价方法	出版发行研究	2000（3）	
96	皮光中	中南大学	实施科技期刊评估标准的几个认识问题	长沙铁道学院学报	1995（3）	
97	李昌佳	中南大学	论科技论文的评审方式	国防科技大学学报	1992（3）	
98	皮光中	中南大学	科技期刊质量初探	有色金属高教研究	1986（1）	
99	秦明阳 郑羽彤 邓履翔 陈灿华 杨　华 赵　俊 平静波	中南大学	本土英文科技期刊的“两栖”特征与“双循环”特殊使命	编辑学报	2023（3）	2023年度中国高校科技期刊建设示范案例库·金笔论著，2023年度湖南省科技期刊优秀论文一等奖
100	秦明阳 游玉佩 何运斌 陈灿华 杨　华 赵　俊 平静波	中南大学	“双一流”高校学术期刊集群：特征、定位和发展建议	编辑学报	2022（6）	

续表10

序号	作者	所在单位	文章名	发表期刊	发表刊期	备注（论文获奖）
101	秦明阳 何运斌 陈灿华 杨　华 赵　俊	中南大学	中国特色的一流高校学报与“双一流”建设的融合发展——以《中南大学学报（自然科学版）》和《中南大学学报（英文版）》为例	中国科技期刊研究	2022（9）	
102	吴湘华 秦明阳 陈灿华 赵　俊 杨幼平 伍锦花 杨　华	中南大学	《中南大学学报（自然科学版）》用“三段共振”全流程模式提升影响力的实践及成效	编辑学报	2022（2）	
103	秦明阳 伍锦花 陈灿华 赵　俊 杨幼平	中南大学	培育世界一流科技期刊背景下高校学报的发展建议——基于高质量科技期刊分级目录分析	中国科技期刊研究	2021（5）	
104	秦明阳 邓履翔 陈灿华	中南大学	培育世界一流科技期刊背景下中文科技期刊发展定位与使命——基于中文科技期刊与国家重大战略协调发展情况分析	中国科技期刊研究	2021（3）	
105	杨保华 秦明阳 邓履翔 陈灿华	中南大学	“双一流”背景下高校理工类中文综合性期刊的发展定位与策略	中国科技期刊研究	2020（4）	
106	伍锦花 陈灿华	中南大学学报（自然科学版）编辑部	科技期刊编辑提升学术话语权的主体意识与职责使命	出版广角	2022（6）	

续表11

序号	作者	所在单位	文章名	发表期刊	发表刊期	备注（论文获奖）
107	杨保华 伍锦花 陈灿华	中南大学学报（自然科学版）编辑部	“卓越计划”背景下中文科技期刊编辑能力建设	编辑学报	2020（5）	2021年度中国高校科技期刊建设示范案例库·银笔论著
108	伍锦花 陈灿华	中南大学学报（自然科学版）编辑部	科技论文10个无效关键词计量学分析	编辑学报	2020（4）	
109	赵　俊 余　琨 陈灿华	中南大学学报（自然科学版）编辑部	中国高校学术期刊国际化发展现状与策略	编辑之友	2012（10）	
110	赵　俊 李海亮 陈灿华 彭超群 王海乐	中南大学学报（自然科学版）编辑部	网络出版平台对高校学术性期刊发展的影响——以《中南大学学报》网站为例	科技与出版	2013（1）	
111	薛绍莲	中南大学学报（医学版）编辑部	医学论文英文摘要的写作（Ⅰ）：标题	国外医学（生理、病理科学与临床分册）	2003（4）	
112	薛绍莲	中南大学学报（医学版）编辑部	医学论文英文摘要的写作（Ⅱ）：主体部分	国外医学（生理、病理科学与临床分册）	2003（5）	
113	薛绍莲	中南大学学报（医学版）编辑部	怎样提高医学文献综述的写作水平	国外医学（生理、病理科学与临床分册）	2003（2）	
114	薛绍莲	中南大学学报（医学版）编辑部	医学文献写作（Ⅰ）：文题的写作	中国普通外科杂志	2003（1）	
115	薛绍莲	中南大学学报（医学版）编辑部	医学文献写作（Ⅱ）：摘要的写作	中国普通外科杂志	2003（3）	

续表12

序号	作者	所在单位	文章名	发表期刊	发表刊期	备注（论文获奖）
116	薛绍莲	中南大学学报（医学版）编辑部	医学文献写作（Ⅲ）：医学论著正文部分的写作要领	中国普通外科杂志	2003（5）	
117	薛绍莲	中南大学学报（医学版）编辑部	医学论文正文部分的写作形式	湖南医学	1999（5）	
118	彭敏宁 昌　兰	中南大学学报（医学版）编辑部	编辑道德行为选择的机制	编辑学报	2005（2）	
119	陈丽文 昌　兰	中南大学学报（医学版）编辑部	美国《医学索引》收录的中国期刊现状和分析	中国科技期刊研究	2009（5）	
120	陈丽文 昌　兰	中南大学学报（医学版）编辑部	英文医学论文中易错用的词和词组	出版科学	2009（4）	
121	陈丽文 昌　兰 李桂源	中南大学学报（医学版）编辑部	严格审稿程序，提高学报质量——以《中南大学学报（医学版）》为例	出版科学	2008（5）	
122	陈丽文 李凌江 昌　兰 傅希文	中南大学学报（医学版）编辑部	国内外生物医学期刊稿件中医学伦理学意识比较	编辑学报	2006（1）	
123	傅希文 薛绍莲 陈丽文	中南大学学报（医学版）编辑部	医学论文中的结构残缺和混乱	中国科技期刊研究	2004（4）	
124	平静波 昌　兰 陈丽文 彭敏宁 郭　征 傅希文 邱锦森	中南大学学报（医学版）编辑部	基于SAAS云服务的《临床与病理杂志》网站建设	科技与出版	2014（10）	

续表13

序号	作者	所在单位	文章名	发表期刊	发表刊期	备注（论文获奖）
125	郭　征 平静波	中南大学学报（医学版）编辑部	我国医学期刊稿约中的医学伦理和出版伦理规范剖析	中国科技期刊研究	2017（7）	
126	杨保华 郑羽彤	中南大学学报（英文版）编辑部	“卓越行动计划”入选英文期刊的特征数据分析和发展建议	中国科技期刊研究	2020（12）	中国知网《学术精要数据库》（2023年7—8月）高影响力论文
127	王　超 陈铁群 何运斌 杨保华 彭超群	中南大学学报（英文版）编辑部	高校科技期刊的业务流程再造实践——以《中国有色金属学报》为例	中国科技期刊研究	2022（11）	
128	王　超 王胜男 何运斌 彭超群	中南大学学报（英文版）编辑部	论科技期刊在突发公共卫生事件谣言治理中的作用	编辑学报	2022（5）	
129	王　超 王胜国 何运斌 彭超群	中南大学学报（英文版）编辑部	私域流量视域下学术期刊传播现状及策略研究	中国科技期刊研究	2023（1）	
130	李建华	湖南科技大学期刊社	坚持正确的舆论导向必须正确认识和处理的几个关系	吉首大学学报（社会科学版）	2004（4）	
131	李建华	湖南科技大学期刊社	树精品形象　创名优期刊	湘潭师范学院学报（社会科学版）	2001（6）	
132	龙四清 郑国庆	湖南科技大学期刊社	高校学报的功能定位	湘潭师范学院学报（社会科学版）	2002（3）	
133	龙四清	湖南科技大学期刊社	创新意识—编辑人应恪守的理念	湘潭师范学院学报（社会科学版）	2006（6）	

续表14

序号	作者	所在单位	文章名	发表期刊	发表刊期	备注（论文获奖）
134	易淑华	湖南科技大学期刊社	高校学报信息资源开发管理	图书馆	1995（3）	
135	梁念琼	湖南科技大学期刊社	社科期刊编辑要有全面的意识形态观	编辑学刊	1994（4）	
136	王窈惠	湖南科技大学期刊社	浅谈学术刊物投稿技巧	湘潭矿业学院学报	1989（1）	
137	王窈惠 胡　伟	湖南科技大学期刊社	激发人才创作力的编辑对策	湘潭矿业学院学报	1992（2）	
138	王窈惠	湖南科技大学期刊社	《湘潭工学院学报》参考文献的统计分析与比较	湘潭矿业学院学报	1999（3）	
139	朱正余	湖南科技大学期刊社	供给侧结构性改革视角下的高校学术期刊发展路径	中国传媒科技	2023（5）	
140	朱正余 蒋向红	湖南科技大学期刊社	学术期刊微信公众号运营的意识形态建设探究	传播与版权	2022（7）	
141	朱正余	湖南科技大学期刊社	我国高校学报版权保护探析——以湖南省高校学报为例	编辑之友	2011（4）	
142	朱正余	湖南科技大学期刊社	论高校学报在社会科学研究与创新中的责任及其应对之策	编辑之友	2010（3）	
143	游星雅	湖南科技大学期刊社	提升高校学报国际影响力探析	湖南科技大学学报（社会科学版）	2010（3）	
144	游星雅	湖南科技大学期刊社	关于高校学报集团化发展模式的思考	编辑之友	2010（4）	

续表15

序号	作者	所在单位	文章名	发表期刊	发表刊期	备注（论文获奖）
145	王小飞 杨凤娥	湖南科技大学期刊社	学报稿源优化刍议	湘潭师范学院学报（社会科学版）	2009（3）	
146	王　健	湖南科技大学期刊社	美国期刊业对我国期刊的启示	湘潭工学院学报（社会科学版）	2003（3）	
147	杨凤娥 王　健	湖南科技大学期刊社	“职称论文”编辑刍议	湘潭师范学院学报（社会科学版）	2005（6）	
148	林彬晖	湖南科技大学期刊社	高校学术期刊参与市场竞争探讨	技术经济	2003（9）	
149	刘景慧	怀化学院学报编辑部	知识经济时代出版业人才资源建设	吉首大学学报（社会科学版）	2004（1）	
150	罗　蕾	商学研究编辑部	湖南文化产业发展现状与对策	经济地理	2009（1）	
151	罗　蕾	商学研究编辑部	新形势下教材发行工作模式与运行机制研究	湖南师范大学教育科学学报	2009（6）	
152	罗　蕾 罗传玲	商学研究编辑部	论品牌栏目是学术期刊的核心竞争力	湘潭大学学报（哲学社会科学版）	2009（4）	
153	罗　蕾 谢静波	商学研究编辑部	论编辑知识结构的调整与更新	湖南大学学报（社会科学版）	2009（4）	
154	杨粤芳	商学研究编辑部	毛泽东编辑思想研究	湖南师范大学社会科学学报	2008（5）	
155	杨粤芳	商学研究编辑部	浅议期刊的校对工作	湘潭师范学院学报（自然科学版）	2008（2）	
156	贺香梅 宋耕春 高为国 郝树平	湖南工程学院学报（自然科学版）编辑部	发挥中青年专家在高校学报的作用	湘潭师范学院学报（社会科学版）	2004（2）	

续表16

序号	作者	所在单位	文章名	发表期刊	发表刊期	备注（论文获奖）
157	鲁 姗 张韫玉 邓 杰 邹 龙 彭清华	数字中医药（英文）编辑部	中医药类英文科技期刊国际同行评议专家数据库建设	编辑学报	2021（5）	
158	刘晓毅	邵阳学院期刊社	湖南省科技期刊人才队伍建设研究	中国科技期刊研究	2019（11）	
159	周崇松 王岐本 周凝绮	湘南学院学报编辑部	基于平台作者服务的科技论文信息挖掘与传播	科技与出版	2022（11）	
160	朱美香	湘潭大学学报（自然科学版）编辑部	审稿项目对审稿质量的影响	编辑学报	2001（5）	
161	朱美香	湘潭大学学报（自然科学版）编辑部	审稿质量与审稿人年龄、经历的关系初探	中国科技期刊研究	2004（3）	
162	朱美香	湘潭大学学报（自然科学版）编辑部	遏制审稿失范 提高审稿质量	编辑学报	2004（3）	
163	朱美香	湘潭大学学报（自然科学版）编辑部	审稿质量评价的指标体系	编辑学报	2005（2）	
164	夏金玉	湘潭大学学报（自然科学版）编辑部	科技论文数学公式序号编排的标准化问题	编辑学报	2013（3）	
165	夏金玉	湘潭大学学报（自然科学版）编辑部	国内科技期刊优质稿源不足现状分析	中国科技期刊研究	2014（4）	
166	史大浩	湘潭大学学报（哲学社会科学版）编辑部	建立编辑责任制刍议	编创之友	1984（4）	

续表17

序号	作者	所在单位	文章名	发表期刊	发表刊期	备注（论文获奖）
167	章育良 陈建新	湘潭大学学报（哲学社会科学版）编辑部	《申报》与西方法文化传播（1895～1899）	社会科学战线	2007（3）	
168	章育良 朱　珣	湘潭大学学报（哲学社会科学版）编辑部	《党的生活》与党的建设	湖南大学学报（社会科学版）	2015（3）	
169	章育良 张淑芬	湘潭大学学报（哲学社会科学版）编辑部	五四时期社会主义的传播：基于《每周评论》的审视	湘潭大学学报（哲学社会科学版）	2021（3）	
170	章育良 张淑芬	湘潭大学学报（哲学社会科学版）编辑部	五四时期《新青年》传播社会主义的文化心理路径	湘潭大学学报（哲学社会科学版）	2022（5）	
171	万莲姣	湘潭大学学报（哲学社会科学版）编辑部	症结不在“编校合一”	编辑之友	1996（3）	
172	万莲姣	湘潭大学学报（哲学社会科学版）编辑部	问题的症结不在于“编校合一”	中国出版	1996（7）	
173	万莲姣	湘潭大学学报（哲学社会科学版）编辑部	论“五四”时期文学运动中的编辑出版行为	山东社会科学	1999（6）	
174	万莲姣	湘潭大学学报（哲学社会科学版）编辑部	“抗战与民主”旗帜下的文学生产和编辑出版行为	暨南学报（哲学社会科学版）	2000（5）	
175	万莲姣	湘潭大学学报（哲学社会科学版）编辑部	“左联”时期的文学生产与编辑出版行为	吉首大学学报（社会科学版）	2001（1）	
176	万莲姣	湘潭大学学报（哲学社会科学版）编辑部	知识经济时代的编辑与文化审美	湖南大学学报（社会科学版）	2001（1）	

续表18

序号	作者	所在单位	文章名	发表期刊	发表刊期	备注（论文获奖）
177	万莲姣	湘潭大学学报（哲学社会科学版）编辑部	学报编辑如何拒绝学术腐败？	出版广角	2004（8）	
178	饶娣清	湘潭大学学报（哲学社会科学版）编辑部	论学报编辑学者化	湘潭大学学报（哲学社会科学版）	1996（2）	
179	饶娣清	湘潭大学学报（哲学社会科学版）编辑部	高校学报如何抵制学术不正之风	大学出版	2003（1）	
180	饶娣清	湘潭大学学报（哲学社会科学版）编辑部	用“三个代表”重要思想统领学报出版工作	湘潭大学学报（哲学社会科学版）	2004（6）	
181	廖文婷 张　普	湘潭大学学报（哲学社会科学版）编辑部	论提高学术期刊专家审稿质量的途径	编辑学报	2014（6）	
182	廖文婷	湘潭大学学报（哲学社会科学版）编辑部	新媒体时代提升学术期刊编辑选题策划能力的路径研究	湘潭大学学报（哲学社会科学版）	2022（4）	
183	廖文婷	湘潭大学学报（哲学社会科学版）编辑部	高校社科学报主题出版四种能力提升路径	中国出版	2023（20）	
184	陈桂香 王晓芳	湘潭大学学报（哲学社会科学版）编辑部	拓展图书消费的路径选择——基于消费者行为的分析	湘潭大学学报（哲学社会科学版）	2010（6）	
185	王晓芳	中国韵文学刊编辑部	梧桐成荫凤自来——谈学术期刊吸引优质稿源的途径	出版科学	2010（6）	
186	张　赓	中南林业科技大学学报（社会科学版）编辑部	“双一流”背景下学科与期刊融合发展机制研究	湖南师范大学社会科学学报	2023（2）	

续表19

序号	作者	所在单位	文章名	发表期刊	发表刊期	备注（论文获奖）
187	闻　丽 张　扬 谢荣秀 吴　彬	经济林研究编辑部、中南林业科技大学学报编辑部	中文科技期刊语义出版态势分析	编辑出版	2019（12）	
188	闻　丽 周光睿 谢荣秀	经济林研究编辑部、中南林业科技大学学报编辑部	中国科技期刊语义出版中编辑活动变化趋势	中国科技期刊研究	2016（6）	
189	闻　丽	经济林研究编辑部	不可忽视的环节“校异同”	中国科技期刊研究	2012（4）	
190	闻　丽	经济林研究编辑部	网络在科技论文参考文献信息核对中的应用	中国科技期刊研究	2010（6）	
191	张志邦	湖南农业大学	正确认识和处理高校学报的几个关系	湖南师范大学社会科学学报	1987	
192	张志邦	湖南农业大学	浅谈期刊编辑的劳动特征与道德规范	湖南师范大学社会科学学报	1988（3）	
193	张志邦	湖南农业大学	中国高校自然科学学报编排规范特点简析	北京师范大学学报（自然科学版）	1991（27）	
194	陈艳芬	湖南农业大学	农业高校学报执行“量和单位”存在的问题	编辑学刊	2000（3）	
195	陈艳芬	湖南农业大学	科技期刊论文表格规范化的调查分析	编辑学报	2002（6）	
196	陈艳芬	湖南农业大学	新世纪高校学报青年编辑素质探析	编辑学报	2002（Z1）	

续表20

序号	作者	所在单位	文章名	发表期刊	发表刊期	备注（论文获奖）
197	陈艳芬 李东辉 苏爱华 熊楚才 罗慧敏 曾凡盛 陈向科	湖南农业大学	湖南农林科技期刊编辑人员现状调查分析	中国科技期刊研究	2004（3）	
198	陈艳芬	湖南农业大学	科技期刊编辑常见心理现象及其优化	中国科技期刊研究	2002（2）	
199	熊楚才 苏爱华 陈烈臣 罗慧敏 陈艳芬	湖南农业大学	论科技期刊主编的宏观意识	中国科技期刊研究	1998（2）	
200	熊楚才	湖南农业大学	百家高校学报封页装帧设计调查分析	中国科技期刊研究	1998（3）	
201	熊楚才	湖南农业大学	运用知识经济观念　优化科技期刊管理	编辑学报	1999（1）	
202	熊楚才	湖南农业大学	论参考文献著录的有效勘误	编辑学报	1999（4）	
203	熊楚才	湖南农业大学	论知识经济驱动下科技应用文的创新	科技与出版	1999（4）	
204	熊楚才	湖南农业大学	论高校学报的创新意识	湘潭大学学报（哲学社会科学版）	2001（3）	
205	熊楚才	湖南农业大学	高校学报走向市场的困扰与策略	湖南大学学报（社会科学版）	2001（1）	
206	熊楚才	湖南农业大学	学术论文中“本文”和“本研究”用法辨证	编辑学报	2001（2）	

续表21

序号	作者	所在单位	文章名	发表期刊	发表刊期	备注（论文获奖）
207	熊楚才	湖南农业大学	漫话在数字用法上给编辑松绑	编辑学刊	2001（6）	
208	熊楚才	湖南农业大学	增刊论文透析	编辑学报	2003（1）	
209	熊楚才 苏爱华 陈艳芬 罗慧敏 李东辉 曾凡盛 陈向科	湖南农业大学	湖南乡村农业科技期刊入户率的调查与市场分析	中国科技期刊研究	2003（5）	
210	熊楚才 赵佳荣	湖南农业大学	和谐编辑部的内涵与构建	编辑学报	2007（3）	
211	熊楚才 娄　敏	湖南农业大学	《湖南农业大学学报》学术评价指标评析	中国科技期刊研究	2009（2）	
212	熊楚才	湖南农业大学	论主编终审的问题意识	中国科技期刊研究	2009（6）	
213	罗慧敏	湖南农业大学	学术论文英文摘要编辑加工改进的尝试	编辑学报	2001（3）	
214	苏爱华	湖南农业大学	农业高校学报扩大发行量的尝试	中国科技期刊研究	1998（4）	
215	苏爱华	湖南农业大学	文字作品中的错及纠错	湖南大学学报（社会科学版）	1999（1）	
216	苏爱华	湖南农业大学	社会转型期编辑群体的战略营销理念	编辑学报	2001（4）	
217	苏爱华	湖南农业大学	“入世”与中国农业科技期刊的发展	中国科技期刊研究	2001（6）	

续表22

序号	作者	所在单位	文章名	发表期刊	发表刊期	备注（论文获奖）
218	苏爱华 熊楚才 陈向科 陈艳芬 罗慧敏 李东辉 曾凡盛	湖南农业大学	湖南农林科技期刊现有管理模式与改革发展意向	编辑学报	2004（3）	
219	陈烈臣 罗慧敏	湖南农业大学	我国农业科技期刊现状分析	中国科技期刊研究	2002（5）	
220	陈烈臣 罗慧敏 熊楚才	湖南农业大学	农业科技期刊的国际化选题与组稿策略	中国科技期刊研究	2005（5）	
221	赵佳荣	湖南农业大学	学术期刊开展广告经营的4个认识误区	编辑学报	2002（3）	
222	赵佳荣 罗慧敏 李东辉	湖南农业大学	高校学报发行的碍障及对策	中国科技期刊研究	2002（3）	
223	赵佳荣 熊楚才	湖南农业大学	高校学报特色栏目岗位目标管理略论	中国科技期刊研究	2007（3）	
224	李东辉	湖南农业大学	从“一稿多投”话信息时代学术期刊的采编	编辑学报	2003（3）	
225	李东辉 曾凡盛 陈艳芬 苏爱华 熊楚才 罗慧敏 陈向科	湖南农业大学	湖南农林科技期刊经营现状与发展战略	中国科技期刊研究	2004（3）	
226	李东辉	湖南农业大学	学术期刊重在取精存真	科技与出版	2005（5）	

续表23

序号	作者	所在单位	文章名	发表期刊	发表刊期	备注（论文获奖）
227	李东辉	湖南农业大学	“阳春白雪”与“下里巴人”——高校学报办刊的两难选择	中国科技期刊研究	2009（3）	
228	李东辉	湖南农业大学	学术期刊编辑自信的价值与源泉	中国科技期刊研究	2012（6）	
229	李东辉 陈艳芬 赵佳荣	湖南农业大学	特性与规律：学报特色栏目的辩证把握	出版发行研究	2014（2）	
230	曾凡盛	湖南农业大学	金圣叹的编辑主体意识解读	编辑之友	2003（6）	
231	曾凡盛 陈艳芬 熊楚才 罗慧敏 苏爱华 李东辉 陈向科	湖南农业大学	湖南农林科技期刊基本情况调查分析	中国科技期刊研究	2004（2）	
232	曾凡盛 苏爱华	湖南农业大学	论高校学报编辑的问题意识	中国科技期刊研究	2006（2）	
233	曾凡盛	湖南农业大学	高校学报征稿启事解读	科技与出版	2006（3）	
234	曾凡盛	湖南农业大学	加强专家审稿，遏制学术腐败	出版科学	2007（1）	
235	曾凡盛	湖南农业大学	学术期刊扩版现象之冷思考	中国科技期刊研究	2008（3）	
236	曾凡盛 赵佳荣	湖南农业大学	特色栏目创建中的编辑选择	中国科技期刊研究	2009（5）	
237	曾凡盛	湖南农业大学	“通作者之意，开览者之心”——从编辑学视角看金圣叹对《水浒传》、《西厢记》的评改	中国编辑	2011（2）	

续表24

序号	作者	所在单位	文章名	发表期刊	发表刊期	备注（论文获奖）
238	曾凡盛	湖南农业大学	学术期刊编辑的职业与志业	出版科学	2011（2）	
239	陈向科	湖南农业大学	高校学报基金论文信息标注亟待完善	中国科技期刊研究	2005（6）	
240	王赛群 熊楚才	湖南农业大学	2000—2002年中国农业科学论文被收录情况评析	中国科技期刊研究	2005（5）	
241	黄燕妮	湖南农业大学	“吕”字在科技期刊中的英译辩证	传播与版权	2014（12）	
242	王　慧 任　湘 张　燕	湖南农业大学	基于华艺线上图书馆的台湾地区出版研究现状分析	出版科学	2016（1）	
243	雷　鸣	湖南大学学报编辑部	论学术出版过程的伦理调节	湖南大学学报（社会科学版）	2002（3）	
244	雷　鸣 兰甲云	湖南大学学报编辑部	学报编辑的角色冲突与调适	出版发行研究	1996（5）	
245	雷　鸣	湖南大学学报编辑部	论市场经济与出版伦理	编辑学报	1995（2）	1996年2月被国家教委条件装备司、全国高校文科学报研究会评为1995年优秀编辑学论著奖
246	雷　鸣	湖南大学学报编辑部	价值、效益与学报质量	中国人民大学学报	1995（2）	
247	雷　鸣 张　英	湖南大学学报编辑部	试论编辑伦理学的建构及其意义	出版发行研究	1992（4）	
248	刘子娟	湖南大学学报编辑部	编辑的创造性思维的探讨	编辑学刊	1992（1）	

续表25

序号	作者	所在单位	文章名	发表期刊	发表刊期	备注（论文获奖）
249	刘子娟 雷　鸣	湖南大学学报编辑部	论编辑工作和谐优化的主体要素	湖南大学学报（社会科学版）	1994（1）	
250	唐子畏	湖南大学学报编辑部	谈编辑学的体系	编辑之友	1993（4）	
251	唐子畏	湖南大学学报编辑部	论编辑工作的心理环境	编辑之友	1993（3）	
252	唐子畏	湖南大学学报编辑部	编辑群体结构的优化	编辑之友	1989（4）	
253	唐子畏	湖南大学学报编辑部	编辑的认识选择性	出版发行研究	1989（2）	
254	唐子畏	湖南大学学报编辑部	关于期刊编辑工作量制度的思考	编辑之友	1988（6）	
255	唐子畏	湖南大学学报编辑部	作者心理与编辑对策	出版发行研究	1988（2）	
256	唐子畏	湖南大学学报编辑部	论学报工作的几个关系	出版与发行	1987（5）	
257	张海英	湖南大学学报（社会科学版）编辑部	《论语》编纂的“硬伤”及其对现代编辑的启示	出版发行研究	2009（5）	2011年全国高校文科学报研究会优秀编辑学论文
258	张海英	湖南大学学报（社会科学版）编辑部	《红黑》停刊原因考	出版发行研究	2011（1）	2014年全国高校社科期刊优秀编辑学论文
259	李克琴 张海英	湖南大学学报（社会科学版）编辑部	论学术期刊的市场营销	科技与出版	2009（4）	
260	张海英	湖南大学学报（社会科学版）编辑部	台湾学术论文编辑加工中的常见问题	科技与出版	2014（12）	

续表26

序号	作者	所在单位	文章名	发表期刊	发表刊期	备注（论文获奖）
261	兰甲云 雷　鸣 周建辉	湖南大学学报（社会科学版）	论编辑隐性含量	中国出版	1998（5）	被《中国出版年鉴(1999)》转摘，1999年获得全国高校文科学报研究会编辑学一等奖
262	谢翠蓉	湖南大学期刊社	高校期刊管理者的三种素养	出版发行研究	2009（8）	2010年湖南省期刊协会优秀论文二等奖
263	谢翠蓉	湖南大学期刊社	论学术出版工作中的伦理诉求	科技与出版	2009（10）	2014年湖南省期刊协会优秀论文二等奖
264	谢翠蓉 李嘉祺 雷　鹤 吴慧长 吴亦诚	湖南大学期刊社	湖南大学早期学术期刊的传播理念与导向研究	湖南大学学报（社会科学版）	2022（6）	
265	李文邦	湖南大学期刊与出版社	出版社与民营书业合作的SWOT分析	现代出版	2012（6）	
266	李文邦	湖南大学期刊与出版社	出版社与民营书业合作的风险分析及防范对策	出版发行研究	2012（10）	
267	李文邦	湖南大学期刊与出版社	论建立出版社退出机制的必要性与可行性	中国出版	2012（23）	
268	李文邦	湖南大学期刊与出版社	论合作出版与买卖书号的本质区别	编辑之友	2013（1）	

续表27

序号	作者	所在单位	文章名	发表期刊	发表刊期	备注（论文获奖）
269	李文邦	湖南大学期刊与出版社	青年毛泽东编辑活动的特色——以《湘江评论》《新湖南》《新时代》为例	现代出版	2013（6）	
270	李文邦	湖南大学期刊与出版社	青年毛泽东在湖南《大公报》的编撰活动	出版科学	2016（6）	
271	俞　涛 张高明 王道平	湖南大学学报（自然科学版）编辑部	论出版生态系统	湘潭大学学报（哲学社会科学版）	2005（6）	被《新华文摘》2006年第4期“报刊文章篇目辑览”栏目收录，2008年湖南省第十二届自然科学优秀学术论文二等奖
272	俞　涛 厉　亚 张高明	湖南大学学报（自然科学版）编辑部	出版生态系统进化论	湖南大学学报（社会科学版）	2008（6）	被人大复印报刊资料《出版业》2009年第4期“索引”栏目收录
273	俞　涛 厉　亚 王道平	湖南大学学报（自然科学版）编辑部	出版生态化是出版业可持续发展的必然选择	出版科学	2008（6）	被人大复印报刊资料《出版业》2009年第4期全文收录，长沙市第十一届自然科学优秀学术论文

续表28

序号	作者	所在单位	文章名	发表期刊	发表刊期	备注（论文获奖）
274	俞　涛 王道平 厉　亚 张高明	湖南大学学报（自然科学版）编辑部	编校质量的生态学分析及对策	出版发行研究	2010（3）	湖南省期刊协会一等奖，中国高等学校自然科学学报研究会二等奖
275	俞　涛 厉　亚 王道平	湖南大学学报（自然科学版）编辑部	学术期刊生态化传播艺术	现代传播（中国传媒大学学报）	2009（3）	
276	俞　涛 厉　亚	湖南大学学报（自然科学版）编辑部	科技期刊议程设置作用初探	科技与出版	2010（12）	
277	俞　涛 厉　亚	湖南大学学报（自然科学版）编辑部	影响科技期刊议程设置作用的因素研究	出版科学	2011（2）	
278	俞　涛 王道平 张高明	湖南大学学报（自然科学版）编辑部	科技期刊生态化生存策略	科技与出版	2008（7）	
279	俞　涛 王道平 张高明 黄桂芳 屈姝存	湖南大学学报（自然科学版）编辑部	科技期刊生存与发展的生态学思考	编辑学报	2007（1）	
280	厉　亚 俞　涛	湖南大学期刊社	生态出版与出版物生态设计	出版发行研究	2009（12）	
281	厉　亚 俞　涛	湖南大学期刊社	基于AHP评价法的期刊社事务管理综合评估研究	科技与出版	2013（9）	
282	厉　亚 郭　蔚 程晓峰	湖南大学期刊社	新媒体条件下提升科技期刊文化软实力对策研究——以湖南省科技期刊为例	科技与出版	2016（4）	

续表29

序号	作者	所在单位	文章名	发表期刊	发表刊期	备注（论文获奖）
283	李靖波 程晓峰	计算技术与自动化编辑部	新常态下学术期刊品牌建设的问题与路径——基于转型期传播伦理的视角	科技与出版	2016（8）	
284	李靖波 厉　亚	计算技术与自动化编辑部	学术不端：内涵、类别、根源与治理	科技与出版	2011（8）	
285	李靖波	计算技术与自动化编辑部	网络时代学术期刊变革与创新的思考	湖南大学学报（社会科学版）	2008（9）	
286	姚　锋	湖南大学学报（社会科学版）编辑部	大数据时代期刊作者隐私保护的价值平衡与法治规范	南昌大学学报（人文社会科学版）	2022（5）	
287	姚　锋 卢　宇	湖南大学学报（社会科学版）编辑部	大数据时代学术期刊法律风险规避	中国出版	2019（2）	
288	姚　锋 卢　宇 邓乔月	湖南大学学报（社会科学版）编辑部	数字化时代我国网络自助出版的现状、反思与法律规制	出版发行研究	2018（12）	
289	姚　锋	湖南大学学报（社会科学版）编辑部	阅读类 APP 的发展与运营探究	编辑学刊	2017（6）	
290	姚　锋	湖南大学学报（社会科学版）编辑部	人人皆有“印刷机”的时代来临	科技与出版	2016（5）	
291	王晚霞	湖南科技学院学报编辑部	十年暗室屋漏，终得宇宙文章——张京华教授永州治学侧记	湖南科技学院学报	2015（9）	
292	王晚霞	湖南科技学院学报编辑部	学术期刊编辑的学术理想与期刊质量	四川理工学院学报（社会科学版）	2014（1）	

续表30

序号	作者	所在单位	文章名	发表期刊	发表刊期	备注（论文获奖）
293	王晚霞	湖南科技学院学报编辑部	学术期刊在地方经济社会发展中的作用	湖南城市学院学报	2013（2）	
294	王晚霞	湖南科技学院学报编辑部	论提升地方新升本科院校学报影响力的途径	湖南人文科技学院学报	2011（6）	
295	王晚霞	湖南科技学院学报编辑部	以提高实践应用能力为主线拓展编辑学课程教学	天中学刊	2011（2）	
296	王晚霞 张　欢	湖南科技学院学报编辑部	湖南地方新升本科院校社科学报论文学科分布分析	中南林业科技大学学报（社会科学版）	2011（1）	
297	王晚霞	湖南科技学院学报编辑部	地方新升本科院校学报栏目设置策略	湖南人文科技学院学报	2010（3）	
298	王晚霞	湖南科技学院学报编辑部	新升本科院校学报发展的四个瓶颈	湖南城市学院学报	2010（1）	
299	杨金砖	湖南科技学院学报编辑部	论文摘要的规范化问题	邵阳学院学报	2002（5）	
300	杨金砖	湖南科技学院学报编辑部	关于“编辑学者化”论争的思考	云梦学刊	2002（1）	
301	杨金砖 李凯中	湖南科技学院学报编辑部	办好地方高校学报务须理顺的四种关系	长沙铁道学院学报（社会科学版）	2001（2）	
302	杨金砖	湖南科技学院学报编辑部	学术论文中“关键词”的析取与标引	湖南商学院学报	2001（2）	
303	杨金砖	湖南科技学院学报编辑部	关于学报编排规范化的思考	零陵师范高等专科学校学报	2000（3）	
304	杨金砖	湖南科技学院学报编辑部	关于提高师专学报质量的几点思考	零陵师范高等专科学校学报	1999（3）	

续表31

序号	作者	所在单位	文章名	发表期刊	发表刊期	备注（论文获奖）
305	陈松柏	湖南科技学院学报编辑部	编辑的牺牲精神——马克思、恩格斯编辑思想精华论	娄底师专学报	1999（3）	
306	陈松柏	湖南科技学院学报编辑部	马克思恩格斯的编辑艺术	益阳师专学报	1997（4）	
307	陈松柏	湖南科技学院学报编辑部	师专学报与地域文化	中国人民大学学报	1992（5）	
308	石潇纯	湖南人文科技学院学报编辑部	高校学报管理运行模式的思辨与重构	湖南农业大学学报（社会科学版）	2005（1）	
309	石潇纯	湖南人文科技学院学报编辑部	地方性院校学报的定位、功能与形象分析	湖湘论坛	2004（6）	
310	石潇纯	湖南人文科技学院学报编辑部	论名牌期刊的政治、文化属性	湘潭大学学报（哲学社会科学版）	1998（6）	
311	石潇纯 颜小冬	湖南人文科技学院学报编辑部	著作权法与编辑权益	中国人民大学学报	1998（2）	
312	石潇纯	湖南人文科技学院学报编辑部	学报的形式美漫议	中国人民大学学报	1994（5）	
313	任俊华	湖湘论坛编辑部	学报质量评估的核心尺度刍议	邵阳师范高等专科学校学报	1999（1）	
314	严衡山	湖湘论坛编辑部	论学术期刊选发文章的标准	湖湘论坛	1992（4）	
315	严衡山	湖湘论坛编辑部	试论编辑对情报资料的贡献	编辑之友	1991（3）	
316	严衡山	湖湘论坛编辑部	注重掌握和积累情报资料是提高编辑素养的重要途径	中共山西省委党校学报	1991（1）	

续表32

序号	作者	所在单位	文章名	发表期刊	发表刊期	备注（论文获奖）
317	严衡山	湖湘论坛编辑部	编辑工作与情报资料	湖湘论坛	1990（2）	
318	钟海平	吉首大学学报编辑部	论信息传播网络化信息组织智能化与编辑出版学研究	编辑学报	2002（1）	
319	钟海平	吉首大学学报编辑部	论现代信息技术与编辑出版学新的学科生长点	编辑学报	2001（1）	
320	钟海平	吉首大学学报编辑部	世纪之交关于编辑出版学研究的几点注记	吉首大学学报（社会科学版）	2000（4）	
321	钟海平	吉首大学学报编辑部	论编辑信息学的发展和展望	吉首大学学报（社会科学版）	2000（3）	
322	钟海平	吉首大学学报编辑部	学术编辑流程的模糊思维探析	湖南商学院学报	1998（6）	
323	钟海平 聂彩云	吉首大学学报编辑部	学报质量评估的模糊数学评价法	吉首大学学报（自然科学版）	1998（4）	
324	钟海平	吉首大学学报编辑部	试论编辑学研究的现代化	编辑学报	1997（4）	
325	钟海平	吉首大学学报编辑部	学报编辑学研究中的系统方法思考	广西大学学报（哲学社会科学版）	1997（2）	
326	易小明 钟海平	吉首大学学报编辑部	论学术编辑活性思维结构	湖南师范大学社会科学学报	1996（4）	
327	易小明 向成国	吉首大学学报编辑部	论学术编辑活性思维结构的特征	编辑学刊	1995（4）	
328	钟海平 代　军	吉首大学学报编辑部	学报编辑质量管理评估系统探折	吉首大学学报（自然科学版）	1995（1）	

续表33

序号	作者	所在单位	文章名	发表期刊	发表刊期	备注（论文获奖）
329	钟海平	吉首大学学报编辑部	编辑出版计算机化的形成机理探讨	吉首大学学报（自然科学版）	1991（1）	
330	蒋祖顺	武陵学刊编辑部	文科学报主编在实施精品战略中的作为	湖南商学院学报	2000（5）	
331	蒋祖顺	武陵学刊编辑部	《武陵学刊》1991~1999年大事记	常德师范学院学报（社会科学版）	1999（6）	
332	蒋祖顺	武陵学刊编辑部	论学报编辑的价值思维	中国人民大学学报	1993（1）	
333	易永卿	湖南城市学院学报编辑部	高校学报的定位与发展路向反思	湖南城市学院学报	2006（2）	
334	易永卿	湖南城市学院学报编辑部	论学术期刊的质量保障机制	学术论坛	2005（7）	
335	易永卿	湖南城市学院学报编辑部	学术期刊的审稿策略	湖南城市学院学报	2005（1）	
336	易永卿	湖南城市学院学报编辑部	编辑主体现代化的基本内涵	益阳师专学报	2001（2）	
337	周国清	湖南城市学院学报编辑部	学术理论刊物的政治导向功能	湘潭师范学院学报（社会科学版）	2001（2）	
338	易永卿	湖南城市学院学报编辑部	论高校学报的生存困惑与办刊路向	益阳师专学报	2001（1）	
339	周国清	湖南城市学院学报编辑部	编辑主体的价值决策论要	益阳师专学报	2000（2）	
340	周国清	湖南城市学院学报编辑部	地域特征：师专学报的内在优势	湖南商学院学报	1998（1）	
341	周国清	湖南城市学院学报编辑部	论学报编辑的栏目策划	中国人民大学学报	1996（4）	

续表34

序号	作者	所在单位	文章名	发表期刊	发表刊期	备注（论文获奖）
342	周国清	湖南城市学院学报编辑部	学报编辑在思维上的求同与存异	中国人民大学学报	1992（3）	
343	刘范弟	长沙理工大学学报编辑部	作编之间——我的学报缘	长沙理工大学学报（社会科学版）	2021（5）	
344	刘范弟	长沙理工大学学报编辑部	从就业困境看编辑出版专业人才的培养	出版发行研究	2004（2）	
345	刘范弟	长沙理工大学学报编辑部	《长沙电力学报》（社科版）近五年引文统计分析	长沙电力学院学报（社会科学版）	2000（2）	
346	李传书	长沙理工大学学报编辑部	《说文解字注》与辞书编纂	湘潭师范学院学报（社会科学版）	1997（2）	
347	晏绍明 阳丽霞	铁道科学与工程学报编辑部	科技论文写作的几个基本要素——兼与年轻作者谈	长沙铁道学院学报（社会科学版）	2004（4）	
348	晏绍明 蒋新华	铁道科学与工程学报编辑部	中国科技期刊进入国际检索系统的现状分析与对策研究	湖南商学院学报	2000（5）	
349	晏绍明	铁道科学与工程学报编辑部	高校期刊论文如何进入国际检索系统的思考	湘潭大学学报（哲学社会科学版）	1999（2）	
350	晏绍明	铁道科学与工程学报编辑部	试谈学报编辑的素质培养	益阳师专学报	1999（1）	
351	晏绍明 胡湘陵	铁道科学与工程学报编辑部	知识经济与学报发展	湖南商学院学报	1998（6）	
352	童山东	云梦学刊编辑部	文科学报的版式设计	中国人民大学学报	1991（4）	

（说明：1. 数据来源为各会员单位收集报送，遴选原则仅限于已发表在CSSCI来源期刊上的编辑学论文；2. 个人超过3篇论文的，原则上删除自刊发表的部分论文，仅保留编辑学、传播学专业刊物论文；3. 论文获奖不统计本研究会的评比结果；4. 排名不分先后）

会员单位编辑个人出版编辑学论著情况

序号	作者	所在单位	著作名	出版单位	出版年	备注（著作获奖）
1	卜庆华 杨布生	湖南师范大学学报编辑部	学报编辑学概论	湖南教育出版社	1991	
2	卜庆华	湖南师范大学学报编辑部	编校改错必读	湖南教育出版社	1999	
3	周远成	衡阳师范学院学报编辑部	现代校对管理学	中国言实出版社	2012	全国高校社科期刊优秀编辑学论著
4	周远成	衡阳师范学院学报编辑部	实用校对学原理	东北师范大学出版社	2016	
5	李文邦	湖南大学期刊与出版社	青年毛泽东编辑实践与编辑思想研究（1918—1927）	湖南师范大学出版社	2016	普通高等教育“十二五”规划教材
6	吴厚庆	中共湖南省委党校（湖南行政学院）期刊社、湖南省高等学校学报研究会	新时代期刊编辑出版的理论与实践	湖南大学出版社	2019	
7	邓履翔	中南大学交通安全与环境（英文）编辑部	期刊编辑与高校学术诚信体系研究	浙江大学出版社	2022	
8	蒋学东	铁道科学与工程学报编辑部	学术期刊生态系统构建与治理	经济科学出版社	2022	
9	谢翠蓉 兰甲云	湖南大学期刊社	编辑素养与学术传播研究	湖南大学出版社	2023	
10	雷　鸣	湖南大学期刊与出版社	出版的价值与使命	湖南大学出版社	2023	

（说明：论著以出版时间为序）

会员单位编辑个人获编辑出版类奖项情况

序号	作者	所在单位	奖项名称	等级	颁发单位	获奖年
1	李培超	湖南师范大学社会科学学报编辑部	国家“万人计划”哲学社会科学领军人才	国家级	中共中央组织部	2022
2	尹金凤	湖南师范大学社会科学学报编辑部	第三届湖南出版政府奖优秀出版人物奖	省部级	湖南省人力资源和社会保障厅、湖南省新闻出版局	2022
3	尹金凤	湖南师范大学社会科学学报编辑部	“芙蓉计划”——湖南省文化领军人才	省部级	中共湖南省委宣传部	2023
4	李　彬	湖南师范大学社会科学学报编辑部	首届湖南省优秀中青年出版工作者	省级学会	湖南省出版工作者协会	2004
5	张曙光	湖南师范大学教育科学学报编辑部	全国高校社科期刊优秀编辑	国家级学会	全国高校文科学报研究会	2019
6	周　青	生命科学研究编辑部	第五届中国科技期刊青年编辑奖——骏马奖	国家级学会	中国科学技术期刊编辑学会	2005
7	陈灿华	中南大学学报（自然科学版）编辑部	全国新闻出版行业领军人才	国家级	国家新闻出版广电总局	2014
8	陈灿华	中南大学学报（自然科学版）编辑部	湖南省新闻出版行业领军人才	省部级	湖南省新闻出版局	2007
9	陈灿华	中南大学学报（自然科学版）编辑部	中国高校科技期刊建设示范案例库优秀主编	国家级学会	中国高校科技期刊研究会	2023
10	陈灿华	中南大学学报（自然科学版）编辑部	全国有色金属行业优秀期刊工作者	国家级学会	中国有色金属工业协会、中国有色金属学会	2007

续表1

序号	作者	所在单位	奖项名称	等级	颁发单位	获奖年
11	陈灿华	中南大学学报（自然科学版）编辑部	全国高校科技期刊优秀编辑工作者	省部级	教育部科学技术司	2006
12	陈灿华	中南大学学报（自然科学版）编辑部	全国高等学校科技期刊优秀编辑工作者	国家级学会	中国高等学校自然科学学报研究会	2009
13	陈灿华	中南大学学报（自然科学版）编辑部	湖南省首届双十佳期刊编辑	省部级	中共湖南省委宣传部、湖南省新闻出版局	2002
14	陈灿华	中南大学学报（自然科学版）编辑部	第三届中国科技期刊青年编辑奖——骏马奖	国家级学会	中国科学技术期刊编辑学会	2005
15	邓履翔	中南大学交通安全与环境（英文）编辑部	第三届湖南出版政府奖优秀出版人物奖	省部级	湖南省人力资源和社会保障厅、湖南省新闻出版局	2022
16	邓履翔	中南大学交通安全与环境（英文）编辑部	首届湖南省优秀期刊工作者	省级学会	湖南省期刊协会	2021
17	邓履翔	中南大学交通安全与环境（英文）编辑部	中国高校科技期刊建设示范案例库优秀主编	国家级学会	中国高校科技期刊研究会	2023
18	伍锦花	中南大学学报（自然科学版）编辑部	中国高校科技期刊建设示范案例库优秀编辑	国家级学会	中国高校科技期刊研究会	2023
19	伍锦花	中南大学学报（自然科学版）编辑部	第四届湖南省报刊编校技能大赛三等奖	省部级	湖南省新闻出版局	2022
20	伍锦花	中南大学学报（自然科学版）编辑部	中国高校科技期刊建设示范案例库优秀编辑	国家级学会	中国高校科技期刊研究会	2021
21	赵　俊	中南大学学报（自然科学版）编辑部	中国科技期刊卓越行动计划优秀编辑	国家级学会	中国科协	2021

续表2

序号	作者	所在单位	奖项名称	等级	颁发单位	获奖年
22	赵　俊	中南大学学报（自然科学版）编辑部	全国高校科技期刊优秀编辑工作者	省部级	教育部科学技术司	2013
23	赵　俊	中南大学学报（自然科学版）编辑部	中国科技期刊青年编辑奖——骏马奖	国家级学会	中国科学技术期刊编辑学会	2010
24	赵　俊	中南大学学报（自然科学版）编辑部	湖南省第四届双十佳期刊编辑	省部级	中共湖南省委宣传部、湖南省新闻出版局	2009
25	蒋学东	铁道科学与工程学报编辑部	中国高校科技期刊建设示范案例库优秀主编	国家级学会	中国高校科技期刊研究会	2023
26	涂　鹏	铁道科学与工程学报编辑部	中国高校科技期刊建设示范案例库优秀编辑	国家级学会	中国高校科技期刊研究会	2023
27	蒋学东	铁道科学与工程学报编辑部	中国科技期刊卓越行动计划优秀编辑	国家级学会	中国科协	2021
28	蒋学东	铁道科学与工程学报编辑部	中国高校科技期刊建设示范案例库优秀编辑	国家级学会	中国高校科技期刊研究会	2021、2017
29	陈丽文	中南大学学报（医学版）编辑部	中国高校科技期刊建设示范案例库优秀编辑	国家级学会	中国高校科技期刊研究会	2023
30	陈丽文	中南大学学报（医学版）编辑部	第二届湖南省优秀期刊工作者	省级学会	湖南省期刊协会	2023
31	陈丽文	中南大学学报（医学版）编辑部	全国高等学校科技期刊优秀编辑工作者	国家级学会	中国高等学校自然科学学报研究会	2009
32	陈丽文	中南大学学报（医学版）编辑部	湖南省双十佳期刊编辑	省部级	中共湖南省委宣传部、湖南省新闻出版局	2007

续表3

序号	作者	所在单位	奖项名称	等级	颁发单位	获奖年
33	陈丽文	中南大学学报（医学版）编辑部	全国高校科技期刊优秀编辑工作者	省部级	教育部科学技术司	2006
34	陈丽文	中南大学学报（医学版）编辑部	中国科技期刊青年编辑奖——骏马奖	国家级学会	中国科学技术期刊编辑学会	2005
35	郭　征	中南大学学报（医学版）编辑部	中国高校科技期刊建设示范案例库优秀编辑	国家级学会	中国高校科技期刊研究会	2017
36	郭　征	中南大学学报（医学版）编辑部	第六届湖南省优秀中青年期刊出版工作者	省级学会	湖南省期刊协会	2015
37	郭　征	中南大学学报（医学版）编辑部	湖南省科技期刊优秀中青年编辑	省级学会	湖南省科技期刊编辑学会	2022
38	郑羽彤	中南大学学报（英文版）编辑部	第五届科技期刊青年编辑大赛杰出数字编辑	国家级学会	中国科协、中国期刊协会、中国科学技术期刊编辑学会、中国高校科技期刊研究会、中国科学院自然科学期刊编辑研究会	2022
39	郑羽彤	中南大学学报（英文版）编辑部	中国高校科技期刊建设示范案例库优秀青年编辑	国家级学会	中国高校科技期刊研究会	2023
40	何运斌	中南大学学报（英文版）编辑部	中国科技期刊卓越行动计划优秀编辑	国家级学会	中国科协	2022
41	何运斌	中南大学学报（英文版）编辑部	第四届湖南省报刊编校技能大赛优秀奖	省部级	湖南省新闻出版局	2022
42	何运斌	中南大学学报（英文版）编辑部	中国高校科技期刊建设示范案例库优秀编辑	国家级学会	中国高校科技期刊研究会	2023

续表4

序号	作者	所在单位	奖项名称	等级	颁发单位	获奖年
43	杨　华	中南大学学报（英文版）编辑部	湖南省优秀中青年出版工作者	省级学会	湖南省出版工作协会	2013
44	杨　华	中南大学学报（英文版）编辑部	第二届湖南省优秀期刊工作者	省级学会	湖南省期刊协会	2023
45	李建华	湖南科技大学期刊社编辑部	全国高校社科学报优秀主编	国家级学会	中国人文社会科学学报学会	2006
46	李建华	湖南科技大学期刊社编辑部	全国高校社科学报事业突出贡献奖	国家级学会	中国人文社会科学学报学会	2008
47	李建华	湖南科技大学期刊社编辑部	第二届湖南省优秀期刊社长总编奖	省级学会	湖南省期刊协会	2012
48	朱正余	湖南科技大学期刊社编辑部	全国高校社科期刊优秀编辑	国家级学会	全国高校文科学报研究会	2019
49	朱正余	湖南科技大学期刊社编辑部	全国理工农医社科学报优秀编辑奖	国家级学会	全国理工农医院校社科学报联络中心	2019、2021
50	蒋云霞	湖南科技大学期刊社编辑部	湖南省科技期刊优秀主编	省级学会	湖南省科技期刊编辑学会	2023
51	刘金明	湖南科技大学期刊社编辑部	首届湖南省优秀期刊工作者	省级学会	湖南省期刊协会	2021
52	罗　渊	湖南科技大学期刊社编辑部	全国理工农医社科学报优秀主编奖	国家级学会	全国理工农医院校社科学报联络中心	2021
53	朱春花	湖南科技大学期刊社	第四届湖南省报刊编校技能大赛三等奖	省部级	湖南省新闻出版局	2022
54	周远成	衡阳师范学院学报编辑部	湖南省双十佳期刊编辑	省部级	中共湖南省委宣传部、湖南省新闻出版局	2010

续表5

序号	作者	所在单位	奖项名称	等级	颁发单位	获奖年
55	舒易红	衡阳师范学院学报编辑部	湖南省科技期刊优秀编辑	省级学会	湖南省科技期刊编辑学会	2019
56	杨　卫	青海民族大学学报编辑部	优秀审读员	省部级	青海省文化和新闻出版厅	2013
57	周俊敏	商学研究编辑部	全国高校社科期刊优秀主编	国家级学会	全国高校文科学报研究会	2019
58	徐海燕	湖南工业大学学报（社会科学版）编辑部	全国高校社科期刊优秀编辑	国家级学会	全国高校文科学报研究会	2019
59	鲁　姗	数字中医药（英文）编辑部	中国高校科技期刊建设示范案例库优秀编辑	国家级学会	中国高校科技期刊研究会	2023
60	鲁　姗	数字中医药（英文）编辑部	第七届湖南省优秀中青年出版工作者	省级学会	湖南省出版工作者协会	2023
61	刘水强	邵阳学院期刊社	第三届湖南出版政府奖优秀出版人物奖	省部级	湖南省人力资源和社会保障厅、湖南省新闻出版局	2022
62	刘晓毅	邵阳学院期刊社	全国高校社科期刊优秀编辑	国家级学会	全国高校文科学报研究会	2019
63	余三定	云梦学刊编辑部	湖南省第四届双十佳期刊编辑	省部级	中共湖南省委宣传部、湖南省新闻出版局	2009
64	余三定	云梦学刊编辑部	首届湖南出版政府奖优秀出版人物奖	省部级	湖南省新闻出版局	2012
65	余三定	云梦学刊编辑部	全国高校社科学报优秀主编	国家级学会	中国人文社会科学学报学会	2002、2006、2011
66	余三定	云梦学刊编辑部	全国高校社科学报事业突出贡献奖	国家级学会	中国人文社会科学学报学会	2008

续表6

序号	作者	所在单位	奖项名称	等级	颁发单位	获奖年
67	彭柏林	云梦学刊编辑部	全国高校社科期刊优秀主编	国家级学会	全国高校文科学报研究会	2019
68	彭柏林	云梦学刊编辑部	全国理工农医社科学报优秀主编奖	国家级学会	全国理工农医院校社科学报联络中心	2019、2021
69	彭柏林	云梦学刊编辑部	第二届湖南省优秀期刊工作者	省级学会	湖南省期刊协会	2023
70	文耀智	湘南学院学报编辑部	全国高校社科学报优秀主编	国家级学会	中国人文社会科学学报学会	2006
71	肖玉林	湘南学院学报编辑部	第五届湖南省中青年优秀出版工作者	省级学会	湖南省出版工作者协会	2012
72	李映山	湘南学院学报编辑部	湖南省优秀期刊社长总编奖	省级学会	湖南省期刊协会	2012
73	肖玉林	湘南学院学报编辑部	湖南省首届报刊编校知识大赛个人优秀奖	省部级	湖南省新闻出版广电局	2016
74	胡　娟	湘南学院学报编辑部	第四届湖南省报刊编校技能大赛优秀奖	省部级	湖南省新闻出版局	2022
75	李军熵	湘潭大学学报(自然科学版)编辑部	中国高等学校自然科学学报系统优秀编辑	省部级	国家教育委员会科学技术司	1995
76	朱美香	湘潭大学学报(自然科学版)编辑部	湖南省双十佳期刊编辑	省部级	中共湖南省委宣传部、湖南省新闻出版局	2005
77	朱美香	湘潭大学学报(自然科学版)编辑部	全国高校科技期刊优秀编辑工作者	国家级学会	教育部科学技术司	2006
78	朱美香	湘潭大学学报(自然科学版)编辑部	湖南省优秀中青年出版工作者	省级学会	湖南省出版工作者协会	2009

续表7

序号	作者	所在单位	奖项名称	等级	颁发单位	获奖年
79	章育良	湘潭大学学报（哲学社会科学版）编辑部	全国高校社科学报优秀主编	国家级学会	中国人文社会科学学报学会	2003
80	万莲姣	湘潭大学学报（哲学社会科学版）编辑部	湖南省首届双十佳编辑	省部级	中共湖南省委宣传部、湖南省新闻出版局	2002
81	万莲姣	湘潭大学学报（哲学社会科学版）编辑部	全国高校社科学报事业突出贡献奖	国家级学会	中国人文社会科学学报学会	2008
82	万莲姣	湘潭大学学报（哲学社会科学版）编辑部	全国高校社科期刊优秀主编	国家级学会	全国高校文科学报研究会	2014
83	万莲姣	湘潭大学学报（哲学社会科学版）编辑部	玉笔奖	国家级学会	全国高校文科学报研究会	2016
84	廖文婷	湘潭大学学报（哲学社会科学版）编辑部	全国高校社科期刊优秀编辑	国家级学会	全国高校文科学报研究会	2019
85	肖　钊	湘潭大学学报（哲学社会科学版）编辑部	第四届湖南省报刊编校技能大赛优秀奖	省部级	湖南省新闻出版局	2022
86	王晓芳	中国韵文学刊编辑部	湖南省优秀中青年出版工作者	省级学会	湖南省出版工作者协会	2013
87	王晓芳	中国韵文学刊编辑部	第八届湖南省优秀中青年期刊出版工作者	省级学会	湖南省期刊协会	2018
88	王晓芳	中国韵文学刊编辑部	第三届湖南省报刊编校技能大赛三等奖	省部级	湖南省新闻出版局	2019
89	王晓芳	中国韵文学刊编辑部	第四届湖南省报刊编校技能大赛三等奖	省部级	湖南省新闻出版局	2022
90	王晓芳	中国韵文学刊编辑部	第二届湖南省优秀期刊工作者	省级学会	湖南省期刊协会	2023

续表8

序号	作者	所在单位	奖项名称	等级	颁发单位	获奖年
91	闻　丽	经济林研究编辑部	中国高校科技期刊建设示范案例库优秀编辑	国家级学会	中国高校科技期刊研究会	2019
92	张　赓	中南林业科技大学学报（社会科学版）编辑部	第七届湖南省优秀中青年出版工作者	省级学会	湖南省出版工作者协会	2023
93	成凤明	中南林业科技大学期刊社	金牛奖	国家级学会	中国科学技术期刊编辑学会	2016
94	成凤明	中南林业科技大学期刊社	玉笔奖	国家级学会	全国高校文科学报研究会	2023
95	张海英	湖南大学学报（社会科学版）编辑部	全国高校社科期刊优秀编辑	国家级学会	全国高校文科学报研究会	2011
96	张海英	湖南大学学报（社会科学版）编辑部	湖南省优秀中青年出版工作者	省级学会	湖南省出版工作者协会	2014
97	张海英	湖南大学学报（社会科学版）编辑部	全国高校社科期刊青年编辑业务技能大赛三等奖	国家级学会	全国高校文科学报研究会	2015
98	兰甲云	湖南大学学报（社会科学版）编辑部	全国高校社科期刊优秀主编	国家级学会	全国高校文科学报研究会	2006、2010、2012、2018
99	兰甲云	湖南大学学报（社会科学版）编辑部	湖南省新闻出版行业领军人才	省部级	湖南省新闻出版局	2012
100	兰甲云	湖南大学学报（社会科学版）编辑部	湖南出版政府奖优秀出版人物奖	省部级	湖南省人力资源和社会保障厅、湖南省新闻出版局	2017
101	李文邦	湖南大学期刊与出版社	第四届湖南省优秀中青年出版工作者	省级学会	湖南省出版工作者协会	2011

续表9

序号	作者	所在单位	奖项名称	等级	颁发单位	获奖年
102	俞　涛	湖南大学学报（自然科学版）编辑部	全国高校科技期刊优秀编辑	省部级	教育部科学技术司	2011
103	俞　涛	湖南大学学报（自然科学版）编辑部	第三届湖南省优秀中青年期刊出版工作者	省级学会	湖南省期刊学会	2009
104	厉　亚	财经理论与实践编辑部	湖南省优秀中青年出版工作者	省级学会	湖南省出版工作者协会	2015
105	李靖波	计算技术与自动化编辑部	湖南省优秀中青年出版工作者	省级学会	湖南省出版工作者协会	2011
106	李靖波	计算技术与自动化编辑部	湖南省优秀中青年期刊出版工作者	省级学会	湖南省期刊协会	2010
107	姚　锋	湖南大学学报（社会科学版）编辑部	全国高校社科期刊优秀编辑	国家级学会	全国高校文科学报研究会	2019
108	姚　锋	湖南大学学报（社会科学版）编辑部	第八届湖南省优秀中青年期刊出版工作者	省级学会	湖南省期刊协会	2018
109	雷　鸣	湖南大学学报编辑部	1998—1999年度优秀编辑	国家级学会	全国高校文科学报研究会	2000
110	雷　鸣	湖南大学期刊与出版社	首届湖南出版政府奖优秀出版人物奖	省部级	湖南省新闻出版局	2012
111	雷　鸣	湖南大学期刊与出版社	全国新闻出版行业领军人才	国家级	国家新闻出版广电总局	2016

（说明：1. 个人获奖不含论文论著获奖；2. 仅列入国家级、省部级政府奖励，学会奖励仅列入国家级学会、省级学会行业奖励；3. 同一奖项以就高不就低原则保留；4. 个人荣誉多于3项的，保留省级以上政府奖励；5. 排名不分先后）

会员单位编辑个人获编辑学课题资助项目情况

序号	主持人	所在单位	资助项目	资助单位	立项时间
1	张曙光	湖南师范大学教育科学学报编辑部	学术期刊评价系统的“破”与“立”	全国高校文科学报研究会	2021
2	夏丽云	湖南师范大学教育科学学报编辑部	新时代学术期刊编辑如何应对人工智能技术的挑战	全国高校文科学报研究会	2023
3	周　青	生命科学研究编辑部	综合性生物核心期刊网站建设情况分析与思考	中国高等学校自然科学学报研究会	2007
4	王婧之	中国文学研究编辑部	产学研合作中高校社科学术期刊的协同策略	全国高校文科学报研究会	2023
5	王婧之	中国文学研究编辑部	中国文学类期刊发展策略——以学术期刊与学术研究的互动关系为中心	湖南省教育厅	2015
6	邓履翔	交通安全与环境（英文）编辑部	中国科技期刊卓越行动计划选育高水平办刊人才子项目-青年人才支持项目	中国科协等七部委	2022
7	邓履翔	交通安全与环境（英文）编辑部	42所双一流高校科研诚信教育比较研究	ISTIC（中信所）-Taylor & Francis Group学术前沿观察联合实验室	2019
8	邓履翔	交通安全与环境（英文）编辑部	湖南省培育世界一流湘版科技期刊建设工程杰出中青年人才	湖南省科学技术厅、中共湖南省委宣传部	2021
9	秦明阳	中南大学学报（自然科学版）编辑部	中国科技期刊卓越行动计划选育高水平期刊人才子项目-青年人才支持项目	中国科协等七部委	2023
10	田　扑	中南大学学报（医学版）编辑部	高校综合性医学期刊媒体融合发展现状盘点和统计分析	中国高校科技期刊研究会	2023

续表1

序号	主持人	所在单位	资助项目	资助单位	立项时间
11	平静波	中南大学学报（医学版）编辑部	图像生成类AI在科技期刊学术传播中的应用与探讨	中国科学技术期刊编辑学会	2023
12	平静波	中南大学学报（医学版）编辑部	湖南省培育世界一流湘版科技期刊建设工程杰出中青年人才	湖南省科学技术厅、中共湖南省委宣传部	2021
13	何运斌	中南大学学报（英文版）编辑部	湖南省培育世界一流湘版科技期刊建设工程杰出中青年人才	湖南省科学技术厅、中共湖南省委宣传部	2021
14	朱正余	湖南科技大学期刊社	我国高校科技期刊高质量发展的驱动机制与实现路径	中国高校科技期刊研究会	2023
15	朱正余	湖南科技大学期刊社	人工智能创作物的版权逻辑及学术期刊的应对	全国高校文科学报研究会	2023
16	罗　蕾	商学研究编辑部	国内外高校教材出版发行模式的比较研究	湖南省科学技术厅	2009
17	李路丹	数字中医药（英文）编辑部	中国科技期刊国际影响力提升计划D类项目	中国科协等六部委	2016
18	鲁　姗	数字中医药（英文）编辑部	“蒲公英”优秀中青年编辑人才培育项目	中华中医药学会	2018
19	鲁　姗	数字中医药（英文）编辑部	中国科技期刊卓越行动计划子项目高水平办刊人才培育	中国科协等七部委	2020
20	鲁　姗	数字中医药（英文）编辑部	湖南省培育世界一流湘版科技期刊建设工程高起点新刊	湖南省科学技术厅、中共湖南省委宣传部	2021
21	鲁　姗	数字中医药（英文）编辑部	湖南省培育世界一流湘版科技期刊建设工程杰出中青年人才	湖南省科学技术厅、中共湖南省委宣传部	2021
22	鲁　姗	数字中医药（英文）编辑部	中华中医药学会高水平办刊人才培养项目	中华中医药学会	2023
23	刘晓毅	邵阳学院期刊社	新媒体融合背景下湖南省高校学报的发展路径研究	湖南省社会科学成果评审委员会	2018

续表2

序号	主持人	所在单位	资助项目	资助单位	立项时间
24	刘晓毅	邵阳学院期刊社	人口老龄化背景下湖南省高校学报人才队伍建设研究	全国高校文科学报研究会	2021
25	刘晓毅	邵阳学院期刊社	协同理论视角下高校期刊育人机制与策略研究	全国高校文科学报研究会	2023
26	刘晓毅	邵阳学院期刊社	以党的二十大精神为指引推进高校期刊“育新人”研究	湖南省高校思想政治教育研究会	2023
27	周凝绮	湘南学院学报编辑部	新文科背景下高校文科学术期刊高质量发展研究	全国高校文科学报研究会	2021
28	周崇松	湘南学院学报编辑部	融媒体时代地方高校学报的作者服务体系建设	湖南省教育厅	2022
29	朱美香	湘潭大学学报（自然科学版）编辑部	《湘潭大学自然科学学报》改革与发展	湖南省科学技术厅	2010
30	夏金玉	湘潭大学学报（自然科学版）编辑部	高校科技期刊与“双一流”建设、办刊体制机制创新研究	中国高校科技期刊研究会	2023
31	胡　丁	湘潭大学学报（自然科学版）编辑部	新时代高校普通科技期刊质量建设研究	中国高校科技期刊研究会	2023
32	万莲姣	湘潭大学学报（哲学社会科学版）编辑部	编辑出版文化出版与现代文学	中国人文社会科学学报学会	2000
33	廖文婷	湘潭大学学报（哲学社会科学版）编辑部	新媒体时代高校社科学报主题出版研究	湖南省教育厅	2023
34	廖文婷	湘潭大学学报（哲学社会科学版）编辑部	新媒体时代“湘版”社科学术期刊名栏建设研究	湖南省哲学社会科学规划基金办公室	2021
35	廖文婷	湘潭大学学报（哲学社会科学版）编辑部	守正创新：新时代推进高校学术期刊高质量发展研究	湖南省教育厅	2020

续表3

序号	主持人	所在单位	资助项目	资助单位	立项时间
36	廖文婷	湘潭大学学报（哲学社会科学版）编辑部	新时代高校哲学社会科学学报名栏建设研究	全国高校文科学报研究会	2021
37	陈桂香	湘潭大学学报（哲学社会科学版）编辑部	高校出版社核心竞争力的构建	湖南省教育厅	2008
38	王晓芳	中国韵文学刊编辑部	传统文化学术期刊中冷门绝学的“两创”发展路径研究	湖南省教育厅	2023
39	闻　丽	经济林研究编辑部	林业类科技论文中统计学描述质量的提升策略	湖南省教育厅	2022
40	闻　丽	经济林研究编辑部	科技期刊语义出版的学术不端防范功能的实现	中国高校科技期刊研究会	2018
41	闻　丽	经济林研究编辑部	语义技术在高校科技期刊发展中的应用	湖南省教育厅	2022
42	张海英	湖南大学学报（社会科学版）编辑部	科技期刊网络化进程中的编辑知识构建研究	湖南省哲学社会科学规划基金办公室	2013
43	谢翠蓉	湖南大学期刊社	新时代学术期刊编辑的核心素养与创新思维研究	全国高校文科学报研究会	2021
44	李沁憶	湖南大学期刊社	融合出版背景下青年编辑的发展及能力要求	全国高校文科学报研究会	2023
45	李文邦	湖南大学期刊与出版社	出版业在湖南文化强省战略中地位和作用研究	湖南省情与决策咨询研究课题评审委员会	2012
46	李靖波	计算技术与自动化编辑部	湖南现代农村物流建设的科技支持研究	湖南省科学技术厅	2014
47	雷　鸣	湖南大学期刊与出版社	高校出版单位数字化出版路径研究	教育部人文社会科学研究一般项目	2017

（说明：1. 课题仅限于编辑学课题；2. 只收集省部级以上课题，行业学会课题仅收集国家级学会课题；3. 排名不分先后）

国家级、省级政府奖及国家级、省级行业协会（学会）历年获奖名单

1989 年

全国高校自然科学学报编辑质量优秀奖

一等奖

《国防科技大学学报》

二等奖

《湖南大学学报》

《湖南师范大学自然科学学报》

三等奖

《长沙铁道学院学报》

1995 年

全国高校自然科学学报研究会优秀学报

A、B 类学报一等奖

《中南工业大学学报》

《湖南大学学报》

《湖南农业大学学报》

《湖南师范大学学报》

《湖南医科大学学报》

A、B、C 类学报二等奖

《湘潭大学学报》

《国防科技大学学报》

《长沙交通学院学报》

《湖南中医学院学报》

《长沙工业高专学报》

《长沙职业技术师范专科学校学报》

B 类学报三等奖

《长沙电力学院学报》

《中南工学院学报》

全国高校自然科学学报研究会优秀学报编辑工作者

陈韵鸣　薛绍莲　龚维忠　谭兴贵　李军熵　饶燕琴　谢庚申　秦晓燕　刘吉元
阳丽霞

全国高校自然科学学报研究会优秀编辑学论著论文

一等奖

肖家元

二等奖

袁作兴　刘子娟　谢龙翔　薛绍莲　戴介华　谭兴贵　张翼鹏　李昌佳　李郴生
李军熵　夏艾生

1999 年

湖南省高校自然科学学报评比

优秀学报一等奖

《长沙电力学院学报》
《湖南农业大学学报》
《衡阳医学院学报》
《中南工业大学学报》
《益阳师专学报》
《湖南大学学报》

优秀学报二等奖

《湘潭大学学报》
《邵阳高等专科学校学报》
《湖南师范大学自然科学学报》
《湖南教育学院学报》
《国防科技大学学报》
《怀化师专学报》
《中南林学院学报》

优秀学报三等奖

《湘潭矿业学院学报》
《湘潭师范学院学报》
《吉首大学学报》
《长沙大学学报》
《长沙交通学院学报》
《娄底师专学报》
《湖南中医学院学报》
《湖南纺织高等专科学校学报》
《长沙铁道学院学报》

全国高校文科学报研究会首届双十佳、百强和优秀学报等

全国双十佳社科学报

《湖南师范大学社会科学学报》

全国百强社科学报

《长沙电力学院学报》
《湘潭大学学报》
《益阳师专学报》
《衡阳师专学报》
《吉首大学学报》

全国优秀社科学报

《武陵学刊》
《湖南教育学院学报》
《湖湘论坛》
《湖南商学院学报》
《湖南大学学报》

质量进步奖

《湘潭师范学院学报》

栏目策划奖

《娄底师专学报》

全国优秀高校自然科学学报及教育部优秀科技期刊评比

一等奖

《中南工业大学学报》　　《湖南农业大学学报》

《湖南师范大学自然科学学报》

二等奖

《湖南大学学报（自然科学版）》　　《国防科技大学学报》

《湘潭大学自然科学学报》　　《湘潭矿业学院学报》

《中南林学院学报》　　《湖南医科大学学报》

三等奖

《吉首大学学报（自然科学版）》　　《长沙交通学院学报》

首届国家期刊奖

国家期刊奖

《中南工业大学学报》

国家期刊奖提名奖

《湖南师范大学自然科学学报》

2000 年

湖南省首届双十佳期刊奖

《湖南师范大学社会科学学报》　　《湖湘论坛》

《湘潭大学学报（哲学社会科学版）》　　《中南工业大学学报》

《湖南师范大学自然科学学报》　　《湖南农业大学学报》

《湖南大学学报（自然科学版）》

中国人文社会科学学报学会优秀学报编辑、优秀编辑学著作奖

优秀学报编辑

雷　鸣　刘景慧　田莜梅

优秀编辑学论著

卜庆华主编　《编校改错必读》

2001 年

中国科学技术期刊编辑学会金牛奖、银牛奖

金牛奖

熊楚才

银牛奖

任楚威　张宽信　肖家元　罗慧敏

第二届全国百强社科学报、优秀社科学报及个人获奖

全国百强社科学报

《财经理论与实践》
《湖南师范大学社会科学学报》
《吉首大学学报（社会科学版）》
《湘潭大学社会科学学报》
《湘潭师范学院学报》

全国优秀社科学报

《常德师范学院学报（社会科学版）》
《湖南大学学报（社会科学版）》
《长沙电力学院学报（社会科学版）》
《湖南公安高等专科学校学报》
《益阳师专学报》
《中南工业大学学报（社会科学版）》
《云梦学刊》
《湖南商学院学报》

质量进步奖

《零陵师范高等专科学校学报》

全国高校社科学报优秀主编

李建华　余三定　陈一民　易小明　章育良　周国清　杨金砖　石潇纯

2000—2001 年度优秀编辑

任国瑞　汪　晓

优秀编辑学著作

姚德权　《编辑创新研究》

优秀编辑学论文

叶向荣等　《如何确定编辑定义的属——编辑概念构成方法系列论证之一》

2002 年

湖南省科协 2002 年度优秀科技论文奖（三等奖）

谭长贵　《关于我国高校学报精品建设的几个问题》

王窈惠等　《编辑出版工作效率探讨》

中国高等学校自然科学学报研究会高校学报突出贡献奖

皮光中　张曾荣　李昌佳　许潜毅　阳丽霞　汪　晓　李军熵　王窈惠

湖南省首届双十佳期刊编辑

社科期刊编辑

谭容培　任俊华　万莲姣　朱栋梁

自科期刊编辑

熊楚才　陈灿华　任楚威　谢立奎

2006 年

首届中国高校精品·优秀·特色科技期刊奖、高校科技期刊优秀编辑工作者及优秀编辑学论著奖

精品科技期刊

《湖南农业大学学报（自然科学版）》　《中南大学学报（自然科学版）》

《中南大学学报（英文版）》

优秀科技期刊

《湖南师范大学自然科学学报》　《湖南中医学院学报》

《湘潭大学自然科学学报》　《中南大学学报（医学版）》

特色科技期刊

《公路与汽运》　《衡阳师范学院学报》

《中外公路》　《吉首大学学报（自然科学版）》

《湖南理工学院学报（自然科学版）》

优秀编辑工作者

陈灿华　易必武　朱美香　王赛群　方志蓉

优秀编辑学论著

谭长贵　《核心期刊影响的惯性定律》

易必武　《学术期刊的整体质量观与整合质量管理》

2007 年

湖南省首批新闻出版行业领军人才

陈灿华

2008 年

第二届中国高校精品·优秀·特色科技期刊奖

精品科技期刊

《湖南农业大学学报（自然科学版）》　《中南大学学报（自然科学版）》

《中南大学学报（英文版）》　《中南大学学报（医学版）》

优秀科技期刊

《湖南大学学报（自然科学版）》　《湖南科技大学学报（自然科学版）》

《湖南师范大学自然科学学报》　《湖南中医药大学学报》

《湘潭大学自然科学学报》

特色科技期刊

《衡阳师范学院学报》　《湖南城市学院学报》

《吉首大学学报（自然科学版）》

先进集体

《中南大学学报（自然科学版）》编辑部　湖南城市学院学报编辑部

《湖南师范大学自然科学学报》编辑部

全国高校社科学报事业突出贡献奖

卜庆华　余三定　王道平　李建华　万莲姣　石潇纯　易永卿　刘景慧　薛其林

林再兰　成凤明　汪　晓

2009年

全国高校科技期刊“三优”评比

优秀编辑质量奖

《湖南农业大学学报》

《湖南中医药大学学报》

《国防科技大学学报》

《湖南大学学报（自然科学版）》

《中南大学学报（医学版）》

《中南大学学报（英文版）》

《湖南城市学院学报（自然科学版）》

优秀编辑工作者

苏爱华　赵　俊　陈丽文　文瑞明　袁晓燕

优秀编辑学论著

熊楚才等　《〈湖南农业大学学报〉学术指标评析》

陈灿华　《论科技期刊的开源——以中南大学理工版学报为例》

陈丽文等　《严格审稿程序，提高学报质量——以〈中南大学学报（医学版）〉为例》

2010年

湖南省首届湖湘优秀出版物奖

一等奖

《中南大学学报（自然科学版）》

《湖南师范大学社会科学学报》

《湘潭大学学报（哲学社会科学版）》

二等奖

《中南大学学报（医学版）》

《湖南大学学报（社会科学版）》

湖南省第四届高校优秀社科学报评比

优秀学报一等奖

《武陵学刊》

《云梦学刊》

《湖南师范大学社会科学学报》

《长沙理工大学学报（社会科学版）》

《吉首大学学报（社会科学版）》

《衡阳师范学院学报》

《湖南公安高等专科学校学报》

《长沙大学学报》

《财经理论与实践》

《南华大学学报（社会科学版）》

《湖南科技大学学报（社会科学版）》

《湖南人文科技学院学报》

《湖南第一师范学院学报》

《湖南科技学院学报》

《湖南城市学院学报（人文社会科学版）》

《湖南大学学报（社会科学版）》

《湖南商学院学报》

《湘潭大学学报（哲学社会科学版）》

《中南大学学报（社会科学版）》

优秀学报二等奖

《湘南学院学报》

《湖南行政学院学报》

《长沙通信职业技术学院学报》

《怀化学院学报》

《湖南大众传媒职业技术学院学报》

《岳阳职业技术学院学报》

特色栏目

《湖南大学学报（社会科学版）》“岳麓书院与传统文化”

《湖南科技大学学报（社会科学版）》“毛泽东研究”

《湖南师范大学社会科学学报》“新农村建设”

《湖南人文科技学院学报》“曾国藩研究”

《南华大学学报（社会科学版）》“核工业经济与管理”

《武陵学刊》“细菌战罪行研究”

《云梦学刊》“当代学术史研究”

《财经理论与实践》“金融与保险”

《衡阳师范学院学报》“船山研究”

《中南大学学报（社会科学版）》“经济研究”

《湖南科技学院学报》“柳宗元研究”

《湖南公安高等专科学校学报》“当代中国农村法治”

《湘南学院学报》“郴州纵横”

《长沙大学学报》“长沙文化”

《湖南城市学院学报（人文社会科学版）》“湖湘文化”

《湖南第一师范学院学报》“基础教育研究”

《岳阳职业技术学院学报》“洞庭湖研究”

《吉首大学学报（社会科学版）》“沈从文研究”

2011 年

中国高校科技期刊优秀团队及优秀个人评选

中国高校科技期刊优秀团队

《中南大学学报（自然科学版）》编辑部

中国高校科技期刊优秀编辑

杨　兵　俞　涛

中国高校科技期刊优秀青年编辑

赵　俊

高校科技期刊优秀网站

《中南大学学报》网站

全国高职高专学报研究会“三优”评比

一等奖

《长沙航空职业技术学院学报》

全国高校文科学报研究会年度评比

优秀主编

刘济远　兰甲云　余三定

优秀编辑

粟世来　梁堂华　刘　祁　简姿亚　张海英

优秀编辑学论文

王晚霞　《地方新升本科院校学报栏目设置策略》

张海英　《〈论语〉编纂的“硬伤”及其对现代编辑的启示》

2012 年

第四届中国高校精品·优秀·特色科技期刊奖

中国高校精品科技期刊

《湖南大学学报（自然科学版）》　《湖南农业大学学报》

《中南大学学报（医学版）》　《中南大学学报（自然科学版）》

中国高校优秀科技期刊

《国防科技大学学报》　《国际病理科学与临床杂志》

《湖南科技大学学报（自然科学版）》　《中南大学学报（英文版）》

2013 年

中国百强报刊

《湖南大学学报（社会科学版）》

国家社科基金资助期刊

《湖南师范大学社会科学学报》

湖南省哲学社会科学基金资助期刊

特别优秀理论期刊

《湖南师范大学社会科学学报》

优秀理论期刊

《湖南大学学报（社会科学版）》
《湘潭大学学报（哲学社会科学版）》
《湖湘论坛》
《吉首大学学报（社会科学版）》
《南华大学学报（社会科学版）》
《衡阳师范学院学报》
《邵阳学院学报（社会科学版）》
《湖南城市学院学报（人文社会科学版）》

优秀理论栏目

《湖南科技大学学报（社会科学版）》“毛泽东研究”
《怀化学院学报》“民族民间文化遗产田野调查与研究”
《湖南科技学院学报》“柳宗元研究”
《云梦学刊》“当代学术史研究”
《湖南科技学院》“梅山文化研究”

2014 年

全国新闻出版行业领军人才

陈灿华

第五届全国高校文科学报研究会评优活动

全国高校精品社科期刊

《湖南大学学报（社会科学版）》
《湖南科技大学学报（社会科学版）》
《湖南师范大学社会科学学报》
《湘潭大学学报（哲学社会科学版）》

全国高校百强社科期刊

《财经理论与实践》
《湖南城市学院学报》
《湖南商学院学报》
《武陵学刊》
《云梦学刊》
《中南大学学报（社会科学版）》

全国高校优秀社科期刊

《湖南农业大学学报（社会科学版）》
《湖南财政经济学院学报》
《湖南警察学院学报》
《湖南科技学院学报》
《湖南人文科技学院学报》
《湘南学院学报》
《南华大学学报（社会科学版）》
《衡阳师范学院学报》
《岳阳职业技术学院学报》
《怀化学院学报》
《吉首大学学报（社会科学版）》
《邵阳学院学报（社会科学版）》

全国高校社科期刊特色栏目

《湖南警察学院学报》“当代中国农村法治”

《财经理论与实践》“金融与保险”

《湖南科技学院学报》“柳宗元研究”

《湖南人文科技学院学报》“梅山文化研究”

《南华大学学报（社会科学版）》“核工业经济与管理”

《云梦学刊》“当代学术史研究”

《衡阳师范学院学报》“船山研究”

《岳阳职业技术学院学报》“洞庭湖研究”

《怀化学院学报》“民族民间文化遗产田野调查与研究”

《吉首大学学报（社会科学版）》“民族学与人类学研究”

全国高校社科期刊优秀主编

胡和平　兰甲云　彭程甸　万莲姣　徐超富　张齐政　赵佳荣　贺　翀

全国高校社科期刊优秀编辑

段发明　胡　勤　李东辉　王道春　王晚霞　胡兴华

全国高校社科期刊优秀编辑学论著

周远成　《现代校对管理学》

全国高校社科期刊优秀编辑学论文

曾凡盛　《“通作者之意，开览者之心”——从编辑学视角看金圣叹对〈水浒传〉〈西厢记〉的评改》

张海英　《〈红黑〉停刊原因考》

卢克建等　《学术期刊数字化出版的几个问题简析》

第五届中国高校精品·优秀·特色科技期刊奖

中国高校精品科技期刊

《中南大学学报（自然科学版）》　《中南大学学报（英文版）》

中国高校优秀科技期刊

《湖南大学学报（自然科学版）》　《中南大学学报（医学版）》

（《中南大学学报（自然科学版）》入选科技部中国科技信息研究发布的“第三届中国精品科技期刊”即“中国精品科技期刊顶尖学术论文（F5000）项目来源期刊”和“2013年百种中国杰出学术期刊”。）

2015年

湖南省第六届双十佳期刊奖

《湖南科技大学学报（社会科学版）》　《邵阳学院学报》

《湖南大学学报（自然科学版）》　　　　《湖南师范大学自然科学学报》

《中南大学学报（英文版）》

湖南省优秀中青年期刊出版工作者

王习贤　左小绚　厉　亚　杨春明　张风华　蒋湘莲　刘晓霞　郭　征

湖南省期刊协会优秀论文论著

一等奖

蒋学东　《浅析数字出版背景下期刊编辑的读者本位意识》

徐超富　《人文社科期刊评价：方法回眸与架构重塑》

二等奖

段发明　《科技论文规范化修辞的问题与编辑应对》

秦小珊　《浅论新媒体时代传统期刊与读者关系的有效维护》

三等奖

陈桂香　《新媒体语境下学术期刊编辑意识的重塑》

胡屹辉　《浅论学术期刊编务资料工作的完善与创新》

刘晓霞　《文化体制改革下地方高校学报发展策略》

张曙光　《关于文集的文献类型标志的一些建议》

中国最具国际影响力学术期刊

《中南大学学报（英文版）》

中国高校科技期刊研究会举行的系列评比活动

集体获奖

第二届中国高校农业期刊先进集体：湖南农业大学期刊社

第二届中国高校民族类优秀科技期刊：《吉首大学学报（自然科学版）》

第一届中国高校优秀英文期刊：《中南大学学报（英文版）》

个人获奖

中国高校科技期刊优秀青年编辑：邓履翔

第二届中国高校民族类科技期刊优秀编辑：向阳洁

（《中南大学学报（自然科学版）》荣获“中国国际影响力优秀学术期刊”“2015年百种中国杰出学术期刊”“第三届中国高校科技期刊优秀网站奖”，并入选“中国精品科技期刊顶尖学术论文（F5000）项目来源期刊”。）

2016 年

全国新闻出版行业领军人才

雷　鸣

2017 年

第二届湖南出版政府奖

期刊奖

《中南大学学报（自然科学版）》

优秀人物奖

陈灿华　兰甲云

第四届中国精品科技期刊

《中南大学学报（自然科学版）》　《中南大学学报（医学版）》

《中南林业科技大学学报》

中国高校科技期刊研究会优秀团队和优秀个人评比

优秀主编

陈灿华

优秀编辑

邓履翔　郭　征　蒋湘莲

2018 年

中国高校科技期刊研究会杰出·百佳·优秀科技期刊评比

杰出科技期刊

《中南大学学报（自然科学版）》

百佳科技期刊

《湖南大学学报（自然科学版）》　《铁道科学与工程学报》

《中南大学学报（医学版）》　《中南林业科技大学学报》

优秀科技期刊

《包装学报》　《湖南工业大学学报》

《湖南工业职业技术学院学报》　《湖南科技大学学报（自然科学版）》

《湖南农业大学学报（自然科学版）》　《湖南师范大学自然科学学报》

《吉首大学学报（自然科学版）》　《湖南文理学院学报（自然科学版）》

《湘潭大学自然科学学报》

中国百种杰出学术期刊

《中南大学学报（自然科学版）》

中国最具国际影响力学术期刊

《中南大学学报（自然科学版）》

第八届湖南省双十佳期刊

《湖南大学学报（社会科学版）》　《中南大学学报（社会科学版）》

《湖南科技大学学报（社科科学版）》
《城市学刊》
《长沙大学学报》
《中南大学学报（英文版）》
《国防科技大学学报》

湖湘优秀出版物

《湖南大学学报（社会科学版）》
《财经理论与实践》
《湖湘论坛》
《现代大学教育》
《湖南科技大学学报（社会科学版）》
《中南大学学报（英文版）》
《中南大学学报（社会科学版）》
《湖南大学学报（自然科学版）》
《湖南农业大学学报（社会科学版）》
《国防科技大学学报》
《邵阳学院学报（社会科学版）》
《湖南文理学院学报（自然科学版）》

第八届优秀中青年期刊出版工作者

谭晓萍　徐海燕　王　超　马余平　姚　锋　刘　恋　孟　桢　王晓芳

“庆祝改革开放40周年·湖湘报刊之路”主题征文活动

一等奖

张曙光　《一人·一刊·一情》

二等奖

朱正余　《我的学报情缘》

2019年

中国科技期刊卓越行动计划梯队期刊

《中南大学学报（自然科学版）》
《中南大学学报（英文版）》
《铁道科学与工程学报》

中国高校科技期刊研究会优秀团队及优秀个人、优秀论文评比

优秀编辑

扶文静

优秀青年编辑

胡文杰

优秀论文

吴湘华等　《中国高校学术期刊发展探索》

全国高校文科学报研究会评优活动

全国高校社科名刊

《湖南师范大学社会科学学报》
《湖南大学学报（社会科学版）》
《湘潭大学学报（哲学社会科学版）》
《湖南科技大学学报（社会科学版）》
《中南大学学报（社会科学版）》

全国高校社科精品期刊

《财经理论与实践》
《教育科学学报》
《城市学刊》
《吉首大学学报（社会科学版）》
《武陵学刊》
《商学研究》

全国高校社科优秀期刊

《湖南农业大学学报（社会科学版）》
《中南林业科技大学学报（社会科学版）》
《南华大学学报（社会科学版）》
《湖南人文科技学院学报》
《邵阳学院学报（社会科学版）》
《长沙理工大学学报（社会科学版）》
《湖南工业大学学报（社会科学版）》
《岳阳职业技术学院学报》

优秀栏目

《财经理论与实践》“金融与保险”
《云梦学刊》“当代学术史研究”
《长沙大学学报》“长沙文化”
《湖南师范大学教育科学学报》“教科书研究”
《武陵学刊》“中华德文化研究”
《长沙理工大学学报（社会科学版）》“科技哲学研究”
《邵阳学院学报（社会科学版）》“魏源及邵阳人文研究”
《湖南人文科技学院学报》“女性文化研究”
《岳阳职业技术学院学报》“洞庭湖研究”

优秀会务单位

湖南大学期刊社　长沙理工大学学报编辑部

优秀主编

段发明　粟世来　余　华　张文刚　简小煊　李东辉　彭柏林　周俊敏

优秀编辑

姚　锋　廖文婷　张曙光　朱正余　胡兴华　徐海燕　刘晓毅　曾凡盛　周　欣
李传熹　李　进　杜　芳

玉笔奖

石潇纯　谢丽玲　刘寒辉

优秀编辑学论著奖

尹金凤　《高校综合学报新闻栏目的创新发展：与专业期刊对比下的问题与对策》
张曙光　《学术评价乱象：表征、诱因与治理——基于量化评价的视角》

湖南省重点报刊出版专项资金资助期刊

《中南大学学报（自然科学版）》　《湖南大学学报（社会科学版）》

《湖南师范大学社会科学学报》

《吉首大学学报（社会科学版）》

《湖南科技大学学报（社会科学版）》

中国最具国际影响力学术期刊

《中南大学学报（英文版）》

中国国际影响力优秀学术期刊

《中南大学学报（自然科学版）》

2020 年

湖南省培育世界一流湘版科技期刊建设工程重点期刊

《中国有色金属学报》

《中国有色金属学报（英文版）》

《中南大学学报（自然科学版）》

《中南大学学报（英文版）》

《铁道科学与工程学报》

《湖南大学学报（自然科学版）》

中国高校科技期刊研究会中国高校杰出·百佳·优秀科技期刊评比

杰出科技期刊

《中南大学学报（自然科学版）》

百佳科技期刊

《中南林业科技大学学报》

《湖南大学学报（自然科学版）》

《中南大学学报（医学版）》

《中国普通外科杂志》

《铁道科学与工程学报》

《国防科技大学学报》

优秀科技期刊

《湖南科技大学学报（自然科学版）》

《湖南农业大学学报（自然科学版）》

《湖南师范大学学报（医学版）》

《湖南师范大学自然科学学报》

《湖南中医药大学学报》

《交通科学与工程》

《经济林研究》

《生命科学研究》

《湘潭大学自然科学学报》

《中国内镜杂志》

《中国现代医学杂志》

《中外公路》

《中南大学学报（英文版）》

《数字中医药（英文）》

《包装学报》

《湖南工业大学学报》

《长沙理工大学学报》

湖南省重点报刊出版专项资金资助期刊

《中南大学学报（自然科学版）》

《生命科学研究》

《湘潭大学学报（哲学社会科学版）》

《城市学刊》

《武陵学刊》

湖湘优秀出版物奖

《中南大学学报（自然科学版）》

《湖南大学学报（自然科学版）》

《湖南大学学报（社会科学版）》
《财经理论与实践》
《大学教育科学》
《湖南师范大学教育科学学报》
《湖南生态科学学报》
《湖南科技大学学报（自然科学版）》
《激光生物学报》
《云梦学刊》
《邵阳学院学报（社会科学版）》

中国国际影响力优秀学术期刊、中国高校杰出科技期刊、中国权威学术期刊、中国有色金属A级优秀期刊、中国有色金属学会T1级别期刊

《中南大学学报（自然科学版）》

第五届中国精品科技期刊

《中南林业科技大学学报》
《中南大学学报（自然科学版）》

国家哲学社会科学文献研究中心综合性人文社会科学最受欢迎期刊

《湖南大学学报（社会科学版）》
《湖南科技大学学报（社会科学版）》

RCCSE中国权威学术期刊

《中南林业科技大学学报》

2021年

湖南省期刊协会优秀论文

一等奖

呙艳妮　《新时代地方高校学报特色栏目调查与发展研究——以湖南省10种地方高校社科学报为例》

谭晓萍　《社科学术期刊高质量发展中的中国特色彰显》

二等奖

胡文杰等　《学术期刊高质量发展背景下高校综合性学报转型发展思考》

廖文婷　《增强“四力”：新媒体时代提升学术期刊编辑选题策划能力的路径选择》

三等奖

蒋　芳　《新时代中国学术期刊守正创新的价值内涵与实践逻辑》

第五届中国出版政府奖期刊奖提名奖

《中南大学学报（自然科学版）》

国家社科基金资助期刊

《湖南师范大学社会科学学报》

中国科技期刊卓越行动计划入选项目

《中国有色金属学报（英文版）》
《中南大学学报（英文版）》
《中国有色金属学报》
《中南大学学报（自然科学版）》
《铁道科学与工程学报》

中国科技期刊卓越行动计划 2021 年度优秀编辑

赵　俊　蒋学东

湖南省培育世界一流湘版科技期刊建设工程（2021—2022 年）项目

梯队期刊

《中南林业科技大学学报》　《中南大学学报（医学版）》

《湖南师范大学自然科学学报》

高起点新刊

《交通安全与环境（英文）》　《数字中医药（英文）》

杰出中青年人才

杨保华　李艳红　何运斌　邓履翔　赵　俊　平静波　王　超　涂　鹏　鲁　姗

李兰芳

湖南省品牌社科期刊资助项目

《中南大学学报（社会科学版）》　《湖南大学学报（社会科学版）》

《财经理论与实践》　《湘潭大学学报（哲学社会科学版）》

《湖南师范大学社会科学学报》　《中国文学研究》

《吉首大学学报（社会科学版）》　《湖南第一师范学院学报》

《长沙理工大学学报（社会科学版）》　《云梦学刊》

《湖南农业大学学报（社会科学版）》　《中国韵文学刊》

《中南林业科技大学学报（社会科学版）》　《船山学刊》

《湖南科技大学学报（社会科学版）》　《城市学刊》

EI 新收录期刊（2021 核心版）

《铁道科学与工程学报》

湖南省第九届双十佳期刊

社会科学期刊

《湘潭大学学报（哲学社会科学版）》　《现代大学教育》

《吉首大学学报（社会科学版）》　《中国韵文学刊》

自然科学期刊

《中南大学学报（医学版）》　《湖南城市学院学报（自然科学版）》

《计算技术与自动化》　《湖南科技大学学报（自然科学版）》

《数字中医药（英文）》

2022 年

第三届湖南出版政府奖

期刊奖

《中国有色金属学报（英文版）》

期刊奖提名奖

《财经理论与实践》

《湖南师范大学社会科学学报》

《湖南大学学报（自然科学版）》

《生命科学研究》

先进出版单位奖

中南大学出版社

湖南师范大学出版社

优秀出版人物奖

刘水强　邓履翔　尹金凤

2022 年度中国高校科技期刊建设示范案例库

杰出科技期刊

《中南大学学报（自然科学版）》

百佳科技期刊

《湖南大学学报（自然科学版）》

《铁道科学与工程学报》

《中南大学学报（医学版）》

《中南大学学报（英文版）》

《中南林业科技大学学报》

优秀科技期刊

《包装学报》

《湖南工业大学学报（自然科学版）》

《湖南工业职业技术学院学报》

《湖南科技大学学报（自然科学版）》

《湖南师范大学自然科学学报》

《湖南中医药大学学报》

《激光生物学报》

《计算技术与自动化》

《经济林研究》

《生命科学研究》

《数字中医药（英文）》

金笔论著

吴湘华等　《〈中南大学学报（自然科学版）〉用“三段共振”全流程模式提升影响力的实践及成效》

银笔论著

陈雅婷等　《我国科技期刊编辑部运营模式辨析》

入选第二十九届北京国际图书博览会（BIBF）“2022 中国精品期刊展”

《湘潭大学学报（哲学社会科学版）》

《铁道科学与工程学报》

《长沙理工大学学报（社会科学版）》

入选 EBSCO 国际数据库

《铁道科学与工程学报》

第二届“方正电子杯”中国期刊设计艺术周

推荐期刊

《中国韵文学刊》　《中南大学学报（英文版）》

《长沙理工大学学报（社会科学版）》

优秀封面

《中南大学学报（英文版）》

第五届科技期刊青年编辑大赛杰出数字青年编辑

郑羽彤

第四届湖南省报刊编校技能大赛

二等奖

肖薇薇

三等奖

王晓芳　王婧之　朱春花　伍锦花

优秀奖

刘晓毅　何运斌　胡　娟　肖　钊　张芙蓉

国家哲学社会科学文献中心 2022 年度综合性人文社会科学最受欢迎期刊

《湖南大学学报（社会科学版）》　《中南大学学报（社会科学版）》

《湖南科技大学学报（社会科学版）》

国家哲学社会科学文献中心 2022 年度经济学最受欢迎期刊

《财经理论与实践》

2023 年

中国高校科技期刊建设示范案例库

编辑团队

《中南大学学报（自然科学版）》编辑部　《铁道科学与工程学报》编辑部

《数字中医药（英文）》编辑部

主编个人案例

陈灿华　邓履翔　蒋学东

编辑个人案例

陈丽文　何运斌　伍锦花　涂　鹏

青年编辑个人案例

胡文杰　秦明阳　郑羽彤

从事高校科技期刊编辑出版工作 30 年以上资深编辑

陈灿华　刘国奇　张高明

全国高校文科学报研究会第七届高校社科学术期刊质量检查与评估

全国高校权威社科期刊

《湖南师范大学社会科学学报》

《湖南大学学报（社会科学版）》

《湘潭大学学报（哲学社会科学版）》

《湖南科技大学学报（社会科学版）》

《中南大学学报（社会科学版）》

全国高校精品社科期刊

《吉首大学学报（社会科学版）》

《财经理论与实践》

《湖南师范大学教育科学学报》

《湖湘论坛》

《湖南农业大学学报（社会科学版）》

全国高校优秀期刊

《云梦学刊》

《衡阳师范学院学报》

《长沙理工大学学报（社会科学版）》

《中南林业科技大学学报（社会科学版）》

《城市学刊》

《商学研究》

《武陵学刊》

质量进步奖

《邵阳学院学报（社会科学版）》

《湖南工业大学学报（社会科学版）》

《长沙大学学报（社会科学版）》

《湖南第一师范学院学报》

《湖南科技学院学报》

特色栏目奖

《云梦学刊》“当代学术史研究”

《衡阳师范学院学报》“船山研究”

《湖湘论坛》“习近平新时代中国特色社会主义思想”

《长沙理工大学学报（社会科学版）》“科技哲学研究”

《中南林业科技大学学报（社会科学版）》“生态文明论坛”

《城市学刊》“城市文化”

《武陵学刊》“中华德文化研究”

《邵阳学院学报（社会科学版）》“魏源及邵阳人文研究”

《湖南第一师范学院学报》“小学教育研究”

《湖南科技学院学报》“柳宗元研究”

《岳阳职业技术学院学报》“洞庭湖研究”

《长沙民政职业技术学院学报》“民政与社会工作”

玉笔奖

李文邦 姚德权 宁晓青 成凤明 詹花秀 邱玉枚

第六届湖湘优秀出版物奖

期刊类荣誉奖

《中南大学学报（自然科学版）》

《中国有色金属学报（英文版）》

《财经理论与实践》

《湖南师范大学社会科学学报》

《湖南大学学报（自然科学版）》

《生命科学研究》

期刊奖

《湖湘论坛》

《中国韵文学刊》

《船山学刊》

《湘潭大学学报（哲学社会科学版）》

《湖南大学学报（社会科学版）》

《数字中医药（英文）》

《交通安全与环境（英文）》

《铁道科学与工程学报》

《湖南师范大学自然科学学报》

湖南省哲学社会科学基金资助期刊

《中南大学学报（社会科学版）》

《湖南大学学报（社会科学版）》

《财经理论与实践》

《湖南师范大学社会科学学报》

《湖南师范大学教育科学学报》

《湘潭大学学报（哲学社会科学版）》

《中国韵文学刊》

《长沙理工大学学报（社会科学版）》

《湖南农业大学学报（社会科学版）》

《湖南科技大学学报（社会科学版）》

《中南林业科技大学学报（社会科学版）》

《吉首大学学报（社会科学版）》

《衡阳师范学院学报（社会科学版）》

《湖南社会科学》

《船山学刊》

第五届“湖南期刊主题宣传好文章”

序号	文章名	刊物
1	新时代文艺工作的根本指针——学习习近平总书记关于文艺工作重要论述	湖南师范大学社会科学学报
2	建设朝气蓬勃的马克思主义执政党——建党百年视域下新时代党的建设总目标的内在机理	湖南师范大学社会科学学报
3	习近平关于中华优秀传统文化重要论述的理论蕴涵	湖南大学学报（社会科学版）
4	中国传统家文化：地位、内涵与时代价值	湖南大学学报（社会科学版）

续表

序号	文章名	刊物
5	中国共产党自我革命的百年实践、内在逻辑和基本经验	中南大学学报（社会科学版）
6	中国共产党百年反腐倡廉的实践经验	中南大学学报（社会科学版）
7	全过程人民民主：人民民主特质的准确表达	湖湘论坛
8	论伟大建党精神传承的红色记忆机制与实践图景	湖南社会科学
9	中国共产党自我革命的内涵和意义（笔谈）（组文）	文化软实力
10	用党的创新理论铸魂育人的方法论思考	云梦学刊
11	学习阐释党的二十大精神研究专题（组文）	湖南工业大学学报（社会科学版）
12	“实事求是”是中国化实践唯物主义	船山学刊
13	促进农村低收入人口增收的政策取向	湖南农业大学学报（社会科学版）
14	坚持人的全面发展：新中国如期消灭绝对贫困的密码	湖湘论坛
15	中国式现代化新道路决定了人类文明新形态的本质	长沙理工大学学报（社会科学版）
16	中国共产党建设文化强国的百年探索和未来进路	衡阳师范学院学报
17	中国“国强必霸论”的哲学批判与归正——兼论十九届六中全会《决议》中国“永远不称霸”的理论根据与实践宗旨	衡阳师范学院学报

中国国际影响力优秀学术期刊（自然科学与工程技术）

《中南大学学报（自然科学版）》

中国国际影响力优秀学术期刊（人文社会科学）

《财经理论与实践》

中国最具国际影响力学术期刊

《中南大学学报（英文版）》

入选科技期刊世界影响力指数（WJCI）报告（2023）

《中南大学学报（自然科学版）》

（说明：合著论文论著仅记录第一作者）

湖南省高等学校学报研究会历年获奖名单

1989 年

1989 年 5 月 16 日至 19 日，湖南省高等学校学报研究会召开了专职主编研讨会和自科学报编辑质量评奖会议。会后，由 11 位专家组成的第三届学报质量评奖委员会对参评的 26 家学报所报奖项进行评审，共评选出优秀学报 19 家，其中一等奖 6 家，二等奖 8 家，三等奖 5 家。

1995 年

湖南省高校自然科学学报“三优”评比

优秀学报一等奖

《中南工业大学学报》　《湖南大学学报》
《湖南农业大学学报》　《湘潭大学学报》
《湖南医科大学学报》　《湖南师范大学学报》
《湖南中医学院学报》　《国防科技大学学报》

优秀学报二等奖

《长沙交通学院学报》　《长沙铁道学院学报》
《中南工学院学报》　《长沙电力学院学报》

优秀学报三等奖

《衡阳医学院学报》　《湖南教育学院学报》
《株洲工学院学报》　《邵阳高专学报》
《教育与技术研究》　《郴州师范高等专科学校学报》
《长沙职业技术师范专科学校学报》

高校优秀编辑

薛绍莲　李　严　阳丽霞　胡静娟　刘吉元　马　力　秦晓燕　谢庚申　龚维忠
肖家元　宋长源　李军熵　陈韵鸣　王学业　饶燕琴　熊自立　刘子娟

优秀编辑学论文作者

刘子娟　薛绍莲　谭兴贵　李昌佳　肖家元　李军熵　夏艾生　袁作兴　谢龙翔
李郴生　张翼鹏　戴介华　钱关民

湖南省高校文科学报评比

一等奖

《湖南师范大学学报》　《湘潭大学学报》
《衡阳师专学报》　《长沙电力学院学报》

《云梦学刊》

《益阳师专学报》

《有色金属高教研究》

《湖湘论坛》

二等奖

《吉首大学学报》

《湖南商学院学报》

《财经理论与实践》

《邵阳师专学报》

《湖南税专学报》

《湖南财经高等专科学校学报》

《湖南大学学报（社会科学版）》

《娄底师专学报》

《湖南省公安高等专科学校学报》

《湘潭师范学院学报（社会科学版）》

1998 年

湖南省高等学校学报研究会先进会务集体、优秀会务工作者

先进会务集体

《娄底师专学报》编辑部

《零陵师范高等专科学校学报》编辑部

《湘潭工学院学报》编辑部

《云梦学刊》编辑部

《衡阳师专学报》编辑部

优秀会务工作者

晏绍明　黄芝蓉　童山东　邓乐群　肖家元

编辑学学术出版论文获奖名单

一等奖

朱栋梁等　《论学报作者的选择与培养》

李　严　《谈学报撰、审、编三支队伍的优化与合作》

任国瑞　《论跨世纪的高校文科学报的改革》

熊楚才　《运用知识经济对策，优化科技期刊管理》

二等奖

李军熵　《谈谈主编应树立的几种意识》

雷　鸣等　《论知识经济与高校学报工作》

成凤明　《关于创建精品学报的思考》

晏绍明　《试谈学报编辑的素质培养》

龙爱良　《编辑学者化与学者编辑化》

任楚威　《增加编辑投入提高编校质量》

陈灿华　《一种减少差错的有效方法》

罗慧敏　《农业生物技术文献编辑加工技巧探讨》

叶向荣　《迟作的答辩——评张洪玲〈不能重构〉一文的逻辑》

谭长贵　《论编辑主体意识的动态平衡态势》

三等奖

李传书　《树立精品意识提高办刊质量》

朱栋梁　《论商业高校学报的特色构建》

任俊华　《学报质量评估的核心尺度刍议》

首届青年编辑编校业务竞赛获奖名单

一等奖

万莲姣　方志蓉

二等奖

蒯伯象　刘曙东　宁晓青

三等奖

李应求　贺　翀　李延林　李昌佳　文瑞明　朱栋梁　黄桂芳　陈艳芳　阳丽霞

青年编辑学术出版论文获奖名单

一等奖

李　严　《也谈校对制约因素》

李昌佳　《影响因子：一个重要的期刊评价指标》

刘曙东　《高校学报编校质量问题探析》

刘吉元　《论校对技巧和校对质量控制》

万莲姣等　《确立一种文化审美意义上的编辑观》

兰甲云等　《论隐性编辑含量》

二等奖

朱栋梁　《从期刊发展的历史看期刊的社会功能》

罗传玲　《学术论文该写好内容摘要，关键词和中图分类号》

宁晓青　《高等学校学报编辑规范与创新》

陈灿华　《谈谈期刊编辑的职业道德》

苏爱华等　《农业高校学报发行工作探析》

方志蓉　《浅谈如何提高科技期刊的编校质量》

陈爱华　《跨世纪科技期刊青年编辑的全方位培训》

陈艳芬　《农业高校学报在执行“量和单位”中存在的问题》

1999 年

湖南省高等学校学报研究会文科学报刊物质量评奖结果

一等奖

《湖湘论坛》

《湖南师范大学社会科学学报》

《湖南大学学报（社会科学版）》

《武陵学刊》

《湘潭大学学报（哲学社会科学版）》
《吉首大学学报》
《长沙电力学院学报》
《衡阳师专学报》
《益阳师专学报》
《湖南教育学院学报》
《湖南商学院学报》

二等奖

《怀化师专学报》
《娄底师专学报》
《郴州师范高等专科学校学报》
《零陵师范高等专科学校学报》
《邵阳师范高等专科学校学报》
《湘潭师范学院学报》
《中国保险管理干部学院学报》
《长沙大学学报》
《湖南税务高等专科学校学报》
《湖南公安高等专科学校学报》
《湖南财经高等专科学校学报》

推荐参加全国首届优秀学报评优的学报

《湖湘论坛》
《湖南师范大学社会科学学报》
《湖南大学学报（社会科学版）》
《武陵学刊》
《湘潭大学学报》
《吉首大学学报》
《长沙电力学院学报》
《衡阳师专学报》
《益阳师专学报》
《湖南教育学院学报》
《湖南商学院学报》
《娄底师专学报》
《湖南税务高等专科学校学报》
《零陵师范高等专科学校学报》

2001 年

湖南省高等学校学报研究会第五次会员大会暨学术年会获奖论文

一等奖

饶娣清　《论编辑的主体意识与高校学报质量》
徐超富　《试论高校成人教育期刊的价值》
帘　青　《网络时代高校学报评估体系的框架重构》
叶向荣　《如何确定编辑定义的种差——编辑概念构成方法系列论证之二》
杨金砖等　《办好地方高校学报务须理顺的四种关系》
熊楚才　《提高期刊影响因子的基本途径》
陈灿华等　《新世纪科技期刊面临的困境及对策》
李建华　《树精品形象　创名优期刊》

二等奖

李　严　《科技文稿中不规范表格的修正》
刘吉元等　《超前思维的基本特征及对主编思维超前性的评价》
陈笑梅　《期刊质量评价的模糊综合评判模型》

谭容培　《论编辑导向》
勤　志　《论学报的内耗与改革》
尹志诚　《刍议高职院校办学方向与学报定位》
林彬晖　《科学管理，高效工作》
彭铁祥　《依托本校、办出特色、走向世界》
赵佳荣　《提高高校学报“双效”的路径探索》
王窈惠　《浅淡编辑现代化问题》
任国瑞　《论高校文科学报的策划观念与策划原则》

2003 年

庆祝湖南省高等学校学报研究会成立 20 周年获奖名单

优秀主编

邓白罗　文瑞明　刘吉元　刘剑康　任楚威　余三定　李军熵　李克安　李建华
张登巧　张　静

优秀编辑

姚德权　晏绍明　章育良　熊楚才　薛其林　尹志诚　方志蓉　文耀智　石少平
左家哺　刘范弟　刘寒辉　刘春燕　朱美香　任俊华　关章顺　杨凤娥　杨金砖
邱德勇　邱玉梅　陈灿华　陈艳芬　汪　晓　李爱良　李　彬　余立香　林再兰
易永卿　周远成　周　青　罗　渊　贺香梅　高加成　黄桂芳　彭铁祥　纾解生
蒯伯象

2004 年

湖南省高等学校学报研究会 2004 年年会优秀论文获奖名单

一等奖

余三定　《论高校学报的特色栏目》
李　彬　《从人文科学与社会科学的关系看高校学报的专业化》
陈一民等　《关于学报专栏建设的思考——以“当代中国农村法治”专栏为例》
石潇纯　《高校学报管理体制改革的问题研究》
熊楚才等　《基金产文质量滑坡的原因及监控机制》
朱美香　《论新时期科技期刊编辑的培养》
陈灿华　《科技期刊充实和稳定作者队伍的措施》
苏　慧　《签订版权转让协议是学术期刊运作的必然趋势》
彭敏宁等　《编辑道德行为选择的机制》

二等奖

谢明子　《浅析高校学报的市场意识及其策略》

王淚海　《刍议新形势下期刊编辑水平的提高》

尹志诚　《刍议名编辑》

曾文洁　《论社院学报的普遍性与特殊性》

秦小珊　《在固守的园地里开出更美丽的丁香》

陈智慧等　《论学报的体制创新》

徐超富　《论科技编辑审读的三原则》

罗慧敏等　《农业科技论文评价机制的研究现状及量化指标的探讨》

李东辉　《从“名刊工程”审视农业高校社科期刊的发展》

昌　兰等　《以开放的理念办学报》

2005 年

湖南省高等学校学报研究会 2005 年年会优秀论文获奖名单

一等奖

王赛群等　《2000—2002 年中国农业科学论文被收录情况评析》

谭长贵　《论编辑思维的系统性特征》

任楚威　《高校自然科学学报质量的量化管理》

李建华　《坚持正确的舆论导向必须正确认识和处理的几个关系》

刘吉元等　《关于高校学报的职能回归——兼论学报的可持续发展》

黄显中　《重塑学报——用文化管理的精神改造学报》

何俊华　《对实施“名刊工程”的思索》

俞　涛等　《利用互联网资源选择审稿专家及建立审稿信息管理系统》

陈丽文等　《国内外生物医学期刊稿件中医学伦理学意识比较》

陈灿华等　《决定科技期刊品牌的因素》

二等奖

尹志诚　《从编辑流失谈以人为本构建和谐编辑部》

徐超富　《论科技期刊的终校方法》

李东辉　《从“名刊工程”审视农业高校社科期刊的发展》

王　健　《核心期刊与科研绩效评价》

方志蓉　《论期刊社激励机制的建立》

彭芬辉　《编辑主体创新与“名刊工程”建设》

易永卿　《综合性学术期刊如何走出困顿》

陈桂香　《计算机文献检索与社科期刊编辑》

刘建辉　《完善人文社科学术期刊评价机制的思考》

詹花秀　《社科学报：面向市场勇于挑战》

袁晓燕　《网络联合出版：e 时代高校学报的一种可能前景》

苏　慧　《核心期刊及其功效的利弊分析》

湖南省第三届高校优秀人文社科学报评比结果

一等奖

《湖南师范大学社会科学学报》
《财经理论与实践》
《湘潭大学学报（哲学社会科学版）》
《湖南大学学报（社会科学版）》
《湖南科技大学学报（社会科学版）》
《云梦学刊》
《吉首大学学报（社会科学版）》
《衡阳师范学院学报》
《长沙理工大学学报（社会科学版）》
《中南大学学报（社会科学版）》
《湖南文理学院学报（社会科学版）》
《湖南商学院学报》
《湖南城市学院学报（人文社会科学版）》
《湖南科技学院学报》
《湖南人文科技学院学报》
《长沙大学学报》

二等奖

《湖南农业大学学报（社会科学版）》
《湖南公安高等专科学校学报》
《湖南工程学院学报（社会科学版）》
《湘南学院学报》
《邵阳学院学报（社会科学版）》
《怀化学院学报》
《岳阳职业技术学院学报》
《长沙民政职业技术学院学报》
《湖南经济管理干部学院学报》

2008 年

湖南省高等学校学报研究会 2008 年年会优秀论文获奖名单

一等奖

熊楚才　《论主编终审的问题意识》

李东辉　《学术期刊定位分层后弱势学报的选择》

贺香梅等　《从海外华人学者的视角看我国高校学报》

王友良等　《科技期刊学术标准与经济效益的冲突及其规避》

潘亚辉等　《试论我国高校科技期刊的发展战略》

沈小玲　《高校学报的创新与发展途径探讨》

易永卿　《高校学报的定位与发展路向反思》

张齐政　《青年学者在王船山研究原文引用中的几个问题——以 2008 年〈衡阳师院学报〉船山研究栏目来稿编校为例》

周远成等　《在现代计算机技术条件下的书刊电子文本化校对质量管理》

二等奖

陈丽文等　《严格审稿程序，提高学报质量——以〈中南大学学报（医学版）〉为例》

陈桂香　《论学术期刊编辑力》

李美华等　《论学报编辑主体现代意识的自觉》

廖友媛　《作者自校方式的改进》

卫　华　《高校学报联合办刊模式探讨——关于联合创办我省高校学报学术文摘的建议》

尹志诚　《高校学报创新的几点思考》

蔡燕飞　《关于高职学报稿源问题的思考》

全妙华　《地方院校学报发展的困境思考》

王　健　《国外学术期刊的运作模式研究》

王小飞等　《学报稿源优化刍议》

朱正余　《解放思想与拓展普通高校学报优质稿源论》

王晚霞　《论地方新升本科院校学报发展的四大瓶颈》

闻　丽　《网络在科技论文参考文献信息核对中的应用》

张　敏　《论高职院校学报的创新与发展》

2009 年

湖南省高校学报优秀编辑、优秀编辑学论文、2009 年年会优秀论文评比结果

优秀编辑

赵　俊　陈灿华　陈丽文　苏　慧　厉　亚　王铁军　李克琴　段发明　沈小玲

朱海龙　张　静　陈桂香　方志蓉　谢明子　陈沙沙　娄　敏　曾凡盛　王小飞

袁玉娟　简姿亚　彭程甸　陈健琼　易永卿　陶新艳　刘济远　贺香梅　宋耕春

张亦静　骆晓会　尹志诚　叶剑波　罗竹莲　周小红　田　皓　刘晓霞　刘景慧

曾　艳　向阳洁　刘康民　卢克建　朱雯霞　扶文静　罗　艳　肖功为　詹花秀

张小清　李映山　梁堂华　林再兰　阳丽霞　杨年保　胡新华　张齐政　伍洪涛

成凤明　邱玉梅

优秀编辑学论文一等奖

尹志诚　《高校学报编辑应具备 6 种意识》

向阳洁　《关于复杂的数理公式中点号使用的建议》

阳丽霞　《专有出版权及其保护》

张海英　《〈论语〉编纂的“硬伤”及其对现代编辑的启示》

李东辉　《“阳春白雪”与“下里巴人”：高校学报办刊的两难选择》

苏　慧　《防止论文剽窃　尽学术期刊的合理注意义务》

陈丽文等　《英文医学论文中易错用的词和词组》

陈沙沙等　《关于学术期刊论文基金项目著录的编辑问题》

陈灿华　《和谐期刊社的创建与负责人应具备的素质》

陈桂香　《论学术期刊竞争优势的创建》

罗　蕾等　《论编辑知识结构的调整与更新》

俞　涛等　《科技期刊的生态化生存策略》

赵佳荣等　《高校学报特色栏目岗位目标管理略论》

徐超富等　《我国少儿科普图书出版的现状及其对策》

曾凡盛　《学术期刊扩版现象之冷思考》

熊楚才等　《〈湖南农业大学学报〉学术评价指标评析》

优秀编辑学论文二等奖

王小飞等　《关于高校学报功能的若干反思》

伍洪涛　《论文摘要中人称使用不当的问题与处理方法》

刘吉元等　《关于高校学报的职能回归——兼论以人为本的可持续发展观》

成凤明　《论学报编辑的策划意识》

朱海龙　《编辑社会学论纲》

朱雯霞　《高校自然科学学报网络化服务的建立和完善》

扶文静　《科技论文中参考文献著录问题》

李浩慧　《试论高校学报审稿模式和审稿队伍的优化》

杨粤芳等　《编辑策划劳动力浓度评价》

沈小玲　《省高校科技期刊与非高校科技期刊编辑人员队伍现状比较分析》

邱德勇　《中国名词和术语工作的发展历程》

陈向科　《农业高校社科学报 SWOT 分析及其战略选择》

周远成等　《当代出版物数字化、书刊电子文本化校对质量管理》

易永卿等　《创新：现代编辑传播的核心——读〈编辑创新与现代传播〉》

林再兰　《坚持科学发展观　提升高职学报办刊水平》

胡新华　《提高高校学报学术性的思考》

贺香梅等　《从接受美学角度看学术期刊编辑的审稿》

钟兴永等　《网络学术的发展及其历史地位》

闻　丽　《青年编辑在编辑科技论文时应注意的几个环节》

梁堂华　《科技论文中“参考文献”与“注释”之辨正》

谢明子等　《论科技期刊发行创新》

简姿亚等　《从传播角度看学术期刊争鸣栏目的互动性》

詹花秀　《论我国新闻舆论监督中存在的问题及矫正》

年会优秀论文一等奖

尹志诚　《从编辑的角度谈学术论文的写作格式与规范》

王晚霞　《地方新升本科院校学报栏目设置策略》

刘康民　《论高职学院学报品牌的创建》

刘景慧　《论新升本科大学学报与“四大文摘”转载》

陈灿华等　《惩治与预防学术不端行为的具体措施》

林向阳　《期刊信息资源共享之探讨》

罗　蕾等　《论品牌栏目是学术期刊的核心竞争力》

陶新艳　《强化专业应用特色　促进高职学报科学发展——以〈湖南大众传媒职业技术学院学报〉为例》

谢明子　《论科技期刊编辑形象工程的建设》

詹花秀　《坚持办刊特色：高校学报求生存、图发展之道》

年会优秀论文二等奖

王李平　《完善编辑知识结构，提升高职院校学报品位》

王道春　《公安高职、高专院校学报的现状及特色之路》

叶剑波　《公安院校学报科学发展应走专业化办刊之路》

刘国奇　《编辑方式的变迁及网络化》

吴　毅等　《林业科技期刊的构成特征与办刊思路》

张小清　《浅谈新时期高校学报编辑计算机网络素质的提高》

胡新华　《提高高校学报学术性的思考》

秦小珊　《科学地做强做大中国期刊业需要名编辑》

梁堂华　《试论高校学报经济效益的正确取向》

黄声波　《提高地方性高校文科学报质量刍议》

黄　芳等　《浅析高校学报在普通高等学校本科教学工作水平评估中的隐性作用》

曾学清等　《科技期刊编辑工作中的常见误区透视》

稂丽萍　《地方高校学报发展面临的困境及其对策》

廖才高　《对当代中国学术期刊的几点思考》

熊正为等　《创新学术期刊　促进科学发展》

2010 年

湖南省高等学校学报研究会 2010 年年会优秀论文获奖名单

一等奖

赵　俊等　《中国高校学术期刊国际化发展现状与策略》

李浩慧等　《高校学报优质稿源流失问题及其应对策略》

王晚霞等　《湖南省地方新升本科院校社科学报论文学科分布分析》

王晓芳　《梧桐成荫凤自来——谈学术期刊吸引优质稿源的途径》

简姿亚等　《媒介融合趋势下湖南省高校学报建设路径研究》

二等奖

李路丹　《期刊编辑与学术不端行为的点滴思考》

陈如松等　《现代编辑职业素养刍议》

周　园　《应当引起重视的标点符号—“连接号”》

李传熹　《论科技期刊核心竞争力及其培育》

刘康民　《高职高专学报稿源策划的功能及实现途径》

王李平　《坚守学术道德，杜绝学术不端行为》

徐　蓓　《大学学报要超越本校视域——工科大学学报社会科学版的特色发展思考》

2011 年

湖南省高等学校学报研究会 2009—2011 年度优秀编辑

陈平华　简姿亚　刘春燕　方志蓉　陈沙沙　刘范弟　张　蕾　石少平　钟细军

张海英　尹惠斌　陈健琼　黄　芳　胡　伟　贺香梅　向江洪　徐　蓓　王道春

叶剑波　陈津端　朱正余　王小飞　王晚霞　周　欣　曾凡盛　杨粤芳　刘晚霞

张群喜　朱海龙　段发明　王　健　全妙华　曾　艳　陈　伟（吉首大学）刘康民

周　泉　刘衍永　朱雯霞　肖功为　陈　伟（邵阳学院）周　青　李雪飞　梁堂华

马余平　盛于兰　平静波　郭　征　陈爱华　杨幼平　胡兴华　阳丽霞　郑　杰

马跃龙　李路丹　徐爱良　黄　伟　王晓芳　熊先兰　罗　联　周远成　闻　丽

黄新斌

湖南省高等学校学报研究会 2011 年年会优秀论文获奖名单

一等奖

周　青　《综合性生物核心期刊网站建设情况分析与思考》

王晚霞　《外因提升学报影响力的途径：以湖南省地方新升本科院校为例》

李路丹　《论学术不端行为对建设和谐社会的危害性》

朱正余　《我国高校学报版权保护探析——以湖南省高校学报为例》

朱海龙　《数字化时代编辑新论》

曾凡盛　《学术期刊编辑的职业与志业》

叶剑波　《公安院校学报科学发展应走专业化办刊之路》

周　园等　《食品安全的守望者：记〈食品与机械〉优秀栏目“安全与检测”》

钟细军　《学术论文稿件的质、功、形评价及在初审中的应用》

赵　俊等　《网络出版平台对高校学术性期刊发展的影响——以〈中南大学学报〉网站为例》

二等奖

梁堂华等　《徐特立的教育报刊编辑思想探析》

钟兴永等　《汉字简体文化传承的历史进程》

周远成　《网络化、国际化时代期刊质量管理运营的策略》

龙建华等　《2003—2005 年〈常德职院学报〉载文统计分析》

黄新斌　《〈湖南广播电视大学学报〉影响力分析：基于 CNKI 的实测数据》

简姿亚　《试论分众传播时代普通高校学报的发展策略》

盛于兰　《行业类高职学报创新初探——以通信类高职学报为例》

易雪玲　《科技期刊基于协同理论的资源整合方式研究》

杨　灿　《守望学术良知，爱护学术生态——论学术失范语境下高校社科学报的自律与发展》

张小清　《发挥地方高校医学学报在基层医院科研中的促进作用》

赵佳荣　《高校学报的德育功能及其增效策略》

刘目前　《文化体制改革背景下高校学报的应对策略》

张　静　《发挥高校学报开辟优质稿源的优势》

邓履翔等　《执行编辑如何把握科技期刊的论文质量》

刘晓霞　《建构主义视野下高校学报地域特色栏目的构建》

刘衍永　《地方高校学报的创新思考》

马跃龙等　《创新与特色：高校学报发展的关键》

胡和平等　《数字化出版时代高校学报的发展与创新》

黄　芳　《高校学报编辑能力构成初探》

廖友媛　《论学报编辑约稿的原则与策略：基于〈包装学报〉2010 年刊载论文转载率的思考》

俞　涛等　《学术出版中应加强学术道德教育》

胡　勤　《从学术不端现象谈学术期刊中的文责问题》

李　彬　《社会转型期理论宣传面临的挑战》

三等奖

黄　伟　《税专学报的有益尝试》

刘建湘等　《科研创新与特色培育：高职院校学报发展的高度自觉》

王道春　《公安院校学报发展的瓶颈及创新之路》

周　欣　《高校学报特色栏目创建与品牌化经营》

马余平　《高职学报的发展现状与创新措施》

刘康民　《地方高校学报创品牌求发展对策探讨》

王李平　《当前高校职院学报办刊的困境与对策》

粟世来　《基于著者索引的地方综合性大学学报作者结构分析：以 2010 年〈吉首大学学报（社会科学版）〉为例》

彭铁祥　《地方院校学报稿源新形势分析——以怀化学院学报为列》

湖南省高等学校学报研究会 2011 年摄影大赛评比结果

人物类一等奖

胡　伟　《悠然》

汪　晓　《奋勇争先》

刘景慧　《我心飞翔》

李建华　《“外遇”：欧洲教育考察与荷兰中学生》

人物类二等奖

刘景慧　《女人如月》

汪　晓　《开心一刻》

汪　晓　《刘延东等领导视察中南大学》

彭铁祥　《采风进行时（组照）》

尹志诚　《大团圆》

郭　征　《2011 年的第一场雪》

熊楚才　《奶油草莓，奶气十足喔!》

风景类一等奖

汪　晓　《大瀑布》

汪　晓　《牧马的女人》

晏小敏　《冰爽（组照）》

王以群　《秋韵》

郭　征　《高原明珠——泸沽湖》

胡　勤　《收获时节》

刘国奇　《人在旅途》

风景类二等奖

王　建　《向大漠进军》

晏小敏　《科大樱花令人醉》

陈莎莎　《蜂恋格桑梅朵》

陈丽文　《落日余晖青海湖》

陈映东　《涠洲晨曦》

杨江河　《天路》

钟兴永　《日月潭观日落》

尹志诚　《德天大瀑布》

葛　海　《希望》

杨　灿　《夜光下的日光岩》

林　慨　《荒漠·生机》

汪　晓　《今夜星光灿烂》

秦晓燕　《暗夜精灵》

2012 年

湖南省高等学校学报研究会 2012 年年会优秀论文获奖名单

一等奖

厉　亚等　《生态出版产业内涵研究》

钟细军等　《中国出版企业核心竞争力研究综述》

宁晓青　《基于 JD-R 理论的高校期刊编辑工作倦怠研究》

沈小玲　《敢问路在何方？——也论高校学报的体制改革》

朱海龙　《论尼葛洛庞帝的编辑社会学思想》

晏小敏　《编辑视角下硕士研究生学术论文质量的实证研究》

王晓芳　《金麟腾跃乃成龙——论学术期刊的数字化转型》

刘晓霞　《〈武陵学刊〉2007—2012 年核心作者的确定与分析》

二等奖

王晚霞　《学术期刊在地方经济社会发展中的作用》

周远成　《现代校队管理学是一门特殊管理学科》

胡　勤　《浅议编辑道德》

段发明　《科技期刊改革中编辑专业发展的两种型态》

王　健　《学术论文初审采用量化指标的思考》

李东辉等　《特性与规律：学报特色栏目的辩证把握》

徐海燕　《高校学费市场化的制约因素》

鲁　涛　《高校社科学报特色栏目值得重视和培育——以〈云梦学刊〉“屈原研究”栏目为例》

鲁　涛　《试论学术刊物编辑的自主性》

钟兴永　《改变“计划学术”下的学术增长方式》

杨学文　《高职院校学报的价值及改革方向》

马余平等　《高职学报的运行机制改革与创新发展》

卢克建等　《地方高校学报的合作与竞争：基于高校学报改制的思考》

黄新斌　《人文关怀：学术期刊的德性之善》

湖南省高等学校学报研究会2012年摄影大赛评比结果

一等奖

刘景慧　《理发师》《牧羊的小伙子》《慈母手中线》《凝望》

昌　兰　《姜姐》《蚕食》

陈映东　《春归》《草原彩虹》《拥抱蓝天》

陈沙沙　《蒙幻》

二等奖

秦晓燕　《呼伦贝尔草原日出》《花的背影》

陈丽文　《德天瀑布》《明仕田园》

杨江河　《火山与冰川》《色达佛学院》

林　慨　《海上桂林》

汪　晓　《年年有余》《蓝光下的布达拉宫》

周　园　《山高人为峰》《行走》《攀登》

姚德权　《和为贵》《蜻蜓》

刘国奇　《这里的黎明静悄悄》

尹志诚　《莲》

2013年

湖南省高等学校学报研究会2013年年会优秀论文获奖名单

一等奖

徐超富　《论期刊主编终校的兴趣逻辑方法》

朱海龙　《数字化背景下高校学术期刊质量保证体系建设研究》

厉　亚等　《基于 AHP 评价法的期刊社事务管理综合评估研究》

俞　涛等　《学术出版中应加强学术道德教育》

廖文婷等　《论提高学术期刊专家审稿质量的途径》

易永卿　《论学术期刊的质量保障机制》

杨幼平等　《开放获取对中国高校科技期刊学术质量的影响：以〈中南大学学报（自然科学版、英文版）〉为例》

胡兴华　《试论高校学报质量保障体系建设》

赵佳荣等　《高校学术期刊质量管理制度创新研究》

刘晓霞　《地方高校学报质量评价研究》

二等奖

陈艳芬等　《学术期刊改革：认知与未来》

张曙光　《论教育类学术期刊内部质量保障体系的构建》

周　欣　《精心打造特色栏目　全面展现地方文化：〈湖南科技学院学报〉“柳宗元研究”栏目建设述论》

王晚霞　《学术期刊编辑的学术理想与期刊质量》

刘衍永　《影响高校学报发展的几个问题》

扶文静等　《高校学术期刊质量保证体系的研究》

熊正为　《高校学术期刊质量保证体系研究》

胡　勤　《试析〈妇女杂志〉（1915—1931）的传播实践》

钟细军等　《云计算与期刊云——科技期刊未来的新平台》

胡和平　《新时代背景下高校学术期刊质量保证体系研究》

肖玉林　《试谈学术期刊编辑在抵御学术腐败中的职责》

邓履翔　《基于 AHP-GRA 的高校学报综合评价方法》

何运斌　《缩短高校学报论文发表时滞的对策》

钟兴永　《设计合乎中国经验的学术评价制度》

彭红霞　《找准特色，稳抓质量，有效提高学报办刊水平》

2014 年

湖南省高等学校学报研究会 2014 年年会优秀论文获奖名单

一等奖

蒋学东　《编辑绩效考核的定量化尝试》

赵　俊等　《湖南省高校学报网站建设现状分析》

陈桂香　《新媒体语境下学术期刊编辑意识的重塑》

段发明　《科技论文规范化修辞的问题与编辑应对》

张海英　《台湾学术论文编辑加工中的常见问题》
晏小敏　《基于共生理论的高校学报编辑场域的关系性分析》
黄新斌　《浅论学术期刊评价的价值向度》
廖文婷等　《论提高学术期刊专家审稿质量的途径》
刘晓霞　《文化体制改制下地方高校学报发展策略》

二等奖

邓胤龙　《地方高校学报发展研究》
刘兰芳　《基于被引频次的地方高校科技期刊编辑决策研究：以衡阳师范学院学报为例》
黄燕妮　《“吕”字在科技期刊中的英译辩证》
邓履翔　《改制压力下重点高校学报类英文期刊发展策略》
胡兴华　《高校学报的转型与发展》
郭　征等　《学术期刊的创新与质量提升——〈中南大学学报（医学版）〉办刊经验与体会》
张曙光　《关于文集的文献类型标志的一些建议》
徐超富　《人文社科期刊评价：方法回眸与架构重塑》
陈平华等　《基于文献计量分析的高职学报可持续发展研究：以〈常德职业技术学院学报〉为例》
周　欣　《差异化战略：高校学报特色栏目的品牌化建构》
刘康民　《论地方高校科技期刊与区域经济建设良性互动》
谢翠蓉　《从伦理学视角看出版道德的重构》
钟细军等　《高效发表科技论文的写作方法与技巧》
黄　园　《文化体制改革背景下我省高校社科期刊发展思考》
蒋湘莲等　《2012 年〈中南医学科学杂志〉稿源结构分析》
徐保凤　《深化改革背景下理工院校社科学报发展现状及对策研究》
闻　丽　《〈经济林研究〉品牌期刊发展之路探析》
廖友缓　《深化改革背景下的行业期刊发展研究》
徐海燕　《科技论文中表格的常见问题分析》
蔡燕飞　《高校学报如何预防腊肠切片类文章的发表》
王道春　《数字媒体时代下公安院校学报的积弊与出路：以湖南警察学院学报为视阈》

三等奖

何运斌　《中国英文科技期刊面临的困境及发展战略思考》
秦小珊　《僭谈新媒体环境下的新传统期刊》

朱海龙　《深化改革背景下的中国期刊发展研究》

稂丽萍　《体制改革背景下高校学报发展途径探析》

付雪蓉　《浅谈如何提高高职院校内刊学报的学术质量》

扶文静等　《深化改革背景下科技期刊的发展思路》

郭小青　《浅谈数字出版环境下编辑的素养》

胡屹辉　《浅论学报期刊编务资料工作的完善与创新》

年度优秀编辑

蒋学东　秦小珊　黄燕妮　平静波　邓履翔　胡兴华　杨幼平　段亚军　陈平华

周　欣　邓　彬　廖友媛　张风华　蒋湘莲　黄桂芳　龙建华　朱海龙　彭芬辉

方志蓉　邓　志　刘爱洁　刘康民　刘晓霞　郭小青　徐保风　闻　丽　杨　瑛

2015 年

湖南省高等学校学报研究会 2015 年年会优秀获奖论文获奖名单

一等奖

李映山等　《弘扬地方文化　做好“特”字文章——试谈地方性本科学院学报特色栏目建设》

张曙光等　《人文社科学术期刊评价：历史梳理与架构重建》

二等奖

张海英　《学报名栏建设的关键是编辑队伍建设》

胡文杰等　《科技期刊分类评价指标体系比较研究》

曾凡盛　《学术期刊事后审读的实践与效果》

刘　恋　《基于产品整体概念的行业高职院校学报特色化发展路径研究：以〈湖南邮电职业技术学院学报〉为例》

三等奖

周远成　《完善制度　提升素养　执行规范——综合性学术期刊的学报质量把关》

黄　园　《湖南省高校学报编校质量监控模式及实践策略研究》

王晚霞　《学报界的两个世界：〈湖南科技学院学报〉主编张京华访谈录》

厉　亚等　《出版产业生态转型的对策研究》

熊正为等　《高校学报学术质量保障机制研究》

龙　凌等　《高职院校学报的特殊价值及改革方向：以湖南工业职业技术学院学报为例》

苏爱华等　《基于活码技术的科技期刊移动阅读与传播研究——以湖南农业大学学报（自然科学版）为例》

陈丽文等　《我国 88 家医学期刊编辑部伦理意识现状调查与组合评价》

陈炳权　《基于“学习+创新+竞合”模式的高校学报编辑团队的建设》

2016 年

湖南省高等学校学报研究会 2016 年年会优秀论文获奖名单

一等奖

赵佳荣 《基于多媒介融合的学术期刊出版与传播创新》

二等奖

邓履翔 《媒体融合背景下科技期刊区域全媒体出版平台建设策略》

段发明 《区别即存在:“教科书研究”特色栏目建设经验谈》

李靖波等 《新常态下学术期刊品牌建设的问题与路径——基于转型期传播伦理的视角》

周远成 《学术出版规范与学术编辑修养定位:综合性学术刊物学报质量把关的根本》

周　勇等 《综合性学刊与专业性学刊的比较优势分析》

龙　凌 《高职学报与行业学会合作办刊的 SWOT 分析——以湖南 G 高职学报及湖南省机械工程学会为例》

呙艳妮 《“双一流”背景下地方本科院校学报特色品牌创建研究:以湖南省属地方高校学报为例》

三等奖

邓胤龙等 《再谈地方高校学报发展研究:以〈衡阳师范学院学报〉为例》

彭柏林 《社科学术期刊管理须强化“四个意识”》

王　健 《湖南省本科高校理科学报应用 DOI 情况调查与分析》

稂丽萍 《地方高校学报特色栏目建设研究》

王　慧等 《基于华艺线上图书馆的台湾地区出版研究现状分析》

张汉江 《论文服务价值链与期刊专业化策略》

李　珂 《常见易混淆字词辨析》

刘晓毅 《“互联网+”背景下学报编辑的发展思考》

陈平华等 《浅谈职业技术学院学报的规范化》

张芙蓉 《湖南省专科学报编校质量分析》

叶民英 《“互联网+”下高校学报编辑队伍建设》

舒阳晔 《高校学报研究生作者来稿的常见问题及应对策略》

蒋湘莲 《学术期刊学术不端的成因浅析》

刘玉芳 《机遇与创新:微媒体时代期刊组稿方式的变革》

匡静之等 《浅谈数字出版时代如何提高医学期刊论文的显示度》

梁堂华 《试析参考文献序号在正文中的正确标注位置》

2017 年

湖南省高等学校学报研究会 2017 年年会优秀论文获奖名单

一等奖

舒易红 《湖南高校学报校对质量问题及对策——基于 2017 年上半年〈报刊审读与管理〉的分析》

徐海燕 《高校学术期刊印前审读的具体实践及现实困境：以〈湖南工业大学学报（社会科学版）〉为例》

二等奖

厉 亚等 《“互联网+”时代高校优质出版产品推广传播研究》

杨高男等 《新建地方本科院校学报学科专栏建设的思考》

张曙光等 《高校学报编校质量：问题、成因及体系建构》

刘晓毅 《“名刊工程”学报期刊封面编排现状调查及启示》

贺常颖 《影响高校学报编校质量的读者原因》

龙 凌 《编辑视角下提升高职学报办刊质量的突破点探析》

三等奖

谢翠蓉等 《网络传播失范行为概念与具体情境适用》

张汉江 《探讨提升期刊学术影响力的系统方式》

蒋学东 《基于媒体融合背景的学术期刊创新路径研究》

龙 威等 《新形势下高校学报编校质量提升的途径和思考》

刘文洁 《高校学报编校质量保障机制创新的若干思考：基于湖南农业大学的经验分析》

毛友纯 《我国学术期刊编校质量研究述评》

彭分文 《提高地方本科院校学报办刊质量探析》

邓履翔等 《欺诈引用——一种新的不当引用行为》

郭 征等 《我国医学期刊稿约中的医学伦理和出版伦理规范剖析》

夏 钦 《如何提高高校学报的编校质量和学术质量》

李 锋 《参考文献著录中的不良行为及其防范》

2018 年

湖南省高等学校学报研究会 2018 年年会优秀论文获奖名单

一等奖

尹金凤 《高校综合学报新闻栏目的创新发展：与专业期刊对比下的问题与对策》

李 锋 《学术期刊微信公众号的使用现状与改进对策研究——以政治学 CSSCI 来源期刊（含扩展版）为例》

二等奖

陶新艳　《高职学报如何有效发挥编委会的作用》

邓履翔等　《核心作者群计算方法分析》

姚　锋等　《大数据时代学术期刊的法律风险规避》

胡兴华　《论高校社科学报与我国学术话语权的建构》

贺常颖　《高校学报编校质量下滑的原因及应对策略》

三等奖

张　燕　《地方高校学报育人功能增效策略》

朱春花　《要提高编校质量，高校学报编辑须加强四种意识》

杨　琴　《互联网思维模式下高职学报全媒体出版浅析》

涂　鹏等　《基于P指数的铁路运输类期刊评价方法及效果研究》

陈浩凯　《建设世界一流期刊视角的高校社科学报转型策略：基于对中外核心学术期刊的比较分析》

胡昌军等　《科技论文录用与出版后应优化的服务与措施》

廖文婷　《如何打造符合新时代要求的具有中国特色的学术期刊》

何运斌　《大数据辅助科技期刊学术质量提升》

平静波　《医学类学术不端论文识别及防范：以〈中南大学学报（医学版）〉为例》

邓胤龙等　《再谈地方高校学报发展研究：以〈衡阳师范学院学报〉为例》

2019 年

湖南省高等学校学报研究会2019年主题宣传好文章获奖名单

序号	文章名	刊物
1	新时代中国特色社会主义国家治理的四重逻辑	湖南师范大学社会科学学报
2	全球化视域下新中国70年金融制度变迁与金融开放发展	湖南师范大学社会科学学报
3	从全能主义政党到高质量政党建设——新中国七十年政党建设历程的政治学考察	湖南师范大学社会科学学报
4	论70年中国化马克思主义的理论特质——以习近平新时代中国特色社会主义思想为例	湖南大学学报（社会科学版）
5	70年中国新闻史研究述略	湖南大学学报（社会科学版）
6	中国文化法治70年回眸	湖南大学学报（社会科学版）
7	习近平新时代中国特色社会主义思想对毛泽东思想的坚持、发展和创新	湘潭大学学报（哲学社会科学版）

续表

序号	文章名	刊物
8	改革开放四十年干部问责制度：历史图景与发展逻辑	湘潭大学学报（哲学社会科学版）
9	新中国成立 70 周年养老金制度的历史演变与发展图景	湘潭大学学报（哲学社会科学版）
10	新中国 70 年探索与中国特色社会主义思想的历史演进	湖南科技大学学报（社会科学版）
11	新中国 70 年现代化发展战略的历史逻辑	湖南科技大学学报（社会科学版）
12	新中国七十年来中国共产党生态思想历史演进的回顾和启示	中南大学学报（社会科学版）
13	新中国成立前毛泽东对社会主义的认识及其当代价值	中南大学学报（社会科学版）
14	中小学教科书 70 年忆与思	湖南师范大学教育科学学报
15	中小学教科书 70 年改革的历程与经验	湖南师范大学教育科学学报
16	70 年课程研究范式的回顾与展望	湖南师范大学教育科学学报
17	70 年课程研究哲学基础的回顾与展望	湖南师范大学教育科学学报
18	70 年高师音乐教育专业本科课程设置的回顾、反思与展望	湖南师范大学教育科学学报
19	新中国 70 年一流大学建设的治道变革	长沙理工大学学报（社会科学版）
20	新中国成立 70 年来中国共产党执政理念创新的基本经验	长沙理工大学学报（社会科学版）
21	新中国初期中国共产党禁毒研究的回顾与前瞻	云梦学刊
22	新中国 70 年扶贫的基本历程、成就与经验	云梦学刊
23	新中国 70 年高校思想政治理论课教材建设研究述评	云梦学刊
24	新中国农地所有权分割的历史考察及启示	湖南医药学院学报

湖南省高等学校学报研究会 2019 年年会优秀论文获奖名单

一等奖

平静波等　《科技期刊微信公众号运营模式探析》

胡文杰等　《新形势下学术期刊产业联盟发展模式研究》

杨保华等　《“双一流”建设背景下中文高校学报的发展定位与策略》

姚　锋等　《数字化时代我国网络自助出版的现状、反思与法律规制》

二等奖

邓履翔　《科技期刊作者欺诈引用案例分析及编辑工作建议》

詹花秀　《政治类社科期刊如何坚持正确的舆论导向》

朱正余　《学术期刊微信公众号运营的政治责任管控》

彭分文等　《辩证地看待学术不端检测系统的正负效应》

邓　彬　《媒体融合背景下科技期刊青年编辑培养探讨》

廖文婷等　《新时代哲学社会科学学术期刊高质量发展研究》

三等奖

张曙光　《“稿件外流”对我国科技期刊发展的影响及其策略探究》

苏　维　《媒体融合背景下学术期刊发展的新模式》

杜　芳等　《中文期刊学术论文英文摘要的质量问题及其控制对策》

闻　丽等　《中文科技期刊语义出版态势分析》

涂　鹏等　《基于媒体融合背景的学术期刊创新路径探索》

刘晓毅　《高校学报媒体融合发展的困境与出路——以湖南省高校学报为例》

叶民英　《移动互联网时代学术期刊编辑出版工作变革与编辑素质提升》

徐海燕　《学术期刊增强出版现状及实现路径》

张芙蓉　《媒体融合背景下高校学报发展路径研究》

杨　琴等　《社群经济对传统学术期刊转型发展的启示》

陈　婷等　《地方高校学报微信公众号运营策略研究——以特色栏目为例》

孙红旗　《媒介融合背景下高职院校内刊学报发展途径研究》

周　欣　《“五夜阵风”:〈狮子吼月刊〉对南岳抗日救亡运动的贡献》

杨保华等　《中美大学出版社对比与启示》

陶新艳　《试析媒体融合时代高校学报编辑的“工匠精神”》

2020年

湖南省高等学校学报研究会2020年年会优秀论文获奖名单

一等奖

刘晓毅　《湖南省科技期刊人才队伍建设研究》

伍锦花等　《科技论文10个无效关键词计量学分析》

秦明阳等　《培育世界一流科技期刊背景下中文科技期刊发展定位与使命——基于中文科技期刊与国家重大战略协调发展情况分析》

杨保华等　《“卓越行动计划”入选英文期刊的特征数据分析和发展建议》

张海英等　《基于聚类稳健稀疏主成分（CRSPC）的学术期刊质量评价》

尹金凤　《使命·功能·路径：学术期刊编辑时代价值的实现》

二等奖

刘水强等　《基于“互联网+媒体”高校期刊融合发展若干问题思考与实践》

涂　鹏等　《卓越行动计划背景下工程技术类期刊学术影响力统计分析》

周崇松 《高校学报跨学科编校能力提升途径——基于湖南省综合性自然科学学报编校队伍》

胡文杰等 《培育一流科技期刊背景下地方科技期刊发展的瓶颈与对策——以湖南省为例》

杨保华等 《“卓越计划”背景下中文科技期刊编辑能力建设》

彭分文等 《重视论文返修质量 提升学报办刊水平：兼论作者对退修稿件的理性处理方式》

粮丽萍等 《体制改革背景下高校学报创新发展路径探究》

张 斌 《“众筹”视野下的民族出版思考》

杨保华等 《“双一流”背景下高校理工类中文综合性期刊的发展定位与策略》

三等奖

扶文静等 《新形势下期刊转型升级的路径研究》

魏 玮等 《政策导向对科技期刊发展的影响》

周崇松等 《基于平台作者服务的科技论文信息挖掘与传播》

胡 英等 《印象管理视角下的学术期刊微信公众号建设策略》

李 锋 《中国高影响因子政治学期刊特征分析》

孙小叶等 《新媒体时代高校学报服务能力提升的探索》

曾祥炎 《以全面质量管理理念提升高校学报质量》

张芙蓉 《一流学科建设背景下高校学报的特色转型发展》

龙 凌 《学术期刊质量“螺旋”诊断与改进的理论与实践研究：以 H 学院学报为例》

廖友媛 《地方高校学报应加强稿件的初审工作》

舒易红 《社科论文摘要编写要略与常见问题及对策》

胡 蓉 《论高职院校学术期刊编校质量提升策略》

姚 锋等 《5G 时代我国期刊出版的发展趋势及其法治规制》

2021 年

湖南省高等学校学报研究会 2021 年年会优秀论文获奖名单

一等奖

邓履翔等 《高校期刊集群化建设的编辑培养策略及实践探索》

秦明阳等 《培育世界一流科技期刊背景下高校学报的发展建议——基于高质量科技期刊分级目录分析》

段发明 《科技期刊的小数据分析》

陈桂香 《学术期刊知识服务理论探析》

袁建涛 《新时代学术期刊编辑策划力的现状分析及提升对策》

李　锋　《中国高影响因子政治学期刊特征分析》

鲁　姗等　《中医药类英文科技期刊国际同行评议专家数据库建设》

二等奖

刘晓毅等　《湖南省高校期刊人力资源现状调研及思考》

谭晓萍　《高校学报高质量发展的现实困境与路径创新》

蒋　芳　《新时代中国学术期刊守正创新论要》

彭分文等　《政治性与学术性的统一：社科学术期刊的基本要求》

魏月华等　《新时代人文社科期刊栏目建设探究——以南华大学学报（社会科学版）为例》

伍锦花等　《“卓越计划”领军期刊与世界一流科技期刊的国际影响力对比分析》

胡文杰等　《学术期刊高质量发展背景下高校综合性学报转型发展思考》

胡　蓉　《职业教育期刊发展现状、问题与优化对策》

呙艳妮　《“双一流”建设背景下地方高校学报高质量特色发展研究》

平静波等　《中文学术期刊撤稿论文的调查分析——以 CNKI 数据库为例》

姚　锋　《〈民法典〉视域下的三体平衡：网络版权侵权的“避风港规则”》

三等奖

张芙蓉　《面向航空领域的技术与术语语料库构建》

周　欣　《打造栏目品牌，卌年文化接续：〈湖南科技学院学报〉“柳宗元研究”特色栏目建设》

胡昌军等　《学术期刊论文版面费收取中存在的问题、危害与对策》

侯国风　《新时期高职院校学报高质量发展的内涵、局限及破解路径》

闻　丽等　《科技期刊语义出版的学术不端防范功能的实现》

李建奇等　《以使命与任务确定评价的维度：高校学报“破五唯”研究》

胡兴华　《数据库学位论文析出稿件再发表探讨》

2021 年年会论文优秀组织单位

中南大学出版社　　湖南师范大学期刊社

湖南大学期刊与出版社　　中共湖南省委党校（湖南行政学院）期刊社

《湖南科技学院学报》编辑部　　《怀化学院学报》编辑部

湖南省高等学校学报研究会 2021 年主题宣传好文章获奖名单

序号	文章名	刊物
1	百年大党推进马克思主义中国化的光辉历程	云梦学刊
2	百年来中国共产党制度治党的逻辑、历程与启示	湖南农业大学学报（社会科学版）
3	中国共产党城市工作的百年历程与宝贵经验	湖南农业大学学报（社会科学版）

续表

序号	文章名	刊物
4	马克思世界历史理论在当代中国的实践与理论创新	湖南科技学院学报
5	从《沁园春·长沙》看青年毛泽东的马克思主义自由观	湖南科技学院学报
6	论李达对马克思主义宣传思想中国化的历史贡献	湖南科技学院学报
7	百年大党风华正茂的文化密码解读	湖湘论坛
8	从环境治理到生态文明建设：中国共产党生态理念的百年回望与经验启示	湖南工业大学学报（社会科学版）
9	论统一战线在湘南起义中的作用与启示	湘南学院学报
10	中国红色文化百年变革求真的历史演进与传承路径	湖南社会科学
11	中国共产党领导文艺工作的百年历史经验	湖南社会科学
12	中国共产党百年人才战略的伟大成就——庆祝中国共产党成立100周年	城市学刊
13	论龙山人民的红色精神及其传承价值	怀化学院学报
14	毛泽东人民观的形成过程	怀化学院学报
15	抗美援朝精神的历史溯源及其当代价值	怀化学院学报
16	马克思《历史学笔记》与唯物史观的拓展——兼论对中国马克思主义文学批评的启示	中国文学研究
17	世界文学在中国的传播与马克思主义的发展	中国文学研究
18	青年学生百年党史学习教育的四个着力点	湖南工业大学学报（社会科学版）
19	树立正确党史观：原理、原则与方法——学习习近平总书记关于党史学习教育的重要论述	长沙理工大学学报（社会科学版）
20	习近平关于政党协商重要论述的四重逻辑	邵阳学院学报
21	新中国成立以来中国共产党绿色发展理念的演化历程	衡阳师范学院学报（社会科学版）
22	赶考精神的党内政治文化意蕴	湖南行政学院学报
23	建党百年统一战线与中华民族伟大复兴略论	湖南省社会主义学院学报
24	毛泽东、蔡和森等第一师范学人萌发的建党初心	湖南人文科技学院学报
25	论蔡和森初心的生成逻辑	湖南人文科技学院学报
26	中国共产党百年劳动教育政策的回顾与展望——基于渐进主义的视角	湖南师范大学教育科学学报

续表

序号	文章名	刊物
27	中国共产党对待中华传统文化的态度变迁及基本经验	湖南大学学报（社会科学版）
28	抗战时期中国共产党国际形象塑造的历史考察	湖南大学学报（社会科学版）
29	习近平关于终身教育论述的思想探源、内涵价值及实践推进	大学教育科学
30	中国共产党发展高等教育的百年历程、成就与展望	大学教育科学
31	让新时代中华民族的精神长城巍然屹立——学习习近平总书记关于伟大抗疫精神的重要论述	文化软实力
32	开创与奠基——毛泽东对中华民族伟大复兴的独特历史贡献	湘潭大学学报（哲学社会科学版）
33	中国共产党百年法制建设历程回顾	中南大学学报（社会科学版）
34	毛泽东对政党协商制度的创造性探索及现实启示	中南大学学报（社会科学版）
35	中国共产党意识形态观百年流变的哲学意涵	湖南师范大学社会科学学报
36	以正确的党史观汲取百年征程中的奋斗伟力——习近平总书记关于党的历史重要论述的精神要义与理论旨归	湖南科技大学学报（社会科学版）
37	伟大建党精神形成的四重维度	吉首大学学报（社会科学版）

2022 年

湖南省高等学校学报研究会优秀期刊评比结果

一等奖

《湖南师范大学社会科学学报》

《湖南大学学报（社会科学版）》

《湘潭大学学报（哲学社会科学版）》

《湖南科技大学学报（社会科学版）》

《中南大学学报（社会科学版）》

《吉首大学学报（社会科学版）》

《财经理论与实践》

《湖南师范大学教育科学学报》

《大学教育科学》

二等奖

《湖湘论坛》

《湖南农业大学学报（社会科学版）》

《云梦学刊》

《衡阳师范学院学报》

《长沙理工大学学报（社会科学版）》

《城市学刊》

《中南林业科技大学学报（社会科学版）》

《商学研究》

《武陵学刊》

三等奖

《邵阳学院学报（社会科学版）》

《湖南工业大学学报（社会科学版）》

《长沙大学学报（社会科学版）》

《长沙民政职业技术学院学报》

《湖南第一师范学院学报》

《湖南科技学院学报》

《岳阳职业技术学院学报》

湖南省高等学校学报研究会特色栏目评比结果

《湖南大学学报（社会科学版）》“岳麓书院与传统文化”

《湘潭大学学报（哲学社会科学版）》“毛泽东思想研究”

《云梦学刊》“当代学术史研究”

《衡阳师范学院学报》“船山研究”

《湖南师范大学社会科学学报》“国家社会科学基金重大项目成果推介”

《湖南科技大学学报（社会科学版）》“毛泽东研究”

《吉首大学学报（社会科学版）》“社会治理”

《财经理论与实践》“金融与保险”

《湖南师范大学教育科学学报》“教育法治”

《大学教育科学》“质量与评价”

《湖湘论坛》“习近平新时代中国特色社会主义思想”

《长沙理工大学学报（社会科学版）》“科技哲学研究”

《中南林业科技大学学报（社会科学版）》“生态文明论坛”

《城市学刊》“城市文化”

《武陵学刊》“中华德文化研究”

《邵阳学院学报（社会科学版）》“魏源及邵阳人文研究”

《湖南第一师范学院学报》“小学教育研究”

《湖南科技学院学报》“柳宗元研究”

《岳阳职业技术学院学报》“洞庭湖研究”

《长沙民政职业技术学院学报》“民政与社会工作”

湖南省高等学校学报研究会2022年年会优秀论文获奖名单

一等奖

黄　园等　《非合作博弈：中国社会科学期刊高质量培育的困局》

夏丽云等　《学术期刊特色栏目如何创新发展：专业期刊开办交叉学科栏目的成效与启示》

秦明阳等　《双一流高校学术期刊集群：特征、定位和发展建议》

吴湘华等　《〈中南大学学报（自然科学版）〉用“三段共振”全流程模式提升影响力的实践及成效》

秦明阳等　《中国特色的一流高校学报与“双一流”建设的融合发展——以〈中南大学学报（自然科学版）〉和〈中南大学学报（英文版）〉为例》

陈雅婷等　《我国科技期刊编辑部运营模式辨析》

朱正余等　《学术期刊微信公众号运营的意识形态建设探究》

张海英等　《基于稀疏主成分回归的综合性人文社会科学类期刊质量的影响因素分析》

谢翠蓉等　《湖南大学早期学术期刊的传播理念与导向研究》

伍锦花等　《科技期刊编辑提升学术话语权的主体意识与职责使命》

廖文婷　《新媒体时代提升学术期刊编辑选题策划能力的路径研究》

二等奖

胡文杰等　《浅析高校综合性学报专业化转型背景下初审工作模式探究》

呙艳妮　《地方高校学报服务区域发展特色栏目建设调查研究——以 15 种地方高校学报为例》

鲁　姗等　《中医药英文科技期刊国际化探索》

鲁　姗等　《中医药英文期刊重在处理好国际规范与本土特色——以〈数字中医药〉（英文）创刊实践为例》

彭巍颐等　《学术期刊编辑的专业化与学术化双向发展培养路径探析》

邓履翔等　《编码理论视角下的学术期刊短视频制作策略研究》

刘晓毅　《论新时代高校期刊“育新人”的时代使命》

张芙蓉　《中文文本高频差错类型解析及自动纠错研究》

李振声等　《学术期刊评价功能的异化及优化路径》

王晓芳　《新时代冷门绝学类学术期刊发展思考》

肖　钊　《论新时代高校文科学报高水平学术编辑的培养》

三等奖

石月珍等　《以“专精特新”为目标引领的特色专刊专栏的建设——以〈长沙理工大学学报（自然科学版）〉为例》

邓　杰等　《中医药英文科技期刊编辑职业素养提升策略探究》

彭巍颐等　《推进学术期刊高质量发展：编辑的专业化与学术化双向培养》

粮丽萍　《新时代高校人文社科学报的使命与发展路径》

周崇松等　《学术期刊作者服务体系的构建》

朱正余　《供给侧结构改革视角下的高校学术期刊发展路径》

曾广录　《智能媒体时代学术期刊传播模式创新》

廖文婷　《论新媒体时代高校社科学报的主题出版及其能力建设》

夏金玉等　《新时代背景下高校科技期刊发展策略探讨》

湖南省高校学报研究会 2022 年主题宣传好文章获奖名单

序号	文章名	刊物
1	深刻把握国家治理能力现代化的三重逻辑	湖南科技学院学报
2	新时代全面从严治党的重大成就和基本经验	湘潭大学学报（哲学社会科学版）
3	“马克思主义行”与“中国共产党能”的辩证统一	湖南第一师范学院学报
4	建党先驱：伟大建党精神形成的主体	湖南人文科技学院学报
6	中国共产党百年共同富裕思想的逻辑阐释和时代价值	湖南人文科技学院学报
6	历史虚无主义对中共党史的解构及其应对	湖南人文科技学院学报
7	中国式现代化道路的理论建构——简论《中国式现代化道路》的学术创见	云梦学刊
8	新时期“美学热”与中国马克思主义文论的知识建构	中国文学研究
9	习近平社会主义核心价值观融入法治建设理论的历史形成与当代实践	怀化学院学报
10	论习近平总书记坚持以人民为中心发展教育重要论述的价值逻辑	怀化学院学报
11	思想体系、方法体系、话语体系：中国共产党推进理论创新的三重维度	长沙大学学报
12	大学生正确党史观教育的价值意蕴、现实困境与路径指向	大学教育科学
13	中国传统家文化：地位、内涵与时代价值	湖南大学学报（社会科学版）
14	习近平关于中华优秀传统文化重要论述的理论蕴涵	湖南大学学报（社会科学版）
15	马克思主义视域下文明的进步与先进性探讨	文化软实力
16	“原史”：中国思想传统中的原初符号形式	船山学刊
17	论伟大建党精神传承的红色记忆机制与实践图景	湖南社会科学
18	环境与生态文明教育的中国实践与未来展望	湖南师范大学教育科学学报
19	建设朝气蓬勃的马克思主义执政党——建党百年视域下新时代党的建设总目标的内在机理	湖南师范大学社会科学学报
20	党内法规推动意识形态建设的范式研究	邵阳学院学报（社会科学版）
21	中国脱贫攻坚的成就与经验	邵阳学院学报（社会科学版）
22	中国式现代化新道路决定了人类文明新形态的本质	长沙理工大学学报（社会科学版）

续表

序号	文章名	刊物
23	中国共产党百年反腐倡廉的实践经验	中南大学学报（社会科学版）
24	中国共产党自我革命的百年实践、内在逻辑和基本经验	中南大学学报（社会科学版）
25	党的精神谱系融入“纲要”课程教学探析	当代教育理论与实践
26	习近平对毛泽东劳动观的创造性发展	湖南科技大学学报（社会科学版）
27	毛泽东对社会主义前途命运的深切忧思及战略应对——基于新中国成立后两次手书《三垂冈》的分析	湖南科技大学学报（社会科学版）

湖南省高等学校学报研究会 2022 年年会优秀摄影作品、书画作品获奖名单

序号	作品类型	名称	作者	单位
1	摄影	大好河山	潘雁飞	湖南科技学院学报编辑部
2	摄影	接班人	呙艳妮	湖南科技学院学报编辑部
3	摄影	时间的力量	鲁　姗	湖南中医药大学期刊杂志社
4	摄影	纵横万里，跨越千年	匡静之	湖南中医药大学学报编辑部
5	摄影	献礼二十大	彭分文	湖南人文科技学院学报编辑部
6	摄影	文艺演出	罗建兵	湖南人文科技学院学报编辑部
7	摄影	苏州博物馆	罗建兵	湖南人文科技学院学报编辑部
8	摄影	雾漫小东江	胡雷蕾	湘南学院学报编辑部
9	摄影	山光云影共徘徊	王婧之	中国文学研究编辑部
10	摄影	巴音布鲁克的回音	李　彬	湖南师范大学期刊社
11	摄影	寂静的乡村	陈浩凯	长沙理工大学期刊社
12	绘画	传承	吴佳玲	湘潭大学期刊社
13	绘画	最美青春	徐炼	湘潭大学期刊社
14	书法	无题	徐炼	湘潭大学期刊社
15	书法	无题	罗建兵	湖南人文科技学院学报编辑部
16	书法	毛主席诗一首	李文邦	湖南大学期刊与出版社
17	书法	无题	江宁静	湘南学院学报编辑部
18	书法	无题	曾广录	长沙大学学报编辑部
19	书法	无题	黄尹兮	湖南警察学院学报编辑部

主题好文章优秀组织单位

《湖南科技学院学报》编辑部

《湖南人文科技学院学报》编辑部

《怀化学院学报》编辑部

《大学教育科学》编辑部

《湖南大学学报（社会科学报）》编辑部

邵阳学院学报编辑部

《湖南师范大学教育科学学报》编辑部

《中南大学学报（社会科学版）》编辑部

《湖南科技大学学报（社会科学版）》编辑部

2023 年

湖南省高等学校学报研究会 2023 年主题宣传好文章获奖名单

序号	文章名	刊物
1	关于共同富裕的几个理论问题	湖南师范大学社会科学学报
2	党的二十大报告：马克思主义哲学中国化时代化的新篇章	湖南师范大学社会科学学报
3	以党的自我革命引领社会革命重要论断的生成逻辑	湖南师范大学社会科学学报
4	从发展消费经济入手构建新发展格局	湘潭大学学报（哲学社会科学版）
5	马克思主义中国化成功实践与独特魅力——兼论从毛泽东到习近平对中国式现代化的伟大探索	湘潭大学学报（哲学社会科学版）
6	毛泽东对中国式现代化道路的探索历程、主要贡献及当代价值	湘潭大学学报（哲学社会科学版）
7	科学把握新发展理念的理论蕴涵	湖南大学学报（社会科学版）
8	长征精神引领干部教育的三维解读——基于长征精神对伟大建党精神的弘扬与赓续	湖南大学学报（社会科学版）
9	人类命运共同体全球传播范式与实践取径	湖南大学学报（社会科学版）
10	中国式现代化的伦理维度	中南大学学报（社会科学版）
11	共同富裕示范区授权立法的方案与路径	中南大学学报（社会科学版）
12	“三个务必”：全面建设社会主义现代化国家的重要法宝	湖南科技大学学报（社会科学版）
13	中国式现代化的历史发展与实践进路	湖南科技大学学报（社会科学版）
14	衡量中国式现代化历史效应的三维坐标	湖南科技大学学报（社会科学版）
15	何谓“素养”——语言本体视角下的中国教育学话语重构	湖南师范大学教育科学学报
16	中国教育学的意涵与路径	湖南师范大学教育科学学报

续表1

序号	文章名	刊物
17	为什么说“第二个结合”是又一次思想解放？	文化软实力
18	构建人类命运共同体是历史发展的必然选择	文化软实力
19	新时代中国共产党自我革命的理论基础、实现机制和世界意义	文化软实力
20	构建中国式现代化话语体系的原则审思	湖南农业大学学报（社会科学版）
21	中国共产党“务必敢于斗争、善于斗争”的内在逻辑与实践进路	湖南农业大学学报（社会科学版）
22	学习贯彻党的二十大精神，担当学术期刊时代使命	长沙理工大学学报（社会科学版）
23	习近平生态文明思想体系的学理性阐释	长沙理工大学学报（社会科学版）
24	推动绿色发展的主体道德自觉	云梦学刊
25	人与自然和谐共生现代化的中华优秀传统生态文化基因	云梦学刊
26	习近平法治思想对中国式法治现代化的创新性贡献	南华大学学报（社会科学版）
27	习近平新时代中国特色社会主义思想科学体系研究述评与展望	湖南第一师范学院学报
28	习近平生态文明思想“十个坚持”的哲学意蕴	湖南工业大学学报（社会科学版）
29	新时代坚定中国特色社会主义道路自信的三个维度	湖南科技学院学报
30	论中国式现代化发展战略的历史脉络、理论逻辑与实践进路	湖南科技学院学报
31	中国共产党“赶考”精神的经验启示和时代价值	衡阳师范学院学报
32	中国近现代传媒与报刊拟赋	中国韵文学刊
33	论人民政协协商民主与全过程人民民主的内在逻辑	长沙大学学报
34	中国参与全球气候治理的角色演变与路径优化	中南林业科技大学学报（社会科学版）
35	第三次分配制度化推进的慈善生态系统构建与设计	长沙民政职业技术学院学报

续表2

序号	文章名	刊物
36	大漠绿色梦：新时代中国故事的影像传播	怀化学院学报
37	深入贯彻党的二十大精神，推动地方本科院校高质量发展	邵阳学院学报（社会科学版）
38	开创与奠基：蔡和森对党史工作的探索及当代启示	湖南人文科技学院学报
39	中国共产党反特权百年历程演进及其当代启示	湖南人文科技学院学报
40	融媒体时代高校宣传思想工作的路径创新	当代教育理论与实践

湖南省高等学校学报研究会2023年年会优秀编辑学论文论著获奖名单

一等奖

蒋学东　《学术期刊生态系统构建与治理》（论著）

谢翠蓉等　《编辑素养与学术传播研究》（论著）

廖文婷　《高校社科学报主题出版四种能力提升路径》

平静波等　《〈中国临床心理学杂志〉2015—2021年主要计量指标分析》

秦明阳等　《本土英文科技期刊的“两栖”特征与“双循环”特殊使命》

张　赓　《“双一流”背景下学科与期刊融合发展机制研究》

赵俊等　《科技期刊编辑的本质属性与角色定位》

夏丽云等　《智能推荐算法下的科技期刊国际传播策略研究——以中国科技期刊卓越行动计划入选期刊为例》

二等奖

姜利民等　《论文出版前撤稿的原因与对策分析——以〈湖南工业大学学报〉59篇撤稿论文为例》

李玉华等　《培育世界一流科技期刊背景下高校普通科技期刊发展现状与策略——以〈包装学报〉为例》

陈　璐　《网络时代数字技术在编辑工作中的应用》

邓　英　《以高水平学者办刊加快推进学术期刊高质量发展》

王　文等　《中国高校文科学报国际影响力的现状与提升对策》

申　剑等　《作者特征对期刊影响力研究——基于〈湖南工业大学学报〉知网高被引数据》

三等奖

夏金玉　《中国科技期刊对国家重大科研项目的支撑作用研究：以北斗系统为例》

魏思逸等　《二十大精神引领下的学术期刊发展新篇章》

呙艳妮　《地方高校社科学报特色栏目高质量发展研究——以 10 种地方高校社科学报为例》

稂丽萍　《新时代地方高等学校社会科学学报的功能定位与发展策略》

张芙蓉　《数智赋能高校学术期刊高质量发展：缘起、方法与路径》

朱正余　《我国高校科技期刊高质量发展的驱动机制与实现路径》

胡　丁　《一流期刊建设背景下湖南省科技期刊的现状与发展建议：以湖南省“三非”科技期刊为例》

杨英红　《文化自信视域下学术期刊的历史使命与现实责任》

黄　园　《ChatGPT 对学术期刊编辑工作的影响与应对之策》

湖南省高等学校学报研究会 2023 年年会优秀主编获奖名单

陈灿华　彭柏林　杨春明　鲁　姗　姚德权　廖友媛　陈浩凯　蒋　芳　杨　华
彭分文　尹金凤　张　赓　谭晓萍　蒋云霞　张海英　邓　彬　蒋学东　戴香智
吴纪宁　费　芳　邓履翔　杨　虹

湖南省高等学校学报研究会 2023 年年会优秀编辑获奖名单

姚　锋　李有梁　廖文婷　郑羽彤　陈剑光　胡兴华　张辛欣　姜利民　王　健
赵　俊　李玉华　杨粤芳　邓　杰　刘晓毅　徐海燕　黄　园　陈　婷　李卫平
稂丽萍　王晓芳　张　晴　刘燕霞　胡　娟　夏丽云　胡　伟　涂　鹏　呙艳妮
陈雅婷　羊芙葳　扶文静　张芙蓉　魏　玮　阳　熠　邹慧玲　张　蕾　刘兰霞

期刊主题好论文优秀组织单位

《湖南师范大学社会科学学报》编辑部

《湘潭大学学报（哲学社会科学版）》编辑部

《湖南大学学报（社会科学版）》编辑部

《湖南科技大学学报（社会科学版）》编辑部

《文化软实力》编辑部

《湖南工业大学学报（社会科学版）》编辑部

《湖南科技学院学报》编辑部

《衡阳师范学院学报》编辑部

《长沙民政职业技术学院学报》编辑部

《湖南农业大学学报（社会科学版）》编辑部

《怀化学院学报》编辑部

《云梦学刊》编辑部

《长沙理工大学学报（社会科学版）》编辑部

《湖南人文科技学院学报》编辑部

（说明：合著论文论著仅记录第一作者）

第六章

研究会部分会员单位风采

长沙大学期刊

《长沙大学学报》

期刊简介

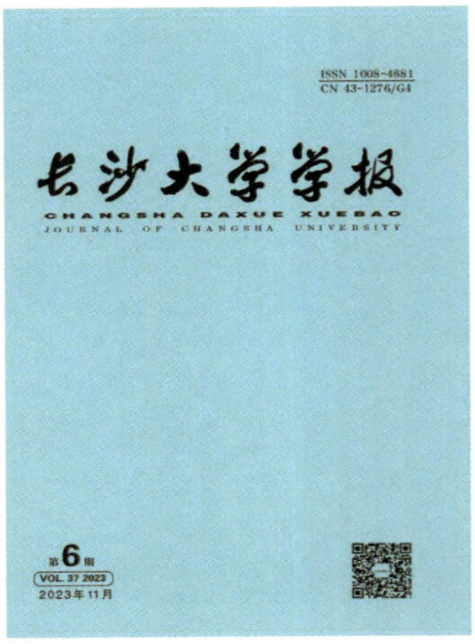

《长沙大学学报》于1987年创刊，系湖南省教育厅主管、长沙学院主办的综合性学术期刊，国际标准刊号为ISSN 1008-4681，国内统一刊号为CN 43-1276/G4，被国家哲学社会科学学术期刊数据库、中国知网、中文科技期刊数据库等平台收录。刊物坚持正确的政治方向和出版方向，以促进学术交流、繁荣科学文化、发现和培养人才、推动文化成果的应用和转化，促进地方经济、文化、学术发展为办刊宗旨。近年来，刊物社会影响逐步扩大，影响因子持续上升。2004年起，刊物创办特色栏目“长沙文化”，陆续推出“国学与长沙文化”“辛亥革命与长沙”“雷锋精神”“长沙会战”“湖湘文化与区域旅游产业开发” “时务学堂”等研究专题。

期刊荣誉

1. 全国高校优秀社科期刊（2006年、2010年）
2. “长沙文化”栏目获评全国高校社科期刊特色栏目（2010年、2019年）
3. “长沙文化”栏目获评全国地方高校学报优秀栏目（2010年）
4. 全国地方高校精品期刊（2014年）
5. “长沙文化”栏目获评湖南省期刊优秀栏目（2016年）

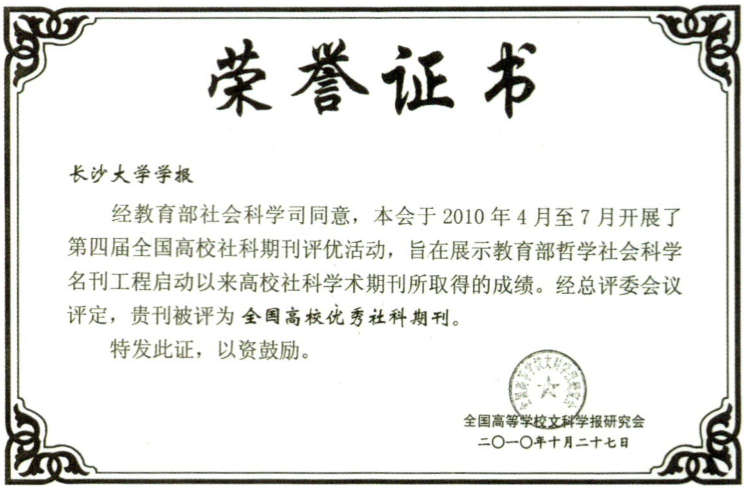

荣誉证书

长沙大学学报

经教育部社会科学司同意，本会于2010年4月至7月开展了第四届全国高校社科期刊评优活动，旨在展示教育部哲学社会科学名刊工程启动以来高校社科学术期刊所取得的成绩。经总评委会议评定，贵刊被评为全国高校优秀社科期刊。

特发此证，以资鼓励。

全国高等学校文科学报研究会

二〇一〇年十月二十七日

6. 湖南省十佳社科期刊（2019 年）

7. 全国高校质量进步社科期刊（2023 年）

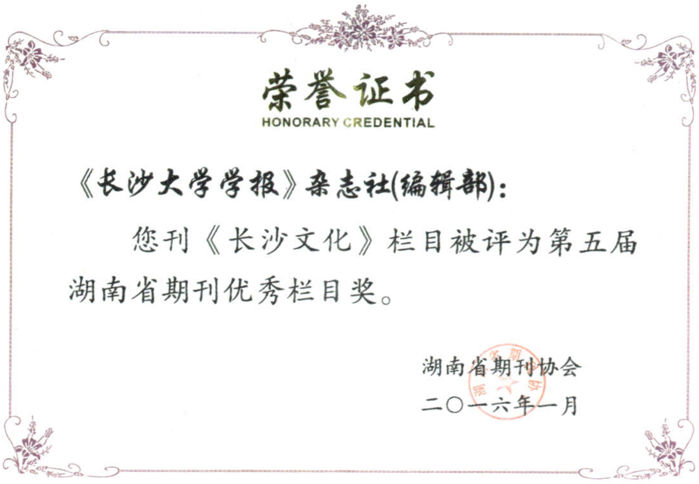

荣誉证书

HONORARY CREDENTIAL

《长沙大学学报》杂志社(编辑部)：

您刊《长沙文化》栏目被评为第五届湖南省期刊优秀栏目奖。

湖南省期刊协会

二〇一六年一月

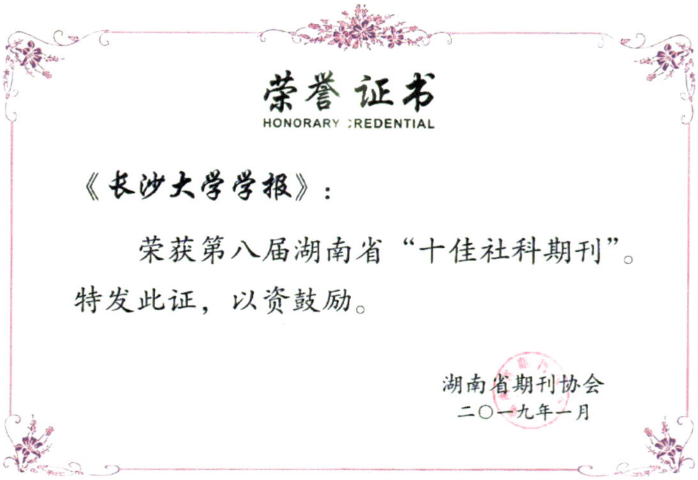

荣誉证书

HONORARY CREDENTIAL

《长沙大学学报》：

荣获第八届湖南省“十佳社科期刊”。特发此证，以资鼓励。

湖南省期刊协会

二〇一九年一月

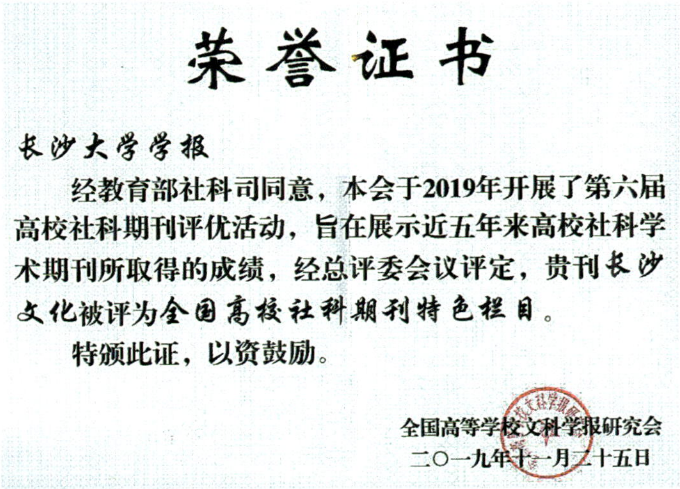

荣誉证书

长沙大学学报

经教育部社科司同意，本会于2019年开展了第六届高校社科期刊评优活动，旨在展示近五年来高校社科学术期刊所取得的成绩，经总评委会议评定，贵刊长沙文化被评为全国高校社科期刊特色栏目。

特颁此证，以资鼓励。

全国高等学校文科学报研究会

二〇一九年十一月二十五日

长沙理工大学期刊

《长沙理工大学学报（自然科学版）》

期刊简介

《长沙理工大学学报（自然科学版）》是湖南省教育厅主管、长沙理工大学主办的综合性学术期刊，由中国工程院郑健龙院士任主编，双月刊。

刊物依托本校交通运输工程、土木工程、水利工程等优势特色学科，开展基础理论研究，反映国内外最新科研成果。刊物办刊特色是：凸显交通特色，重点打造路基工程、路面工程、智慧交通等特色专栏；凸显水利特色，重点打造洞庭湖、智慧水利等特色专栏；持续关注新能源与储能、先进制造、智能建造、新材料等新兴交叉学科领域。被中国知网、万方数据、维普资讯、美国《化学文摘》（CA）、俄罗斯《文摘杂志》（AJ）、德国《数学文摘》（ZM）、《中国数学文摘》、《中国物理文摘》、《电子科技文摘》、《中国无机分析化学文摘》等收录。

期刊荣誉

1. RCCSE 中国核心学术期刊
2. 中国高校优秀科技期刊
3. 第四届湖南省十佳科技期刊

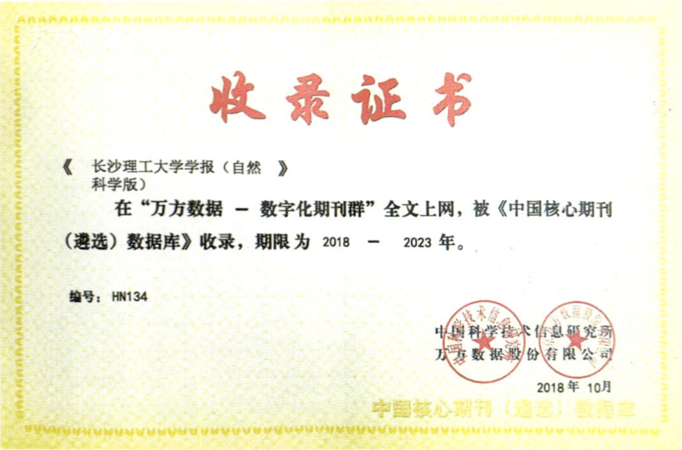

收录证书

《长沙理工大学学报（自然科学版）》在"万方数据 — 数字化期刊群"全文上网，被《中国核心期刊（遴选）数据库》收录，期限为 2018 — 2023 年。

编号：HN134

中国科学技术信息研究所
万方数据股份有限公司
2018年 10月

中国核心期刊（遴选）数据库

长沙理工大学学报

2020年度中国高校优秀科技期刊

中国高校科技期刊研究会
2020年11月30日

《长沙理工大学学报（社会科学版）》

期刊简介

《长沙理工大学学报（社会科学版）》创办于1986年，原名《长沙水电师院学报（社会科学版）》，1993年更名为《长沙水电师院社会科学学报》，1998年更名为《长沙电力学院学报（社会科学版）》，2004年更名为《长沙理工大学学报（社会科学版）》，由湖南省教育厅主管、长沙理工大学主办，双月刊。刊物设有科技哲学研究、马克思主义理论教学与研究、总体国家安全观研究、高质量发展研究等专题栏目，其中“科技哲学研究”栏目为全国高校社科期刊特色栏目。2015年，成为中国人民大学“复印报刊资料”重要转载来源期刊。现为中国人文社会科学期刊AMI综合评价核心期刊、RCCSE中国核心学术期刊（A）、全国高校优秀社科期刊、湖南省品牌社科期刊项目资助期刊。

期刊荣誉

1. 湖南省优秀期刊一等奖（1991年）
2. 湖南省优秀理论报刊（1995年）
3. 首届全国百强社科学报（1999年）

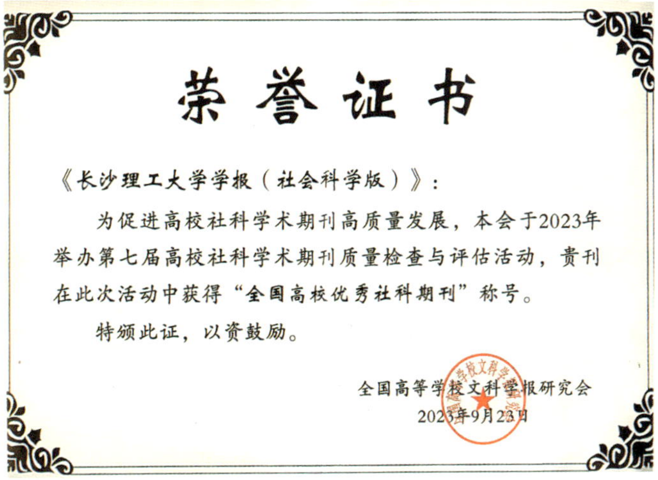

荣誉证书

《长沙理工大学学报（社会科学版）》：

为促进高校社科学术期刊高质量发展，本会于2023年举办第七届高校社科学术期刊质量检查与评估活动，贵刊在此次活动中获得“全国高校优秀社科期刊”称号。

特颁此证，以资鼓励。

全国高等学校文科学报研究会

2023年9月23日

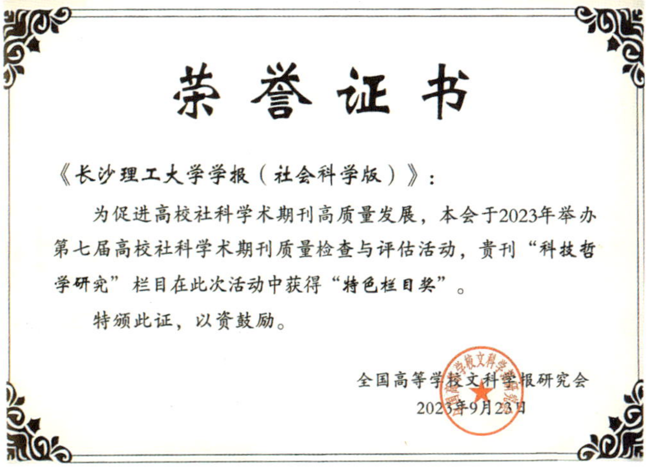

荣誉证书

《长沙理工大学学报（社会科学版）》：

为促进高校社科学术期刊高质量发展，本会于2023年举办第七届高校社科学术期刊质量检查与评估活动，贵刊“科技哲学研究”栏目在此次活动中获得“特色栏目奖”。

特颁此证，以资鼓励。

全国高等学校文科学报研究会

2023年9月23日

《电力科学与技术学报》

期刊简介

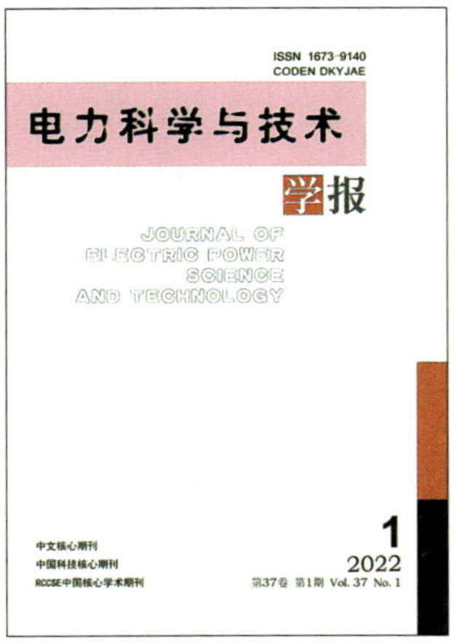

《电力科学与技术学报》是湖南省教育厅主管、长沙理工大学主办的电力科学专业性学术期刊，创刊于 1986 年，原名《长沙水电师院学报（自然科学版）》，1994 年更名为《长沙电力学院学报（自然科学版）》，2007 年 3 月更名为《电力科学与技术学报》。刊物为双月刊，国内外公开发行，设有青年学者专栏、清洁能源与储能、智能电网、电力电子、高电压与绝缘、微网与综合能源等栏目。

期刊荣誉

1. 中国科技核心期刊目录收录期刊（2010 年）
2. 湖南省双十佳期刊（2013 年）
3. 中文核心期刊要目总览收录期刊（2014 年）
4. RCCSE 中国核心学术期刊（2020 年）
5. 科技期刊世界影响力指数（WJCI）报告收录期刊（2020 年）
6. 中国科学引文数据库（CSCD）来源期刊（2023 年）
7. 获湖南省培育世界一流湘版科技期刊建设工程项目资助（2023 年）

中国科学引文数据库(CSCD)来源期刊
收录证书

电力科学与技术学报

依据文献计量学的理论和方法，通过定量与定性相结合的综合评审，贵刊被收录为中国科学引文数据库(CSCD)来源期刊，特颁发此证书。

证书编号：CSCD2023-424
有 效 期：2023年-2024年
发证日期：2023年6月
查询网址：www.sciencechina.cn

中国科学院文献情报中心
中国科学引文数据库

荣誉证书
HONORARY CREDENTIAL

电力科学与技术学报杂志社：

您刊《名家主持专题栏目》栏目被评为第三届湖南期刊优秀栏目奖。

湖南省期刊协会
二〇一二年一月

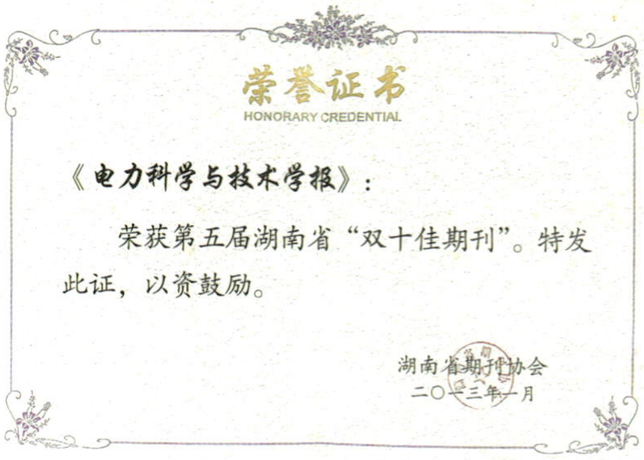
荣誉证书
HONORARY CREDENTIAL

《电力科学与技术学报》：

荣获第五届湖南省“双十佳期刊”。特发此证，以资鼓励。

湖南省期刊协会
二〇一三年一月

《交通科学与工程》

期刊简介

《交通科学与工程》创刊于 1985 年，原刊名为《长沙交通学院学报》，2003 年改为现名，由湖南省教育厅主管、长沙理工大学主办，双月刊，国内外公开发行。刊物致力于反映交通科学基础理论、新工艺、新工法、新材料、新结构、新装备，致力于发表交通运输安全应急、绿色低碳、智慧运维等方面的研究成果，助力交通行业可持续发展，服务国家“交通强国”战略。常设栏目有高性能材料与工程结构、交通基础设施安全、交叉科学与工程、低碳与智慧运维、交通基础设施防灾减灾等；专栏有桥梁风致灾害与防控、隧道与地下工程建维、特殊岩土体路基建维、长大桥隧工程、爆破技术等。

期刊荣誉

1. 中国科技核心期刊（2004 年）

2. 中国高校优秀科技期刊（2020 年）

3. 中国核心期刊（遴选）数据库收录期刊

4. 中国学术期刊全文数据库收录期刊

5.RCCSE 中国核心学术期刊

6. 公路运输领域高质量科技期刊（T3）

7. 湖南省一级期刊

怀化学院期刊

《怀化学院学报》

期刊简介

《怀化学院学报》创刊于1982年，是湖南省教育厅主管、怀化学院主办、面向国内外公开发行的综合性学术期刊，最初名为《教学研究（社会科学版）》，后于1984年改为《怀化师专学报》。创刊初期文理分期以内刊形式发行；1987年至1991年，以双月刊发行；2006年，由双月刊改为月刊；2020年，由月刊改为双月刊。

期刊荣誉

1. “民族民间文化遗产田野调查与研究”栏目获评第三届湖南期刊优秀栏目奖（2012年）

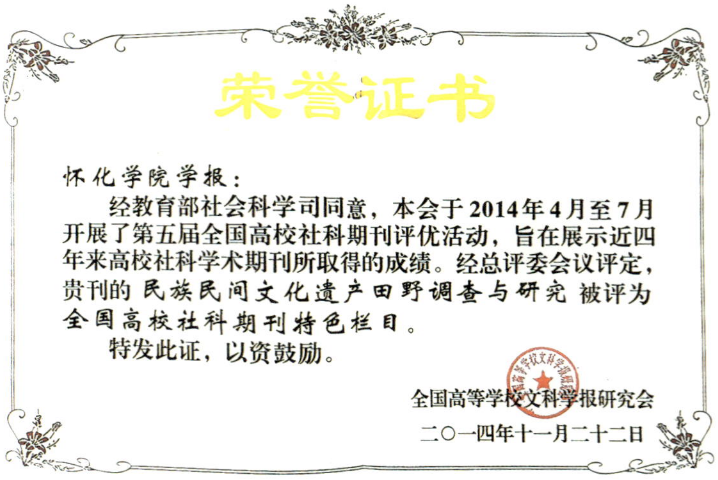

荣誉证书

怀化学院学报：

经教育部社会科学司同意，本会于2014年4月至7月开展了第五届全国高校社科期刊评优活动，旨在展示近四年来高校社科学术期刊所取得的成绩。经总评委会议评定，贵刊的民族民间文化遗产田野调查与研究被评为全国高校社科期刊特色栏目。

特发此证，以资鼓励。

全国高等学校文科学报研究会

二〇一四年十一月二十二日

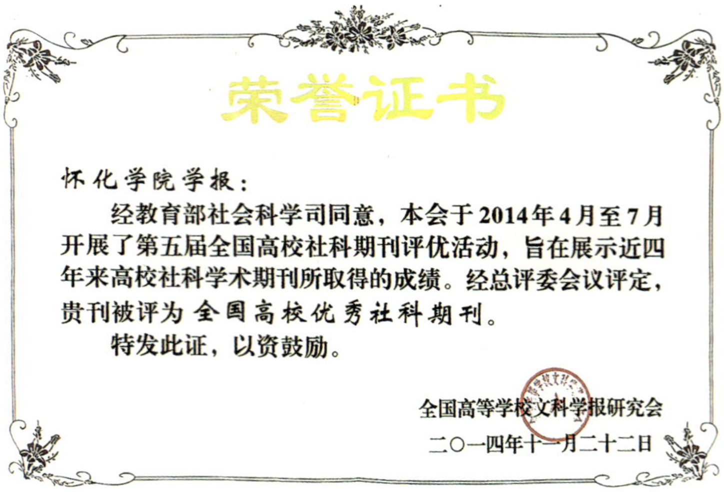

荣誉证书

怀化学院学报：

经教育部社会科学司同意，本会于2014年4月至7月开展了第五届全国高校社科期刊评优活动，旨在展示近四年来高校社科学术期刊所取得的成绩。经总评委会议评定，贵刊被评为全国高校优秀社科期刊。

特发此证，以资鼓励。

全国高等学校文科学报研究会

二〇一四年十一月二十二日

2.“民族民间文化遗产田野调查与研究”栏目获评全国高校社科期刊特色栏目（2014 年）

3.“教育教学研究”栏目获评第四届湖南省期刊优秀栏目奖（2014 年）

4. 全国高校优秀社科期刊（2014 年）

5.“民族民间文化遗产田野调查与研究”栏目获评湖南省资助优秀理论栏目（2015 年）

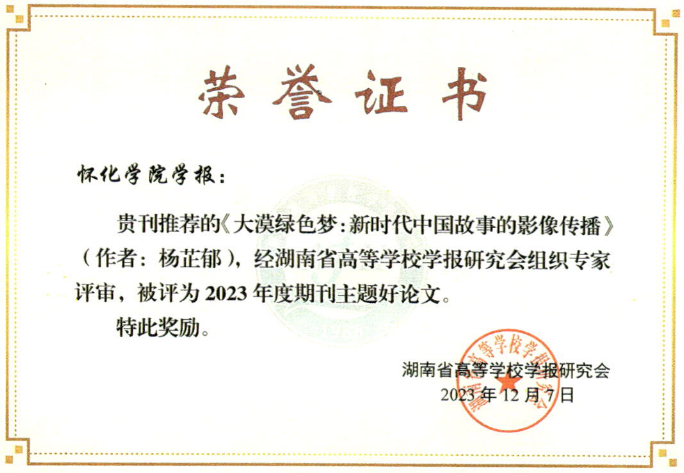

荣誉证书

怀化学院学报：

贵刊推荐的《大漠绿色梦：新时代中国故事的影像传播》（作者：杨芷郁），经湖南省高等学校学报研究会组织专家评审，被评为 2023 年度期刊主题好论文。

特此奖励。

湖南省高等学校学报研究会

2023 年 12 月 7 日

荣誉证书

《怀化学院学报》编辑部：

贵单位在 2023 年度期刊主题好论文评选工作中表现突出，被授予：

优秀组织单位

湖南省高等学校学报研究会

2023 年 12 月 7 日

湖南大学期刊

《湖南大学学报（自然科学版）》

期刊简介

《湖南大学学报（自然科学版）》1956 年创刊，月刊，系教育部主管、湖南大学主办的自然科学类综合性学术刊物。刊物以土木工程栏目为龙头，机械工程栏目和电气工程栏目为两翼，计算机科学栏目和材料科学与工程栏目为辅助。刊物被 EI Compendex、俄罗斯《文摘杂志》、CSCD、Scopus 数据库等多个数据库收录。

期刊荣誉

1. 中国高校精品科技期刊奖
2. 中国高校百佳/优秀科技期刊奖
3. 湖湘优秀出版物奖
4. 湖南出版政府奖期刊奖提名奖
5. 湖南省培育世界一流湘版科技期刊建设工程重点期刊
6. 湖南省十佳科技期刊

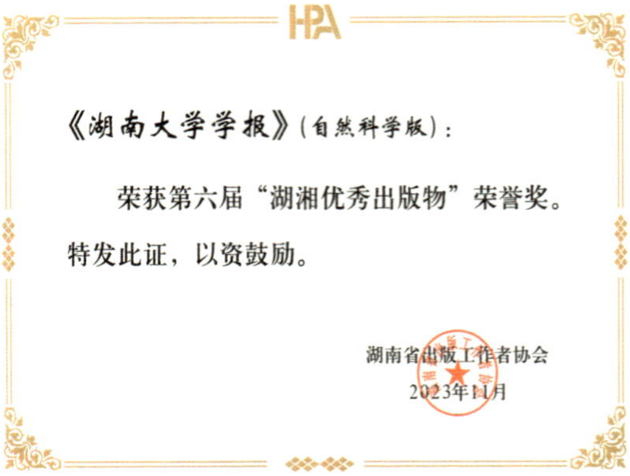

《湖南大学学报（社会科学版）》

期刊简介

《湖南大学学报（社会科学版）》系教育部主管、湖南大学主办的综合性人文社科类学术理论刊物，前身是 1926—1949 年湖南大学所创办的各种社科学术期刊。刊物于 1987 年复刊，每年 1 至 2 期，1996 年变更为季刊，2002 年变更为双月刊。刊物系中文社会科学引文索引（CSSCI）来源期刊、中文核心期刊要目总览来源期刊（北京大学图书馆）、中国人文社会科学核心期刊（中国社科院）。常设栏目有新时代马克思主义中国化、岳麓书院与传统文化（教育部首批名栏）、经济与管理、语言与文学研究、哲学与史学研究、法学研究、新闻与传播。

期刊荣誉

1. 教育部首批高校哲学社会科学学报名栏建设期刊
2. 首届中国百强报刊
3. 全国高校社科名刊
4. 全国高校权威社科期刊
5. 国家哲学社会科学文献中心综合性人文社会科学最受欢迎期刊
6. 湖南省十佳社科期刊
7. 湖南省资助优秀理论期刊
8. 湖湘优秀出版物奖

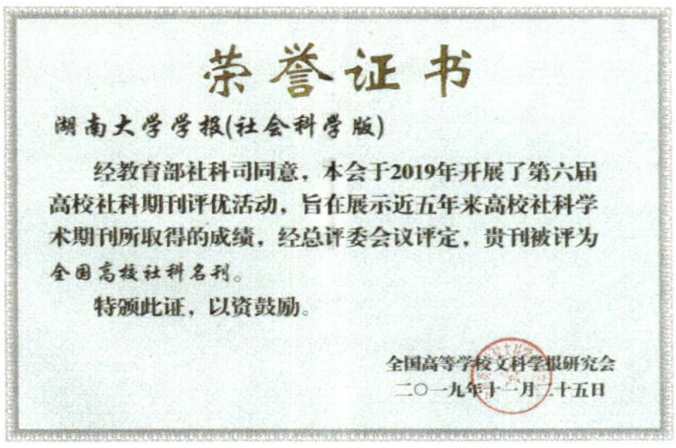

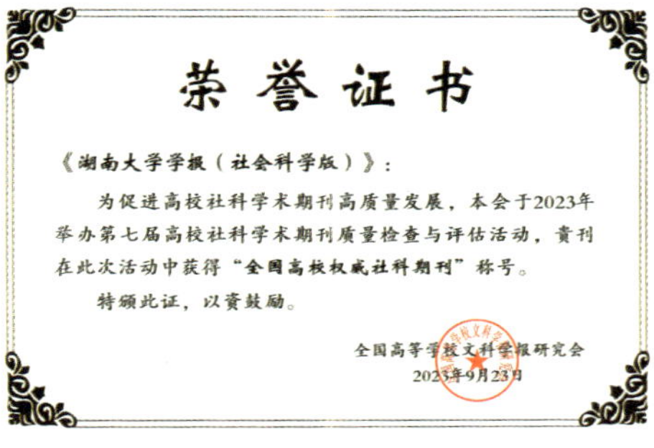

《财经理论与实践》

期刊简介

《财经理论与实践》是教育部主管、湖南大学主办的面向政用产学研界，以研究财经理论与实务问题为主旨的综合性财经学报，1980年创刊，双月刊，国内外发行，主要栏目有财经智库、乡村振兴、金融与保险、财务与会计、财政与税务、经济管理等。

《财经理论与实践》系中文社会科学引文索引（CSSCI）来源期刊、中文核心期刊要目总览核心期刊（北京大学图书馆）、中国人文社会科学核心期刊（中国社科院）、中国科技核心期刊（中国科学技术信息研究所）。

期刊荣誉

1. “金融与保险”栏目入选中宣部首批哲学社会科学期刊重点专栏
2. 中国国际影响力优秀学术期刊
3. 国家哲学社会科学文献中心经济学最受欢迎期刊
4. 第三届湖南出版政府奖期刊奖提名奖
5. 湖南省重点报刊出版专项资金资助期刊
6. 湖湘优秀出版物奖
7. 全国高校精品社科期刊
8. 教育部中国科技论文在线优秀期刊一等奖
9. 湖南省十佳社科期刊

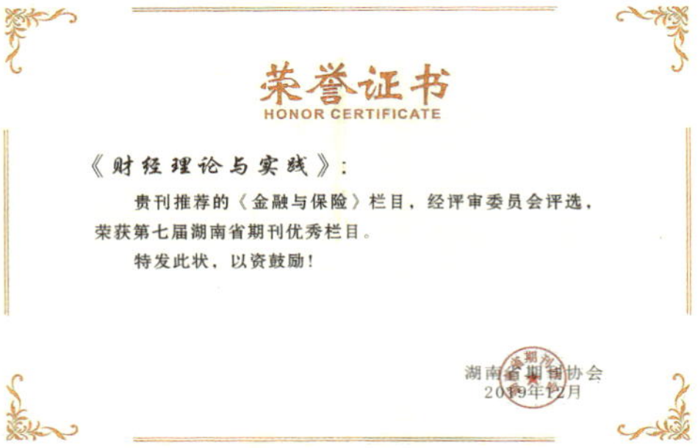

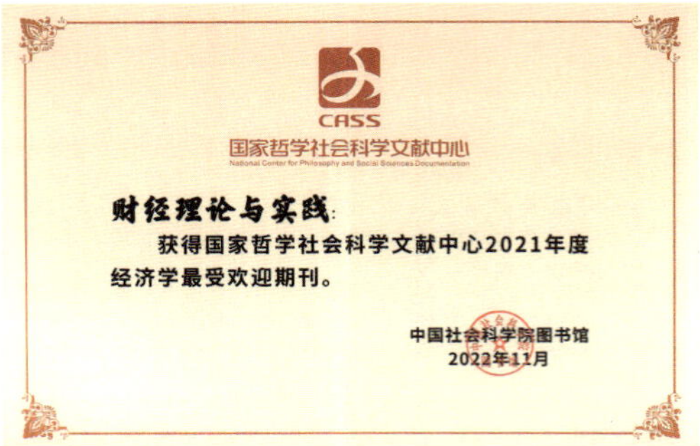

《大学教育科学》

期刊简介

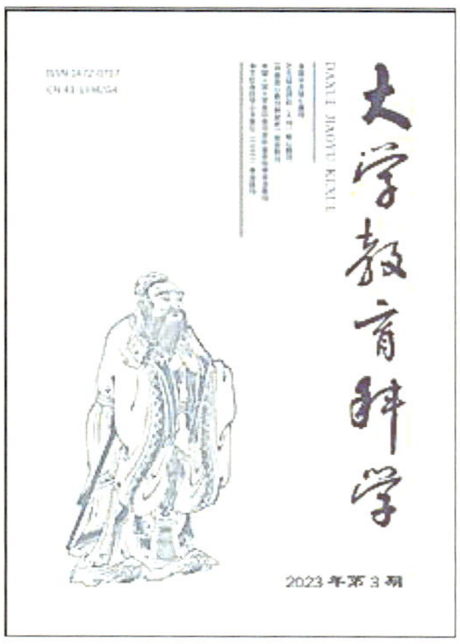

《大学教育科学》是教育部主管，湖南大学、中国机械工业教育协会主办的教育类学术期刊，双月刊，已入选CSSCI来源期刊、中文核心期刊要目总览、AMI综合评价（A刊）核心期刊。刊物开设教育前沿、教育基本理论、课程与教学、教师与学生、高等教育管理、质量与评价、比较与借鉴、教育史研究、书院与现代大学、民办与高职教育等栏目。

期刊荣誉

1. 湖湘优秀出版物奖
2. 湖南省十佳社科期刊
3. 人大“复印报刊资料”高转载期刊
4. 湖南省高校学报研究会优秀期刊奖一等奖
5. “教育前沿”“质量与评价”等栏目获评湖南省期刊优秀栏目

荣誉证书

HONORARY CREDENTIAL

《大学教育科学》

荣获第五届湖湘优秀出版物奖。

特发此证，以资鼓励。

湖南省出版工作者协会

湖南省图书编辑协会

2021年1月

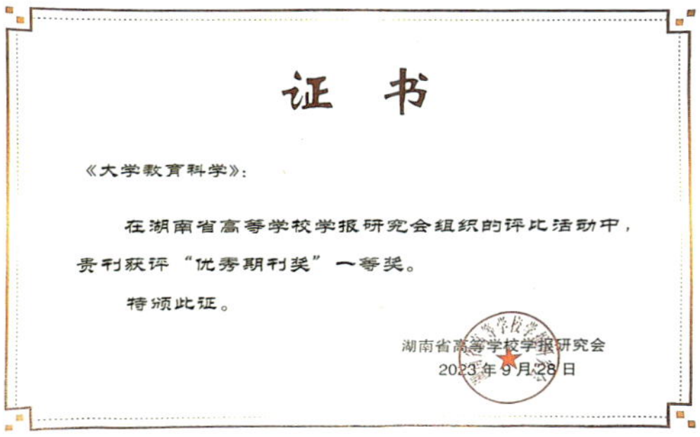

证　书

《大学教育科学》：

在湖南省高等学校学报研究会组织的评比活动中，贵刊获评“优秀期刊奖”一等奖。

特颁此证。

湖南省高等学校学报研究会

2023年9月28日

《计算技术与自动化》

期刊简介

《计算技术与自动化》1982年创刊，季刊，系教育部主管、湖南大学主办的专业性学术期刊，中国自动化学会会刊。刊物系中国科技核心期刊、湖南省一级科技期刊。主要栏目有自动控制理论与应用、控制系统与自动化装置、算法分析研究、过程控制与故障诊断、电力自动化及其应用、图形图像技术、人工智能及机器人技术、信息安全技术、计算机软硬件及应用等。

期刊荣誉

1. 第九届湖南省十佳自科期刊
2. “算法分析与研究”栏目获评湖南省期刊优秀栏目

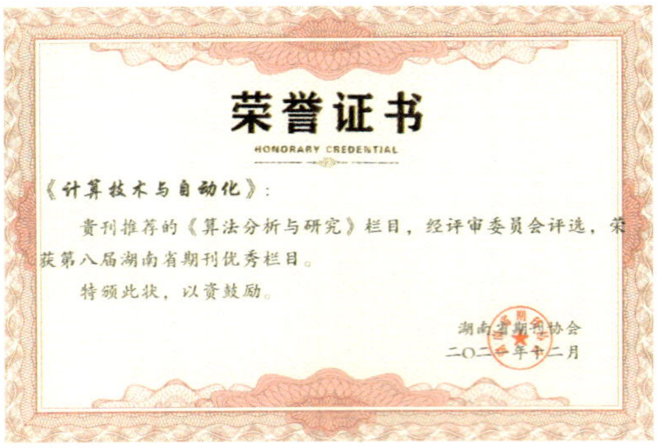

《动力学与控制学报》

期刊简介

《动力学与控制学报》2003 年创刊，月刊，系教育部主管，湖南大学、中国力学学会主办的专业性学术期刊。被中国科学引文数据库（CSCD）、中国知网、美国《乌利希国际期刊指南》等收录。主要刊登航空航天、机械制造、国防军工、土木建筑、水利水工、道路桥梁等领域的创新性论文。

期刊荣誉

1. 中国科技核心期刊
2. Elsevier Scopus 收录

《文化软实力》

期刊简介

《文化软实力》2016 年创刊，系教育部主管、湖南大学主办的国内文化软实力研究领域的专业性学术期刊。主要栏目有习近平新时代中国特色社会主义思想、中国特色社会主义理论与实践、文化软实力理论与对策等。《文化软实力》2022 年第 1 期刊发的《“两个确立”的决定性意义（笔谈）》入选由中宣部出版局主办、中国期刊协会承办的第七届“期刊主题宣传好文章”。

期刊荣誉

1. 首届湖南省重点报刊出版专项资金资助期刊
2. 国家哲学社会科学文献中心综合性人文社会科

荣誉证书

《文化软实力》：

你刊发表的“‘两个确立’的决定性意义（笔谈）”组文，入选第七届“期刊主题宣传好文章”。

作　者：逄先知　赵可铭　张国祚　张顺洪　刘书林　陈先义　项国兰　左　鹏　刘润为

责任编辑：燕　霞

策　划：燕　霞

特发此证，以资鼓励。

中宣部出版局

2023年12月24日

学最受欢迎期刊

3. 刊发文章获第二届“湖南期刊主题宣传好文章”

《湖湘法学评论》

期刊简介

《湖湘法学评论》是由教育部主管、湖南大学主办的法学学术期刊，于2021年创刊。刊物为中文版季刊，国际标准连续出版物号为ISSN 2097-020X，国内统一连续出版物号为CN 43-1556/D。刊物弘扬湖湘法学思想与治学精神，秉持全球视野与开放姿态，荟萃国内外最新研究成果，设有湖湘法学名家、学术专论、域外法学等固定栏目，辟有实证·数量法学、法学方法、专题笔谈等特色栏目，服务法学理论创新和法治中国建设。

《岳麓公共治理》

期刊简介

《岳麓公共治理》2022年创刊，季刊，系教育部主管、湖南大学主办的公共治理类专业性学术期刊，刊物设有传统文化与治国理政、中西部地方治理经验与理论建构、政府管理创新、老龄社会治理、社会组织与治理、环境生态与城市治理、公共健康治理等栏目。

湖南城市学院期刊

《城市学刊》

期刊简介

《城市学刊》（国内统一刊号 CN 43-1529 / TU）是湖南省教育厅主管、湖南城市学院主办、国内外公开发行的综合性人文社会科学学术理论期刊，双月刊。创刊于 1980 年，前身为《益阳师专学报》，1987 年开始面向国内外公开出版发行，2003 年更名为《湖南城市学院学报（人文社会科学版）》，2015 年更名为《城市学刊》。主要开设城乡发展与治理、城乡空间规划、城市更新、城市社会与文化、城市经济与管理、城镇化与区域发展等栏目。《城市学刊》先后被评为湖南省优秀理论期刊、湖南省社科类一级学术期刊，多次被评为全国高校百强社科期刊、全国地方高校十佳学报、全国高校优秀社科期刊，入选中国人文社科学报核心期刊，文摘率多次居全国同类刊物前列，甚至多次居全国同类刊物首位。

期刊荣誉

1. 第八届湖南省十佳社科期刊（2018 年）
2. 全国高校社科精品期刊（2019 年）
3. 获湖南省重点报刊出版专项资金资助（2020 年）
4. 获湖南省委宣传部名刊培育计划精品期刊项目资助，“城市文化”栏目获湖南省教育厅名刊培育计划品牌栏目资助（2021 年）
5. 被全国高校文科学报研究会评为全国高校优秀社科期刊，“城市文化”栏目获评特色栏目奖（2023 年）
6. 中国城市规划学会城乡治理与政策研究专业委员会会刊（2023 年）
7. 获批湖南省高校社科期刊建设创新中心（2023 年）

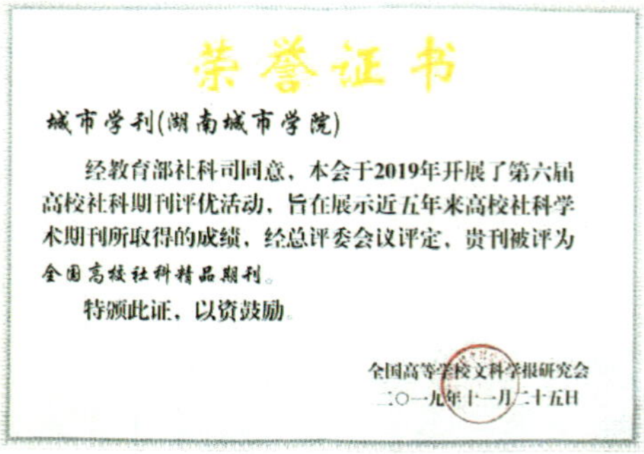

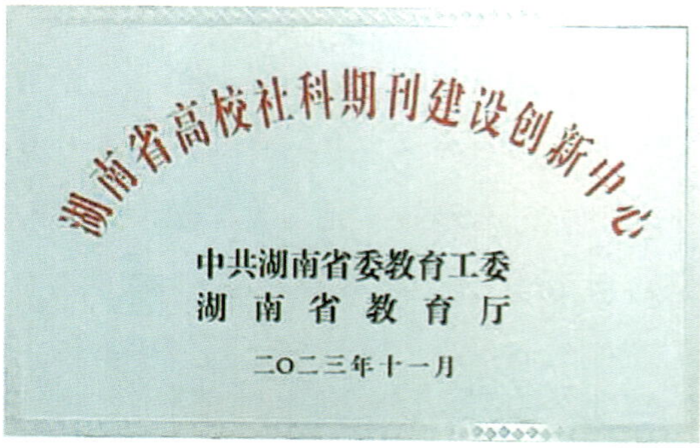

《湖南城市学院学报（自然科学版）》

期刊简介

《湖南城市学院学报（自然科学版）》（国内统一刊号 CN 43-1428 / TU）是湖南省教育厅主管、湖南城市学院主办的国内外公开发行的刊物，前身为《湖南城建高等专科学校学报》，1988 年创刊，1998 年被批准公开发行。2003 年 10 月更名为《湖南城市学院学报（自然科学版）》。主要开设土木工程、建筑与城乡规划、数理与化工材料、化学与材料等栏目。刊物被德国《数学文摘》（ZM）、美国《化学文摘》（CA）、美国《剑桥科学文摘》（CSA）、俄罗斯《文摘杂志》（AJ）、《中国数学文摘》、《中国物理文摘》、《中国化学化工文摘》、中国学术期刊综合评价数据库、中国知网、万方数据、维普资讯、超星期刊收录。

期刊荣誉

1. 湖南省一级科技期刊
2. 中国高校特色科技期刊奖（2008 年）
3. 湖南省十佳自科期刊（2022 年）

证书

湖南城市学院学报（自然科学版）

荣获第二届中国高校特色科技期刊奖。

特颁此证。

获奖人员

文瑞明
易永卿
陈健琼
曾伟
张艳霞

教育部科学技术司

2008 年 10 月 20 日

荣誉证书

HONORARY CREDENTIAL

《湖南城市学院学报（自然科学版）》：

荣获第九届湖南省“十佳自科期刊”。

特颁此证，以资鼓励。

湖南省期刊协会

二〇二二年二月

湖南财政经济学院期刊

《经济地理》

期刊简介

《经济地理》（月刊）创刊于1981年，是由中国地理学会、湖南省经济地理研究所联合主办的综合性地理类学术期刊，主管单位为中国科学技术协会。

《经济地理》被列入中文核心期刊要目总览、中文社会科学引文索引（CSSCI）来源期刊、中国科学引文数据库（CSCD）来源期刊、中国科技论文统计源期刊（中国科技核心期刊）、中国人文社会科学核心期刊、RCCSE中国权威学术期刊，是中国人民大学“复印报刊资料”重要转载来源期刊；2012年至2023年连续入选中国最具国际影响力学术期刊（TOP5），先后荣获期刊数字影响力100强和谷歌、百度中国学术期刊百强；入选自然资源领域、人文地理领域高质量科技期刊分级目录T1级，被中国地理学会评为“优秀地理期刊”。

期刊荣誉

1. 入选湖南省培育世界一流湘版科技期刊建设工程（2021—2025年）

2. “区域经济与理论方法”栏目入选中宣部首批哲学社会科学期刊重点专栏

3. 湖南省双十佳期刊

4. “区域经济与理论方法”栏目获评湖南省第九届社科期刊优秀栏目

5. 湖湘优秀出版物奖

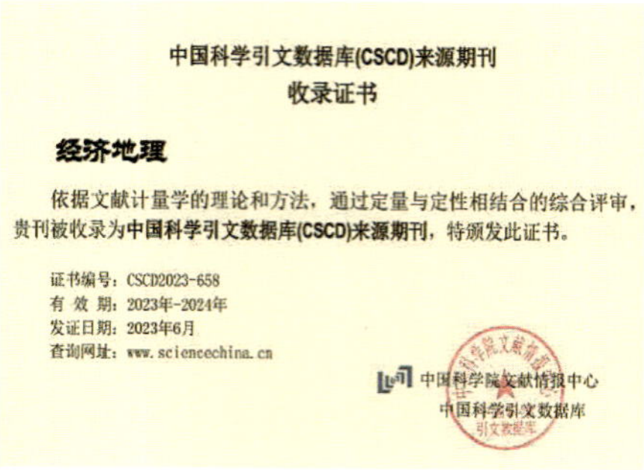

《湖南财政经济学院学报》

期刊简介

《湖南财政经济学院学报》曾用名《财苑》《湖南财经高等专科学校学报》，1985 年创刊，刊号 ISSN 2095-1361、CN 43-1510/F，双月刊，128 页 / 期，面向国内外公开发行。

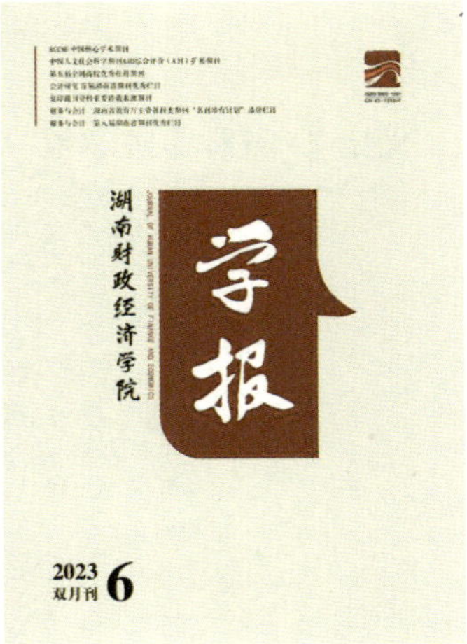

《湖南财政经济学院学报》立足“正德厚生，经世济用”的校训精神和办刊理念，面向全国财经理论界和实务界，辟有财政与区域经济、财务与会计、金融与产业经济、工商管理与公共管理等栏目。

《湖南财政经济学院学报》是全国高校优秀社科期刊、中国人文社会科学期刊 AMI 综合评价（A 刊）入库期刊、RCCSE 中国核心学术期刊、人大“复印报刊资料”重要转载来源期刊、中国知网期刊优先数字出版合作单位，《新华文摘》《中国社会科学文摘》《高等学校文科学术文摘》重要期刊源。

期刊荣誉

1.“财务与会计”栏目获评湖南省教育厅主管社科类期刊名刊培育计划品牌栏目（2021 年）

2. 第八届湖南省期刊优秀栏目（2021 年）

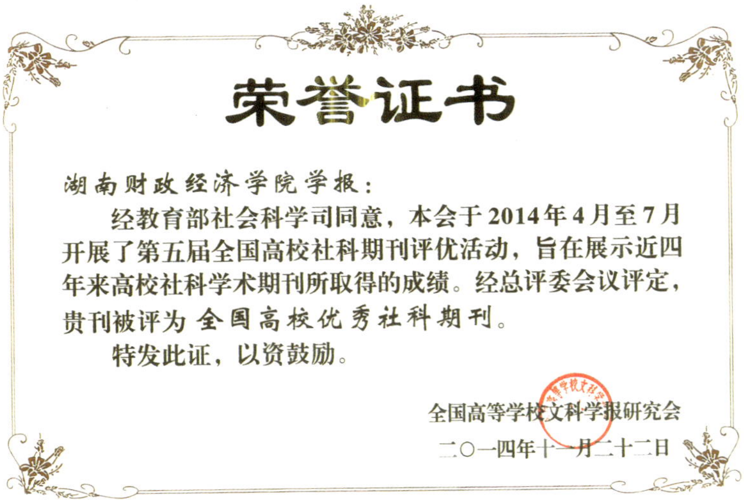

荣誉证书

湖南财政经济学院学报：

经教育部社会科学司同意，本会于 2014 年 4 月至 7 月开展了第五届全国高校社科期刊评优活动，旨在展示近四年来高校社科学术期刊所取得的成绩。经总评委会议评定，贵刊被评为全国高校优秀社科期刊。

特发此证，以资鼓励。

全国高等学校文科学报研究会

二〇一四年十一月二十二日

湖南第一师范学院期刊

《湖南第一师范学院学报》

期刊简介

《湖南第一师范学院学报》是由湖南省教育厅主管、湖南第一师范学院主办的综合性学术双月刊，常设毛泽东思想和马克思主义中国化时代化、小学教育与新师范教育两大特色栏目，并动态开设历史、哲学、管理学、艺术学、文学、心理学等栏目。学报的学术质量和影响因子逐年提高，产生了良好的社会反响，为中国人文社会科学期刊 AMI 综合评价（A 刊）入库期刊。

期刊荣誉

1. 湖南省一级期刊

2. 全国高校优秀社科期刊

3.《CAJ-CD 规范》执行优秀期刊

4. 被中共湖南省委宣传部评为湖南省品牌社科期刊（2021 年）

5. “小学教育”栏目被湖南省教育厅评为名刊培育计划品牌栏目

6. 在第七届高校社科学术期刊质量检查与评估活动中，获评为全国高校质量进步社科期刊，“小学教育研究”栏目获评特色栏目奖

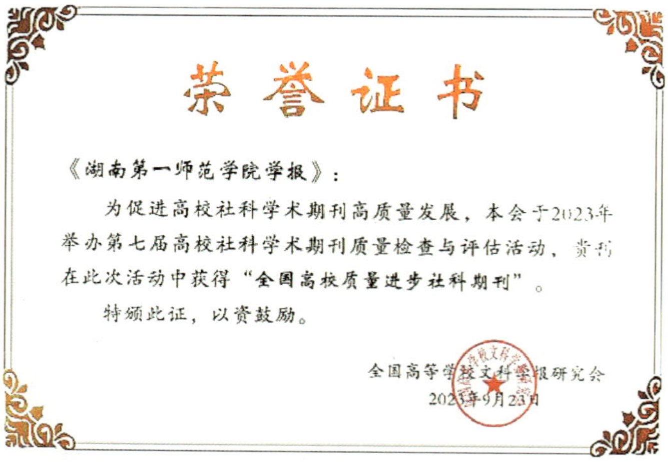

荣誉证书

《湖南第一师范学院学报》：

为促进高校社科学术期刊高质量发展，本会于2023年举办第七届高校社科学术期刊质量检查与评估活动，贵刊在此次活动中获得“全国高校质量进步社科期刊”。

特颁此证，以资鼓励。

全国高等学校文科学报研究会

2023年9月23日

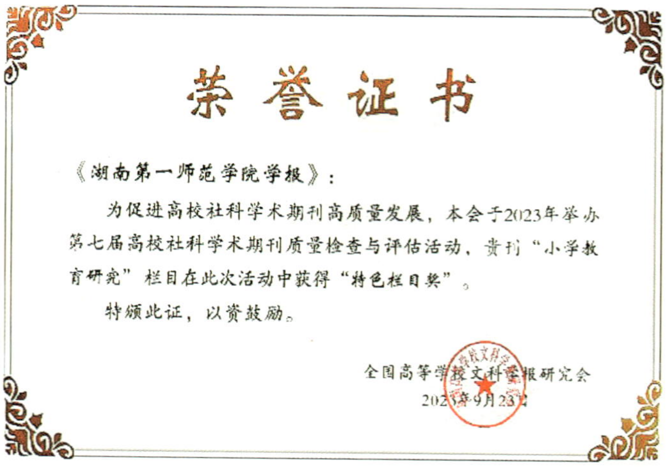

荣誉证书

《湖南第一师范学院学报》：

为促进高校社科学术期刊高质量发展，本会于2023年举办第七届高校社科学术期刊质量检查与评估活动，贵刊“小学教育研究”栏目在此次活动中获得“特色栏目奖”。

特颁此证，以资鼓励。

全国高等学校文科学报研究会

2023年9月23日

《湖南工程学院学报(自然科学版)》《湖南工程学院学报(社会科学版)》

期刊简介

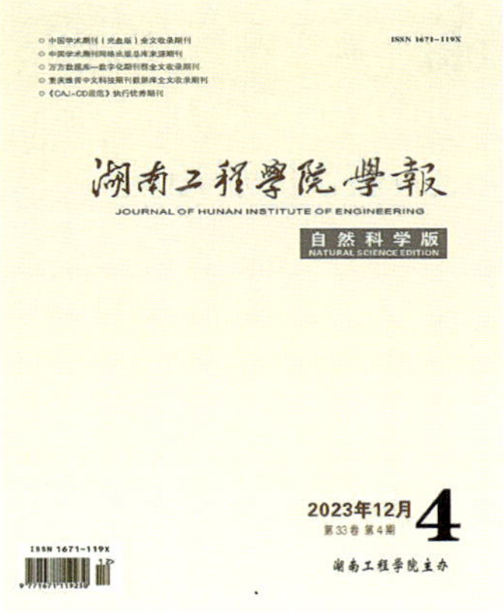

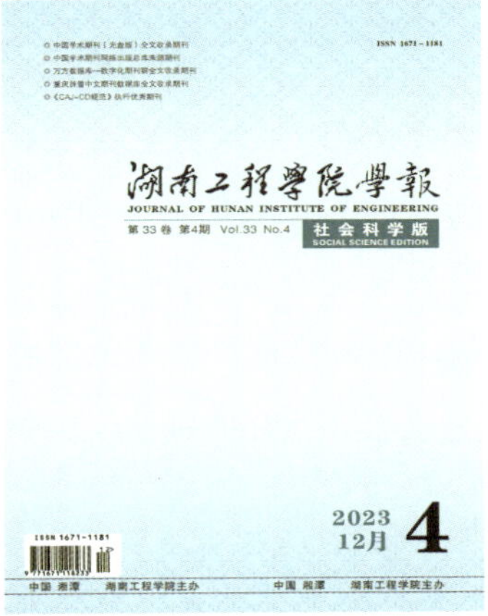

《湖南工程学院学报（自然科学版）》曾用名《湘潭机电高等专科学校学报》，创刊于1991年，前身为《教学与科技》，1980－1990年共出刊17期。1998年，《湘潭机电高等专科学校学报》获得国内刊号CN 43-1356/N，并于1999年正式公开发行。2001年，由于湘潭机电高等专科学校、湖南纺织高等专科学校两校合并，《湘潭机电高等专科学校学报》更名为《湖南工程学院学报（自然科学版）》，并获得国际刊号ISSN 1671-119X。

《湖南工程学院学报（社会科学版）》曾用名《湖南纺织高等专科学校学报》，创刊于1991年，1998年获得国内刊号CN 43-1355/C，1999年正式公开发行。2001年更名为《湖南工程学院学报（社会科学版）》，并获得国际刊号ISSN 1671-1181。

学报依托学校的学科发展设置栏目。自科学报主要刊载电气与信息工程、机械工程、化学化工、数理科学、计算机科学、建筑工程、纺织工程等领域的研究性文章。社科学报主要刊登高等工程教育、管理学研究、经济学研究、语言文学研究、大学生心理学研究、艺术设计研究、体育教育与技术研究、教育科学研究等方面的文章。被中国核心期刊（遴选）数据库收录，被中国期刊网、中国学术期刊（光盘版）、万方数据库——数字化期刊群全文收录。

学报始终坚持正确的政治导向，坚持以质量为选稿用稿的第一标准，严格把控稿件的学术水平和学术规范。坚持学术为本、质量为先的原则，不断提升学术期刊的质量和影响力，为广大学者提供优质的学术服务。

期刊荣誉

1. 两刊连续多年被评为《CAJ-CD规范》执行优秀期刊

2.《湖南工程学院学报（自然科学版）》编辑部获湖南省科技期刊优秀团队（2020年）

湖南工商大学期刊

《商学研究》

期刊简介

《商学研究》（原《湖南商学院学报》）是由湖南省教育厅主管、湖南工商大学（原湖南商学院）主办的经济管理类专业学术期刊，创刊于 1988 年，双月刊，128 页。国内外公开发行，国际标准刊号为 ISSN 2096-4315，国内统一刊号为 CN 43-1539/F。

《商学研究》系中国人文社科学报核心期刊、全国高校社科精品期刊、湖南省一级期刊。

《商学研究》始终坚持以“弘扬优良学术传统，追踪理论前沿，捕捉学术热点，促进科学研究，服务经济社会建设”为办刊宗旨，以学术质量为首要用稿标准，注重期刊的学术性、前瞻性、实用性、创新性和权威性。《商学研究》重点刊发经济学、管理学领域的学术研究论文，不断发掘优秀稿件，围绕本领域重大关键问题和社会热点问题，刊登具有较高文化价值、学术价值、创新价值的稿件。现主要开设栏目有商贸经济、商业史、数字经济、产业经济、管理科学、金融与财税、法商研究等。

期刊荣誉

1. 湖南省高等学校学报研究会优秀学报一等奖（2006 年、2010 年）
2. 全国高校文科学报研究会全国高校百强社科期刊（2010 年）

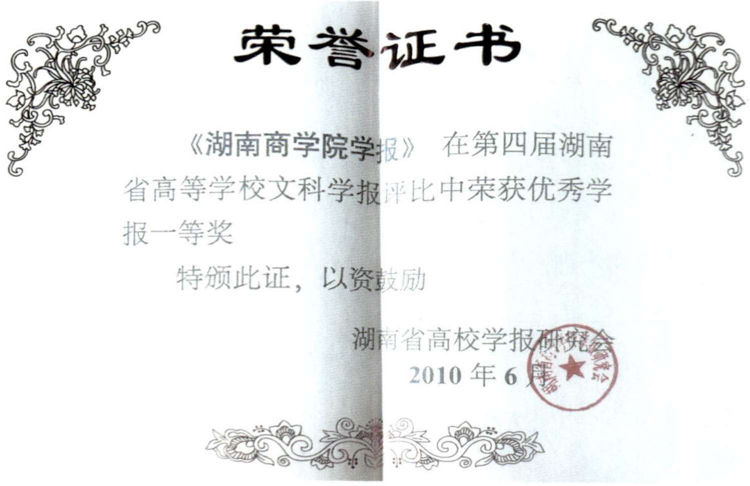
荣誉证书

《湖南商学院学报》在第四届湖南省高等学校文科学报评比中荣获优秀学报一等奖

特颁此证，以资鼓励

湖南省高校学报研究会

2010 年 6 月

3. 全国高校文科学报研究会全国高校社科精品期刊（2019 年）

4. 全国高校文科学报研究会全国高校优秀社科期刊（2023 年）

5. 湖南省高等学校学报研究会优秀期刊二等奖（2023 年）

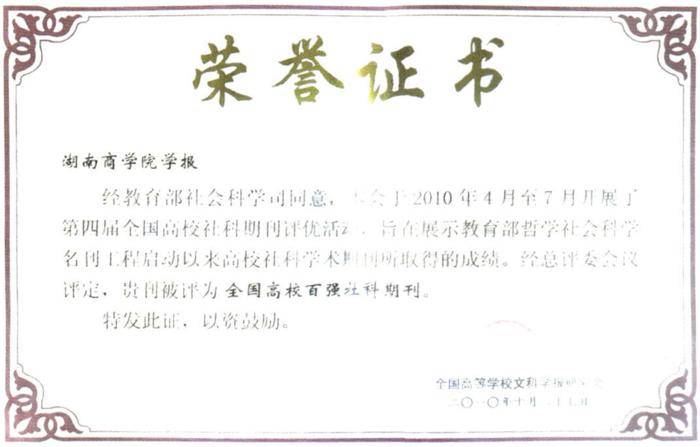

荣誉证书

湖南商学院学报

经教育部社会科学司同意，本会于2010年4月至7月开展了第四届全国高校社科期刊评优活动，旨在展示教育部哲学社会科学名刊工程启动以来高校社科学术期刊所取得的成绩。经总评委会议评定，贵刊被评为全国高校百强社科期刊。

特发此证，以资鼓励。

全国高等学校文科学报研究会

二〇一〇年十月[illegible]日

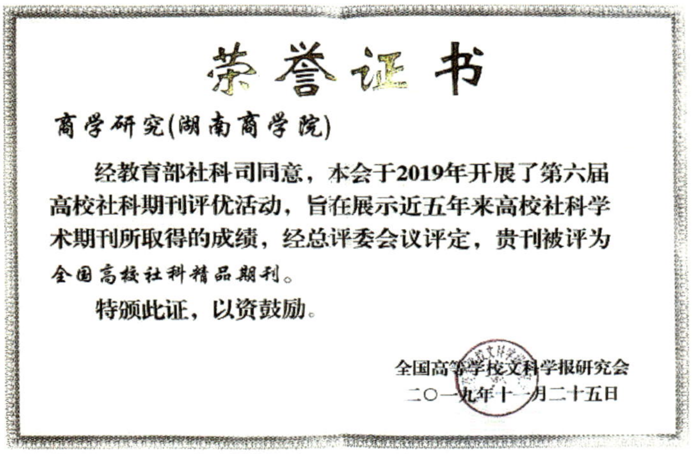

荣誉证书

商学研究(湖南商学院)

经教育部社科司同意，本会于2019年开展了第六届高校社科期刊评优活动，旨在展示近五年来高校社科学术期刊所取得的成绩，经总评委会议评定，贵刊被评为全国高校社科精品期刊。

特颁此证，以资鼓励。

全国高等学校文科学报研究会

二〇一九年十一月二十五日

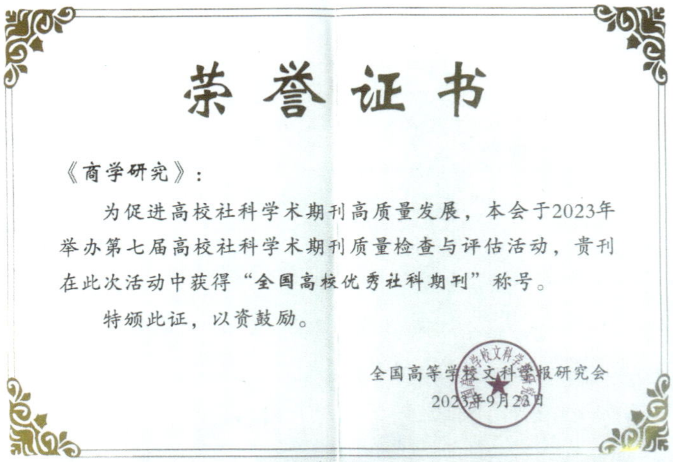

荣誉证书

《商学研究》：

为促进高校社科学术期刊高质量发展，本会于2023年举办第七届高校社科学术期刊质量检查与评估活动，贵刊在此次活动中获得“全国高校优秀社科期刊”称号。

特颁此证，以资鼓励。

全国高等学校文科学报研究会

2023年9月23日

湖南工业大学期刊

《湖南工业大学学报》

期刊简介

《湖南工业大学学报》（ISSN 1673-9833, CN 43-1468/T）是由湖南省教育厅主管、湖南工业大学主办的学术期刊（双月刊），于 1987 年创刊，国内外公开发行。最初名为《株洲大学学报》，后更名为《株洲工学院学报》，再更名为《包装学报》，然后又更名为《株洲工学院学报》，于 2007 年更名为《湖南工业大学学报》。刊物主要为自然科学领域的科研成果提供发表平台，主要开设土木工程、机械工程、电气工程、信息技术、应用技术、碳达峰·碳中和等栏目，其中“应用技术”栏目获评第八届湖南省期刊优秀栏目。

期刊荣誉

1. 在湖南省高校学报研究会举办的高校学报评比中获优秀期刊奖（1991 年）

2. 被湖南省科技期刊编辑学会和湖南省新闻出版局评为 1993—1994 年质量优秀的科技期刊

3. 被中国高校科技期刊研究会评为中国高校优秀科技期刊（2016 年、2018 年、2020 年）

4. 编辑部获湖南省优秀团队（2018 年）

5. 首届《CAJ-CD 规范》执行优秀奖（2000 年）

6.2022 年度中国高校科技期刊建设示范案例库优秀科技期刊（2022 年）

7. 湖南省十佳自科期刊（2023 年）

《湖南工业大学学报（社会科学版）》

期刊简介

《湖南工业大学学报（社会科学版）》（ISSN 1674-117X，CN 43-1484/C）是由湖南省教育厅主管、湖南工业大学主办，国内外公开发行的社科类综合性学术期刊（双月刊），创刊于 1996 年，前身为《株洲师范高等专科学校学报》，2008 年更名为《湖南工业大

学学报（社会科学版）》。刊物特色栏目为“四史”研究，常设栏目有马克思主义中国化、经济与管理、法学研究、文学研究等栏目。

期刊荣誉

1. 中国人文社会科学期刊 AMI 综合评价扩展期刊
2. 第二届湖湘优秀出版物
3. 湖南省双十佳期刊
4. 全国高校社科优秀期刊
5. 全国高校质量进步社科期刊
6. 湖南省优秀期刊

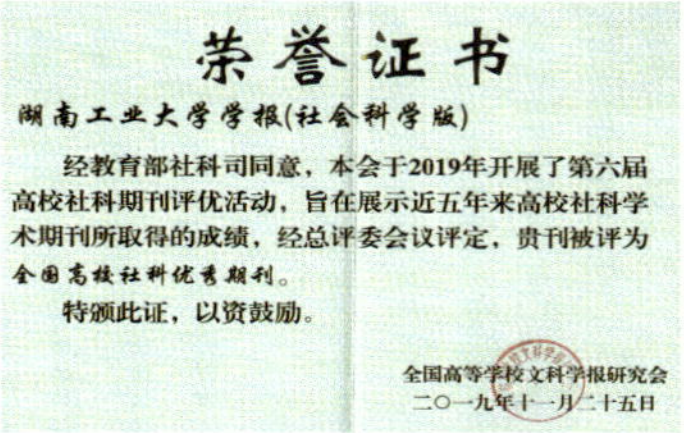
荣誉证书

湖南工业大学学报(社会科学版)

经教育部社科司同意，本会于2019年开展了第六届高校社科期刊评优活动，旨在展示近五年来高校社科学术期刊所取得的成绩，经总评委会议评定，贵刊被评为全国高校社科优秀期刊。

特颁此证，以资鼓励。

全国高等学校文科学报研究会
二〇一九年十一月二十五日

证 书

《湖南工业大学学报（社会科学版）》被评定为
“2022 年度中国人文社会科学期刊 AMI 综合评价”
扩展期刊

中国社会科学评价研究院
2023 年 3 月

《包装学报》

期刊简介

《包装学报》（ISSN 1674-7100，CN 43-1499 / TB）是由湖南省教育厅主管、湖南工业大学主办、国内外公开发行的包装行业学术期刊（双月刊），创刊于 2009 年。刊物致力于及时报道和刊发包装科技领域的新技术、新成果，促进包装科技进步与交流，繁荣包装文化，搭建包装产学研结合的桥梁，推动我国包装产业可持续发展和包装工业科技进步，探索“行业协会—企业—高校”联合办刊模式。刊物的特色栏目是绿色包装与包装安全，常设栏目有新材料·新技术·新工艺、包装印刷与印后加工、包装结构与货架寿命、运输包装与物流、包装设备与自动化。

期刊荣誉

1.RCCSE 中国核心学术期刊（2020 年）
2. 入选日本科学技术振兴机构数据库(JST)(2020 年)
3. 湖南省双十佳期刊
4. 中国高校优秀科技期刊
5. 中国高校科技期刊建设示范案例库优秀科技期刊
6. “绿色包装与安全”栏目获评湖南省期刊优秀栏目

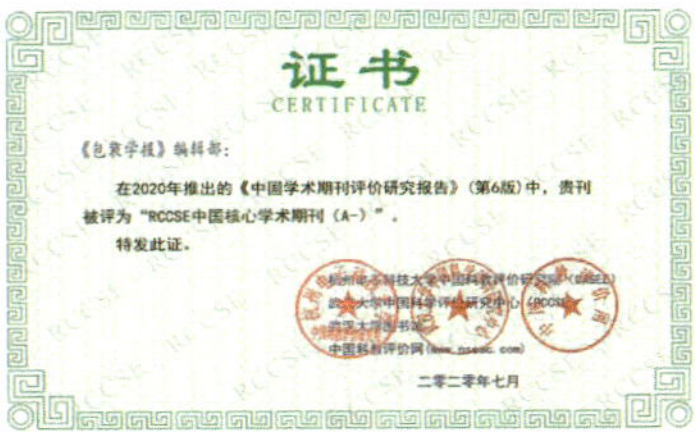
证书
CERTIFICATE

《包装学报》编辑部：

在2020年推出的《中国学术期刊评价研究报告》（第6版）中，贵刊被评为“RCCSE中国核心学术期刊（A-）”。

特发此证。

二零二零年七月

包装学报
2022年度中国高校科技期刊建设示范案例库
优秀科技期刊

中国高校科技期刊研究会

湖南警察学院期刊

《湖南警察学院学报》

期刊简介

《湖南警察学院学报》是湖南省公安厅主管、湖南警察学院主办的面向国内外公开发行的公安法律类学术理论期刊，为双月刊。本刊系中国学术期刊综合评价数据库来源期刊、《中国期刊网》入网期刊、《中国学术期刊》等数据平台全文收录期刊。学报1989年创刊，原名《湖南公安高等专科学校学报》；2010年10月，经国家新闻出版总署批准，学报更名为《湖南警察学院学报》，新编国内统一连续出版物号为CN 43-1511/D，国际标准连续出版物编码为ISSN 2095-1140。

自创刊以来，《湖南警察学院学报》始终坚持“服务公安学术研究和理论创新”的办刊宗旨，坚持以人为本、开放办刊的发展理念，奉行思想性、创新性、学术性、时代性办刊原则，严格落实意识形态工作责任制，以质量求生存，以特色树形象，实施“以刊树人，以刊名校”的办刊战略与工程，积极进取，开拓创新，期刊质量和学术水准不断提高，现已发展成为在省内外有着良好影响的学术理论刊物。

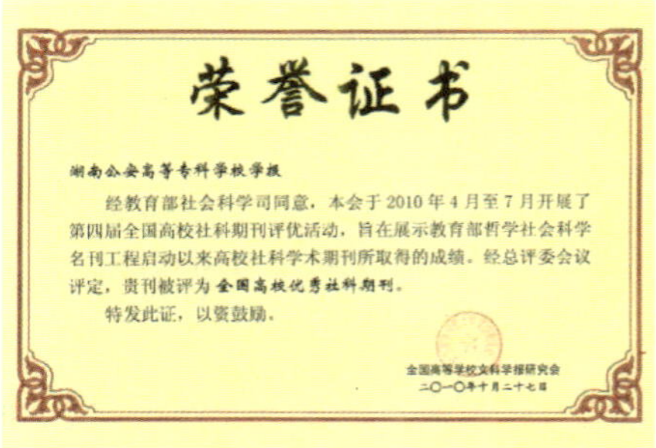
荣誉证书

湖南公安高等专科学校学报

经教育部社会科学司同意，本会于2010年4月至7月开展了第四届全国高校社科期刊评优活动，旨在展示教育部哲学社会科学名刊工程启动以来高校社科学术期刊所取得的成绩。经总评委会议评定，贵刊被评为全国高校优秀社科期刊。

特发此证，以资鼓励。

全国高等学校文科学报研究会
二〇一〇年十月二十七日

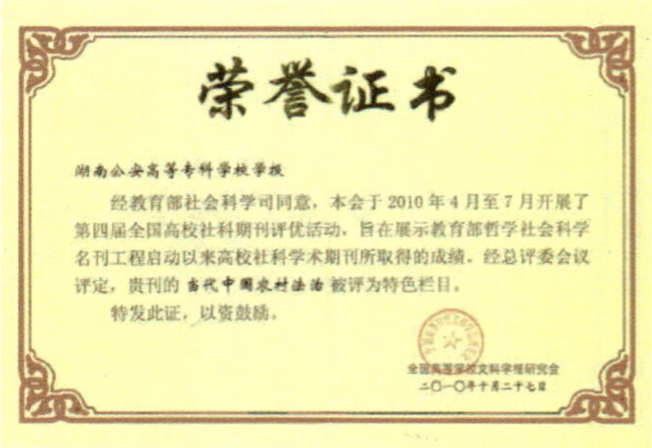
荣誉证书

湖南公安高等专科学校学报

经教育部社会科学司同意，本会于2010年4月至7月开展了第四届全国高校社科期刊评优活动，旨在展示教育部哲学社会科学名刊工程启动以来高校社科学术期刊所取得的成绩。经总评委会议评定，贵刊的当代中国农村法治被评为特色栏目。

特发此证，以资鼓励。

全国高等学校文科学报研究会
二〇一〇年十月二十七日

期刊荣誉

1. 全国高校优秀社科期刊（2002年、2006年、2010年）

2. “当代中国农村法治”专栏获评全国高校社科期刊特色栏目（2006年、2010年）

3. 首届湖南省期刊优秀装帧设计奖（2009年）

4. 湖南省双十佳期刊（2013年）

5. RCCSE中国核心学术期刊（2017年）

6. 中国法学期刊重要遴选来源期刊（2023年）

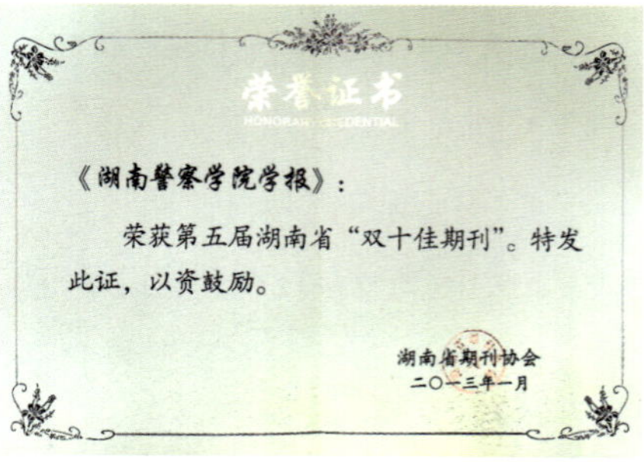
荣誉证书

《湖南警察学院学报》：

荣获第五届湖南省“双十佳期刊”。特发此证，以资鼓励。

湖南省期刊协会
二〇一三年一月

《湖南科技大学学报（社会科学版）》

期刊简介

《湖南科技大学学报（社会科学版）》（双月刊），创刊于 1999 年，是由湖南省教育厅主管、湖南科技大学主办、国内外公开发行的人文社会科学综合类学术期刊。刊物系 CSSCI 来源期刊、中文核心期刊、中国人文社会科学核心期刊。开设的“毛泽东研究”栏目是全国社科学报优秀栏目、湖南省资助优秀理论栏目，“逻辑今探”栏目是湖南省期刊优秀栏目。常设特色栏目聘请国内知名专家担纲栏目主持人。

期刊荣誉

1. 湖南省出版工作者协会第三届、第四届湖湘优秀出版物奖（2015 年、2018 年）
2. 湖南省期刊协会湖南省第八届双十佳期刊（2018 年）
3. 国家哲学社会科学文献中心综合性人文社会科学最受欢迎期刊（2020 年）
4. 获湖南省教育厅名刊培育计划精品期刊项目资助（2021 年）
5. 获湖南省委宣传部湖南省品牌社科期刊项目资助（2021 年）
6. 全国高校文科学报研究会全国高校权威社科期刊（2023 年）
7. 入选中国人民大学“复印报刊资料”的人文社科综合性期刊高转载量名录和高等院校主办人文社科学报高转载量、高转载率和高转载指数名录（2023 年）

证书编号：168980C23

CSSCI

中文社会科学引文索引

Chinese Social Sciences Citation Index

收录证书

根据《中文社会科学引文索引来源期刊（集刊）遴选办法》，《湖南科技大学学报(社会科学版)》入选为CSSCI（2023-2024）来源期刊，特发此证，以资证明！

南京大学中国社会科学研究评价中心

Center for Chinese Social Sciences Research and Assessment

2023年6月

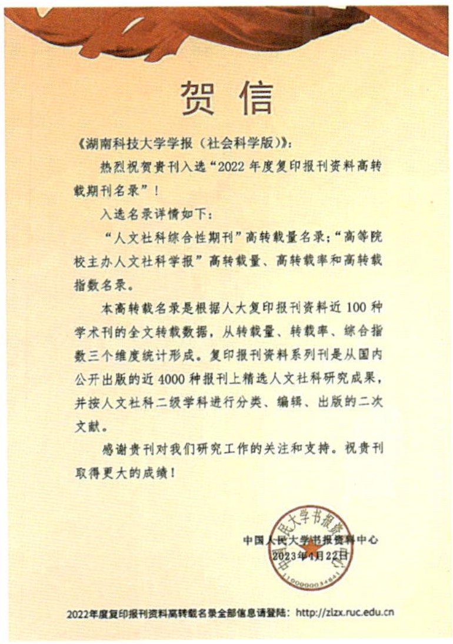

贺信

《湖南科技大学学报（社会科学版)》：

热烈祝贺贵刊入选“2022 年度复印报刊资料高转载期刊名录”！

入选名录详情如下：

“人文社科综合性期刊”高转载量名录；“高等院校主办人文社科学报”高转载量、高转载率和高转载指数名录。

本高转载名录是根据人大复印报刊资料近 100 种学术刊的全文转载数据，从转载量、转载率、综合指数三个维度统计形成。复印报刊资料系列刊是从国内公开出版的近 4000 种报刊上精选人文社科研究成果，并按人文社科二级学科进行分类、编辑、出版的二次文献。

感谢贵刊对我们研究工作的关注和支持。祝贵刊取得更大的成绩！

中国人民大学书报资料中心

2023年1月22日

2022年度复印报刊资料高转载名录全部信息请登陆：http://zlzx.ruc.edu.cn

荣誉证书

《湖南科技大学学报（社会科学版）》：

贵刊入选第二十八届北京国际图书博览会（BIBF）“2021 中国精品期刊展”。

特发此证，以兹纪念。

中国期刊协会
二〇二一年九月十四日

证书编号：2021JP100

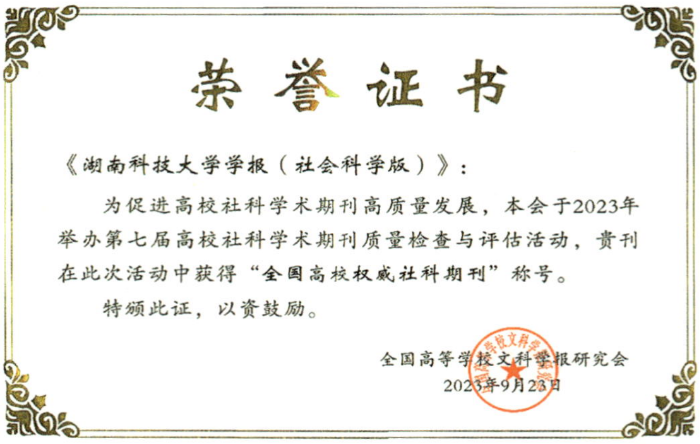

荣誉证书

《湖南科技大学学报（社会科学版）》：

为促进高校社科学术期刊高质量发展，本会于2023年举办第七届高校社科学术期刊质量检查与评估活动，贵刊在此次活动中获得“全国高校权威社科期刊”称号。

特颁此证，以资鼓励。

全国高等学校文科学报研究会
2023年9月23日

《湖南科技大学学报（自然科学版）》

期刊简介

《湖南科技大学学报（自然科学版）》（季刊），1983 年创刊，是由湖南省教育厅主管、湖南科技大学主办、国内外公开发行的自然科学综合类学术期刊。主要发表自然科学基础理论、应用科学和工程技术领域的学术论文。常设栏目有矿业·安全、地学·土木·建筑、机械·电气、信息·计算机、化学·化工·材料、环境·生物、数学·物理等。刊物被国内外多个著名文摘及数据库收录，系北京大学图书馆中文核心期刊、中国科技精品期刊、中国科技论文统计源期刊、中国高校优秀科技期刊，分别入选我国地学领域和煤炭领域 T2 级高质量科技期刊目录。

期刊荣誉

1. 教育部优秀科技期刊（2008 年）
2. 湖南省出版工作者协会第五届湖湘优秀出版物奖，编辑部获湖南省科技期刊优秀

荣誉证书

HONORARY CREDENTIAL

《湖南科技大学学报（自然科学版）》：

荣获第九届湖南省“十佳自科期刊”。

特颁此证，以资鼓励。

湖南省期刊协会

二〇二二年二月

荣誉证书

湖南科技大学学报（自然科学版）：

贵刊入选 2022 年度煤炭领域 T2 级高质量科技期刊目录。

特发此证。

中国煤炭学会

2023 年 08 月 21 日

团队（2021 年）

3. 湖南省期刊协会第九届湖南省十佳自科期刊（2022 年）

《矿业工程研究》

期刊简介

《矿业工程研究》（季刊），1983 年创刊，是由湖南省教育厅主管、湖南科技大学主办、国内外公开发行的矿业类学术期刊。刊物依托湖南科技大学矿业工程学科优势与专业特色，主要刊发采矿科学与工程、矿山安全与灾害防治、矿山地质与勘探、矿物加工与利用、矿山机械与电气、矿山自动化与信息化、矿区环境保护与职业健康、矿山经济与企业管理等矿业工程及其相关学科学术论文。

期刊荣誉

入选 2022 年度中国煤炭学会煤炭领域 T2 级高质量科技期刊目录。

《当代教育理论与实践》

期刊简介

《当代教育理论与实践》（双月刊），2009 年创刊，是由湖南省教育厅主管、湖南科技大学主办、国内外公开发行的教育类学术期刊。以原创性、学术性、教育性、实践应用性为选文标准，报道内容充分体现当代教育特色。主要栏目有基础教育研究、教育教学改革、教育管理研究、思想政治教育、课程思政研究、研究生教育、职业与继续教育、教师专业发展等。刊物系中国人文社会科学期刊 AMI 综合评价（2022 年）扩展期刊、RCCSE 中国准核心学术期刊（B+）、中国科技论文在线优秀期刊。

期刊荣誉

1. 刊发文章获湖南省期刊协会第三届“湖南期刊主题宣传好文章”（2020 年）
2. 刊发文章获湖南省高校学报研究会 2022 年年会“主题好文章”

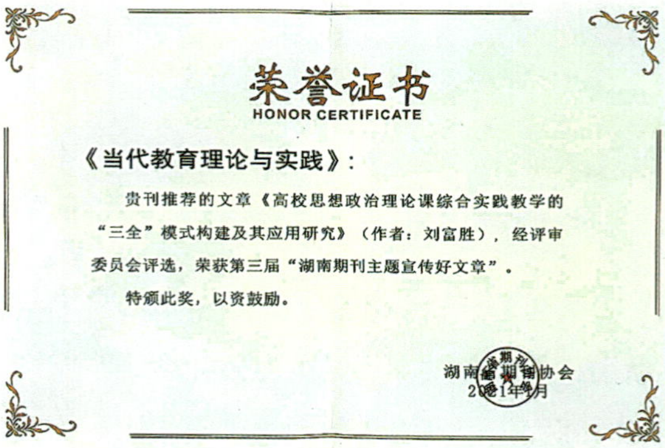

荣誉证书
HONOR CERTIFICATE

《当代教育理论与实践》：

贵刊推荐的文章《高校思想政治理论课综合实践教学的“三全”模式构建及其应用研究》（作者：刘富胜），经评审委员会评选，荣获第三届“湖南期刊主题宣传好文章”。

特颁此奖，以资鼓励。

湖南省期刊协会
2021年1月

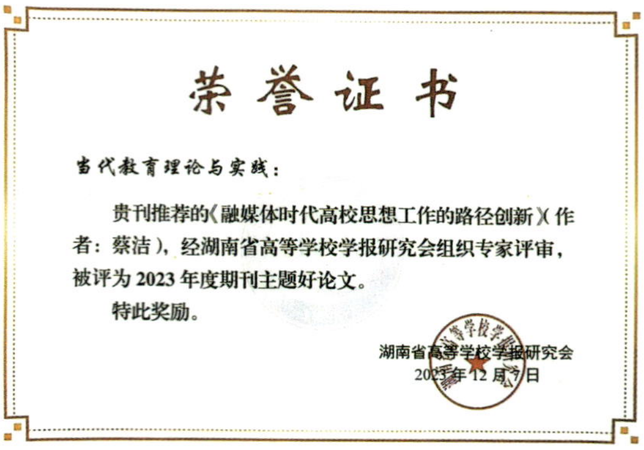

荣誉证书

当代教育理论与实践：

贵刊推荐的《融媒体时代高校思想工作的路径创新》（作者：蔡洁），经湖南省高等学校学报研究会组织专家评审，被评为 2023 年度期刊主题好论文。

特此奖励。

湖南省高等学校学报研究会
2023 年 12 月 7 日

《湖南科技学院学报》

期刊简介

《湖南科技学院学报》系湖南省教育厅主管、湖南科技学院主办的综合性学术理论期刊。1980 年创刊《零陵师专学报》，1998 年更名为《零陵师范高等专科学校学报》公开发行，2002 年 3 月更名为《零陵学院学报》，2005 年更名为《湖南科技学院学报》。刊物系双月刊，办刊宗旨为：坚持正确政治导向，弘扬优秀传统文化；加强学术交流，促进学科发展；服务教学科研，培养学术新人。社会科学类常设学科栏目有文学、政治学、法学、教育学、语言学、艺术等；自然科学类开设数学、物理与电子学、生物与化学、机械与工程、计算机与网络、经济与管理、体育等栏目；时政栏目有习近平新时代中国特色社会主义思想、乡村振兴与生态文明。

《湖南科技学院学报》突出中华优秀传统文化的传承与优秀地方文化的挖掘，因而“地方文化研究与传承”成为办刊特色，曾开设湖湘稽古、九嶷琴派研究、经学·国学研究、潇湘八景研究、女书研究、瑶文化研究、舜文化研究、柳宗元研究等栏目，现开设李达研究、舜文化研究、柳宗元研究、南岭走廊与潇湘文化研究、濂溪学研究、摩崖石刻研究等特色栏目。

《湖南科技学院学报》被中国核心期刊（遴选）数据库、中国学术期刊（光盘版）、中文科技期刊数据库、万方数据——数字化期刊群、维普资讯网、中国知网等全文收录，系中国学术期刊综合评价数据库统计源期刊。

期刊荣誉

1. 首届全国百强社科学报（1999 年）
2. 全国高校学报质量进步奖（2002 年）
3. 全国百强社科学报（2006 年）
4. 全国高校百强社科期刊（2010 年）

5. 湖南省资助优秀理论期刊（2013 年）

6. “柳宗元研究”栏目获评全国高校社科期刊特色栏目（2014 年）

7.“柳宗元研究”栏目获评省教育厅主管社科类期刊名刊培育计划品牌栏目（2021 年）

8. “柳宗元研究”栏目获得全国第七届高校社科学术期刊质量检查与评估特色栏目奖（2023 年）

荣誉证书

湖南科技学院学报（社科版）：

经教育部社科司同意，本会于 2006 年 1 月至 4 月开展了第三届评优活动，旨在展示 2002 年教育部高校社科学报工作会议以来社科学报取得的成绩。经总评委评定，贵刊被评为全国百强社科学报。

特发此证，以资鼓励。

中国人文社会科学学报学会

二〇〇六年五月十八日

荣誉证书

湖南科技学院学报

经教育部社会科学司同意，本会于 2010 年 4 月至 7 月开展了第四届全国高校社科期刊评优活动，旨在展示教育部哲学社会科学名刊工程启动以来高校社科学术期刊所取得的成绩。经总评委会议评定，贵刊被评为全国高校百强社科期刊。

特发此证，以资鼓励。

全国高等学校文科学报研究会

二〇一〇年十月二十七日

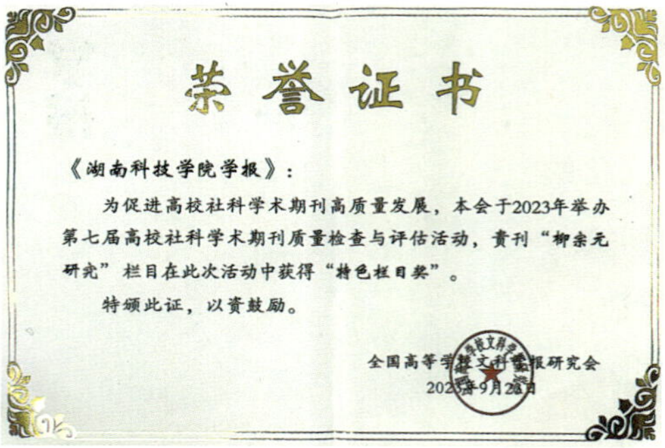
荣誉证书

《湖南科技学院学报》：

为促进高校社科学术期刊高质量发展，本会于2023年举办第七届高校社科学术期刊质量检查与评估活动，贵刊“柳宗元研究”栏目在此次活动中获得“特色栏目奖”。

特颁此证，以资鼓励。

全国高等学校文科学报研究会

2023年9月28日

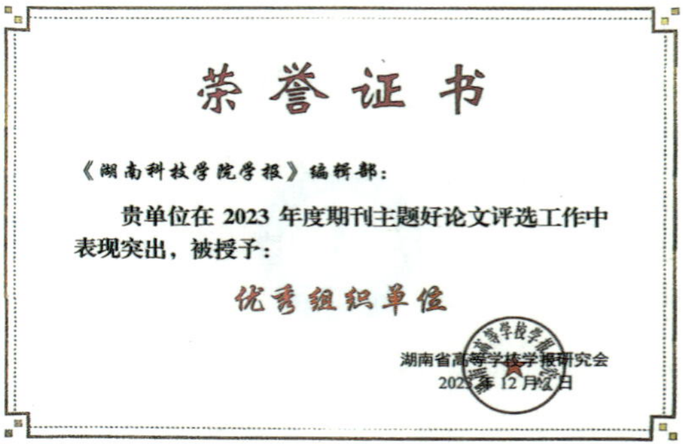
荣誉证书

《湖南科技学院学报》编辑部：

贵单位在 2023 年度期刊主题好论文评选工作中表现突出，被授予：

优秀组织单位

湖南省高等学校学报研究会

2023 年 12 月[illegible]日

《云梦学刊》

期刊简介

《云梦学刊》，中国屈原学会会刊，创刊于1980年，是由湖南省教育厅主管、湖南理工学院主办的综合性人文社科类学术理论刊物。刊物以马克思主义特别是习近平新时代中国特色社会主义思想为指导，遵循为人民服务、为中国特色社会主义服务的办刊方针，以时代性、学术性、探索性、前瞻性为办刊宗旨，注重刊物的学术水平和社会影响。刊物从1994年起国内外公开发行，双月刊，国内统一刊号为CN 43-1240/C，常设栏目有当代学术史研究、屈原研究、哲学研究、语言文学研究等。其中，"当代学术史研究"栏目获评湖南省资助优秀理论栏目，入选教育部第三批高校哲学社会科学学报名栏建设工程以及中宣部首批哲学社会科学期刊重点专栏建设后备专栏。"屈原研究"栏目多次被评为湖南省期刊优秀栏目，已成为全国屈原研究的重要学术窗口。

荣誉证书

云梦学刊：

被评为第五届全国地方高校名刊

全国地方高校学报研究会
二零一八年十月二十日

期刊荣誉

1. CSSCI扩展版来源期刊（2009年）
2. 第四届全国高校百强社科期刊（2010年）
3. 第五届全国高校百强社科期刊（2014年）
4. 第五届全国地方高校名刊（2018年）

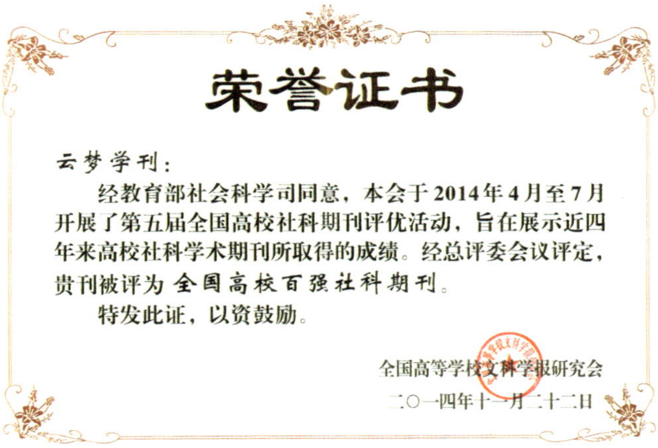
荣誉证书

云梦学刊：

经教育部社会科学司同意，本会于2014年4月至7月开展了第五届全国高校社科期刊评优活动，旨在展示近四年来高校社科学术期刊所取得的成绩。经总评委会议评定，贵刊被评为全国高校百强社科期刊。

特发此证，以资鼓励。

全国高等学校文科学报研究会
二〇一四年十一月二十二日

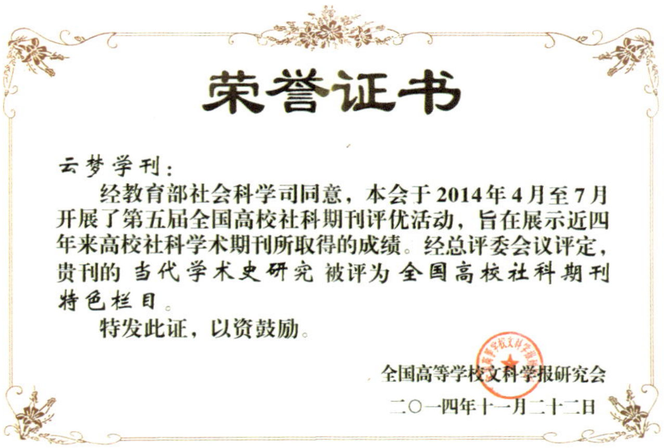
荣誉证书

云梦学刊：

经教育部社会科学司同意，本会于2014年4月至7月开展了第五届全国高校社科期刊评优活动，旨在展示近四年来高校社科学术期刊所取得的成绩。经总评委会议评定，贵刊的当代学术史研究被评为全国高校社科期刊特色栏目。

特发此证，以资鼓励。

全国高等学校文科学报研究会
二〇一四年十一月二十二日

5. 湖南省品牌社科期刊资助（2021 年）

6. 第五届湖湘优秀出版物奖（2021 年）

7. 第七届全国高校优秀社科期刊（2023 年）

8. 中宣部首批哲学社会科学期刊重点专栏建设后备专栏（2023 年）

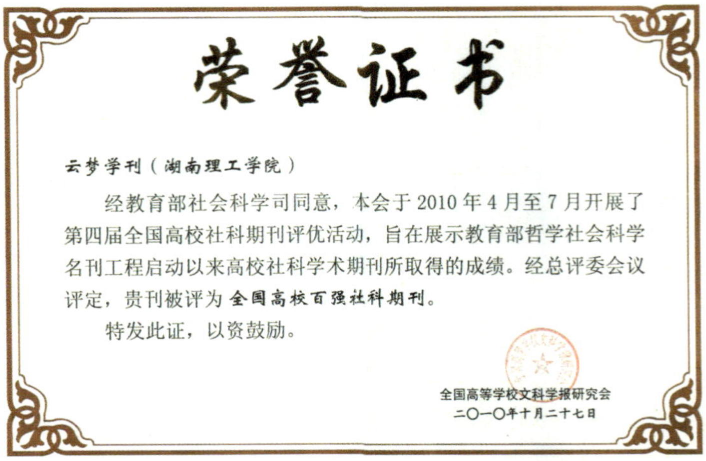

荣誉证书

云梦学刊（湖南理工学院）

经教育部社会科学司同意，本会于 2010 年 4 月至 7 月开展了第四届全国高校社科期刊评优活动，旨在展示教育部哲学社会科学名刊工程启动以来高校社科学术期刊所取得的成绩。经总评委会议评定，贵刊被评为全国高校百强社科期刊。

特发此证，以资鼓励。

全国高等学校文科学报研究会

二〇一〇年十月二十七日

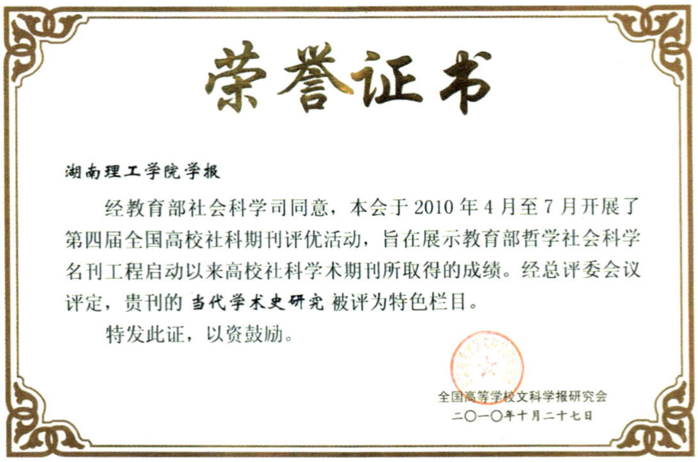

荣誉证书

湖南理工学院学报

经教育部社会科学司同意，本会于 2010 年 4 月至 7 月开展了第四届全国高校社科期刊评优活动，旨在展示教育部哲学社会科学名刊工程启动以来高校社科学术期刊所取得的成绩。经总评委会议评定，贵刊的当代学术史研究 被评为特色栏目。

特发此证，以资鼓励。

全国高等学校文科学报研究会

二〇一〇年十月二十七日

荣誉证书

HONORARY CREDENTIAL

《云梦学刊》

荣获第五届湖湘优秀出版物奖。

特发此证，以资鼓励。

湖南省出版工作者协会

湖南省图书编辑协会

2021 年 1 月

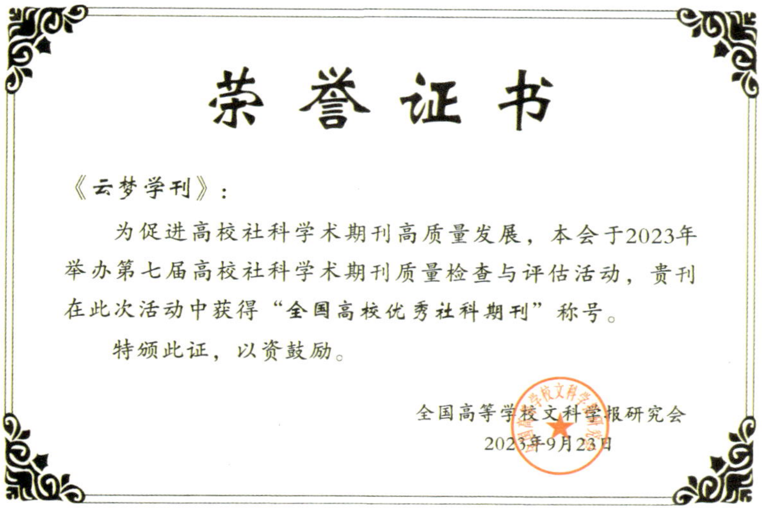

荣誉证书

《云梦学刊》：

为促进高校社科学术期刊高质量发展，本会于2023年举办第七届高校社科学术期刊质量检查与评估活动，贵刊在此次活动中获得“全国高校优秀社科期刊”称号。

特颁此证，以资鼓励。

全国高等学校文科学报研究会

2023年9月23日

《湖南理工学院学报（自然科学版）》

期刊简介

《湖南理工学院学报（自然科学版）》创刊于1988年，曾用刊名《岳阳师范学院学报》，是由湖南省教育厅主管、湖南理工学院主办的自然科学综合性学术期刊。刊物秉承“注重学术，结合实际，突出特色，质量优先”的办刊宗旨，坚持“学术质量与编校质量并重”的原则，紧紧立足本校，面向全国，及时反映国内外相关学科研究动态和发展趋势，力争所发表的论文具有学术性、前沿性、应用性。主要刊登基础科学、工程技术、交叉科学等领域的研究成果及综述性文章，主要栏目包括数理研究、工程技术、卫生健康、洞庭湖生态环境、长江经济带研究、交叉综合等。

期刊荣誉

1. 湖南省一级期刊（2003年）
2. 首届中国高校特色科技期刊奖（2006年）

3. 中国高校优秀科技期刊奖（2016 年）

4. RCCSE 中国准核心学术期刊（2023 年）

《湖南农业大学学报（自然科学版）》

期刊简介

《湖南农业大学学报（自然科学版）》（原《湖南农学院学报》）1956年创刊，双月刊，系湖南农业大学主管、主办的综合性农业学术期刊。刊物开设作物学、烟草科学、生物科学与技术、园艺、植物保护、农业资源利用、畜牧·兽医·水产、农业工程等栏目。

《湖南农业大学学报（自然科学版）》致力于传播农业科技信息，促进学术交流和科技成果转化，推动科技事业发展，践行服务“三农”使命。2023年，复合影响因子为1.470，影响力指数为310.054，CI学科排序33/107。入选中国科学引文数据库（CSCD）来源期刊、中文核心期刊要目总览、中国科技核心期刊、中国农业核心期刊、中国农林核心期刊、RCCSE中国核心学术期刊（A）。

期刊荣誉

1. 全国高校学报优秀编辑质量二等奖（1989年）
2. 全国高校优秀自然科学学报评比一等奖（1995年）
3. 国家双百期刊（1996年）
4. 全国优秀高校自然科学学报及教育部优秀科技期刊评比一等奖（1999年）
5. 全国高校优秀科技期刊（2004年）
6. 中国高校精品科技期刊奖（2006年、2008年、2010年、2012年）
7. 湖湘优秀出版物奖（2015年）
8. 中国高校百佳科技期刊（2016年）
9. 中国高校优秀科技期刊（2018年、2020年）

一九九六年《湖南农业大学学报》被评选为国家“双百期刊”

《湖南农业大学学报（社会科学版）》

期刊简介

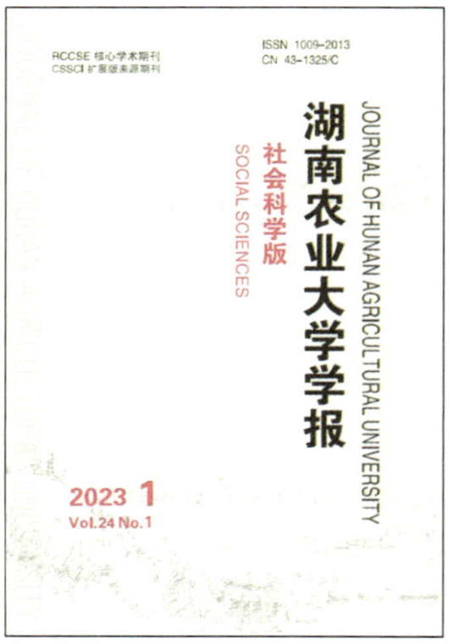

《湖南农业大学学报（社会科学版）》1999 年创刊，双月刊，系湖南农业大学主管、主办的人文社科类综合性学术刊物。常设栏目有农村经济、农村社会、公共管理、经济管理等。刊物致力推介“三农”领域高质量理论研究成果，编校上精益求精，学术影响逐年增强。2023 年，复合影响因子为 3.141，影响力指数为 118.023，CI 学科排序 95/611，位列中国社科期刊 Q1 区。现为 CSSCI 扩展版来源期刊、中国人文社会科学期刊 AMI 综合评价核心期刊、RCCSE 中国核心学术期刊（A），连续两届荣获湖南省委宣传部品牌社科期刊资助。

期刊荣誉

1. 全国优秀社科学报（2006 年、2014 年、2019 年）
2. 湖南省双十佳期刊（2013 年）
3. 湖湘优秀出版物奖（2018 年）
4. 全国高校精品社科期刊（2023 年）

荣誉证书
HONORARY CREDENTIAL
《湖南农业大学学报》（社科版）
荣获第四届湖湘优秀出版物奖。
特发此证，以资鼓励。
湖南省出版工作者协会
湖南省图书编辑协会
2018 年 8 月

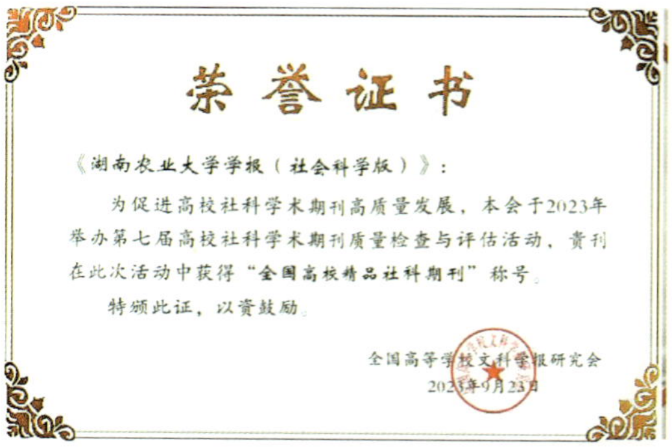
荣誉证书
《湖南农业大学学报（社会科学版）》：
为促进高校社科学术期刊高质量发展，本会于2023年举办第七届高校社科学术期刊质量检查与评估活动，贵刊在此次活动中获得“全国高校精品社科期刊”称号。
特颁此证，以资鼓励。
全国高等学校文科学报研究会
2023年9月23日

《湖南生态科学学报》

期刊简介

《湖南生态科学学报》（ISSN 2095-7300，CN 43-1522/Q）是由湖南省教育厅主管、湖南环境生物职业技术学院主办，面向国内外公开发行的自然科学学术期刊。创刊于 1995 年，最初名为《湖南林专学报》，2001 年更名为《湖南环境生物职业技术学院学报》，2014 年更名为《湖南生态科学学报》，季刊，主要刊载农林、生物、生态与环境等领域的研究论文与综述，被中国知网、万方、维普、超星期刊、美国《化学文摘》（CA）等国内外知名文献数据库收录，并作为统计源刊。

期刊荣誉

1. 湖南省优秀期刊
2. 湖南省期刊编校质量检查考核优秀
3. 第五届湖湘优秀出版物奖
4. RCCSE 中国核心学术期刊（A）
5. 编辑部获湖南省科技期刊优秀团队（2020 年）
6. 中国职业高等院校期刊 AMI 综合评价（2022 版）职院刊核心期刊（2023 年）

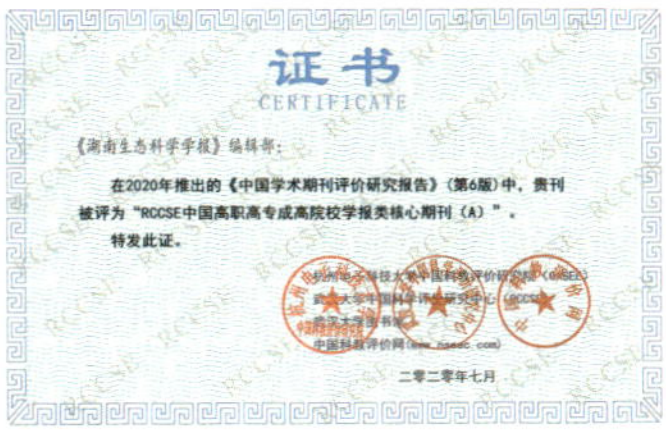

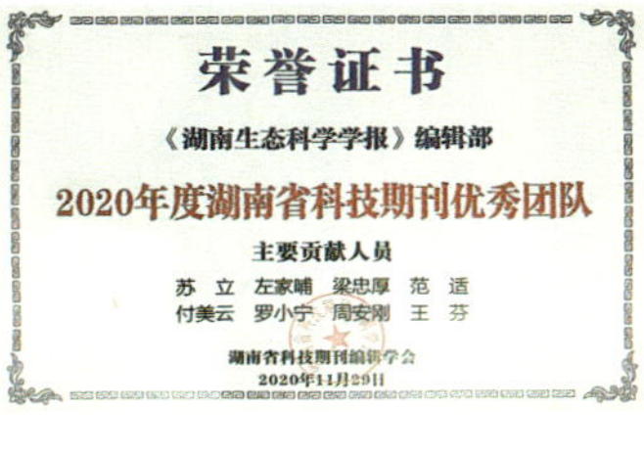

《湖南文理学院学报（自然科学版）》

期刊简介

《湖南文理学院学报（自然科学版）》是由湖南省教育厅主管、湖南文理学院主办的湖南省一级期刊，1987年创刊，季刊。国内统一刊号为CN 43-1420/N，国际标准刊号为ISSN 1672-6146。主要刊载自然科学与工程领域等方面的最新研究成果，设有数学、物理、计算机、机械、电气、生物、化学、烟草和土木等栏目，其中“烟草研究”和“土木工程”是刊物重点建设栏目。被中国知网、万方数据、中国科技期刊数据库（维普）、美国《化学文摘》（CA）等多种国内外数据库和检索类期刊收录。

期刊荣誉

1. 教育部中国科技论文在线优秀期刊二等奖（2014年）
2. 中国高校优秀科技期刊（2016年）
3. 第四届湖湘优秀出版物奖（2018年）
4. 中国高校优秀科技期刊（2018年）
5. 湖南省科技期刊优秀团队（2018年、2020年）

《武陵学刊》

期刊简介

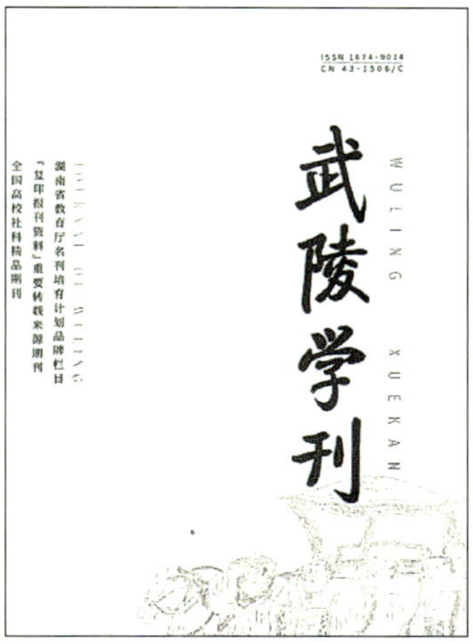

《武陵学刊》创刊于1962年，是由湖南省教育厅主管、湖南文理学院主办的综合类社科期刊，国内统一刊号为CN 43-1506/C，国际标准刊号为ISSN 1674-9014，双月刊。系RCCSE中国核心学术期刊、全国高校百强社科期刊、中国人文社科学报核心期刊、人大“复印报刊资料”重要转载来源期刊，常设哲学、政治、历史、法律、文学、语言、艺术等栏目，中华德文化研究、环洞庭湖经济社会发展研究为特色栏目。

期刊荣誉

1. AMI扩展期刊（2018年）
2. 第五届全国地方高校名刊
3. 湖湘优秀出版物奖（2020年）
4. 全国高校优秀社科期刊（2019年、2023年）
5. “中华德文化研究”栏目获评全国高等学校文科学报特色栏目（2019年、2023年）
6. “中华德文化研究”栏目获评湖南省期刊优秀栏目、湖南省教育厅名刊培育计划品牌栏目（2021年）

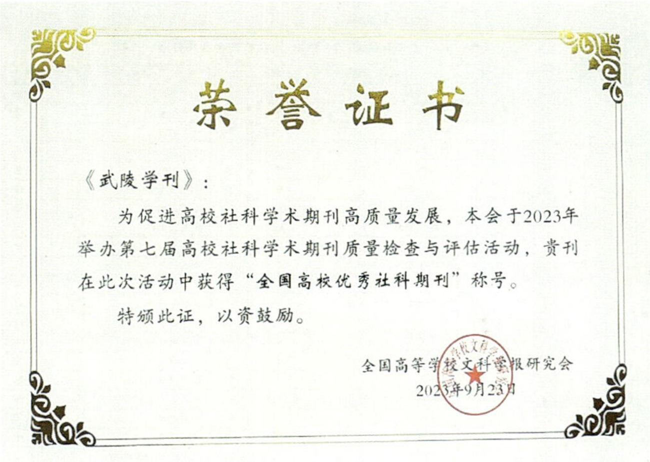

荣誉证书

《武陵学刊》：

为促进高校社科学术期刊高质量发展，本会于2023年举办第七届高校社科学术期刊质量检查与评估活动，贵刊在此次活动中获得“全国高校优秀社科期刊”称号。

特颁此证，以资鼓励。

全国高等学校文科学报研究会

2023年9月23日

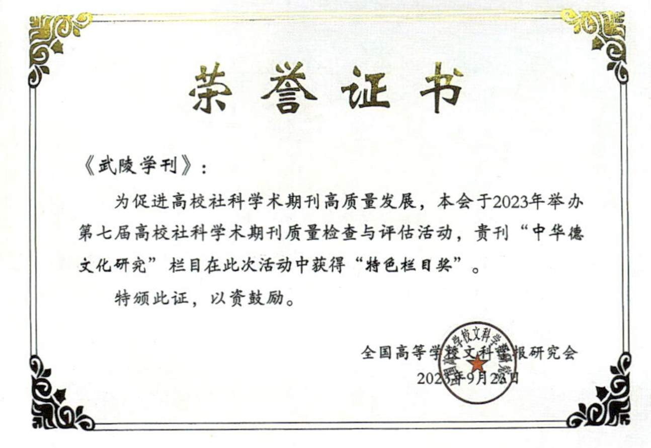

荣誉证书

《武陵学刊》：

为促进高校社科学术期刊高质量发展，本会于2023年举办第七届高校社科学术期刊质量检查与评估活动，贵刊“中华德文化研究”栏目在此次活动中获得“特色栏目奖”。

特颁此证，以资鼓励。

全国高等学校文科学报研究会

2023年9月23日

湖南邮电职业技术学院期刊

《湖南邮电职业技术学院学报》

期刊简介

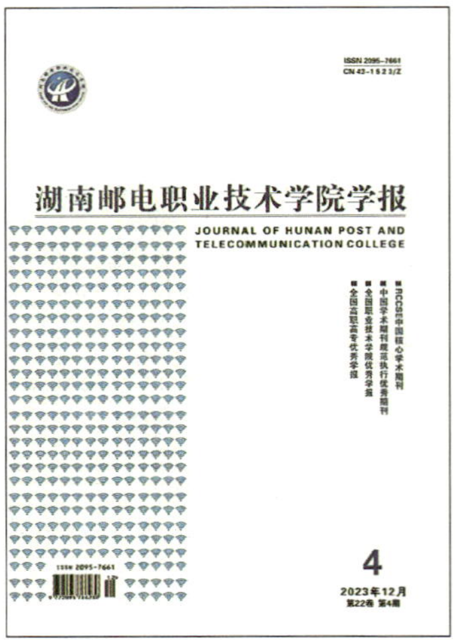

《湖南邮电职业技术学院学报》于2002年创刊，曾用名《长沙通信职业技术学院学报》，2014年因主办单位名称变更，更名为《湖南邮电职业技术学院学报》沿用至今。《湖南邮电职业技术学院学报》系湖南邮电职业技术学院主办，国内外公开发行的综合性期刊，季刊，国际标准连续出版物刊号为ISSN 2095-7661，国内统一连续出版物刊号为CN 43-1523 / Z。刊物主要刊载信息通信技术、人工智能、职业教育与培训等领域的最新学术动态、研究成果，旨在搭建新一代信息技术学术交流平台，加强信息技术的推广与应用。电子资源主要被中国学术期刊（光盘版）、中国期刊网、中国学术期刊综合评价数据库、中文科技期刊数据库、万方数据——数字化期刊群等数据库收录。

期刊荣誉

1.《CAJ-CD规范》执行优秀期刊

2. 全国高职院校优秀学报

3. 全国职业技术院校优秀学报

4. RCCSE中国核心学术期刊（2020年）

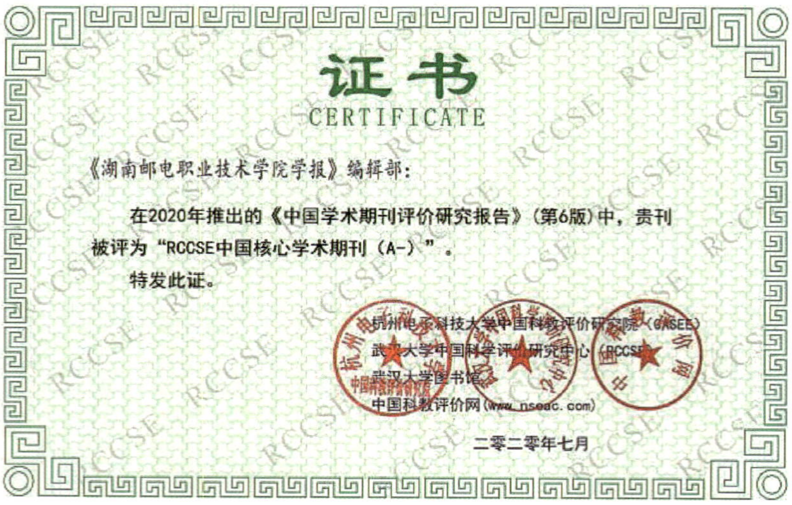
证书
CERTIFICATE

《湖南邮电职业技术学院学报》编辑部：

在2020年推出的《中国学术期刊评价研究报告》（第6版）中，贵刊被评为“RCCSE中国核心学术期刊（A-）”。

特发此证。

杭州电子科技大学中国科教评价研究院（CASEE）
武汉大学中国科学评价研究中心（RCCSE）
武汉大学图书馆
中国科教评价网（www.nseac.com）

二零二零年七月

A Report on Chinese Applied Journals Evaluation (1st Edition)

中国应用型期刊评价研究报告（2023版）

（十一）电子与信息类（86种）：同级按刊名音序排序

序号	期刊名称	等级	序号	期刊名称	等级
1	电讯技术	权威	26	电子技术	扩展
2	计算机系统应用	权威	27	电子科技	扩展
3	图学学报	权威	28	电子器件	扩展
4	物联网技术	权威	29	电子元件与材料	扩展
5	大数据	核心	30	电子制作	扩展
6	电光与控制	核心	31	高技术通讯	扩展
7	激光与红外	核心	32	光通信技术	扩展
8	计算机测量与控制	核心	33	光通信研究	扩展
9	计算机工程与科学	核心	34	湖南邮电职业技术学院学报	扩展
10	计算机技术与发展	核心	35	集成技术	扩展
11	计算机与现代化	核心	36	计算机工程与设计	扩展
12	南京信息工程大学学报	核心	37	计算机时代	扩展
13	全球定位系统	核心	38	舰船电子对抗	扩展
14	软件导刊	核心	39	雷达科学与技术	扩展
15	网络安全与数据治理	核心	40	人工智能	扩展
16	无线电工程	核心	41	数字技术与应用	扩展
17	物联网学报	核心	42	水下无人系统学报	扩展
18	现代雷达	核心	43	通信技术	扩展
19	移动通信	核心	44	无线电通信技术	扩展
20	指挥控制与仿真	核心	45	西安邮电大学学报	扩展
21	半导体光电	扩展	46	信息安全与通信保密	扩展
22	电机与控制应用	扩展	47	信息技术	扩展
23	电脑编程技巧与维护	扩展	48	邮电设计技术	扩展
24	电脑与信息技术	扩展	49	长江信息通信	扩展
25	电气电子教学学报	扩展	50	中兴通讯技术	扩展

湖南中医药大学期刊

《湖南中医药大学学报》

期刊简介

《湖南中医药大学学报》曾用名《湖南中医学院学报》，创刊于 1979 年，2006 年 10 月更名为《湖南中医药大学学报》，是国内外公开发行的中医药、中西医结合学术刊物，隶属于中华中医药学会期刊集群。刊物积极反映国内外医药学科中最新科研、医疗、教学成果和学术成就，连续数年被中国科学技术信息研究所收录为统计源期刊，入选 2023 年度中医药中文科技期刊分级目录 T2 级期刊。

期刊荣誉

1. 全国高等医药院校优秀学报二等奖（1990 年）

2. 全国高校自然科学学报评比三等奖（1995 年）

3. 湖南省高校自然科学优秀学报一等奖，在湖南省科技期刊等级评定中被评为一级期刊（1999 年）

4. 中国高校优秀科技期刊（2004—2020 年）

5. 全国高校科技期刊优秀编辑质量奖（2009 年）

6. 湖南省双十佳期刊（2005 年、2012 年、2023 年）

7. 中国高校科技期刊建设示范案例库优秀科技期刊（2022 年）

《数字中医药（英文）》

期刊简介

《数字中医药（英文）》由湖南中医药大学和中华中医药学会联合主办，2016 年成功入选中国科技期刊国际影响力提升计划项目（D 类新刊），2018 年正式创刊，其创办填补了国内外数字中医药领域领域出版空白，2021 年入选首批湖南省培育世界一流湘版科技期刊建设工程项目。该杂志已被中国科学引文数据库（CSCD）核心库收录，国际 Scopus 等 8 个数据库收录，入选中医药科技期刊分级目录 T2 级期刊，国际出版伦理委员会（COPE）会员期刊。

期刊荣誉

1. 中华中医药学会“优秀品牌期刊建设”奖（2018 年）
2. 中国高校优秀科技期刊（2020 年）
3. 所刊文章入选中华中医药学会百篇优秀论文（2020 年）
4. 湖南省科技期刊优秀团队（2020 年）
5. 第九届湖南省双十佳期刊
6. 中国高校科技期刊建设示范案例库优秀科技期刊（2022 年）
7. 第六届湖湘优秀出版物（2023 年）
8. 中国高校科技期刊建设示范案例库优秀团队（2023 年）

中国科学引文数据库(CSCD)来源期刊
收录证书

Digital Chinese Medicine

依据文献计量学的理论和方法，通过定量与定性相结合的综合评审，贵刊被收录为中国科学引文数据库(CSCD)来源期刊，特颁发此证书。

证书编号：CSCD2023-95
有 效 期：2023年-2024年
发证日期：2023年6月
查询网址：www.sciencechina.cn

中国科学院文献情报中心
中国科学引文数据库

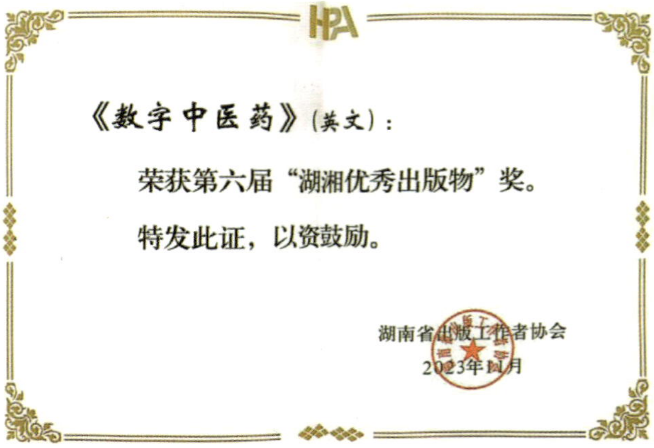
《数字中医药》(英文)：

荣获第六届“湖湘优秀出版物”奖。

特发此证，以资鼓励。

湖南省出版工作者协会
2023年11月

《衡阳师范学院学报》

期刊简介

《衡阳师范学院学报》是由湖南省教育厅主管、衡阳师范学院主办的公开发行的综合性学术期刊。创刊于 1980 年，双月刊，原名为《衡阳师专学报》，1999 年更为现名。期刊设有特稿、船山研究、社会治理研究、聚落景观基因研究以及政治学、哲学、法学、语言学、文学、新闻传播学、经济学、教育学、艺术学等栏目。刊物坚持以习近平新时代中国特色社会主义思想为指导，认真履行“举旗帜、聚民心、育新人、兴文化、展形象”的使命，坚持将“认识世界、传承文明、创新理论、咨政育人、服务社会”作为办刊宗旨，注重学术性、时代性，突出实践性和地方性，刊发服务学术、服务科研工作者、服务社会的理论文章，彰显师范教育特色。

期刊荣誉

1. 首届全国百强社科学报（1999 年）
2. 首届中国高校特色科技期刊奖、全国高校百强社科期刊，“船山研究”栏目获评全国社科学报优秀栏目（2006 年）
3. 全国地方高校十佳学报，“船山研究”栏目获评全国地方高校学报优秀栏目（2007 年）
4. 第二届中国高校特色科技期刊奖、RCCSE 中国核心学术期刊（2008 年）
5. “船山研究”栏目获评湖南省首届期刊优秀栏目（2009 年）

荣誉证书
CERTIFICATE
2016 Celebrated Colums & Journals

衡阳师范学院学报

经教育部社会科学司同意，本会于 2016 年 5 月至 8 月开展了首届教育部“名栏工程”建设评奖活动，旨在展示教育部“名栏工程”建设启动以来高校社科学术期刊所取得的成绩。经总评委会议评定，贵刊“船山研究”栏目荣获

名栏建设优秀奖

全国高等学校文科学报研究会
二零一六年十月二十八日

6. 全国高校百强社科期刊、第三届中国高校特色科技期刊奖，“船山研究”栏目获评全国地方高校学报名栏，“环境教育”栏目获评第二届湖南省期刊优秀栏目（2010 年）

7. 入选教育部高校哲学社会科学学报名栏建设工程（2011 年）

8. 湖南省资助优秀理论期刊、第五届湖南省双十佳期刊（2013 年）

9. “船山研究”栏目获评全国高校社科期刊特色栏目（2014 年）

10. “船山研究”栏目获教育部名栏建设优秀奖（2016 年）

11. 中国人文社会科学期刊 AMI 综合评价扩展期刊（2022 年版）

12. 全国高校优秀社科期刊、湖南省哲学社会科学基金资助期刊，“船山研究”栏目获评全国高校社科学术期刊特色栏目（2023 年）

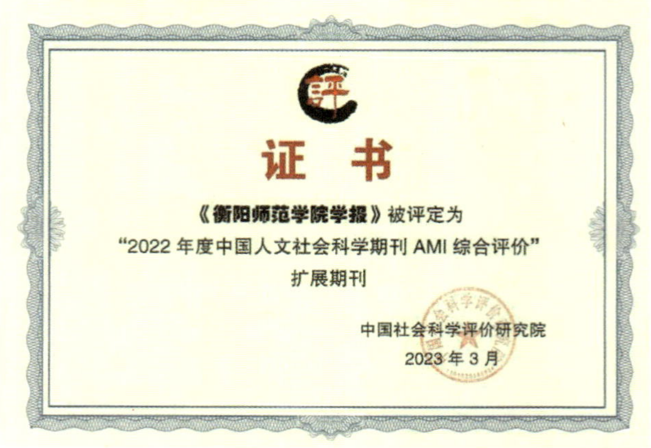

证书

《衡阳师范学院学报》被评定为

“2022 年度中国人文社会科学期刊 AMI 综合评价”

扩展期刊

中国社会科学评价研究院

2023 年 3 月

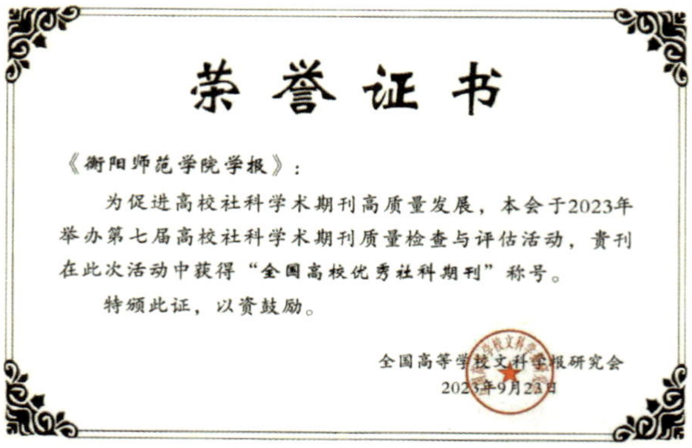

荣誉证书

《衡阳师范学院学报》：

为促进高校社科学术期刊高质量发展，本会于2023年举办第七届高校社科学术期刊质量检查与评估活动，贵刊在此次活动中获得“全国高校优秀社科期刊”称号。

特颁此证，以资鼓励。

全国高等学校文科学报研究会

2023年9月23日

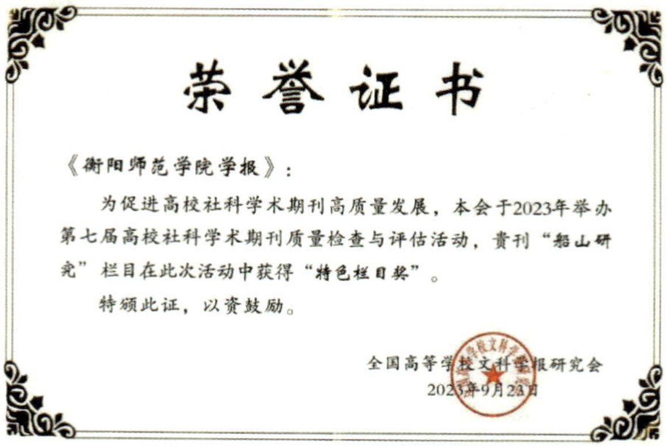

荣誉证书

《衡阳师范学院学报》：

为促进高校社科学术期刊高质量发展，本会于2023年举办第七届高校社科学术期刊质量检查与评估活动，贵刊“船山研究”栏目在此次活动中获得“特色栏目奖”。

特颁此证，以资鼓励。

全国高等学校文科学报研究会

2023年9月23日

《吉首大学学报（自然科学版）》

期刊简介

《吉首大学学报（自然科学版）》是由吉首大学主管和主办的自然科学综合性学术刊物，创刊于1980年，现为双月刊，公开发行。期刊以传播科技创新成果、促进学术交流与合作、提升科研质量与水平、服务科研决策与规划、推动科技进步与创新为使命，主要发表自然科学及工学领域基础理论和应用研究成果；固定收录于美国《数学评论》（MR）、美国《化学文摘》（CA）、俄罗斯《文摘杂志》（AJ）、美国《生物学文摘》（预评）（BA）、英国《分析化学文摘》（RSC）、英国《动物学记录》（ZR），RCCSE中国核心学术期刊。常设栏目有数学、计算机科学、信息技术、物理与机电、生物与资源环境、化学化工、医药。

期刊荣誉

1. 全国高校优秀自然科学学报
2. 全国高校优秀科技期刊
3. 中国高校优秀科技期刊
4. 中国高校特色科技期刊
5. 中国民族地区和民族类高校优秀科技期刊

《吉首大学学报（社会科学版）》

期刊简介

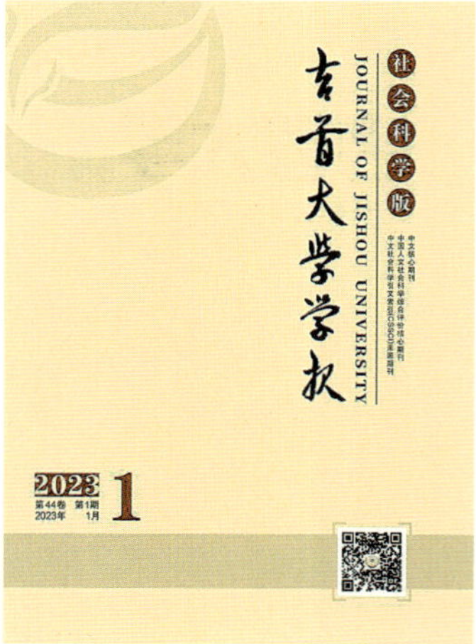

《吉首大学学报(社会科学版)》是由吉首大学主管、主办的人文社会科学类综合性学术期刊，创刊于1980年，现为双月刊，公开发行。期刊以“昌明学术，锻铸新知”为使命，坚守学术质量，助推理论创新，致力服务于建设有中国自信、中国理论、中国表达、中国智慧的哲学社会科学体系，主要发表人文社会科学领域内具有科学性、创新性、现实性和前沿性的基础理论研究成果，固定收录于国家哲学社会科学文献中心等重要数据机构。重点栏目有社会治理、三农问题、生态环境论坛，特色栏目有民族学与人类学，常设栏目有习近平新时代中国特色社会主义思想、马克思主义、经济学、管理学、法学、教育学、哲学。

期刊荣誉

1. 全国高校百强社科期刊
2. 全国高校社科精品期刊
3. 湖南省资助优秀理论期刊
4. 湖南省重点报刊出版专项资金资助期刊
5. 湖南省哲学社会科学基金资助期刊
6. 中文社会科学引文索引（CSSCI）来源期刊
7. 北京大学图书馆中文核心期刊要目总览
8. 中国社科院中国人文社会科学核心期刊
9. 人大“复印报刊资料”重要转载来源期刊

《南华大学学报（自然科学版）》

期刊简介

《南华大学学报（自然科学版）》是湖南省教育厅主管、南华大学主办的综合性科技期刊。国内统一刊号为 CN 43-1442 / N，国际标准刊号为 ISSN 1673-0062。

《南华大学学报（自然科学版）》办刊宗旨为“求真求实、崇尚科学、严谨办刊、服务社会”，主要刊登核工程与核技术、土木工程、机械工程、艺术设计、计算机科学与技术、建筑环境与设备、电气工程、化学工程与工艺、矿物资源工程、生物、制药、数学、物理学等学科（或专业）的基础研究和应用研究方面的学术论文。核科学与工程、矿业工程和资源环境工程为刊物的特色栏目。

《南华大学学报（自然科学版）》已入编中国期刊网、中国学术期刊（光盘版）、万方数据——数字化期刊群、中国核心期刊（遴选）数据库、维普中文科技期刊全文数据库。

期刊荣誉

1. “核科学与工程”栏目获评第四届湖南省期刊优秀栏目（2014 年）
2. 编辑部获得湖南省科技期刊优秀团队（2020 年）
3. 第十届湖南省双十佳期刊（2023 年）

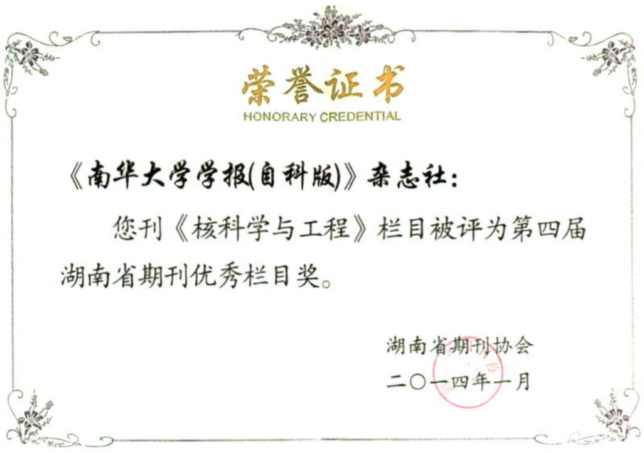

《南华大学学报（社会科学版）》

期刊简介

《南华大学学报（社会科学版）》是南华大学主管、主办的综合性社会科学学术理论期刊，1999 年创刊，双月刊。现任主编黄秋生。国内外公开发行，国内统一刊号为 CN 43–1357/C，国际标准刊号为 ISSN 1673–0755。《南华大学学报（社会科学版）》始终坚持“百家争鸣、百花齐放”的办刊方针，“求真务实、崇尚科学、严谨办刊、服务社会”的办刊宗旨和“特色、严谨、致用”的办刊风格，倡导学术自由，追求科学真理。主要设置核的人文视野（核工业经济与管理）、衡岳论坛、政治学・哲学研究、经济学研究、管理科学研究、语言文学研究、历史学・法学研究、教育学・心理学研究、信息学・传播学研究、艺术与设计等 10 个专栏。

《南华大学学报（社会科学版）》目前是 RCCSE 中国核心学术期刊、中国人文社会科学核心期刊（扩展版）、全国高校优秀社科期刊、湖南省资助优秀理论期刊，被中国人文社会科学引文数据库、中国学术期刊综合评价数据库、中国期刊全文数据库、中国核心期刊（遴选）数据库和万方数据——数字化期刊群等权威数据库收录。

期刊荣誉

1. 首届《CAJ–CD 规范》执行优秀期刊奖

2. 第四届湖南省高校优秀社科学报一等奖

3. “核工业经济与管理”栏目先后获评湖南省优秀特色栏目、全国高校社科期刊特色栏目

4. 刊发文章荣获第二届“湖南期刊主题宣传好文章”

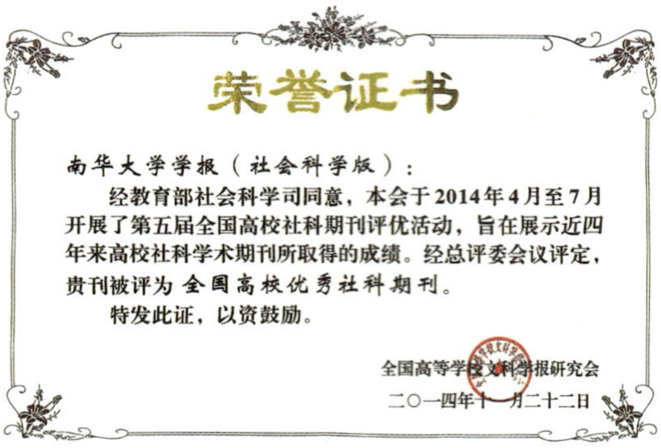

荣誉证书

南华大学学报（社会科学版）：

经教育部社会科学司同意，本会于2014年4月至7月开展了第五届全国高校社科期刊评优活动，旨在展示近四年来高校社科学术期刊所取得的成绩。经总评委会议评定，贵刊被评为全国高校优秀社科期刊。

特发此证，以资鼓励。

全国高等学校文科学报研究会

二〇一四年十一月二十二日

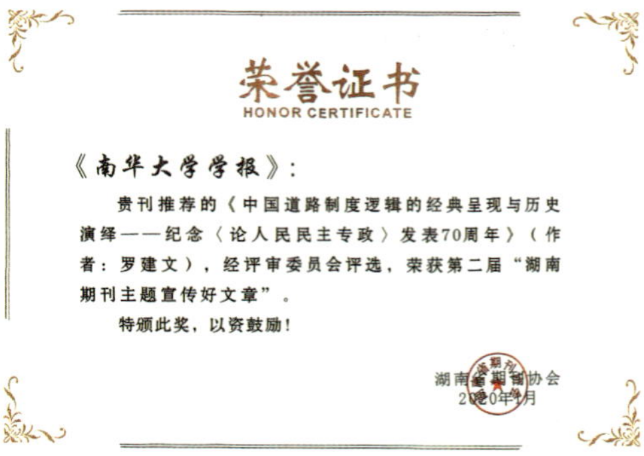

荣誉证书

HONOR CERTIFICATE

《南华大学学报》：

贵刊推荐的《中国道路制度逻辑的经典呈现与历史演绎——纪念〈论人民民主专政〉发表70周年》（作者：罗建文），经评审委员会评选，荣获第二届“湖南期刊主题宣传好文章”。

特颁此奖，以资鼓励！

湖南省期刊协会

2020年1月

《邵阳学院学报（社会科学版）》

期刊简介

《邵阳学院学报（社会科学版）》（ISSN 1672-1012，CN 43-1404/Z）是由湖南省教育厅主管、邵阳学院主办，以社会科学为主的综合性学术期刊，始创于1979年（《邵阳师范专科学校教与学》），1999年面向国内外公开发行（《邵阳师范高等专科学校学报》），2002年更名为《邵阳学院学报（社会科学版）》。主要刊载魏源及邵阳人文、政治、哲学、法律、经济、管理、语言、文学、历史、教育、艺术、出版等方面的学术论文。刊物是RCCSE中国核心学术期刊（A-）、中国人文社会科学期刊AMI综合评价（A刊）扩展期刊（2018年）。“魏源及邵阳人文研究”栏目是湖南省教育厅名刊培育计划品牌栏目。

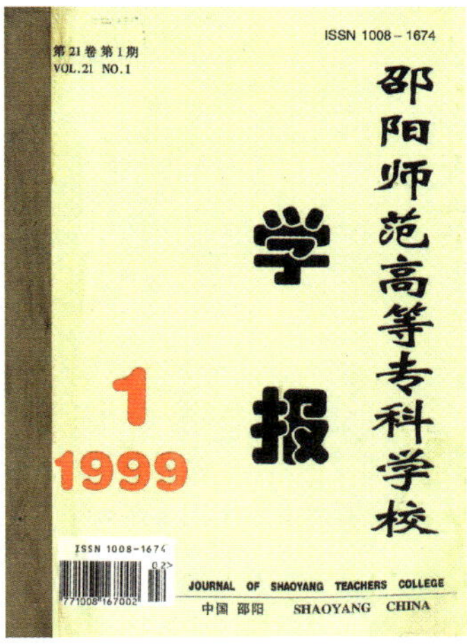

期刊荣誉

1. 全国高校社科优秀期刊
2. 湖南省十佳社科期刊
3. 湖南省资助优秀理论期刊（2012—2016年）
4. “魏源及邵阳人文研究”栏目被评为全国高校社科期刊特色栏目

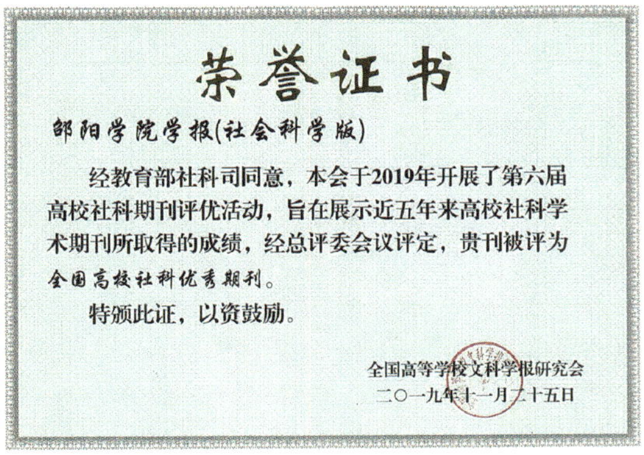

《邵阳学院学报（自然科学版）》

期刊简介

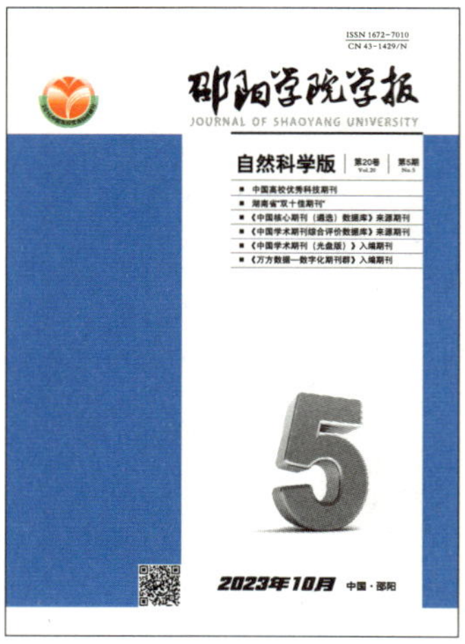

《邵阳学院学报（自然科学版）》（ISSN 1672-7010，CN 43-1429/N）是由湖南省教育厅主管、邵阳学院主办的面向国内外公开发行的综合性学术期刊（双月刊），创刊于2004年，设有电气与控制工程、计算机科学与技术、机械与能源工程、土木工程、医学研究、化学工程与生命科学、管理科学等栏目。论文数据被中国知网、维普资讯、万方数据、超星期刊等多个数据库收录，系中国核心期刊（遴选）数据库收录期刊。

期刊荣誉

1. 中国高校优秀科技期刊
2. 第七届湖南省十佳自科期刊
3. 湖南省科技期刊优秀团队（2018年、2020年）

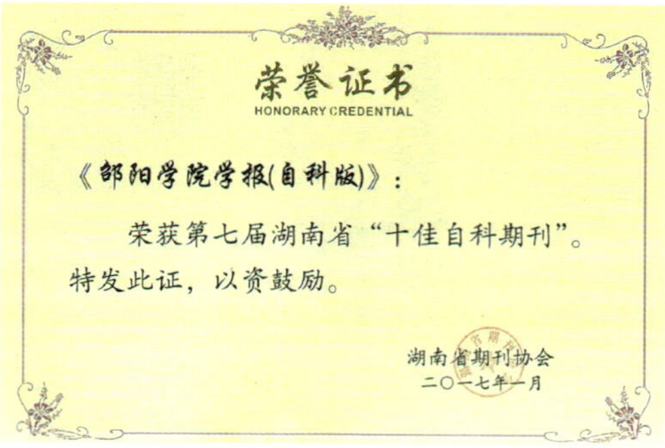

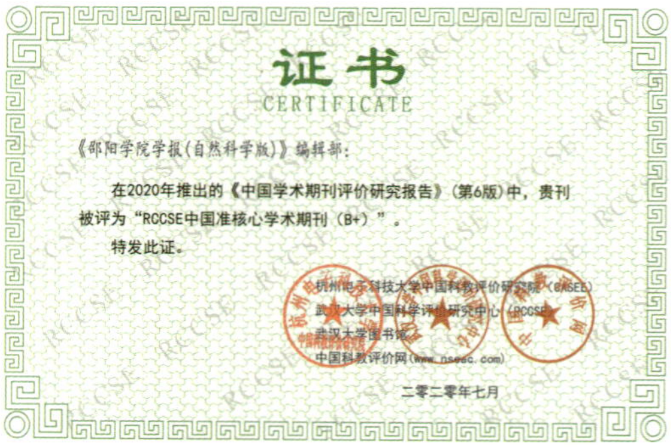

《湘南学院学报》《湘南学院学报（医学版）》

期刊简介

湘南学院学报编辑部为湘南学院正处级教辅机构，有《湘南学院学报》和《湘南学院学报（医学版）》2个期刊。《湘南学院学报》前身为《郴州师范高等专科学校学报》，1980年创刊，2004年更名为《湘南学院学报》。《湘南学院学报（医学版）》前身为《郴州医学高等专科学校学报》，1999年创刊，2004年更名为《湘南学院学报（医学版）》。两刊皆由湖南省教育厅主管、湘南学院主办，是国内外公开发行的综合性学术期刊。

《湘南学院学报》为双月刊，国内统一连续出版物号为CN 43-1435 / C，国际标准连续出版物号为ISSN 1672-8173。第1、3、4、6期为社会科学，第2、5期为自然科学，目前有两个特色栏目“郴州纵横”“周敦颐研究”。郴州纵横下设两个子栏目“湘南红色文化研究”“南岭走廊乡村振兴”。

《湘南学院学报（医学版）》为国内外公开发行的综合性医药卫生学术期刊，季刊。国内统一连续出版物号为CN 43-1464 / R，国际标准连续出版物号为ISSN 1673-498X。

学报编辑部由校领导直接分管。学校成立了以党委书记、校长为主任，各院系学术骨干为编委的学报编辑委员会。编辑部下设社科编辑室、自科编辑室、医学编辑室和发行科。《湘南学院学报》历任主编：曹石珠、邓达森、文耀智、李映山、周金华、周凝绮；《湘南学院学报（医学版）》历任主编：周大现、关章顺、陈家玉、李军、王岐本。

期刊荣誉

1. “郴州纵横”特色栏目获评第八届湖南省期刊优秀栏目（2007年）
2. 全国高校优秀社科期刊（2014年）
3. 编辑部获省新闻出版广电局举办的首届湖南省报刊编校知识大赛团体三等奖（2016年）
4. 编辑部被评为湖南省科技期刊优秀团队（2020年）
5. “湘南红色文化研究”和“南岭走廊乡村振兴研究”特色专栏为“郴州纵横”（原特色栏目）的延续，入选湖南省教育厅主管社科类期刊名刊培育计划品牌栏目（2021年）

湘潭大学期刊

《湘潭大学学报（哲学社会科学版）》

期刊简介

《湘潭大学学报（哲学社会科学版）》是由湖南省教育厅主管、湘潭大学主办的哲学社会科学综合性学术理论刊物，创刊于 1977 年，刊号为 ISSN 2096-6431、CN 43-1550/C，双月刊。现辟有毛泽东思想研究、公共管理研究、法学研究、经济学研究、历史学研究、哲学研究、文学研究、新理工教育等固定栏目。刊物以“扎根伟人故里，创办一流品牌期刊”为目标，形成厚重扎实的办刊风格，取得良好的办刊成绩。期刊连续多年入选 CSSCI 来源期刊、中文核心期刊要目总览、AMI 核心期刊。

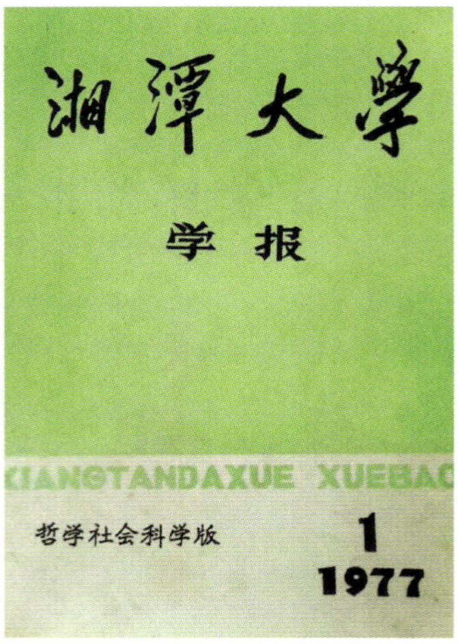

期刊荣誉

1. 全国高校三十佳社科期刊（2010 年）
2. 首届湖南出版政府奖・期刊奖（2012 年）
3. 湖南省资助优秀理论期刊（2013 年、2018 年、2021 年）
4. “毛泽东思想研究”栏目入选教育部第三批高校哲学社会科学学报名栏建设栏目（2014 年）
5. 全国高校社科名刊（2019 年）
6. 全国高校权威社科期刊（2023 年）
7. 湖南省十佳社科期刊
8. 湖湘优秀出版物期刊奖一等奖
9. 湖南最具影响力期刊
10. 多篇文章入选“湖南期刊主题宣传好文章”

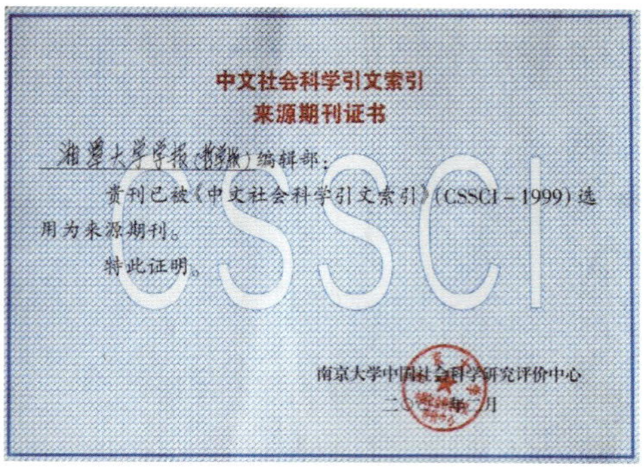
中文社会科学引文索引
来源期刊证书

湘潭大学学报（哲学版）编辑部：

贵刊已被《中文社会科学引文索引》（CSSCI－1999）选用为来源期刊。

特此证明。

南京大学中国社会科学研究评价中心

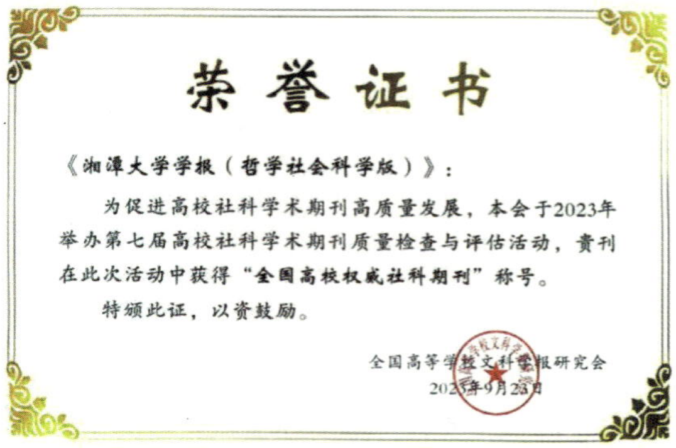
荣誉证书

《湘潭大学学报（哲学社会科学版）》：

为促进高校社科学术期刊高质量发展，本会于2023年举办第七届高校社科学术期刊质量检查与评估活动，贵刊在此次活动中获得“全国高校权威社科期刊”称号。

特颁此证，以资鼓励。

全国高等学校文科学报研究会
2023年9月23日

《湘潭大学学报（自然科学版）》

期刊简介

《湘潭大学学报（自然科学版）》是由湖南省教育厅主管、湘潭大学主办的自然科学类综合性学术期刊，创刊于1978年，刊号为ISSN 2096-644X、CN 43-1549/N，双月刊。现辟有韶峰专栏、基础理论、工程技术、新理工教育等固定栏目。主要刊登理科、工科、交叉学科等领域的创新性论文。曾多次荣获全国优秀科技期刊奖、中国高校优秀科技期刊、中国科技论文在线优秀期刊、优秀编辑出版质量奖等奖项，是首届中国期刊方阵双百期刊，被中国科技论文与引文数据库、美国《化学文摘》（CA）、俄罗斯《文摘杂志》（AJ）、中国知网、万方、维普等多个数据库和文摘收录。

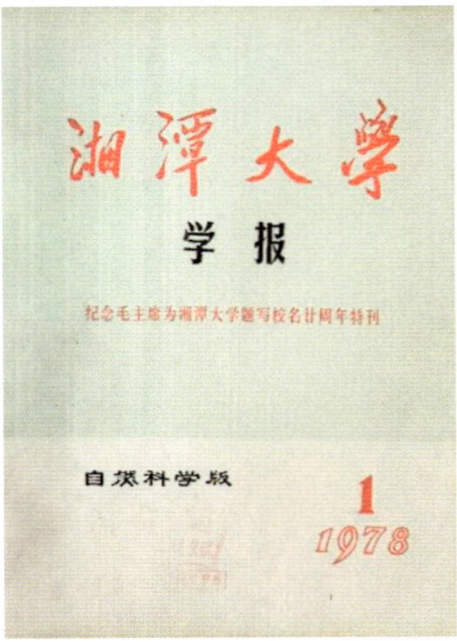

期刊荣誉

1. 湖南省优秀期刊二等奖（1987年）
2. 中国高等学校自然科学学报优秀编辑质量评比二等奖（1989年）
3. 湖南省高等学校学报编辑质量优秀一等奖（1989年）
4. 中国期刊方阵双百期刊（2001年）
5. 首届中国高校优秀科技期刊（2006年）
6. “数学”栏目获评首届湖南省期刊优秀栏目（2009年）
7. 中国科技论文在线优秀期刊（2015年）

《中国韵文学刊》

期刊简介

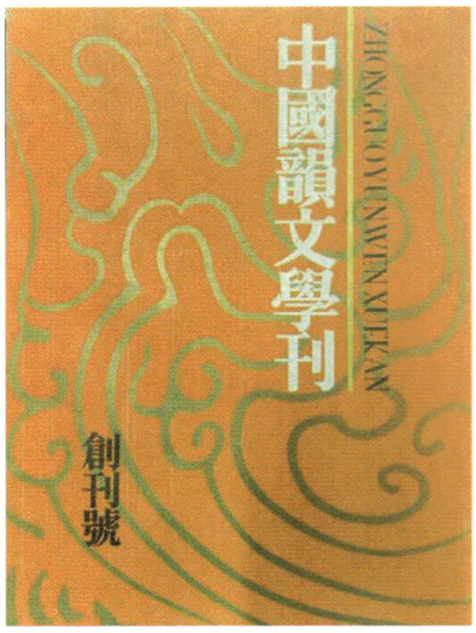

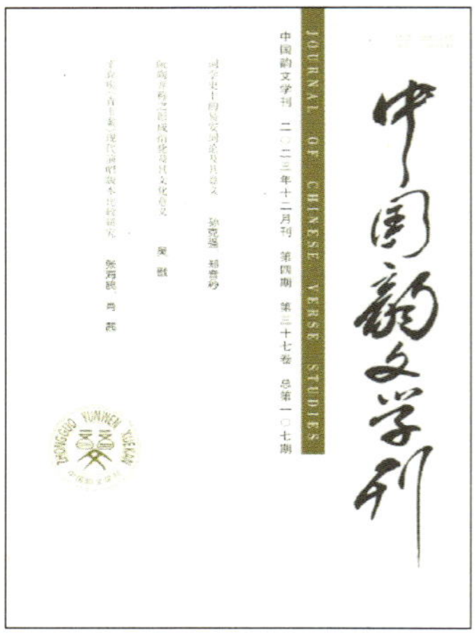

《中国韵文学刊》是全国性学术刊物，1987 年创刊，由湘潭大学、中国韵文学会主办。刊物的宗旨是古为今用，促进学术繁荣，弘扬中华优秀传统文化。刊物以中国韵文为研究对象，涵盖中华古文明中一切以音乐性语言写作的文学作品，主要为诗、词、曲、赋等。主要栏目有诗学专题、词学专题、赋学专题、曲学专题、湖湘文化与韵文研究、清词研究、国家社科重大成果推介、中国韵文的古今演变与转换研究等。刊物秉持严肃、高尚的学术宗旨和严谨、求实的科学态度组织稿件，在业界赢得良好声誉。

中国韵文学刊为季刊，124 页，邮发代号为 42–293，曾入选中文核心期刊要目总览，中国人文社会科学期刊综合评价 AMI 来源期刊。

期刊荣誉

1. 湖南省十佳社科期刊（2016 年、2021 年）

2. 湖南省品牌社科期刊项目资助（2021 年、2023 年）

3. 第六届湖湘优秀出版物奖（2023 年）

荣誉证书
HONORARY CREDENTIAL
《中国韵文学刊》：
荣获第九届湖南省“十佳社科期刊”。
特颁此证，以资鼓励。
湖南省期刊协会
二〇二二年二月

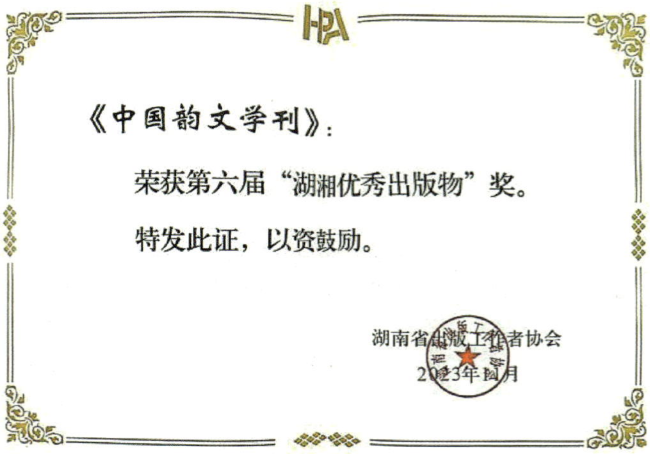
《中国韵文学刊》：
荣获第六届“湖湘优秀出版物”奖。
特发此证，以资鼓励。
湖南省出版工作者协会
2023年四月

《湖湘论坛》

期刊简介

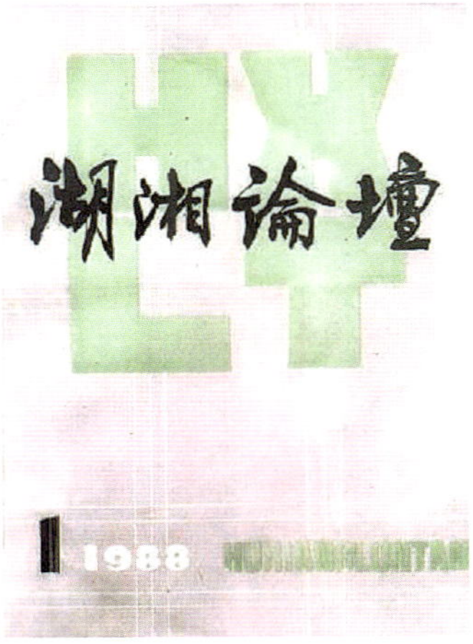

《湖湘论坛》创刊于1978年，曾用刊名《教学与研究》《学习与实践》《湖南党校学报》，是由中共湖南省委党校主管、主办，国内外公开发行的大型综合性理论刊物，是阐释、宣传、研究党的创新理论成果的重要理论阵地。《湖湘论坛》始终坚持“立足学术前沿、突出基础理论、坚持湖湘特色、探讨兴湘方略”的办刊宗旨，以高质量、高层次、高品位为办刊目标，拥有党政干部、理论工作者等广大读者群。《湖湘论坛》常年开设习近平新时代中国特色社会主义思想、马克思主义理论与实践、党史党建等品牌栏目，围绕党的理论、路线、方针和政策以及重要时间节点，不定期组织专题理论文章，取得了良好的社会效果。目前，《湖湘论坛》入选CSSCI来源期刊（扩展版）、北京大学中文核心期刊要目总览、中国人文社会科学期刊AMI综合评价（A刊）核心期刊。

《湖湘论坛》在省内外期刊界具有重要的学术影响，先后获得“深入学习邓小平理论”组织工作奖、湖南省一级期刊、湖南省十佳社科期刊、宣传“三个代表”重要思想先进单位，多次被中共湖南省委宣传部评为湖南省资助优秀理论期刊，多次被评为湖湘优秀出版物奖，全国高校精品社科期刊，“习近平新时代中国特色社会主义思想”专栏多次被评为湖南省期刊优秀栏目，刊发的文章多次获评“湖南期刊主题宣传好文章”等。

期刊荣誉

1. 入选中国社会科学院中国人文和社会科学论文统计与分析研究数据库系统的核心期刊（1996年）

2. 湖南省重点报刊出版专项资金资助期刊（2018年）

3. 湖湘优秀出版物奖（2018年、2022年）

4. 全国高校精品社科期刊（2023 年）

5. “习近平新时代中国特色社会主义思想”专栏获评第八届湖南省期刊优秀栏目

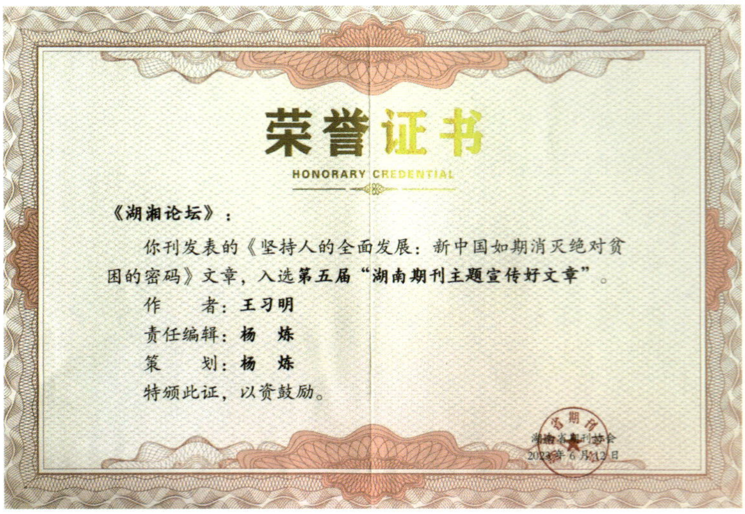

荣誉证书

HONORARY CREDENTIAL

《湖湘论坛》：

你刊发表的《坚持人的全面发展：新中国如期消灭绝对贫困的密码》文章，入选**第五届“湖南期刊主题宣传好文章”**。

作　　者：**王习明**

责任编辑：**杨　炼**

策　　划：**杨　炼**

特颁此证，以资鼓励。

湖南省期刊协会

2023 年 6 月 12 日

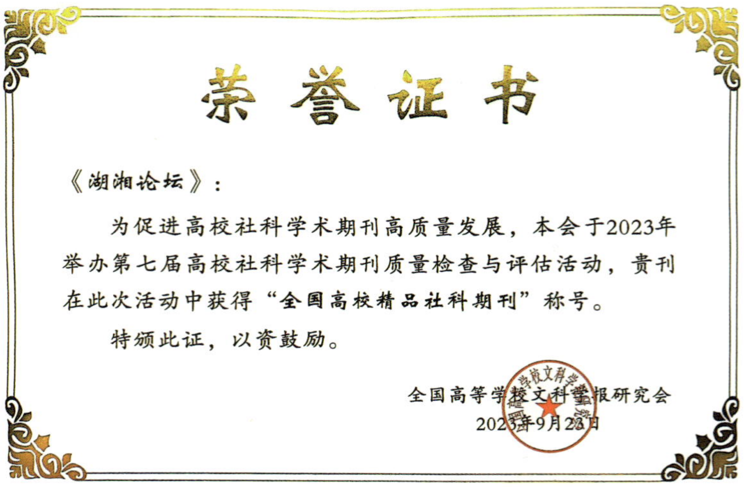

荣誉证书

《湖湘论坛》：

为促进高校社科学术期刊高质量发展，本会于2023年举办第七届高校社科学术期刊质量检查与评估活动，贵刊在此次活动中获得“**全国高校精品社科期刊**”称号。

特颁此证，以资鼓励。

全国高等学校文科学报研究会

2023年9月23日

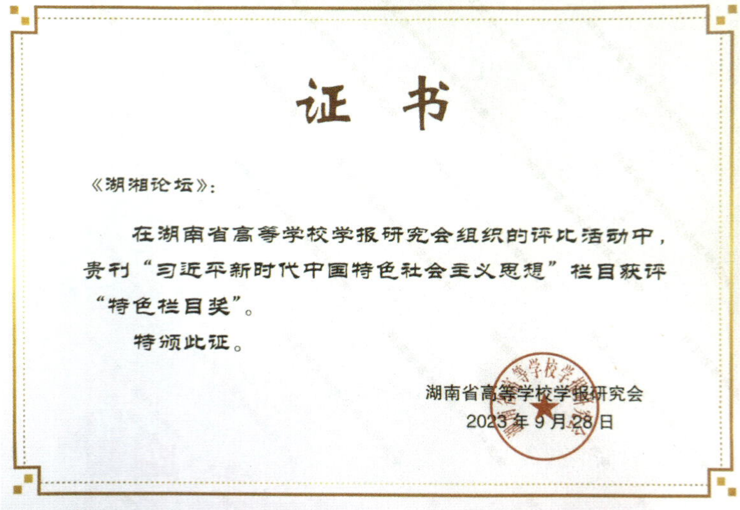

证书

《湖湘论坛》：

在湖南省高等学校学报研究会组织的评比活动中，贵刊“习近平新时代中国特色社会主义思想”栏目获评“特色栏目奖”。

特颁此证。

湖南省高等学校学报研究会

2023 年 9 月 28 日

《中南大学学报（自然科学版）》

期刊简介

《中南大学学报（自然科学版）》创刊于 1956 年。自创刊以来，便秉承“质量是生命，特色是灵魂”的办刊理念，并与时俱进，开拓创新，逐渐在全国高校学报中脱颖而出，取得一系列成果和荣誉。其影响因子等期刊评价指标在全国高校学报中名列前茅。2023 年，其综合评价总分在全国工程技术类期刊中名列第 2。自 2012 年起每年荣获中国国际影响力优秀学术期刊。

期刊荣誉

1. 中国科技期刊卓越行动计划梯队期刊

2. 湖南省培育世界一流湘版科技期刊建设工程重点期刊

3. 荣获国家期刊奖、第五届中国出版政府奖期刊奖提名奖等近 80 项荣誉

4. 被 EI（核心版）、CSCD 等国内外重要数据库列为来源期刊

5. 入选有色金属、铁路运输、冶金工程技术与金属材料等领域高质量科技期刊分级目录 T1 级别

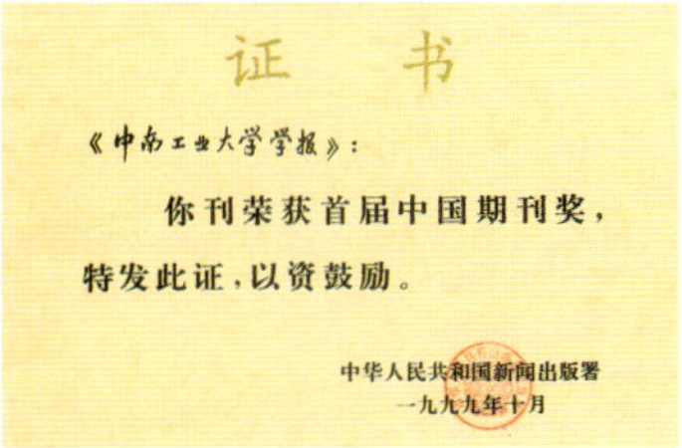
证 书

《中南工业大学学报》：

你刊荣获首届中国期刊奖，

特发此证，以资鼓励。

中华人民共和国新闻出版署

一九九九年十月

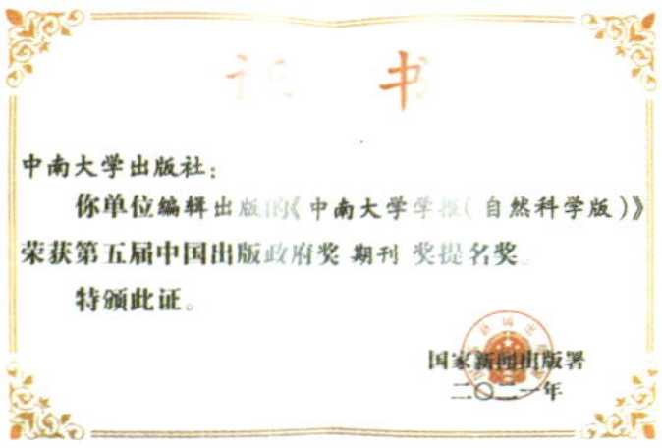
证 书

中南大学出版社：

你单位编辑出版的《中南大学学报（自然科学版）》

荣获第五届中国出版政府奖 期刊 奖提名奖。

特颁此证。

国家新闻出版署

中南大学学报（自然科学版）

2022年度中国高校科技期刊建设示范案例库

杰出科技期刊

中国高校科技期刊研究会

中南大学学报(自然科学版)

2023中国国际影响力优秀学术期刊

2023年10月

《中南大学学报（英文版）》

期刊简介

《中南大学学报（英文版）》是由教育部主管、中南大学主办的综合性英文科技期刊，创刊于 1994 年，主要报道有色金属和轨道交通领域的最新科研成果。期刊为月刊，年发文量为 300 篇左右，最新的 JCR 影响因子为 3.7，在冶金与冶金工程学科 90 种期刊中排名第 18。期刊已被 SCIE、EI、Scopus、CSCD 等数据库收录，入选中国科技期刊卓越行动计划和湖南省培育世界一流湘版科技期刊建设工程重点期刊项目，入选中国科协有色

金属和铁路运输领域高质量科技期刊分级目录 T1 级，已连续 12 年获得中国最具国际影响力学术期刊称号。

期刊荣誉

1. 中国最具国际影响力学术期刊（2012—2023 年）
2. 第五届中国高校精品科技期刊奖（2014 年）
3. 第一届中国高校优秀英文期刊奖（2015 年）
4. 中国高校百佳科技期刊（2016 年）
5. 第四届湖湘优秀出版物奖（2018 年）
6. 湖南省科技期刊优秀团队（2020 年）
7. 中国有色金属优秀出版物（2020 年）
8. 中国高校优秀科技期刊（2020 年）
9. 中国高校科技期刊建设示范案例库百佳科技期刊（2022 年）

《铁道科学与工程学报》

期刊简介

《铁道科学与工程学报》是教育部主管、中南大学和中国铁道学会主办的多学科综合性学术期刊。刊物系中文核心期刊要目总览、中国科技核心期刊、CSCD 来源期刊、RCCSE 中国核心学术期刊、中国科技期刊精品数据库收录期刊。同时被美国工程索引（EI Compendex）、荷兰 Scopus 数据库、美国 EBSCO 数据库、美国《化学文摘》（CA）和日本科学技术振兴机构数据库（JST）等国际数据库收录。

期刊荣誉

1. 第七届湖南省十佳自科期刊（2017 年）
2. 湖湘优秀出版物奖（2018 年）
3. 中国高校百佳科技期刊（2018 年）
4. 中国科技期刊卓越行动计划梯队期刊（2019 年）
5. 湖湘优秀出版物奖（2020 年）
6. 中国高校百佳科技期刊（2020 年）
7. 湖南省培育世界一流湘版科技期刊建设工程重点期刊（2020 年）
8. 入选铁路运输领域高质量科技期刊分级目录 T1 级（2021 年）
9. 中国高校百佳科技期刊（2022 年）
10. 湖湘优秀出版物奖（2023 年）

《交通安全与环境（英文）》

期刊简介

《交通安全与环境（英文）》于 2019 年创刊，季刊，刊号为 CN 43-1553/U2，由中南大学出版社有限责任公司出版，英国牛津大学出版社海外推广，田红旗院士、卢春房院士担任主编。期刊报道国内外交通安全、交通环境及相关领域的重要科学和技术进展；发表轨道、道路及水运交通安全，交通基础设施安全，交通环境以及交叉学科等领域的研究论文与综述论文。力求促进国内外学术交流，对交通运输学科的研究和应用发挥借鉴和引领作用，推动我国乃至世界交通运输学科快速发展。期刊已被 EI、ESCI、Scopus、DOAJ 等数据库收录，入选中国科技期刊国际影响力提升计划 D 类项目、湖南省培育世界一流湘版科技期刊建设工程高起点新刊项目、中国科协公路运输领域高质量科技期刊分级目录 T1 级。

期刊荣誉

1.WJCI Q3 区（2022 年、2023 年）

2. 湖南省第六届湖湘优秀出版物奖（2023 年）

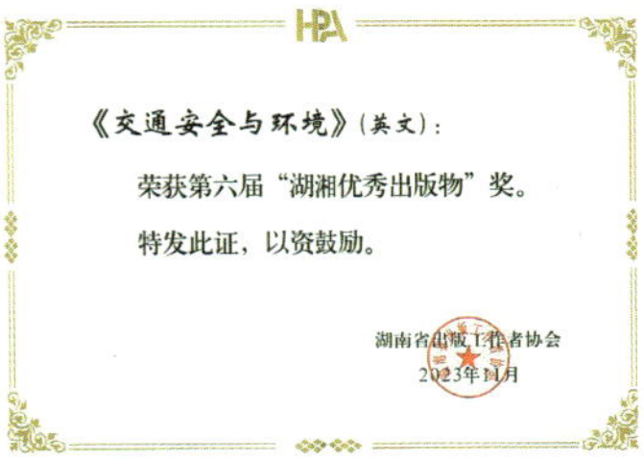

《中南大学学报（医学版）》

期刊简介

《中南大学学报（医学版）》原名《湖南医科大学学报》，创刊于 1958 年，为教育部主管、中南大学主办的医药卫生类综合性学术期刊。被美国国立医学图书馆 MEDLINE 及其《医学索引》(IM)、PubMed、PubMed Central（PMC），Scopus，荷兰《医学文摘》(EM)，美国化学文摘（CA）及其化学文摘数据库，俄罗斯《文摘杂志》（AJ），世界卫生组织《医学增补文摘》（ExtraMED），日本科学技术振兴机构数据库（JST），中国科学引文索引核心库（CSCD），中文核心期刊要目总览，科技期刊世界影响力指数（WJCI）报告，中国知网，万方数据，维普资讯等国内外重要检索系统收录。

期刊荣誉

1. 中国高校精品科技期刊
2. 中国高校百佳科技期刊
3. 湖南省十佳自科期刊
4. 首届湖湘优秀出版物期刊奖
5. 首届湖南省期刊优秀栏目
6. 湖南省培育世界一流湘版科技期刊建设工程梯队期刊（2021 年）

《临床与病理杂志》

期刊简介

《临床与病理杂志》（原刊名《国际病理科学与临床杂志》）创刊于 1981 年，为教育部主管、中南大学主办，国内外公开发行的医学学术类期刊，入选中国科技论文统计源期刊（中国科技核心期刊），被美国《化学文摘》（CA）及其数据库、日本科学技术振兴机构数据库（JST）、《中国生物学文摘》及其数据库、中文生物医学期刊文献数据库、《中文科技资料目录》（医药卫生）、中国期刊全文数据库、万方数据、维普资讯等国内外重要检索系统和数据库收录。

期刊荣誉

1. 中国高校优秀科技期刊
2. 第二届中国高校特色科技期刊
3. 中国高校医学期刊最佳实践奖
4. 全国高校优秀科技期刊优秀编辑质量奖

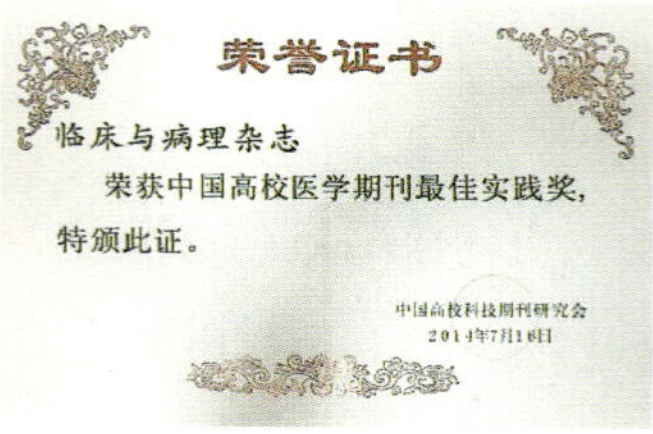

《中南大学学报（社会科学版）》

期刊简介

《中南大学学报（社会科学版）》创刊于 1995 年，是由教育部主管、中南大学主办的综合性学术理论期刊，双月刊，主编为蒋建湘教授。主要刊登人文社科领域具有科学性、创造性、现实性和前瞻性的基础理论成果，设哲学研究、法学研究、经济学研究、资源环境管理研究、政治学研究、社会学研究、文学研究、历史学研究等栏目。现为中文社会科学引文索引（CSSCI）来源期刊、中文核心期刊要目总览入编期刊、中国人文社会科学期刊 AMI 综合评价（A 刊）核心期刊。

期刊荣誉

1. 获湖南省委宣传部品牌社科期刊资助
2. 湖湘优秀出版物奖
3. 湖南省重点报刊出版专项资金资助
4. 湖南省十佳社科期刊
5. 国家哲学社会科学文献中心综合性人文社会科学最受欢迎期刊
6. 获湖南省哲学社会科学基金资助
7. 全国高校权威社科期刊
8. “经济与管理研究”栏目获 2019 年第七届湖南省期刊优秀栏目
9. 所刊文章 4 次获“湖南省期刊主题宣传好文章”

《创新与创业教育》

期刊简介

《创新与创业教育》创办于2010年，是由教育部主管、中南大学主办的学术类期刊，双月刊，主编为郭学益教授。刊物以政府、高校、科研院所及社会力量创办的各种类型的创新创业研究机构和研究人员为依托和支持，集中刊发与创新创业有关的理论研究、经验报道和实践总结，全方位地展示我国的“双创”活动，搭建我国创新创业的交流平台，促使大众创业、万众创新持续向更大范围、更高层次和更深程度推进，促进创新创业与经济社会发展的深度融合，为繁荣中国特色社会主义学术服务，为国家关于打造“双创”升级版的宏观战略服务。

期刊荣誉

2023 年 3 月，《创新与创业教育》被评定为 2022 年度中国人文社会科学期刊 AMI 综合评价扩展期刊。

中南林业科技大学期刊

《中南林业科技大学学报》

期刊简介

《中南林业科技大学学报》创刊于 1981 年，其前身为《中南林学院学报》，月刊，主要刊登林学、林业工程、生态学（侧重森林生态学、环境生态学、恢复生态学）、生物学（侧重生物资源学、生物化学与分子生物学）等一级学科涵盖的学科专业论文，同时兼顾环境科学与工程（侧重植物修复）、食品科学与工程（侧重林产品加工）、家具设计与制造（侧重木材加工）、风景园林、生态旅游、林业经济管理等学科专业论文。

《中南林业科技大学学报》是我国林业类重要的学术期刊之一，是中国精品科技期刊、林草科技领军期刊、中国高校百佳科技期刊、RCCSE 中国权威学术期刊、中国科技核心期刊、中国农林核心期刊，是中国科技论文与引文数据库（CSTPCD）、美国 CA、日本 JST 等来源期刊。

期刊荣誉

1. 中国科技论文统计源期刊（1990 年）

2. 入选中文核心期刊要目总览（第 1 版）（1992 年）

3. 中国科学引文数据库（CSCD）来源期刊（1996 年）

4. 1 篇论文入选中信所评选的中国百篇最具影响国内学术论文（2021 年）

5. 湖南省培育世界一流湘版科技期刊建设工程梯队期刊（2021 年）

《经济林研究》

期刊简介

《经济林研究》创刊于 1983 年，由中南林业科技大学主办，科学出版社出版，是我国唯一的反映国内外经济林学科与技术领域最新研究成果的专业性科技期刊，季刊，主要刊登经济林、果树及观赏园艺等学科栽培、育种、育苗（包括常规育苗和快速繁殖育苗）、生物科学与技术、产品加工利用与贮藏、资源开发与利用、生产经营与管理、发展战略以及与经济林、果树及观赏园艺有关的土壤学、植物学、生态学、生理生化、昆虫学、病理学等方面的论文，设有综述、述评、研究论文、研究简报、实用技术、发展战略等栏目。

《经济林研究》是我国林业类具有特色的学术期刊，是中国科技论文与引文数据库、日本 JST 等来源期刊。

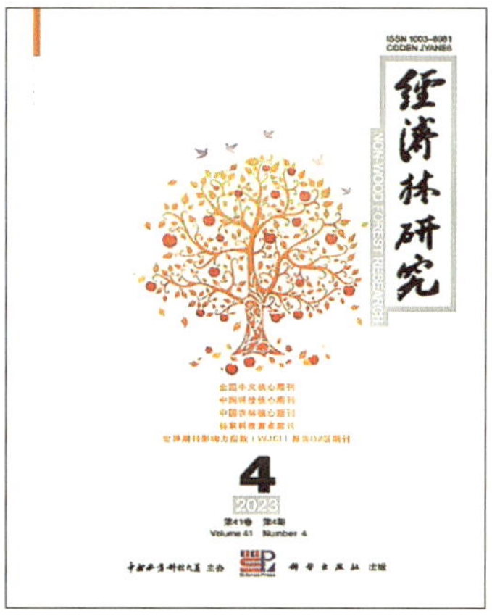

期刊荣誉

1. 中国科技核心期刊（2004 年）
2. RCCSE 中国权威学术期刊（A+）（2009 年）
3. 入选中文核心期刊要目总览（2011 年）
4. 科学出版社期刊出版质量优秀奖（2015 年）
5. 中国高校优秀科技期刊（2018 年）
6. 中国农林核心期刊（A 类）（2020 年）
7. 林草科技重点期刊（2022 年）

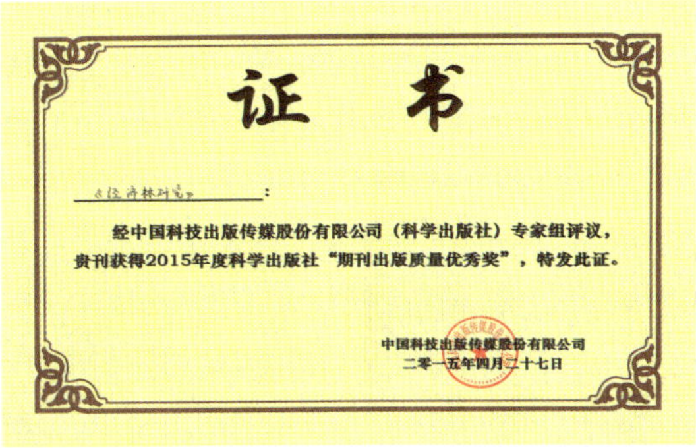

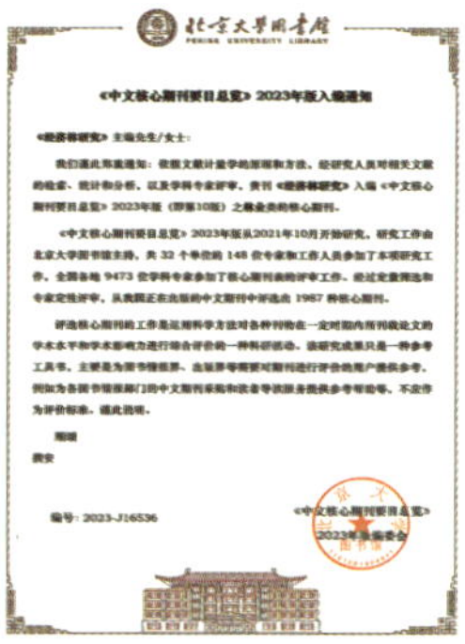

《中南林业科技大学学报（社会科学版）》

期刊简介

《中南林业科技大学学报（社会科学版）》创刊于 2017 年，是湖南省内唯一、全国为数不多的以生态文明和绿色发展为特色的学术期刊，双月刊，主要刊登生态文明论坛（包括生态文化、生态环境治理、生态文明制度建设等）、绿色发展、创新经济与高质量发展、环境资源法、农林经济管理、乡村振兴与生态旅游等方面学科专业论文。

期刊荣誉

1. 中国人文社会科学期刊 AMI 综合评价（A 刊）核心期刊（2018 年）
2. 被全国高校文科学报研究会评为全国高校优秀社科期刊（2019 年）
3. 中国农林核心期刊（A 类）、RCCSE 中国核心学术期刊（2020 年）
4. 中共湖南省委宣传部湖南省品牌社科期刊资助（2021 年）
5. 获省教育厅主管社科类期刊名刊培育计划精品期刊项目资助（2021 年）

证书

《中南林业科技大学学报.社会科学版》被评定为“2018 年度中国人文社会科学期刊 AMI 综合评价”A 刊核心期刊

中国社会科学评价研究院
2018 年 11 月 16 日

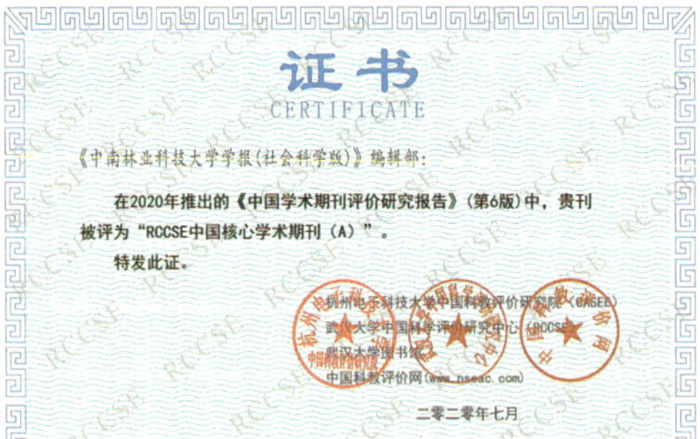

证书
CERTIFICATE

《中南林业科技大学学报(社会科学版)》编辑部：

在2020年推出的《中国学术期刊评价研究报告》（第6版）中，贵刊被评为“RCCSE中国核心学术期刊（A）”。

特发此证。

杭州电子科技大学中国科教评价研究院（CASEE）
武汉大学中国科学评价研究中心（RCCSE）
武汉大学图书馆
中国科教评价网（www.nseac.com）

二零二零年七月

中国农林核心期刊

收录证书

《中南林业科技大学学报（社会科学版）》：

被评为“中国农林核心期刊”（2020版）（A类），

特颁此证。

中国农业科学院农业信息研究所
中国农学会农业科技期刊分会
中国农学会图书情报分会

2020年12月31日

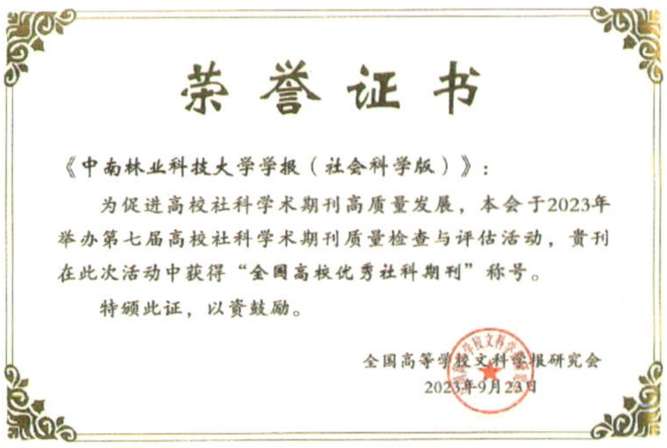

荣誉证书

《中南林业科技大学学报（社会科学版）》：

为促进高校社科学术期刊高质量发展，本会于2023年举办第七届高校社科学术期刊质量检查与评估活动，贵刊在此次活动中获得“全国高校优秀社科期刊”称号。

特颁此证，以资鼓励。

全国高等学校文科学报研究会
2023年9月23日

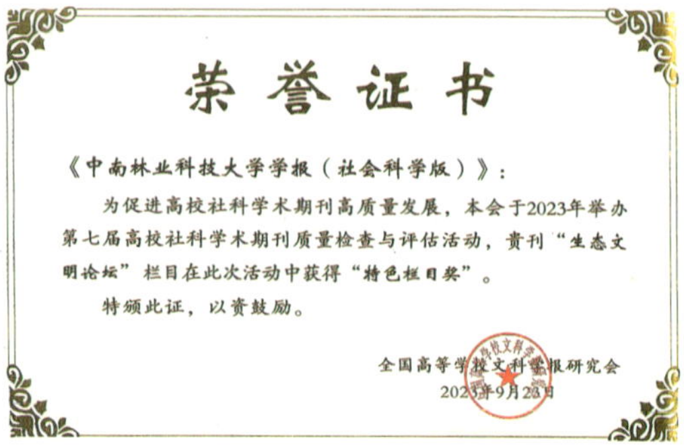

荣誉证书

《中南林业科技大学学报（社会科学版）》：

为促进高校社科学术期刊高质量发展，本会于2023年举办第七届高校社科学术期刊质量检查与评估活动，贵刊“生态文明论坛”栏目在此次活动中获得“特色栏目奖”。

特颁此证，以资鼓励。

全国高等学校文科学报研究会
2023年9月23日

第七章

我与研究会的情缘

岁月如歌　学报情缘与时代新章

卜庆华

2002年6月，我卸下学会副理事长重担，真是百感交集，有说不尽的意、道不完的情。

我担任学报主编16年。在十多年的编辑生涯中，我与高校学报研究会有着解不开的情结。从1990年起，我参与湖南省高等学校学报研究会工作达十二年之久。十二年来，研究会在全国学会的热心指导下，在广大会员单位的大力支持下，取得了可喜的成绩。不仅规模日益壮大，而且开展了丰富多彩的学术活动，为交流办刊经验、培训青年编辑、提高学报的整体质量，做出了重要的贡献。在全国多次期刊评奖中，在获奖等级和获奖数量上，无论是自然科学学报还是人文社会科学学报，我们均居全国省市学报的前列。在编辑学的研究方面，我们撰写并出版了好几本有特色的专著，发表了大量有学术价值的论文，全国性的编辑学成果评奖中我们也常名列前茅。在编辑队伍的建设方面，我们建立了一支由二十多名正高和百名左右副高组成的编辑队伍，其中不少编辑被全国高校文科学报研究会和中国高校科技期刊研究会评为优秀编辑和优秀会务工作者。尤其值得一提的是，为了扩大学报和学会的影响，多年来我们尽可能把年会开在各地州市，开在边远的“小学校”，除总结交流经验外，还进行人文历史地理考察，以开拓视野，活跃文化生活，增进编辑之间的友谊。忘不了湘西乾州古城篝火晚会上的尽情欢唱，忘不了浯溪碑林上的历史回眸，忘不了祝融峰顶上的远眺，忘不了碧波粼粼的东江湖上的荡漾。这一幕幕动人的情景，就像昨天发生的事一样，鲜活地留在我的脑海里。

回顾研究会40年的历史，我深深地感谢研究会各届负责人对研究会工作的大力支持。这包括一些已离岗的老同志，也包括现任学会的理事长、副理事长和秘书长。多年来，诸公在办会中任劳任怨，锐意进取，处处以大局为重，事事以集体为先，相互提携，从不计较个人得失，其高风亮节给我留下了很深的印象。如本会创始人之一皮光中先生，他年纪比我大，编辑经验比我丰富，工作能力比我强，但他退居幕后，支持我当学会的实际负责人，我是始终把他当兄长来看待的。

回顾研究会40年的历史，我还要深深感谢各位常务理事对研究会工作的支持。有的同志淡泊名利，分管工作恪尽职守；有的同志多次承担繁重的会务工作，为学会争挑重担；有的同志慷慨解囊，积极资助学会开展活动；有的同志主动向学会提供优质诗文，使《会讯》越办越好；有的同志为年会撰写学术和应用价值较高的论文，对研究会编辑学的研究起了“道夫先路”的作用；还有更多的同志以创新的意识、严谨的态度办刊，为提高学报质量提供了宝贵的经验。

回顾研究会40年的历史，我还要特别感谢全省会员单位对学会的支持。在湘东、湘西、湘南、湘北、湘中举行的那么多丰富多彩、生动活泼的学术年会，如果没有他们的支持，是不可能开成的。虽然这些义务工作者的名字未必为大家所一一记得，但他们美好的形象已潜入我们的心底。

研究会的工作为湖南省学报界、编辑出版界留下了宝贵的财富。当然，其中也凝结着我个人的不少心血。我把从事高校学报研究会工作当做一项神圣高尚的事业。我热爱学会，就像热爱自己的母亲、热爱自己的家一样。为了它，我愿献出自己的一切。在多年学会工作中，我与研究会编辑无论是老编辑还是新编辑，都结下了深厚的情谊。他们有话愿跟我说，刊物未公开发行找我，职称未评上找我，编辑部内部闹矛盾找我，学校分配住房不合理找我，妻子病故或夫妻离异想成立新家庭找我……心念至此，我深以为愧。我在很大程度上有负所托，未尽职守。但转念一想，我们这种交往毕竟是真诚纯朴的。记得《诗经》有“展兮君子”的诗句，即认为君子是诚实的。孔子教育学生的“四教”（文、行、忠、信）其中就有诚信的“信”。儒家经典《中庸》曾把“诚”作为最高的哲学范畴，说“诚者天之道，诚之者人之道。诚者不勉而中，不思而得，从容中道，圣人也。诚之者，择善而固执之者也。”《大学》以“正心诚意”作为内心道德修养的标尺。《周易·乾文言》也说：“君子进德修业，忠信，所以进德也。修辞立其诚，所以居业也。”我们如去掉儒家对“诚”体现“天性”的唯心主义观点，取“诚”为道德规范之说，那“诚”是十分值得提倡的。

如今，湖南省高等学校学报研究会已经成立40年了。40年过去了，人们不应过多地怀念过去，而应把眼光投向未来。现在研究会工作已经揭开了崭新的一页。我祝福研究会有更美好的明天，但我毕竟不能为它效多少力了。记得韩愈写的一篇文章，说到他年未四十“而视茫茫，而发苍苍，而齿牙动摇”。我现已八十有五，年纪大了，创造力衰退了，唯有对研究会的感情却是炽烈的、恒久的。

滚滚长江东逝水，浪花淘尽英雄。是非成败转头空。青山依旧在，几度夕阳红。

白发渔樵江渚上，惯看秋月春风。一壶浊酒喜相逢。古今多少事，都付笑谈中。

（作者简介：卜庆华，《湖南师范大学社会科学学报》原主编，研究会第三届、第四届、第五届常务副理事长）

学会引领，学报耕耘

——开启编辑出版学求索之旅

龚维忠

1984 年金秋，正值丹桂飘香之际，经上级部门批准，湖南师范学院更名为湖南师范大学。同年，为充实学报编辑队伍，提高学报编辑质量，学校先后从不同院系中，调了几位中青年文理科教师任学报专职编辑，已过而立之年的我便是其中之一。从此我与编辑出版结下不解之缘。

1985 年 11 月，以湖南大学、湖南师范大学、中南工业大学（现中南大学）、湖南教育学院（现湖南师范大学树达学院）、湖南轻工业专科学校等高校的学报为主体，集省内《矿冶工程》《湖南科技通讯》等部分科技报刊的青年俊杰，齐聚始于隋朝的古城慈利，在 1984 年 9 月大庸筹备会后的各项工作基础上，正式成立了湖南省科技期刊编辑工作者协会（简称湖南省编协），下设高校学报研究会、地市科技报刊研究会两个分会。

幸运的是，1986 年初冬的一个阳光和煦之日，本人欣然受邀跟随时任湖南省编协副理事长兼秘书长、《湖南师范大学学报》副主编杨布生老师，一同乘车赴山城怀化，参加湖南省编协自成立以来，举办的第一次全省期刊学术年会。这也是自己毕业留校任教及调到学报工作后，第一次参加专业学术研讨会议。

当时，我步入学报自然科学版任编辑工作已有两年，在编辑工作中，虽与相关学术论文有所接触，然而对专业学术研究的方式与方法，尚处于知其然不知其所以然的茫然中。换言之，对学术研究还完全是个门外汉。因此，首次参加学术研讨会的我，静心倾听不同期刊代表热烈激动地阐述学术研究中的辛劳与喜悦、收获与硕果。这一切对我来说，既陌生好奇，又惊艳新鲜，羡慕、钦佩之情油然而生。会后，与代表们咫尺间的交流，他们的倾情赐教与耐心点拨，更让我有“与君一席话，胜读十年书”的茅塞顿开之感。

参与湖南省编协以学报代表为主体的首届学术研讨会，我结识了编辑出版业众多才华横溢的老中青专家学者，脑海中留下了难以忘怀的印象。他们的谈吐交流和书面文字表述中，隐含着学问者人格光彩的魅力，仿佛瞬间就能带你进入学科知识与研究的广袤海洋，并激发出勇往直前、不折不挠的昂扬斗志。此后，正是这种挥之不去、环旋于怀的亢奋，一直激励着我，十余年中，从未缺席过研究会组织举办的大小学术研讨会议。

我至今还清晰记得，那次会议后，为了尽快提升学报编辑的专业学术研究水平及编辑出版的工作能力，时任学报主编、伟岸博学的卜庆华老师与副主编杨布生老师两位贤明领导，敏锐并具前瞻性地商榷决定，定期邀请学校文理学科的知名专家学者，来学报传道授业、答疑解惑。此明智举措，既快速提高了学报新老编辑人员的学科知识水平，又加速推进了学报编辑学术质量的提高。可谓于校，于学报，于每位编辑，都是件功德无量之事。

为抓住这难能可贵的学习机会，我挤出时间，先后到文学院、外国语学院，随同年轻学子们一起听课，“恶补”写作及编辑文字之短板。俗话说“打铁还需自身硬”，学报编辑要能娴熟地策划选题、组织优稿、编辑佳作，自己本身要能够知晓专业学术研究，撰写专业学术论文。

1987 年始，我像一个上足了发条的闹钟，在较好地完成学报工作与学习任务之余，沉浸在学科研究中。当年就有数学专业论文《〈墨经〉数学分类初探》、译文《关于局部环中理想生成元的个数》，以及编辑学专业论文《简论高校学报目录翻译》等多篇学科研究作品刊发，其中《〈墨经〉数学分类初探》被 1988 年的美国《数学评论》摘录。

从此，我开启了编辑出版学研究的求索之旅。

接下来，简要地捋一捋，湖南省高校学报研究会成立40年来，其成长、发展和壮大的历史源流。

20世纪70年代末至90年代初，教育体制改革，学科门类日趋科学规范与细化。早期的高校学报，逐步从文理合刊，向社会科学版与自然科学版的分版转化，再到现在社会科学学报和自然科学学报以不同刊号的规范出版。其间，全国性与地方高校学报学术团体相继成立，例如1987年成立的中国高等学校自然科学学报研究会，后改为中国高校科技期刊研究会；1988年成立的全国高校文科学报研究会；等等。

1983年5月23日至25日，经中共湖南省委宣传部、湖南省教育厅领导同意，湖南省高等学校学报工作研究会在湖南师范学院成立，21所高等学校学报编辑部的代表共25人出席了会议。

1985年11月28日至30日，湖南省科技期刊编辑工作者协会第一次代表大会在张家界召开。会议听取了湖南省编协筹委的工作报告，审议和通过了《湖南省编协章程》并选举产生了第一届理事会。湖南省编协成立了科技报刊和高校学报两个研究会。

1995年，研究会下设自科学报研究分会和社科学报研究分会。

为顺应时代前进、社会发展的变迁及科技进步，无论是研究会名称的变化，还是高校学报新老人员的更替，都是为了探索专业学术理论研究与促进实践应用的推广与深化。老中青专家学者齐聚一堂，百家争鸣、百花齐放，才能共享学术研究交流的丰硕成果与喜悦。

（作者简介：龚维忠，湖南师范大学原副校长，研究会第三届理事会秘书长）

结缘学报三十五年

雷　鸣

我于 1983 年大学毕业参加工作，直至 2022 年退休，只做过两种岗位工作，除了 1983 至 1985 年做过两年的大学老师，其他的时间都在从事编辑出版工作，整整三十五年。而这一切，源于 1987 年入职湖南大学学报编辑部从事学报编辑工作，由此结下了与学报、学报研究会的不解之缘。

1987 年 11 月，适逢《湖南大学学报（社会科学版）》创刊，本人有幸参与了《湖南大学学报（社会科学版）》第 1 期的编辑工作，可以说是《湖南大学学报（社会科学版）》的创始成员。始入学报即感受到了学报研究会的温暖，记得当时一入行就参加了湖南省科技期刊编辑学会和湖南省高等学校学报研究会举办的各种培训，从编辑业务到编辑行为，前辈都给予了悉心指导，自己的业务能力也在快速提升，较快地适应了工作。20 世纪 90 年代以来，大量青年才俊加入学报队伍，为此，学报研究会专门设立了青年编辑委员会，大家聚在一起，开展了一系列的学习交流活动，既加深了友谊，又提升了自己的职业能力。1996 年本人出任过湖南省高等学校学报研究会青年编辑委员会的主任，参与了一些工作。记忆最深刻的是 1998 年 6 月 12 日至 15 日本人主持在湖南税务高等专科学校召开的青年编辑研讨会，期间还进行了一次编辑知识竞赛，大家既高度紧张，又其乐融融，赛后纷纷反映这样的活动很有意思。在当时，社会变革风起云涌，学报编辑也面临着很多人生际遇和职业选择，同时，关于编辑是否有学、编辑的专业化是什么、编辑的学者化等的讨论也在冲击着学报工作者特别是青年编辑的头脑，很多青年编辑陷入了职业迷茫中，本人也不例外。1994 年 8 月，我与章育良、石潇纯、刘寒辉等湖南省青年学报编辑参加了全国文科学报研究会在郑州召开的青年编辑学术研讨会，研究会理事长杨焕章教授亲自与会，并对青年编辑的立业成才进行了悉心指导，坚定了大家立足岗位、立业成才的信心。特别感激的是他把我在会议上宣读的论文《价值、效益与学报质量》推荐发表于《中国人民大学学报》1995 年第 2 期，对我来说，这是莫大的鼓励。

随后，在《编辑学报》《出版发行研究》《中国出版》等期刊上，我单独发表或与兰甲云等合作，相继发表了《论市场经济与出版伦理》《学报编辑的角色冲突与调适》《关注编辑的隐性含量问题》等系列论文，并于1998年主持了湖南省社科基金项目。总算是找到了编辑专业化、学者化的一丝门径，特别是在编辑伦理学上做了一些探索，由此也坚定了自己把编辑工作作为终生职业的意念。伴随着自己的职业成长，我于1993年担任湖南大学学报编辑部副主任，1996年担任编辑部主任。1998年《湖南大学学报（社会科学版）》申请到公开刊号。正当自己准备在学报工作中“大展宏图”时，1999年9月，学校任命我为湖南大学出版社社长，暂时告别了自己从事了十二年的学报编辑工作。前期的学报编辑工作、研究会的工作经历，自己形成的对学术、学术出版的理解以及比较广泛的学者资源，为自己从事高校出版社的经营与管理工作也带来了较大的便利。

2011年11月，湖南大学组建期刊与出版社，我被任命为期刊与出版社社长。又回到了学报的大家庭，倍感亲切。2013年，任湖南省高等学校学报研究会副理事长，参与了研究会的各项工作。2017年底，研究会换届，湖南大学期刊与出版社被推举为理事长单位，我也“顺理成章”地当选了学报研究会第九届理事会的理事长。尽管新冠疫情防控给学报研究会的工作增加了很多不确定性因素，但研究会的工作还是一如既往地坚持开展。四年多的时间里，研究会主要做了这些工作：1. 建立健全了研究会组织架构，组建了研究会党支部、秘书处、理工科学报专业委员会、文科学报专业委员会、质量与学

术委员会和青年委员会，并经常性地开展工作；2. 形成了健全的制度体系，制定了一系列的工作制度，如《湖南省高等学校学报研究会财务管理制度》、各分支机构的工作职责等，使各项工作有章可循；3. 财务管理规范科学，每年都对研究会的财务进行了审计，保障了研究会财务工作的合法合规；4. 研究会活动丰富多彩，每年按期召开理事长办公会、常务理事会、学术年会，各专业委员会紧紧围绕研究会年度工作计划，周密安排，制订经验交流会主题，策划形式多样的年度活动；等等。特别值得庆贺的是在这期间，《中南大学学报（自然科学版）》等 5 刊入选“中国科技期刊卓越行动计划”，《湖南大学学报（自然科学版）》等 6 刊入选“湖南省培育世界一流湘版科技期刊建设工程”，《湖南师范大学社会科学学报》《湘潭大学学报（哲学社会科学版）》等 16 刊入选了“湖南省品牌社科期刊资助项目”，《中南大学学报（自然科学版）》获“第五届中国出版政府奖期刊奖提名奖”。这些成果的取得凝聚了学报界同仁呕心沥血的努力，虽不全是研究会的功劳，但作为学报研究会的一员，与有荣焉。还有一件可以载入史册的事件是，2018 年，湖南省高等学校学报研究会承办了全国高校文科学报研究会三十周年纪念大会，这次会议，少长咸集，其乐融融，受到了各方赞誉。三十年后在全国高校文科学报研究会的创立大会举办地再次举办此等盛会，充分展示了湖南人的担当精神和湖南省高等学校学报研究会的团结协作的优良传统。

2022 年 4 月，我告别了自己的编辑出版工作职业生涯，也与学报工作渐行渐远。但很欣喜地看到，自 2022 年 7 月研究会换届以来，在研究会新一届领导班子的带领下，学报研究会的工作在井然有序地开展，各会员单位的工作都取得了长足的进步。在纪念湖南省高等学校学报研究会成立四十周年之际，我衷心祝愿在世界百年未有之大变局的背景下，在中国式现代化的奋进征程中，湖南省高等学校学报研究会始终坚持办会宗旨，百尺竿头，更进一步；各高校学报不忘初心、踔厉奋发，持续谱写新时代高质量发展的新华章！

（作者简介：雷鸣，湖南大学期刊与出版社原社长、书记，湖南省高等学校学报研究会第九届理事会理事长）

一生一事：我与学报的情缘

章育良

时间过得真快。从大学毕业从事学报编辑工作一晃就是三十八年。三十八年过去，弹指一挥间，所有的酸甜苦辣仿佛都还在昨天。2023年是湖南省高校学报研究会成立四十周年，研究会希望我能写一写与学报的情缘。我回顾自己几十年的编辑工作，认为值得我总结的东西不少，最主要的一点是，在工作的三十八年间，我只干了一件事。一生一事，我对学报是情有独钟，深深爱上了“它”，这种情缘永远在我心里。谈到我和学报的缘分，有三个关键的时间点我记忆犹新。

一　1995年：社科学报副主编

1985年7月我大学毕业分配到湘潭大学学报编辑部。1995年被评为副教授。1995年7月被任命为编辑部副主任，兼社科学报副主编。当时学校领导找我谈话，要我挑起社科学报的担子。我当时心里确实没底，但在编辑部已工作十年，对编辑工作比较熟悉。在组稿的过程中，与一些学界权威也有一些接触，对学报编辑工作已很有感情，于是勇敢地挑起了这个担子。在工作中，我充分发挥编辑的积极性和创新性，强调精品意识和品牌意识，学报质量稳步提升。1995年，湘大社科学报获湖南省高校社科学报评比一等奖，后被湖南省新闻出版局评为优秀理论期刊，1996年入选中文核心期刊要目总览的马列主义、毛泽东思想类核心期刊。1998年我在湖南省高等学校学报研究会担任副理事长。

二　2007年：社科学报重回CSSCI

2007年算是我的幸运年。这一年有两件重要的事值得回忆：一是社科学报重回南京大学中国社会科学研究评价中心CSSCI来源期刊；二是湘潭大学出版社成立，我任出版社首任社长。

为什么说社科学报进入 CSSCI，是重回，不是首次入选？因为 1998 年南京大学中国社会科学研究评价中心首次发布的 CSSCI 来源期刊就有《湘潭大学学报（哲学社会科学版）》，进入的条件主要是看被引频次。在后来的评选中，评估指标发生变化，以影响因子为主，兼及被引频次，湘大学报因刊发的文章偏多，分母大了影响因子偏小而被淘汰，这对我们是一次沉重的打击。在 2005 年的校长办公会上，我提交了一份报告，要求学校从经费上加大投入，在政策支持上加大力度。学校很支持，我们编辑部的同志也很努力。在四个方面下大力气，一是加大对名人名作的刊发；二是提高高水平论文的稿酬；三是加快期刊数字化的步伐，扩大宣传；四是下决心不发关系稿、人情稿。2007 年终于重进了 C 刊行列。湘大作为一所文理工综合性全国重点大学，文科水平一直在湖南乃至在全国都有一定的影响，但社科学报由于各种原因，未能反映学校文科的真实水平，所以学校领导很着急，希望期刊不断努力，早日进入 C 刊行列。进了 C 刊行列后，我们更加注重期刊质量。

三 2017 年：总第 200 期

2017 年第 3 期，社科学报总第 200 期，作为一个主编，要逢第 100 期、第 200 期是很难的。因为一年才 6 期，100 期要十六年多，我从 1998 年任社科学报主编，一直到

2017 年第 3 期，任主编的时间达十九年。刊物从成长、成熟，到进入 C 刊行列，我像父亲对待孩子一样，精心呵护，根据孩子成长的不同阶段有针对性地培养，使其养成良好习惯，成长为一个健康、快乐的孩子。在编辑部，鼓励编辑参加各种学术会议，为所有人购买了最新版本的编辑业务流程指导、行业标准和工具书等多类书籍。在编辑工作中，严格落实三审三校制度，严把稿件质量关，同时鼓励编辑提升自己的学术水平和专业能力。我自己在 2004 年以“大龄青年”身份考取博士研究生，2007 年下半年顺利毕业。虽然读博的过程异常艰辛，而且出版社刚成立时千头万绪，但我仍然义无反顾，博士论文获得答辩委员会的一致好评。

200 是一个吉祥的数字，也是编辑部奋斗了几十年的数字，凝聚了大家的辛苦和智慧。2017 年 3 月，我任出版社社长（当时期刊社并入出版社，所以我一直兼任社科学报主编）十年，根据组织原则，学校准备把我放到机关部门任一把手。其实早在 2013 年校长到出版社调研时，就问我未来的打算，是否愿意去机关锻炼，我非常诚恳地对校长说，如要选择，机关我就不去了，可否把出版社分开，分成出版和期刊两个部门，我去做期刊社社长，因为我对期刊有更深的感情，更加喜欢。校长说在目前情况下分开是不太可能的，所以我就一直在出版社分管图书和期刊。但到了 2017 年，由于当出版社社长十年，必须调换工作，我事先向主要领导报告，希望继续在出版社任职，哪怕不任领导职务，我也很乐意做一名期刊编辑。领导很开明，在不违背组织原则的基础上，任命我担任出版社总编辑。所以我在这里得说一句，感谢学校领导的关心，让我能继续在期刊这份我热爱的工作中做些事。作为主编，我认认真真地编好第 200 期，算是一个纪念。之后我仍然是社科学报一名编辑，兼任社科学报常务副主编，协助主编工作。

以上从几个时间节点写了我从事学报编辑工作三十八年时间里对我产生了重要影响的几件事，每每讲到这几件事，我内心自然地产生一种莫名的骄傲和自豪。虽然只是一名编辑，一名主编，但一篇篇优秀的文章从我手里变成一本本刊物，我认为这就是价值，作为一名编辑的价值。人的一生有各种各样的选择，但我选择了学报编辑，而且从进入编辑部的那一天起，就喜欢上了这份工作，而且是越来越喜欢。一生一事就做了编辑这件事，我值了。

（作者简介：章育良，湘潭大学出版社原社长，研究会第四届至第十届理事会副理事长）

我的主编岁月

李建华

1987年从中国人民大学获哲学硕士学位回湘潭师范学院后，我就有了一个梦想，要当学报主编，把学校的学报办出色彩。1988年，当郭青峰教授从长沙铁道学院来到湘潭师范学院出任院长后，他提出了湘潭师院要入流的动员令，大刀阔斧搞起了改革，各个部门的领导竞聘上岗。我竞聘的岗位就是学报编辑部主任、主编。竞选演讲后我不知的原因，改革流产了。时间到了1998年下半年，学校的一纸任命书，把我从教学一线岗位升任为湘潭师范学院学报编辑部主任、主编，圆了我的主编梦。

多年的主编梦是圆了，但这并不是我的目标。我的目标是要通过这个平台，在主编的岗位上，把事业干得风生水起，把我校学报打造成有影响力的一流学术期刊。为达此目标，在15年的主编岁月中，我慎终如始，心心念念、牵肠挂肚的是如何办好学报。我始终以饱满的热情全身心投入在打造一流期刊的事业中，一刻也没懈怠。深信通过不懈努力，办刊目标一定能实现。

记得第一次来到编辑部，编辑编务人员近10人。有年过半百、性格倔强的资深老编辑，也有血气方刚、爱憎分明的年轻人。大家各有心思，用怀疑的目光审视着我。那一刻，我强烈感受到：在我主编的前行路上，会充满荆棘和坎坷。知情好友曾告诉过我，编辑部一直以来，内讧严重，彼此针锋相对，互不相让，拍桌摔杯是常态。我的前任是一位很有才华的博士、教授，曾踌躇满志，主动请缨，要去编辑部干一番事业，但无奈，和编辑部的人搞不好团结，无法立足，在编辑部干了不足10个月就被迫辞职。前事不忘，后事之师。要实现办刊目标，我面临的主要任务有三：首先，要把编辑部团结搞好，编辑部有凝聚力、向心力，这是做事成事的关键；其次，要申请新增刊号，实现文理分刊，这是创办一流刊物的基础与前提；最后，要想方设法提升刊物的知名度、美誉度，这是打造一流期刊的必经之路。

怎么搞团结？我有心得：诀窍是要学会做人。人是感情动物，都有被尊重的需要，真心诚意地尊重了他人，自然能赢得他人对你的尊重。我是办刊的主编，不是做人的主编。在编辑部，我与大家的身份、地位、人格是平等的。与大家相处，我从不高高在上，自以为是。工作上的事，站在他人角度去想，设身处地，多商量，少指挥，做到以情感人，

以理服人。为人不虚情假意，能者为师，不耻下问，虚心当好小学生。解人所难、帮人所需，为人着想、与人为善，有容人之量。说贴心的话，做暖心的事，严于律己，不图私利。在《湘潭师范学院学报》当主编四年，该支付给编辑编务的，一分钱也没少过，而我自己没拿过一分钱主编费。当时学校财务十分紧张，给编辑部经费很少，而且大半年学校没钱报销。针对这种情况，我提出要用最少的钱办最成功的事。我常去北京出差，能省就省，没买过卧铺票，住的是招待所。在北京请客吃饭，基本上是自掏腰包。我的事业心、无私心、有爱心，在编辑部很快得到了大家的认可，从而增强了凝聚人心的力量。整个编辑部拧成了一股绳，大家同心同德、同甘共苦，朝打造一流期刊的目标努力。

原湘潭师范学院只有一个刊号，文理合刊。要打造一流期刊，向新闻出版署再申请一个刊号，成为我们办一流刊物的前提。然而，去申请新刊号是要经费支持的，学校没有经费支持，靠人脉去申请刊号其难度可想而知。但认定了的事再苦再难我也要想方设法去努力争取。在1999年上半年，我多次跑省新闻出版局，两次跑新闻出版署，提交申请，恳请主管部门关照。皇天不负苦心人，我的诚心打动了管理者，就在这年末，新刊号终于批下来了。喜讯传到学校，学校领导高兴了，因为这是学校未了的夙愿。学校领导为我们的工作卓有成效而叫好，特意在学校图书馆大门两旁悬挂巨幅宣传标语表示庆贺。在唐希中副校长倡导下，学校举行了庆祝会，各系各部门掏钱向编辑部祝贺，盛况空前，令人难忘。

《湘潭师范学院学报（社会科学版）》2000年出版了，要迅速扩大刊物的影响力，必须提升刊物的知名度与美誉度。我们着重做了三个方面的工作：1.特约名家撰稿。北京大学的陈波教授、中国社会科学院哲学所的孙伟平研究员，不仅把自己得意之作赐给了刊物，还给我们当上了义务约稿人，利用他们的学术地位，在圈内约到了不少学术名家的上乘之作，给《湘潭师范学院学报（社会科学版）》增色添彩，新刊一出版，因刊登了不少知名专家的文章，社会反响很大，权威文摘刊物转载量很高。陈波教授、孙伟平研究员为扩大我们刊物的影响力功不可没，我永远感激他们的无私帮助与支持。2.采取多种方式加强与《新华文摘》《中国社会科学文摘》《高等学校文科学术文摘》和中国人民大学书报资料中心的联系。我们把出版的刊物直接寄给相关责任编辑，保持和相关责任编辑的联系，请他们多关注我们的刊物。他们也为我们刊物的优质文章喝彩。我们中文系有一位年轻教师，他撰写的文学稿件在学报刊出后不久，被《新华文摘》全文转载。消息传来，这位作者喜出望外，十分感谢学报，只可惜这位优秀的作者英年早逝。

从 2000 年起，我们学报被转载复印率直线上升，最多时被转载复印高达 46 篇，在全国高校文科学报中排名第 18 位，《光明日报》登载了排名以后，全国不少刊物主编来电来访取经。2004 年，《湘潭师范学院学报（社会科学版）》入选《中国人文社会科学核心期刊要览》。3. 主动与湖南省高等学校学报研究会、湖南省期刊协会、中国人文社会科学学报学会建立联系，寻求指导、支持与帮助。在这里，十分感谢湖南省高等学校学报研究会历任领导班子成员卜庆华、张曾荣、王海东、章育良、王道平、任楚威、晏绍明、熊楚才、汪晓等，以及中国人文社会科学学报学会历任理事长潘国琪、龙协涛对我的提携、指导、支持与帮助。从 2002 年开始，我兼任湖南省高等学校学报研究会副理事长、中国人文社会科学学报学会常务理事，我们刊物影响力的提升，与他们的关爱、扶持息息相关。

2003 年，湘潭师范学院与湖南科技大学合并组建湖南科技大学，我出任湖南科技大学期刊社社长，《湘潭师范学院学报（社会科学版）》更名为《湖南科技大学学报（社会科学版）》，我担任主编。面对新的学校、新的形势、新的任务、新的刊名，我在传承以往办刊经验的基础上，提出了“以质量求知名、以创新求发展”的办刊理念和“一二三四五”精品名刊工程的实施办法。从 2004 年第 1 期开始，我们隆重推出了“毛泽东研究”专栏，特约著名毛泽东研究专家——南京大学刘林元教授和中国人民大学萧延中教授担纲主持。专栏经湖南省新闻出版局同意，将每期专栏刊发的四篇文章单独成册，邮寄给海内外有关领导、专家和学者。专栏推出以后，引起广泛关注。毛新宇将军在韶山宾馆约见了学校领导和我，并为“毛泽东研究”专栏题词。原中共中央文献研究室主任逄先知看了专栏文章后给专栏寄来题词：“祝愿毛泽东研究专栏越办越好。”李君如、李捷、张静如、许全兴、沧南等不少老领导、老革命纷纷来信来电来访，肯定专栏的正确导向，并对我们弘扬毛泽东的精神与毛泽东的思想表示感谢。《北京大学学报（哲学社会科学版）》前后两任主编率他们编辑部编辑编务多人来我们期刊社一块交流办刊经验；中国人民大学书报资料中心总编室李主任率编辑一行四人来期刊社听取办刊情况汇报，并就如何提升刊物的影响力给我们作了不少指导。经过我们的不懈努力，我们用我们的执着与坚守使《湖南科技大学学报（社会科学版）》的社会影响力一年一个样，并逐步攀升。2008 年被评为中国人文社会科学核心期刊，入编中文核心期刊要目总览，2009 年入选 CSSCI 扩展版期刊，2011 年成为 CSSCI 核心期刊。至此，我们打造一流期刊的目标得以实现。我本人荣获湖南省高教系统优秀共产党员称号、湖南省期刊协会优秀期刊社长总编奖、全国高校社科学报优秀主编称号、全国高校社科学报事业突出贡献奖。2013 年我年满 60 岁，从 1998 年 10 月至 2013 年 10 月止，我在主编岗位上干了 15 年后退了下来。时光荏苒、岁月如梭，一晃 10 多年又过去了。现在我年过 70，回忆我激情如火、倾注热血的主编岁月，点点滴滴，依然那么清新、难忘。

致敬，所有帮助支持过我干事业的领导和朋友们！

（作者简介：李建华，湖南科技大学期刊社原社长、主编，研究会第六届、第七届理事会副理事长）

因缘聚会　风月同天

赵佳荣

我与湖南高等学校学报研究会的情缘始于2000年的春天。当时，正值湖南农业大学社科学报创刊，我刚从学校“尚书房”转岗到学报编辑部。到岗不久，我就有幸参加了研究会在湖南财专（现已升格更名为湖南财政经济学院）金枫楼举办的湖南省高校文科学报编排规范研讨会。记得当时研究会常务副理事长、《湖南师范大学学报》主编卜庆华教授主持了这次研讨会，并给大家赠送了他的著作《编校改错必读》。后来我从《湖南师范大学教育科学学报》主编徐超富先生那里得到卜先生著述的一本综合性文集《鸿爪集》，方知卜老师不仅是一代“郭学”名师，先后出版了《郭沫若评传》《郭沫若研究札记》《郭沫若研究新论》等力作，同时对编辑学也有着不凡的见解，还为全国高校文科学报研究会的筹备及其成立大会在湖南师范大学成功举办殚精竭虑，贡献良多。从此我对“为人羞媚上，任事鄙无成”的卜师更是膜拜有加。这次卜老在财专主持的文科学报业务会议便是我与研究会十余年情缘的肇始。

回首往事，湖南高等学校学报研究会对于从学校党政管理部门转岗学术编辑出版的我而言，确有一份难以忘却、无法割舍的情缘。一粒种子，只有深深植根于沃土，才能生机无限。2013年在长沙枫林宾馆召开的中国高校科技期刊研究会年会上，作为优秀团队及优秀个人代表，我在颁奖大会上发表过一番获奖感言：一个学术期刊编辑或编辑团队要有所作为，除自身努力和主办院校支持外，还离不开良好的行业学术生态和行业协会这个大家庭的关爱。可以说，没有研究会及会员的交流互鉴、守望相助，任何一个编辑、团队都难有职业的亮色和事业的生机。

清楚记得2006年，我结合社科学报编辑实践向研究会提交了“农科类高校人文社科学报特色栏目建设研究”并被列入研究会首批资助项目。当时这对于本人确实是一个莫大的鼓励，也对我积极带领社科学报编辑团队深入开展“三农”热点笔谈、“茶文化研究”等特色栏目创新性实践是一种鞭策。回顾十多年学术期刊编辑生涯，我深感自己由一个编辑新人成长到编辑部副主任、副主编、副社长、执行主编、研究员、主编、社长、硕士生导师、研究会副理事长，并取得一点小小成绩，是离不开研究会卜庆华、熊楚才等贵人指点迷津，编辑同仁和衷共济的。

可以说，湖南高校学报能够成为中国学术期刊方阵中的一抹亮色，湖南农业大学学术期刊事业的快速发展，都得益于研究会丰富多彩的学术研讨、业务培训，以及与政府、国内外同业协会的桥梁纽带作用。没有湖南高等学校学报研究会守正创新，引领成员刊社拓宽办刊视野，强化业务培训，提升编辑水平，本人也难以在社长任职期间，率领团队在2010—2019年推动学校学术期刊事业高质量发展：自科学报取得中国高校精品科技期刊奖四连冠并跻身CSCD核心期刊行列，社科学报荣获湖湘优秀出版物奖、教育部中国科技论文在线优秀期刊一等奖，并成为CSSCI扩展来源期刊；推动《作物研究》由季刊变更为双月刊；抓住政府机构改革的历史机遇，成功接管湖南省农机局原《时代农机》，并更名为《农业工程与装备》，扩大了学校学术期刊出版基业。

在湖南高等学校学报研究会这个温馨的大家庭，除了定期召开的学术年会、举办的业务研讨活动外，丰富多彩的文化体育娱乐活动也是研究会的魅力所在。同《中南大学学报》陈灿华主编相识之初，他给我的第一印象是业务精湛、乐于助人、任劳任怨的“沙僧”，但与他休闲时切磋过几次乒乓球、小麻将、“掼蛋”和“跑得快”后，才发现他球路和出牌“贼”得很，尽管被他“虐”过千百遍，大伙却待他如“初恋”，一得空就喜欢和他过招，也许是大家热爱研究会这个温馨大家庭的另类表达吧。因为在这里，编辑同仁在探讨学术、分享成果之余，既可展示才艺，消除案牍劳形，又能结识新朋，增进情谊，大伙倍感亲切和温暖。

因缘聚会，风月同天。虽然编辑同仁生活在三湘四水，隶属于不同编辑部，自身禀赋和根基迥异，但在湖南高等学校学报研究会这一共同体里，大家都具有深厚的湖湘文化认同，赓续着锲而不舍、苦而不言、学术维新、止于至善的湖湘出版人精神血脉。因此，我相信，只要会员编辑同仁虔诚“修行”，各美其美，美人之美，研究会和湖南高校学报就一定可以逐步进入“美美与共、天下大同”的境界。本人虽因学校机构调整和干部换届于2019年秋天离开了学术期刊主编岗位，但这段美好的缘分将是我一生美好的回忆。

（作者简介：赵佳荣，湖南农业大学期刊社原社长，研究会第七届、第八届副理事长）

如歌岁月，葱葱又匆匆

蒋　芳

2019年7月，因工作岗位调整，我来到期刊社，担任社长，兼任《衡阳师范学院学报》主编，于是，便成了湖南省高等学校学报研究会一名常务理事。从此，我与研究会结下不解之缘，时至今日，已有五载。

这是一段辛勤劳作的岁月。

在我进入期刊界之前，从身边有关人员的言语行为中获知，期刊工作既轻松又单纯，窃以为自己能够走进期刊行列，实乃捡了一个大便宜，可以好好地潇洒走一回。殊不知，一旦进入，面对的天空并非那么简单。

2019年4月25日，中宣部发布《关于印发〈报刊出版单位社会效益评价考核试行办法〉的通知》，期刊年度社会效益评价考核工作自此开启；2019年10月25日，国家新闻出版署印发修订后的《图书、期刊、音像制品、电子出版物重大选题备案办法》，重新提出对期刊刊发重大选题的文章实施备案；2019年11月15日，《国家新闻出版署关于开展出版单位"三审三校"制度执行情况专项检查的通知》下发，期刊"三审三校"工作被提升到新的高度；2020年5月28日，国家新闻出版署印发《报纸期刊质量管理规定》，期刊从此必须接受内容质量、编校质量、出版质量、印制质量等四方面的检查；尤其是2021年，中宣部、教育部、科技部联合印发《关于推动学术期刊繁荣发展的意见》，对学术期刊在出版能力建设、优化布局结构、加快融合发展、提升国际传播力、优化发展环境、加强指导扶持等方面提出要求，让我们期刊人倍感使命光荣、责任重大！随着国家一个接着一个文件的出台，一个接着一个规定的制定，省委宣传部以及省教育厅对期刊工作的领导不断加强，对期刊编辑出版工作的监督检查不断趋向严格。

国家政策的频繁出台和上级主管部门的监督检查加大，让我们感受到前所未有的压力；兄弟院校学报的创先争优和快速发展，让我们深感自己面临的危机。曾几何时，参加省高校学报研究会主办的会议，除了省内大刊大咖的津津乐道让我艳羡不已，同类期刊主编的娓娓道来、如数家珍更是让我明白差距所在。还记得，陈浩凯主编代表《长沙理工大学学报（社会科学版）》发表的慷慨陈词，彭柏林主编结合《云梦学刊》办刊经验所作的精彩演讲，张斌在担任《怀化学院学报》主编时承办省级会议的激情发言，还有杨妍主编介绍四个人如何办好《湖南工程学院学报》社科版和自科版的酸甜苦辣……一个一个激励我前进，鞭策我努力。

作为一个从事期刊编辑工作不久的新兵，在面对外来各种压力时，虽然因为历经岁月磨砺，暂时没有出现临战惊慌，但是针对刊物发展现状，想到自己肩负的责任，或多或少还是有些诚惶诚恐。于是乎，我便带领编辑部一班人，从两个方面抓好期刊工作：一是严守意识形态阵地，确保刊物不出现任何导向性错误；二是聚焦热点难点问题，围绕栏目建设，进行选题策划，选审优质稿件，细化编校审读环节，不断提高期刊质量，力争让每一次检查都能达到合格甚至优秀水平。作为一个地方院校主办的文理混合的综合性期刊，既要达到以上要求，又希望能够较以往有大的发展，取得新的进步，谈何容易？作为一个初入期刊界的年老新兵，所主编的刊物不在任何一个核心序列，要带领本期刊社同仁奔赴一个新的高度，其中付出的汗水和艰辛，作出的努力和奉献，他人又知多少？在这段日子里，我们通过聆听一个又一个培训报告汲取编辑知识养分，通过参加一次又一次会议大开眼界，通过走访一个又一个兄弟单位学习好的做法，通过开展一次又一次交流总结经验教训，通过拜访不同的专家学者增长自己的才干。我们希望在研究会里拥有一席之地，希望自己的期刊在同类型同级别中绽放出应有的光彩。为了既定的目标，我们不断奋斗着！

这是一段激情燃烧的岁月。

在我的期刊工作生涯中，我充分享受了省高校学报研究会这个大家庭的温暖和深情

厚谊。资深理事长雷鸣和资深副理事长章育良等的敬业与严谨，让我感受到这个团体的守正创新和治学严谨；现任理事长李文邦的随和与幽默，让我感受到这个集体的勃勃生机与活泼氛围；副理事长陈浩凯台上的严肃认真与台下的侃侃而谈，让我感受到他工作生活处理游刃有余；准八零后副理事长伍济钢的率直和豁达，让我感受到理工男的真挚与信任；秘书长谢翠蓉的热情与细致，让我感受到她工作的倾心和热心；副秘书长段发明的高深期刊素养和专业评比用心，让我感受到研究会的学术气氛浓浓……

我很幸运，在这个大家庭里结识了很多新朋友，除了以上言及的领导之外，还有诸多的同仁，如一直为冲击核心期刊勇往直前的彭柏林，他在办刊上的敬业用心和孜孜以求，在学术上的创新冒尖和勇攀高峰，是我们研究会中一道亮丽的风景，让我永远难以企及；一心为期刊发展默默工作的彭分文，为人谦恭，勤勉上进，憨厚的外表下有着一颗热情激荡、真挚待人之心，他的和蔼可亲、悉心待客让我无比感动；角色转变迅速、工作兢兢业业的张斌，在期刊界虽然相处时间不长，他那怀化人独有的率真，对期刊同仁的热情相拥，让我历历在目，恍如昨日；在期刊事业上有着鸿鹄之志的钟佩君，进入期刊界即便只有几年时间，但是她那志存高远的办刊理想，追求卓越的办刊理念，力推精品的办刊情怀，废寝忘食的办刊作风，以及在全国高校文科学报会上的经验推介，让我难以望其项背；还有给予我鼓励或帮助的刘金明、兰甲云、姚德权、易必武、王习贤、余华、王岐本、马骥、潘雁飞、郭冬生、沈红宇等同志，让我充满感激之情。

我尤为开心，在这个大集体中，我与我的老师、我的老朋友、我的学生相遇并相聚。罗渊是我的大学老师，他曾经教我知识，现又教我办刊，使我的期刊生涯有了引路人；王洁群是我的老朋友，在学术研究上是我学习的榜样，曾经给了我很多帮助，现在我们共同沐浴在高校学报研究会大家庭中，再次携手同行；特别是师妹杨妍和师弟曾祥炎，我们三个彼此在大学校园完美错过，虽然三人的求学时段无缝对接，正好连接起湖南科技大学汉语言文学专业十二年办学历程，可毕竟错过使我们成为陌路人，可谁知，我们仨在研究会再次遇见，让曾经错过的遗憾得到了弥补，让那句“无数次的擦肩而过，是为了这次刻骨铭心的等待”得到应验；还有我的学生华婷、资丽君，她们正和我一样，在期刊编辑出版的道路上奋然前行。

这是一段值得铭记的岁月。

从走进省高校学报研究会那一刻开始，我就带领期刊社同仁积极为《衡阳师范学院学报》的发展创新工作，辛勤付出。

为了办好《衡阳师范学院学报》，我们立足期刊发展现实，不求大求全，重点将唱响主旋律、擦亮名优品、聚焦“新”“热”“难”、服务教研学作为期刊特色凝聚，围绕着开展栏目和选题策划，全面提升期刊质量。我们尤其重视主题宣传，积极刊发研究、阐释、传播习近平新时代中国特色社会主义思想和党的十九大、二十大精神文章；我们持续打造经典栏目“船山研究”，积极约请专家稿件，每年刊载文章在 12 篇以上，我们还主编出版了《船山思想研究——〈船山研究〉栏目（2018—2022）论文集粹》《船山思想传播研究——〈船山研究〉栏目（2018—2022）论文集粹》，并与中国人民大学书报资料中心合编《王船山思想国际学术研讨会相关论文题录索引（2009—2019）》在纪念王船山诞辰400周年国际学术研讨会上赠送；我们围绕治理体系和治理能力现代化、人类命运共同体、“一带一路”、生态文明建设、传统文化传承、区块链等栏目策划选题，并对民法典、中外经济贸易逆差、垃圾分类、城市雾霾、数字经济、数字人文、女书文化、网络募捐、自媒体监管、网络用词与网络表情符号、大学生创新创业、中小学生课业负担过重、劳动教育等问题进行组稿；我们还开办“高等教育研究”“基础教育研究”“继续教育研究”“三全育人研究”“师范教育”“教师教育”“中学教学研究”等栏目，践行教育部提出的“鼓励高校学报向教学研究倾斜”的新时代要求。

几分付出，几分收获。在大家的共同努力下，我们看到了学报发展的春天。自我任职以来，我们学报有8篇文章获评“湖南期刊主题宣传好文章”和“湖南省高等学校学报研究会主题好文章”，开创了从第二届开始连续五届获得“湖南期刊主题宣传好文章”的历史；有13篇文章被人大“复印报刊资料”全文转载或被《高等学校文科学术文摘》转摘，扩大了刊物的影响；我们开办的“区块链监管研究”栏目获得省委宣传部《评阅简报》专期独文推介；我们持续打造的精品栏目“船山研究”2021年获评湖南省教育厅主管社科类期刊“名刊培育计划品牌栏目”，2023年获评全国高等学校人文社科期刊特色栏目；我们编辑出版的《衡阳师范学院学报》2022年被中国社会科学评价研究院评定为AMI扩展期刊，2023年被评为全国高校优秀社科期刊、湖南省品牌社科期刊资助项目；期刊复合影响因子实现了从2018年0.119到2023年0.301的蝶变，提升幅度达153%；期刊编校质量检查每次差错率都在万分之二以内，达到合格要求；期刊社会效益年度考核连续四年被评为“优秀”等级。我们这个地方院校的学报终于在万花丛中露出了一点红。我也因此获得了湖南省高等学校学报研究会颁发的“优秀主编”证书和奖杯。值得欣慰的是，我的期刊岁月终究没有白白浪费。

从年龄上来说，我是一个即将退居二线的老头；就从事期刊工作时间来说，我依然是那个才刚刚起步的青葱少年。近六年时间里，有欢笑有彷徨，有兴奋也有失落。因为开朗和随意，所以常常会被部分同仁记起；因为水平不够，能力不强，所以每次会议只能身处一隅，而不能登大雅之堂，更不能如其他主编那样高谈阔论。就这样走过，就这样彼此相遇相识相知，相亲相爱相惜，相别相离相念。葱葱又匆匆！

（作者简介：蒋芳，衡阳师范学院期刊社社长、《衡阳师范学院学报》主编，研究会第九届、第十届常务理事）

我与研究会的不解之缘

陈灿华

本人陈灿华，男，编审，《中南大学学报（自然科学版）》执行副主编兼编辑部主任，自 1993 年 4 月起从事学报编辑工作，迄今已逾 30 年。

一 研究会——我生命中的重要组成部分

学报研究会在提供专业指导、促进学术交流、加强会员之间联系、践行国家出版政策、促进期刊信息化和资源共享、促进期刊发展等方面发挥着非常重要的作用。本人自 1993 年 4 月从事学报编辑工作，便与湖南省高等学校学报研究会（以下简称研究会）结下了不解之缘。我除认真做好本职工作外，每年积极参加研究会组织的研讨会、年会，积极撰写编辑学理论与实践方面的论文，协助研究会和协办单位做一些力所能及的工作。通过不懈努力，我工作能力不断得到提升，工作业绩逐渐得到业内同行认可，先后被任命为第六届学术委员会副主任、第七届理事会学术委员会主任、第八届理事会秘书长、第九届理事会秘书长兼理工科学报专业委员会副主任委员、第十届理事会理工科学报专业委员会秘书长等。目前还担任中国高校科技期刊编辑学会常务理事、中国科学技术期刊编辑学会理事、湖南省科技期刊编辑学会副理事长等。可以说，研究会见证了我的成长，它已成为我生命中的重要组成部分。

二 研究会——助我成长的推进器

研究会助我自信。

刚参加编辑工作的我，因业务能力不强、知识面不广、见识不多、讲话带有地方口音而胆怯。记得入职后的第二年，在湖南省高校学报研究会的学术年会上，因撰写了一篇论文荣获一等奖而被安排发言。接到任务后，便一直处于高度紧张之中。在会议期间等待发言的过程中，整个人都在颤抖。临到发言时，更是战战兢兢上台，语无伦次，发完言后便如释重负，可早已汗流浃背。为了改变这种不利局面，在此后的一个月内，我每天夜深人静时，在学校图书馆前的水池边放声朗读。通过这种坚持不懈的训练，逐渐变得自信开朗。此后，能信心满满地上台发言或为学员授课。

记得第一次授课是 1998 年在湖南省科技期刊编辑学会组织的湖南省科技期刊主编培训班上为期刊主编授课，讲课内容是期刊参考文献的著录格式、编排规范与易出现的问题等。接到任务后，我认真做好课件，且连续一个星期认真复习课件，最后几乎能倒背如流，因而授课期间自信满满，整个授课过程如行云流水，进行得很顺利，得到了与会主编的一致肯定和好评，这无疑给我增添了很大自信。在此后的授课中，我没有任何胆怯之感，从而敢于接受全国高校学报研究会或外省相关学会的邀请，在会上发言或授课。如 2020 年中国高校科技期刊研究会第 24 次年会暨渝沪湘高校科技期刊论坛开幕式上，我应邀做重点发言并主持一个环节的学术研讨；近几年先后在陕西省高校学报研究会、广西科学技术期刊编辑学会、山东大学期刊社等组织的期刊编辑培训中为学员授课；多次在省内外相关研究会（学会）中主持会议或在会议上做重点发言。特别是 2019 年在中国科协、财政部、教育部、科技部、国家新闻出版署、中国科学院、中国工程院等部委联合启动的“中国科技期刊卓越行动计划”中，我在北京与本编辑部副主任赵俊一起参加答辩，面对由院士任组长、期刊界知名人士 10 余人组成的专家组，能顺利完成陈述、答辩，过后细细回想，不禁感恩于研究会的培养，同时为今天的自己点赞。

研究会助我成长。

通过研究会这个广阔的舞台，本人结识了许多编辑才俊，其中不乏才华横溢、率先垂范的长者，朝气蓬勃、锐意进取的同辈，我增长了才识，开阔了思路，拓宽了视野，这对我办刊和成长起到了非常大的促进作用。我从一个刚入职的菜鸟、懵懂少年日趋成熟，先后取得一系列成绩和荣誉。

就个人而言，2000 年晋升为副编审，2006 年晋升为编审；2007 年被评为湖南省首批新闻出版行业领军人才；2014 年被评为全国新闻出版行业领军人才；2017 年荣获湖南出版政府奖优秀人物奖。先后荣获全国高校学报优秀编辑部主任、中国高校科技期刊优秀主编、全国高校科技期刊优秀编辑工作者、湖南省优秀中青年出版工作者、湖南省十佳自科期刊编辑等 30 余项荣誉。自 2000 年起先后任《中南大学学报（自然科学版）》编辑部副主任、主任、执行副主编。撰写了编辑学理念与实践方面的论文 40 余篇，其中 CSSCI 论文 10 余篇。

就期刊而言，《中南大学学报（自然科学版）》荣获中国期刊方阵双高期刊、首届国家期刊奖、中国精品科技期刊、中国国际影响力优秀学术期刊、百种中国杰出学术期刊、中国高校杰出科技期刊、湖南出版政府奖优秀出版物奖、湖南省首届十佳自科期刊等近 80 项荣誉。2019 年入选“中国科技期刊卓越行动计划”梯队期刊项目；2020 年入选“湖南省培育世界一流湘版科技期刊建设工程重点期刊项目”；2021 年荣获国家出版政府奖期刊奖提名奖；被 EI 等世界 6 大检索系统和 CSCD 等国内外知名数据库列为来源期刊，其影响因子等期刊评价指标在全国高校同类期刊中名列前茅；入选中国有色金属学会高质量科技期刊 T1 级别、中国铁道学会铁道运输领域高质量科技期刊 T1 级别、冶金工程技术领域高质量科技期刊 T1 级别等。

三 新时代新作为

自 21 世纪初特别是 2018 年以来，国家相关部委制定了许多促进我国期刊发展的政策，如《关于深化改革 培育世界一流科技期刊的意见》（2019 年）、《中国科技期刊卓越行动计划实施方案》（2019 年）、《关于推动学术期刊繁荣发展的意见》（2021 年）等。2019 年中国科协等七部委启动了“中国科技期刊卓越行动计划”后，2020 年湖南省委宣传部、科技厅启动了“湖南省培育世界一流湘版科技期刊建设工程”，对期刊培养、期刊集群建设、人才培养等多个方面进行重点资助，其力度之大、范围之广前所未有。科技期刊繁荣发展的黄金时机已经到来。

2021 年习近平总书记给《文史哲》编辑部的回信中，指明了学术期刊必须坚守初心、引领创新，增强做中国人的骨气和底气。作为编辑，我将立足本职岗位，与时俱进，不断学习新的办刊理念，不断接收新的知识特别是融媒体知识，踔厉奋发，久久为功，以功成不必在我、功成必定有我的奉献精神和敬业精神，担负起时代使命，发挥好期刊作用，在及时传播科技文化知识、促进成果转化、发现和培育人才等方面贡献自己的力量，彰显期刊人的责任、使命和担当。

［作者简介：陈灿华，《中南大学学报（自然科学版）》副主编、编辑部主任，研究会第八届、第九届理事会秘书长］

圣贤道缘三十载，衡云湘水麓山情

兰甲云

曾经有位大师说过：大学最重要的是图书馆、学报、教务处三个机构。1994 年 8 月，我从西北师大中文系唐代文学硕士研究生毕业后来到岳麓山下，来到湖南大学学报编辑部工作，当时的学报在环境馆办公，借的是环工系的房子。

当时的编辑部主任是刘子娟老师，卖了一些书报废品资料，刘老师就用这笔钱请编辑部同事作陪，请我这位新来的同志吃了一顿饭，表达他们热烈欢迎我加入学报团队的心情，我当时有一种回到家的感觉。当时的学报编辑部同事有刘子娟、雷鸣、夏艾生、饶燕琴、黄桂芳、张高明六人，加上新来的我，总共七人，其中自科版学报有五位老师，即刘子娟、夏艾生、饶燕琴、黄桂芳、张高明，社科版学报即雷鸣和我，我来之前，社科学报就是雷鸣老师一个人。社科学报当时为内刊，没有公开刊号，处境艰难。当时的学报编辑部虽然为独立性较强的单位，但是挂靠在科技处，李树丞为科技处处长，学报编辑部为科级单位。

编辑部的老师们非常热情，编辑部主任刘子娟老师给了我三四本编辑方面的书籍，告诉我好好阅读，掌握好基本的编辑知识；雷鸣老师是编辑部副主任，负责社科学报工作，告诉我具体的学报编辑常识，安排我做学报收稿登记、编辑加工、校对印刷工作。

1995 年 9 月，省委宣传部在省委党校举办了为期三个月的邓小平理论骨干培育班。雷鸣老师征得刘子娟老师同意，安排我去学习。在这个学习班上，我认识了戴树元、章育良、周国清、郑洁、陈立龙等期刊界的朋友，且当时为我们授课的是省委宣传部的文选德部长。文部长的理论水平很高，口才也非常好，相处起来特别平易近人。能够遇上这样的好领导，既高度重视宣传工作、学报工作，又重视我们这些年轻编辑，心里确实有些激动，同时也暗下决心必须要认真干好学报编辑工作，才能对得起领导的关心与支持。

从 1995 年开始，我就经常参加省里面的学报研究会与全国的文科学报研究会的活动，认识了省学报研究会的卜庆华、石潇纯、刘寒辉、成凤明、邱玉梅、宁晓青、李学宇、

陈灿华、易永卿等编辑界同仁，与学报界同仁结下了深厚情谊。在全国学报界先后认识了杨焕章理事长、潘国琪理事长、龙协涛理事长、程郁缀老师、刘曙光老师等，感觉全国学报研究会就像一个大家庭，大家在一起开会，探讨学报办刊的事情，其乐融融，气氛很融洽。

《湖南大学学报（社会科学版）》虽然创立于1987年，但是因为当时的湖南大学以工科为主，文科实力薄弱，社科版与自科版共用一个刊号出版，后来文理科才分开。1994年，社科版以内刊形式出版，一年出4期，属于季刊。当时雷鸣老师想申请公开刊号，我们一起去机械部拜访，希望得到部里支持。结果跑了几次，碰了一鼻子灰。万幸得到学校领导的支持以及雷鸣老师坚持不懈地多次往北京有关部门走访咨询，终于在1998年成功申请到了公开刊号。当时，我去北京国家图书馆和新闻出版署出版科学研究所办理了国际刊号、条形码、国内刊号、国际发行等相关手续事项。整个过程虽然艰辛，但最终的结果让我们都非常高兴，也很有成就感，学校领导也很满意。当时是李树丞副校长管理学报，他对学报非常支持，特别感谢李校长。

《湖南大学学报（社会科学版）》于1998年获得公开刊号，在《湖南大学学报（社会科学版）》发展史上，是一个里程碑。雷鸣老师1999年去湖南大学出版社担任社长，兼管学报工作，2000年元月，我开始担任社科学报编辑部主任工作。2000年夏天，湖南大学与湖南财经学院合并，李学宇老师担任期刊社社长和常务副主编，我开始担任《湖南大学学报（社会科学版）》副主编和省学报研究会常务理事。

2002年，王道平同志担任期刊社社长。2004年，《湖南大学学报（社会科学版）》的“岳麓书院与传统文化栏目”进入教育部首批名栏工程行列（全国共16家高校学报），该栏目自1987年创刊开始，就已经设立，并且一直坚持下来。2007年，在王道平社长、主编的努力和岳麓书院的支持下，经过编辑部同仁同心协力、共同奋斗，《湖南大学学报（社会科学版）》终于进入了南京大学CSSCI刊核心期刊行列。此后几年内，《湖南大学学报（社会科学版）》陆续进入北京大学图书馆中文核心期刊与中国社科院AMI核心期刊行列。

2013年，《湖南大学学报（社会科学版）》被当时的国家新闻出版广电总局评为首届“中国百强报刊”（全国仅有12家高校学报获此殊荣）。

2016年1月，在当时湖南大学党委书记刘克利、主管学报工作的党委副书记唐亚阳的关心与支持下，《湖南大学学报（社会科学版）》顺利完成了新一届编委会换届选举工作，我被选举为新一届编委会委员和学报执行主编。

2017 年，《湖南大学学报（社会科学版）》在湖南大学校领导以及湖南大学社科处和岳麓书院的支持下成功举办了创刊三十周年学术研讨会，我们编辑部在挖掘湖南大学创刊历史时，发现湖南大学最早创办期刊是在 1934 年，梳理了湖南大学的创办刊物的历史，弄清楚了湖南省的早期办刊史，在当时主管学报工作的党委副书记栾永玉教授支持下，湖南大学社科处资助我们 10 万元经费，我们编辑部编辑出版了一套大型纪念丛书《湖南大学社科学报文萃》，100 余万字，共三册，即《湖南大学社科期刊论文精粹（1926—1949）》《〈湖南大学学报（社会科学版）〉论文精粹（1987—2017）》《〈湖南大学学报（社会科学版）〉名栏精粹（1987—2017）》，在学术界、期刊界产生了较大影响。

2017 年，我被选为湖南省高等学校学报研究会秘书长，2020 年被选为全国高校文科学报研究会常务理事、学术委员会副主任，感谢湖南省高等学校学报研究会、全国学报研究会对我的信任，我在全国高校文科学报研究会理事长刘曙光教授、湖南省高校学报研究会理事长雷鸣教授的领导下，做了一些力所能及的工作，感到非常荣幸。

2023 年是湖南省高等学校学报研究会创办四十周年的特殊时间窗口，也是我从事学报编辑工作三十周年，回首三十年往事，就我个人来说，是一段长长的岁月，但是在学报的历史长河里，却是一朵小小的浪花，有幸的是在我们国家的学术走向繁荣的这段时期，我参与并见证了《湖南大学学报（社会科学版）》、湖南省高等学校学报研究会以及全国学报研究会的起步和发展的历程，感到十分幸运。

在编辑学者化、编研结合方面，我也做过一些努力。1998 年，学报编辑部派我去广西民族学院学报编辑部参加一个全国文科学报学术会议，我撰写了一篇专题学术论文在大会宣读，题目是《论隐性编辑含量》，后来在权威刊物《出版发行研究》发表，1999 年《中国出版年鉴》将此文作为重要文献收录，并且做了摘要介绍。2004 年 9 月，我在岳麓书院陈戍国教授门下攻读专门史博士学位，研究方向为中国礼制史，陈戍国教授为著名礼学家，在陈戍国教授指导下，我的博士学位论文《周易古礼研究》获得专家盲审一致好评，喜出望外，并且后来获得湖南省优秀博士论文奖。2007 年 5 月 27 日我答辩通过，顺利毕业并获得历史学博士学位，作为千年书院的首位博士毕业生，当时的主流新闻媒体都有报道，《新闻联播》也有报道，刘子娟老师当时在美国，她说从香港《大公报》上面看到了我博士毕业的新闻。2009 年，我跟随全国伦理学权威唐凯麟先生在湖南师范大学伦理所做哲学博士后，研究方向为传统文化网络传播，2011 年顺利出站，并被评为湖南省优秀博士后。2012 年和 2013 年，为陈戍国教授申报国家社科基金重点课题、重大课题，组织课题组成员撰写课题申报材料，并成功获得国家社科基金重点项目、重大项目立项，我是国家社科基金重大项目子课题负责人，2013 年获得湖南省社科基金重点项目“宋代以后平民礼制研究”课题。2022 年，我组织申报了教育部哲学社会科学研究重大课题攻关项目“礼乐素养培育和礼乐文化社会教育研究”，我作为首席专家，项目获得成功立项（2022JZD051）。2012 年，我获得湖南省新闻出版行业领军人才称号。2017 年，获得湖南出版政府奖优秀出版人物奖。2006 年、2010 年、2014 年、2018 年总共 4 次获得全国高校文科学报研究会优秀主编称号。

我热爱学报编辑事业，同样也热爱学术研究，我在编辑学者化方面、编研结合方面取得的一些成就，离不开编辑部同仁的支持、离不开学校领导的支持、离不开岳麓书院的支持、离不开新闻与传播学院的支持。当然，湖南省高等学校学报研究会、全国高校文科学报研究会是一贯支持编辑学者化这个战略方针的，湖南省高等学校学报研究会现任理事长李文邦也多次提倡编辑学者化。我认为，编辑学者化，有利于学术刊物的发展，能够迅速提升编辑的学术水平和学术眼光。编辑的科研事业有助于学报编辑工作，同时，学报编辑工作也有助于科研学术工作。因为社科学报属于综合性刊物，社科学报许多栏目涉及多个社科学术研究领域，因此，与某一领域的一般专家不同，我长期从事学报工作，对社科前沿研究的多个领域都比较熟悉，这种对综合学科编研结合的工作属性，对我们课题组的跨学科研究也非常有帮助。

我的编辑职业生涯，让我有机会结识许多学界名流大咖，我有机会向他们学习，我感到非常幸运，譬如史学界清华大学的李学勤先生、哲学界清华大学的彭林先生、中国社科院的邹昌林先生、姜广辉先生等人。同样有机会认识了《新华文摘》的张耀明总编辑、喻阳总编辑、刘仲翔总编辑、王善超副总编辑，人大“复印报刊资料”的高自龙总编辑、高等学校文科学报学术文摘的姚申总编辑、何云峰总编辑等学术界朋友。

回首 1994 年 8 月入职湖南大学学报编辑部，往事历历在目，一晃就是三十年，真有如梦如幻的感觉，人生真如司马迁所说，“如白驹过隙”。

在学报三十年编辑工作生涯中，我取得了许多成就，也有不少遗憾，约取过许多好的稿件，审稿过程中从编辑、文摘、引用角度对作者提出过许多有益建议，许多论文修改后被人大“复印报刊资料”转载、《新华文摘》全文转摘，帮助过不少学者，也因为退稿得罪过一些朋友，许许多多的是是非非，不可避免，自己也坦然面对，觉得问心无愧。

我心里常常想起岳麓书院的一副对联，以此自励自警，在此也献给编辑界的朋友，作为这篇小文的结语，与大家共勉：

“是非审之于己，毁誉听之于人，得失安之于数，陟岳麓峰头，朗月清风，太极悠然可会；君亲恩何以酬，民物命何以立，圣贤道何以传，登赫曦台上，衡云湘水，斯文定有攸归。”

［作者简介：兰甲云，《湖南大学学报（社会科学版）》执行主编，湖南大学岳麓书院教授、博士生导师，研究会第九届理事会秘书长］

办好古代文学研究刊物的己见

徐　炼

我参加《中国韵文学刊》的工作，至今已近三十个年头。三十年，足以使一个血气方刚的中青年变成老人。王羲之《兰亭序》说："夫人之相与，俯仰一世。或取诸怀抱，晤言一室之内；或因寄所托，放浪形骸之外。虽趣舍万殊，静躁不同，当其欣于所遇，暂得于己，快然自足，不知老之将至。及其所之既倦，情随事迁，感慨系之矣。向之所欣，俯仰之间，已为陈迹，犹不能不以之兴怀。况修短随化，终期于尽。"《中国韵文学刊》于1987年创刊，由王起、钱仲联、羊春秋、傅璇琮等21位全国著名专家学者组成第一届编委会，至2023年已有三十六年，出刊105期。当年参与创刊的文化界的多名泰斗现多已作古，然而他们留下的为传统艺术复兴、为祖国文化昌盛而辛勤耕耘、提携后辈的感人事迹，他们乐于牺牲自我的献身精神及精深的文化造诣、灌溉后人的丰厚学术思想成果，又使人感到：有某种东西是不死的，是不会"情随事迁"，在俯仰之间就成为"陈迹"的。

《中国韵文学刊》是全国一级学会中国韵文学会的会刊，按级别可以说是挂着一块金字招牌，当年学刊也有一个极其灿烂辉煌的开端。其后一度成为北大核心期刊，也曾被复旦大学、中山大学、浙江大学等高校定为核心期刊。众所周知，古代文学研究论文的引用内容除所研究的作品外，主要是前人的经典理论，而当代学者间的学术商榷、争论是极少的情况。它至今没有进入C刊的行列，这跟它所属的学术级别很不相称。由于长时期处于非核心刊物状态，因而本人有一种构想：在这种情况下，是否还有一些办法，可以办成非C刊、非核心的优秀刊物呢？

我想，那就要摆脱目前的刊物评价体系的束缚，解放思想、拓展思路，从学术思想、内容、形式、文字风格以至评价标准的多元化，把刊物办成一个真正百花齐放、百家争鸣、古为今用、推陈出新的古代文学研究期刊。具体的思路办法可以不断出新，不断完善。

例如，设立相应的栏目，推出相应的系列论文，促进古代韵文研究内容与现代人精

神生活、新时代精神文明建设的结合。这不仅为现时期古代文学研究领域所缺如，而且也突出体现中央文件对宣传出版工作所提倡的“两创”指导精神，必然会产生良好的社会效应。如古代韵文的古今比较、中外比较。当前有不少外籍华人学者在国外从事中国韵文的研究、推广和创作活动，如加拿大学者史双元，曾在我们刊物发表质量较高的中外诗歌比较论文，而目前正在其微博上连续推出同题材论文。可以联系组织这一批学者持续为相关栏目撰稿。现代文学史上有许多旧体诗作者用丰富的旧体诗形式，表现时代思想和生活的优秀作品，当代旧体诗创作中也时有佳作，毛泽东、鲁迅等都是众所周知的旧体诗词大家。“公推郁柳苏田上，自铸新奇瑰丽词”，这是作家荒芜悼念聂绀弩诗中的两句。郁达夫、柳亚子、苏曼殊、田汉的旧体诗创作在诗界都有很高的评价，聂绀弩更是将旧体诗形式与现代生活结合得十分完美，在内容和形式上都是别开生面的典范。这些现象的研究，在过去囿于文学思想和研究体制而画地为牢，基本上处于空白。现代旧体诗创作与新诗的关系，更是如此。

当前由一些热门作者、一流学者的研究所形成的研究导向，实际上并不一定完全代表或体现时代精神和学术价值，可以设计一些冷门但真正具有理论和现实意义的学术话题，如以上古今比较等话题，在刊物上组织讨论，以专题论文或座谈的形式发表。

古代文学作品鉴赏，现有山西的《名作欣赏》专门刊登中外古今名作的鉴赏文章。而在古代文学研究论文中，作品赏析则被认为是等而下之的学术产品，不被视为正式的研究形式和研究成果。这种流行的认识是非常荒谬的。理解作品是文学研究的起点和唯一依据，文学大家闻一多、朱自清、陈寅恪、夏承焘等都是精研古代名作的典范。离开对具体作品的有效解读，根本谈不上任何意义的文学研究。目前研究生论文质量的普遍掺水下降，其集中的表现就是根本看不懂作品。学刊应该设立鉴赏栏目并鼓励作者写出高质量的鉴赏文章。

学刊应倡导论文风格、写法的多样化和灵活性。例如，表达了许多深刻精湛的古代文艺思想的评论形式——诗话、词话、曲话、题画诗等，现代学者是否可以参用？前人留下的序、跋、谈艺书信、讲义等，很多都成为今人常常引用的经典，而当代这些文体，多成为互相揄扬鼓吹的工具。学刊可以组织一些有真知灼见的此类“自由文体”，引导改善文风。提倡写短小精悍、提纲挈领、言之有物、发人深思的小文章，以消除“博士体”的不良影响。

对于一些知名学者发表在社交媒体上的单篇论文、随笔等，可时常搜寻，发现精品，在刊物上正式采用。

以上是我对学刊今后发展的一些设想和愿望。

《中国韵文学刊》创刊后，由于有前辈筚路蓝缕、开辟拓展之功，取得了非常可观的成就。周笃文先生曾赞誉说：“《中国韵文学刊》的创办，有力地推动了韵文学术的发展，这是继1936年终刊的《词学季刊》之后，时隔半个世纪推出的以研究韵文为主的纯学术刊物，30年来它独树一帜，涵纳百家，不断推出具有创见卓识与广泛影响的研究成果，成为专业人士不可或缺的重要阵地。”看到这样的褒语，欣慰之余，又倍感惭愧惶恐。我们从前辈学者手中接过办刊重任后，且勿论才疏学浅不堪大任，即对于学术事业之热衷执着、牺牲忘我的精神又不及前辈之万一。抚今追昔，希望我们所获得的是更坚定的信念和前行的勇气。

衷心祈愿学术前辈们的不朽精神与我们的事业、与学刊同在。并以此与全体学人共勉。

（作者简介：徐炼，湘潭大学《中国韵文学刊》原常务副主编）

一人·一刊·一段情

——忆徐师超富先生兼及在《湖南师范大学教育科学学报》共事的日子

张曙光

当我写下这些文字时，正是恩师徐超富老师逝世三周年。“您就像风，轻抚我面，时时感到，而不能相见；您就像云，飘忽不定，时时梦到，却非梦想成真。”每次经过您住院的医院都会不经意地往里探望，期待看到您熟悉的笑容；每次坐到办公桌前，都会希望您从楼上缓缓走进来，谈笑风生。转眼已是三年，当年您带的学生都已顺利毕业，成家立业；所在单位人事些许变动，刊物发展一如既往，您可以放心。

一　学业人生导师，情同父子

我是徐老师的开门弟子，根据学校兼职导师的政策，他每年只能在学院里带一名研究生。在读研究生时，我家里比较困难，学校补助又是十分少（每月 225 元），所以必须想办法做点事情以贴补学习生活所需。导师知道情况后，他没有直接批评我或者说你不许这样做不许那样做，而是经常有策略地、无痕地给予一些实际的帮助，如将学校发的过节礼品给我，定期带我们外出改善伙食，此外，他还告知我，想买什么书尽管买，如果有好书也给他一并买，然后找他报销即可，这样我读研几年所买的书全是导师出钱。他还想办法在不耽误我学业的情况下帮忙找一些事情做，比如我读研时曾经做过稿件的英文校对等。逢年过节，做学生的总想给老师带些礼物，但是徐老师在最初见面时就约法三章：一是不允许给他买任何礼物，无论生日还是节假日，都不收任何礼物；二是同门聚餐学生不允许出一分钱；三是有什么事情可以随时与老师沟通交流，大力资助学生买书。在读研三年中，我们从没花过钱给导师买礼物，聚餐时也从来没出过钱，他知道学生读书苦，所以还时不时带我们去打牙祭。他常说，自己年轻时喜欢打麻将，将大好时光都给浪费了，让我们珍惜时间。毕业后，每次同门聚会，导师必喊上已毕业的师兄师姐与师弟师妹们相聚，所以，我们同门几人虽然不是同一届，但关系都十分好。

在生活中，徐老师经常跟我们谈生活、谈理想、谈事业，谈论他的生活智慧，谈夫妻相处之道。虽然我师母常年在北京工作，我们与其接触不多，但从徐老师平时的只言片语以及徐老师去世后师母的日常点滴，都可以看出他们以前是多么相敬如宾、相亲相爱。

徐老师还经常带我们一起打乒乓球，并要求我们不能只顾学习，而不顾自己的身体。打球的时候，是我们和老师最放松的时候，也是聊得比较愉快的时刻，因此，他也常借此时机，传授一些言谈举止、为人处世的道理。凡是跟他比较熟悉的人都知道，他说话很有艺术，做事很有策略，很讲原则，为人诚信实在。他常说我说话耿直，不太懂得如何说话，常常教我说话的艺术，学习为人之道。

二 辛勤耕耘，学报节节攀升

2012 年 7 月，我硕士毕业一年后通过公开招聘进入师大期刊社工作，担任教科学报的专职编辑，由学生变成他的下属。整整半年的时间，他没有让我负责任何具体的工作，而是首先让我熟悉编辑工作流程及内容，协助其他老师做好编校工作。这半年时间，我抓紧时间学习与编辑出版有关的知识、法律法规等，从 2013 年第 1 期开始，担任责任编辑独立负责组稿、约稿及编校工作，在这期间，我逐渐感受到他严于律己、以身作则的工作作风与将工作当作事业的工作态度，他的这种精神在潜移默化中改变了我，促使着我从一个新手成长为独当一面的合格的责任编辑。

《湖南师范大学教育科学学报》可谓是由他一手创办并伴随其发展的，在 2002 年创刊时，他带领编辑部通过多方努力邀约到教育学领域中的众多大咖，组织了一大批高质量的稿件，刊出后多篇文章被《新华文摘》等二次转摘，取得良好的社会反响与学术声誉。2007 年，学报进入南京大学 C 刊扩展版来源期刊行列，2011 年入编中文核心期刊要目总览，2014 年又入选南大 C 刊来源期刊。在他的带领下，学报用了 10 年时间就入选了期刊评价领域中最为公认的两个核心期刊方阵。由于办刊成绩突出，他获得了“第

三届湖南省双十佳期刊编辑”荣誉称号，被评为“湖南省优秀中青年出版工作者”“湖南省优秀期刊社长主编奖”“全国高等教育类期刊优秀主编”“全国高校社科期刊优秀主编”“湖南师范大学 2013—2015 年度十佳共产党员”等。

他全心全意地投入到刊物的发展中，积极围绕着如何办好刊物而不断思考，并在编辑学领域中的重要刊物《编辑学报》上发表了多篇编辑论文。创刊之初，他就提出要有三个“点”的办刊思路：让二次文献引用有“亮点”，让专家学者有“看点”，让广大教育工作者以及关心教育的人们有“读点”。在他的带领下，学报不断推陈出新，逐渐形成了既推崇基础理论研究，又提倡应用研究的办刊特色。面对竞争激烈的办刊环境，2007 年，他又提出，要让我们的刊物“木秀于林”，让学者、读者、作者记住和喜欢它，就要走一条以专题研究和特色栏目为核心的期刊发展道路。为了办出、办好专题和特色栏目，他带领编辑对教育期刊、教育科学研究状况进行调查研究，拜访专家学者，请教同行翘楚，在比较分析的基础上，确定根据教育发展热点设置专题专栏，以吸引或约请知名专家学者担当栏目主持；以当时最不该忽视的研究——教科书研究为突破口设置固定的特色栏目——“教科书研究”，并指派编辑专项负责，长期维护、经营，以吸引全国教科书研究者、编者和使用者的关注。对专题栏目的策划、特色栏目的维护和发展，他既提出要求也给予思路和策略的指导，而且还身体力行，策划专题，向专家约稿，组织稿件。在他苦心孤诣的指导下，专题栏目已聚集大批知名专家、学者的代表作；“教科书研究”特色栏目，已经在向办成名栏迈进。以专题、特色栏目带动期刊建设的发展思路，取得成效，2012、2013 年获得“湖南省双十佳期刊”“湖南省期刊优秀栏目”的荣誉称号。

为让刊物再上新台阶，2015 年初他根据刊情，又提出向某知名刊物学习的设想，并拟定了一系列栏目策划和发展目标，可惜天妒英才，壮志未酬。但即使在病床上他仍在追逐他的梦想，与编辑讨论稿件、斟酌栏目、推敲题目，直到生命终止。

三 学高为师，行为世范

徐老师在调入师大期刊社之前曾在师大成教处工作，从事成人培训的管理工作。其间，他一边想办法提升培训质量，一边苦练内功，发表多篇成人培训方面的成果。担任教科学报主编之后，他的学术研究旨趣也随工作性质变化发生转向，重点关注高等教育的发展。正所谓干一行爱一行，这种品质在徐老师身上得到生动体现。担任研究生导师后，为了让自己成为一名称职的硕导，他悄然将“业务”从牌桌转到了书桌，我们师门私下常说，导师不像导师更像学生，比我们还勤奋努力。与许多导师“放养”的指导方式不同，他非常重视对我们的学业指导，不仅常督促我们多看书，还时常邀我们一起来他的办公室交流、探讨。我记忆最为深刻的一次就是自己的一篇课程论文拿给徐老师看，他看后认为资料收集很详细，做得很扎实，但还有些地方需要修改，就这样一次次一遍遍，总共改了五六稿，文章才最终定稿，最后发表在一本双核心期刊上。在这过程中，我感觉他花的时间和心思比我的还多，有时候早上五六点或凌晨一两点会收到徐老师发的短信，谈他对论文的看法及思路。此外，因为我是他的开门弟子，他自认为自己是新手，就鼓励与要求我去参加他的好友——湖南大学教育科学研究院唐松林教授每周一次的学术沙龙，在这过程中，我同时得到两位导师的指导，真是三生有幸，直到现在我一直认为自己是唐老师的嫡系弟子。更难能可贵的是，为人处世上讲究方式方法的徐老师，对我们的指导也同样讲求因时、因地制宜，讲方法，讲策略。虽然他平日里对我们很少说教，但是，却总能找到合适的点，一语中的地提点、鞭策，及时给我们把握方向。温和而有力量，温暖而严厉，是他作为一名老师特有的风格。

作为他的下属，时常能感受到他的严于律己、宽以待人的品行。作为领导，他积极扶持和支持年轻人的成长，不仅支持他们的学业成长、职称晋升、出国访学，还关心他们的经济问题与家庭生活。作为主编，他以坦荡胸怀使每位编辑在团队中都得到公正、公平的对待，他从不搞特殊化，总是依章而循，遵规而行，身先示范。在我来之前的十年间，他跟其他两位编辑一样每年负责两期的责编工作，除此之外，他还要完成每期的终审与终校任务，总能任劳任怨、按时按质地完成工作。正所谓“其身正，不令而行”，主编一身正气，编辑孰能不正？我入职当了他的下属，更是深深地感受到他的正气与对待工作的认真态度，这种精神一直都深深地影响着我。

他没有官僚作风，学报的大小事务，他总会与各个编辑、同事沟通，大到期刊发展的目标、特色栏目的建设，小至每期刊物的版面设计、栏目设计、字体大小等，都会与编辑商讨如何才能使刊物更有特色，如何才能使版面设计得更美，如何修改题目才能传情达意。他从不搞一言堂，十分尊重编辑的人格特质、重视激发每个编辑的潜能，针对我们三位不同的工作风格，以及选文组稿各有偏新、偏理论、偏专家稿的特点，鼓励我们发挥所长，在办出学报特点的同时，放手、放权给我们约专家、组稿件、设栏目，把学报办出个人风格。

在他生病住院后，我们才得知，他为了不麻烦他人，不给他人增加负担，在已经大吐血的情况下，一个人开车硬撑着去医院排队挂号，最后直接晕倒在急救室中；事后，我们还得知，这次大吐血是第二次，第一次发作时是学期刚开始，但他自认身体没有多大问题而继续工作，谁知道仅仅相隔了一个月就再次发作，如果他及时做了检查并进行治疗，有可能就不会那么早地离开我们。他住院后，整个人还是非常乐观地认为过不了多久就会出院，殊不知，此时癌细胞已经扩散。如果……如果……我们知道没有如果，但我们不会忘记，徐老师还是带着对工作的执着，对老母亲的牵挂，对妻儿的不舍，对兄弟姐妹的情深，对同事、朋友、同学的感激，以及深深的眷恋离开了我们，离开了这个他深深地爱着的大地。

希望天堂中没有疾病与痛苦，遇见您是多美的缘分，希望您在那边一切安好！

（作者简介：张曙光，湖南师范大学期刊社副编审，教育学博士）

你若盛开，清风自来

——我与《中国韵文学刊》的二十年情缘

王晓芳

最近和同事聊天，谈到退休这个话题，只觉得不可思议。在《中国韵文学刊》的编辑岗位上，一晃二十年就已经过去了。像电影蒙太奇的一个转场，我就由一个懵懂青涩的小姑娘，到了知天命的年纪。每一年的年底，我都要感叹这一年过得如此之快，感叹岁月无情，红颜易老。

“流光容易把人抛，红了樱桃，绿了芭蕉。”在描述时光飞逝的句子里，我最喜欢这一句，同时又觉得这一句是最残忍、最难以直视的。那种悲凉，藏在最平常无奇的客观描述里，一下子击中我的心。时光哪会顾忌你会不会伤春悲秋呢？只管一年一年桃红柳绿，姹紫嫣红。年年岁岁花相似，岁岁年年人不同。

然而岁月的美也正在这里。

一 初心

我从小就很喜欢文学，每次发下来各种教科书，语文这本教材一定是我第一本翻完的，也是包封皮包得最用心的一本。《小溪流》和《故事会》是我小学时读得最多的杂志。大一点了开始看武侠小说，但因为家里不让看，只能到处躲躲藏藏地看。常常被我妈从租书摊子那里揪回去，在公共厕所里抓到，在家里的被子底下搜到，然后老老实实挨一顿打。那时候我妈觉得看小说是不务正业，希望我把心思用在学习上。然而就是在这样的夹缝中，我也不忘偷偷摸摸看各种小说，看老舍、郁达夫、三毛和席慕蓉的散文，去高中的小图书馆借各种世界名著拓宽视野……我曾经为了一本喜欢的泰戈尔散文节省下一个月的早餐钱，买到后那种欣喜若狂，颇有种“衣带渐宽终不悔，为伊消得人憔悴”的味道。后来尽管搬家了几次，这本书依然被我珍而重之地放在书柜里。

高中分班时阴差阳错读了理科，考上湘大机械系，却依然没有丢下喜欢的文学。大学毕业之后，工作了几年，因为心里的喜欢和不甘心，重又报考了湘大古代文学的研究生。

这次考上后，终于感觉回归了正途，一颗喜欢文学的心也踏实了下来。尘埃落定，一切都刚刚好。

说实话，小时候曾经梦想过以后的职业，记得的有两个。首先是老旧的图书馆管理员，这是我最喜欢的职业，因为性格偏内向，又喜欢看书，这个职业满足了我安安静静看书的愿望。又能看书又能有工资拿，何乐而不为？至于为什么是老旧的图书馆，大概是因为看电影电视剧，拍到图书馆的时候，都是光线比较暗，管理也比较老旧的感觉吧。其次是时尚刊物的编辑。那时候对编辑的印象，大概是从一些小说中得来的，似乎非常时髦又惬意，给人意气风发的感觉。

事实证明，只要有梦想，就有可能实现。

二 迷茫

2003 年，我正在读研三。听说《中国韵文学刊》编辑部缺人，于是怀着既忐忑又期待的心去参加面试。犹记得面试那天我穿了一件绿色有小花的针织开衫，那是希望的颜色，也是青春的颜色。因为当时学刊的常务副主编徐炼老师曾是我读湘大古代文学研究生的任课老师，对我比较了解，简单地面试过后，事情就定下来了。我开始跟着学刊即将退休的老编辑罗惠予老师熟悉各种业务，努力笨拙地适应着未知的领域。

编辑的工作，并没有想象中的那么轻松和适意。

2004 年，学刊邀请编委和部分知名专家，召开了编委扩大会议，决定将半年刊改为季刊，于是工作量增加了一倍。不久后罗老师退休，编辑部另一个小伙子也离开了，只剩我一个专职编辑，其他编辑都是中文系的任课老师，做编辑是兼职的。于是我从编辑到校对到印刷乃至发行，从里到外忙得团团转，有时候节假日也在加班加点，晚上带稿子回家看更是常事。在别人抱怨工作又要偶尔加班的时候，于我已是深入骨髓的自觉行为，觉得是理所当然的常态了。

忙碌和劳累，不是我迷茫的原因，我迷茫的是，我的工作有何意义？我的存在有何价值？

说实话，编辑在人们的认知里，算不得什么有地位的职业，也不觉得有什么技术含量。然而做刊物，对编辑的要求又非常高。编辑既要是杂家，又要是专家。什么都要懂一点，在专业领域更要有一定的造诣。既要能沉得下心来，忍受得了坐冷板凳的寂寞，又要能开拓进取，走出去学习新思想、新技术，不故步自封；既要懂编辑方面的业务，又要会策划专业领域的选题，跟上热点，扩大学术影响；还要在发行和传播方面下功夫……对编辑的要求如此之高，然而编辑所获得的却与之完全不成正比。在学校里的地位，不仅比不上教师，甚至也比不上行政人员。

不光是个人身份尴尬，刊物的处境也是如此。《中国韵文学刊》创刊的时候有很多学界大佬，一度极其辉煌。后来因为没有进入现今的评价体系，就吸引不来好的稿源；

吸引不来好稿源，引用率就更低。长此以往，就形成了一个恶性循环。因为不是C刊，不是核心刊物，走到哪里，都觉得低人一等，去参加学术会议，也是既心虚又惭愧。似乎约稿都不能理直气壮。而在一次次被人拒绝当中，我也深深体会到了这个身份的尴尬。

我所做的一切，都是有意义的吗？

三 成长

我是谁，我的人生价值在哪里这种问题，其实是很大的哲学命题。我想了很久也没找到心目中觉得正确的答案，那就搁下不想了。我朴实地认为，我是一个编辑，那么我就负责把我需要做的事情都尽力做到最好就行了。

刚开始做编辑时，我很难从各种文稿中看出错误来。以往一目十行的阅读习惯让我常常忽略掉一些差错。徐炼老师会在复校时把我叫去，一个一个指出我漏掉的地方。并告诉我，一个人的写作习惯是固定的，你如果发现作者某一处逻辑不通顺有语法错误，那么你全篇都要注意他的语法问题；如果作者的引文里有一处比较明显的错误，那么全篇的引文都需要特别注意，仔细核对。这样就不容易漏掉有问题的地方。在徐老师的耐心指导下，我开始慢慢学着从文稿中看出错误来。

《中国韵文学刊》编辑部之前是比较封闭的，大家都是在家里埋头做事，也不怎么出去交流学习，在刊物的宣发上面更是没有任何经验。当时期刊社的社长章育良老师对我们刊物很是重视，常常在编辑业务上对我多加指导，也推动着我多出去交流学习，扩大眼界。他让我知道了当学术刊物的编辑，不仅要自身业务过硬，还要和时代接轨，学习新思想、新技术、新知识，不能闭门造车，要走出去，还要引进来。

我开始提升自己，系统学习编辑专业知识。我参加了编辑职业资格考试，参加了各种编辑培训班，看各种各样的编辑书籍，去提升自己的专业能力；尽量多出去交流学习，如参加湖南省委宣传部、湖南省高等学校学报研究会、湖南省期刊协会举办的会议，以及一些专题编辑交流会等，听大家介绍办刊经验，学习新思想、新技术，拓宽眼界。慢慢地，我积累了很多经验，可以在各种省级编校知识竞赛中得奖，成了湖南省图书和期刊的质检专家，刊物的编检质量检查也连续几年拿到了优秀。

慢慢地，刊物也由原来没有任何奖项开始进入评价体系。2014 年进入北大核心第七版，最近几年获得了湖南省十佳社科期刊、湖湘优秀出版物奖，还获得了湖南省哲学社会科学基金学术期刊资助，在主题好文章和优秀栏目上也获得了表彰……

而这二十年，在我做编辑工作时发表文章的作者，已经从硕士生、博士生，成长为讲师、副教授甚至教授，在自己的专业领域里发光发热，成为独当一面的专家。他们有时候还会来编辑部找我，谈起当年名不见经传时刊物对他们的提携。我很为他们骄傲，也很为自己的工作骄傲。编辑成就了他人，也成长了自己。刊物和作者是双向奔赴，也是双赢。

四 盛开

编辑是一个永远年轻的行业。永远有新的事物出现，永远有新的技术要学习，永远有新的理念要接受。

那么就永远年轻，永远热泪盈眶，永远对新鲜事物充满好奇，永远保持纯真与谦虚，永远在路上吧。

你若盛开，清风自来。一切都刚刚好。

（作者简介：王晓芳，湘潭大学《中国韵文学刊》编辑部主任）

研究会与我：共筑《经济林研究》成长之路

闻　丽

我是《经济林研究》的编辑，与研究会结缘已达十九年之久。这段不解之缘，源自我对身份转换和自我认同的探索。2005 年，作为一名理科背景的毕业生，我踏入了高校学报编辑的领域。我曾感到迷茫和不安，怀疑自己能否胜任这份工作，担心多年所学的专业知识将无以致用，对未来的职业发展也充满疑惑。

然而，在我首次参加研究会举办的年会时，通过与众多编辑同行的交流和学习，我意识到很多同行都有着类似的经历，其中不乏优秀的业界前辈。他们的成长轨迹，成为激励我前行的动力，也让我意识到高校学报编辑需具备扎实的专业素养，时刻保持对科技前沿的敏锐洞察，对待工作精益求精，展现出优秀的团队合作精神，并恪守职业道德。为了与这份工作更加契合，我不断努力提升自己的专业素养和编辑技能。一分耕耘一分收获，我分别在 2011、2014、2023 年荣获研究会颁发的优秀编辑奖，深感荣幸和自豪，

也更加坚定了自己在编辑行业中行稳致远的信念和决心。研究会每年评选优秀论文，我总是积极参与，并分别在2008、2009、2014、2019、2021年的研究会年会征文比赛中获奖。每次获奖都是对我莫大的鼓励，让我逐渐摸索到了出版学研究的门道，也让我慢慢找到了自己感兴趣的研究方向。正是这些日积月累的努力，让我的编辑业务能力不断提升，从一名高校科技期刊的新手编辑，成长为如今能够独当一面的编辑部主任。

我见证了研究会的发展，也感受到了研究会对我的支持和鼓励。研究会年会已成为我最为期待的行业盛会，因为我能在这里与来自省内各高校的编辑同仁相聚一堂，建立深厚的友情，分享彼此的办刊经验。年会上的学术交流，让我见识到了更广阔的天空，也让我在这一行业的土壤中扎根更深。

在研究会前辈和朋友们的指导和支持下，我不断拓宽自己的视野，积极参与各类学术交流和研讨会，与专家学者们共同探讨高校学报编辑工作的发展和未来。作为一名编辑，我与所在刊物《经济林研究》共同成长。在研究会优秀期刊的影响下，在研究会的指导和帮助下，《经济林研究》制作越来越精良，编校越来越规范，学术质量越来越高，所承载的信息量不断增长，影响力也逐年提升。在2009年被武汉大学图书馆评为林业类权威期刊；2011年底首次入选中文核心期刊要目总览，并保持至今；2015年荣获科学出版社颁发的“期刊出版质量优秀奖”；2018年被评为“中国高校优秀科技期刊”；2019年以1.253的WAJCI指数首次入选“世界学术影响力Q2期刊”，并保持至今；2020年被评为RCCSE中国核心学术期刊（A）和中国农林核心期刊（A类）；2022年在国家林草局首次发布的林草科技领军期刊、重点期刊名单中被列为重点期刊，并保持至今。我们的编辑团队始终秉持严谨的学术态度和高度的敬业精神，为读者提供了丰富多样的学术文章和研究成果；我们的编辑团队始终坚持“质量为王”的理念，认真把好工作的每一关，在2023年度的湖南省科技期刊编校质量检查中，被认定为“优秀”（差错率为万分之零点四八）。《经济林研究》凝聚了团队的心血和努力，也逐渐获得了学术界和读者们的认可和赞誉。我们不断加强与国内外学者的合作与交流，推动经济林领域的研究与发展。

在未来的日子里，我将继续积极参与研究会的各项活动，为推动湖南省高校学报的发展贡献自己的力量。同时，我也将继续努力提升自己的编辑业务水平，为读者们提供更加优质的文章和研究成果。我相信，在研究会的指导和帮助下，我和《经济林研究》会取得更多的成绩。

在研究会成立四十周年之际，我要感谢研究会对我的支持和鼓励，让我在编辑行业中不断成长和进步。我也祝愿研究会在未来的发展中取得更大的成就，为湖南省高校学报的发展作出更大的贡献。同时，我也希望大家能够继续关注和支持《经济林研究》，共同推动经济林领域的研究与发展。

（作者简介：闻丽，中南林业科技大学《经济林研究》编辑部主任）

我的学报情缘

朱正余

与《湖南科技大学学报（社会科学版）》结缘，与编辑工作结缘，始于我毕业后的那个夏天。刚进入学报编辑部不久，恰逢组建新的湖南科技大学，我也顺理成章地成了《湖南科技大学学报（社会科学版）》的一名编辑。从《湖南科技大学学报（社会科学版）》创立算起，到今年已整整15个年头了，我也陪伴了《湖南科技大学学报（社会科学版）》15个春秋，见证了《湖南科技大学学报（社会科学版）》的成长历程！

《湖南科技大学学报（社会科学版）》自创立以来，凭借着学校合并后的强劲东风，迅速崛起为湖南期刊界乃至全国期刊界的一颗新星。在整整十五年的办刊历程中，《湖南科技大学学报（社会科学版）》取得了一系列骄人的成绩，获得了一系列的荣誉，挺进了我国社科类期刊的第一方阵。《湖南科技大学学报（社会科学版）》在“专家办刊”以及“开放办刊”思想的引领下，坚持学术质量和编校质量至上的原则，已成功入选CSSCI（2017—2018）来源期刊、中文核心期刊要目总览、中国人文社会科学核心期刊、全国高校精品社科期刊、RCCSE中国核心学术期刊，获得第四届湖湘优秀出版物奖。其中“毛泽东研究”栏目入选中共湖南省委宣传部第二届省资助优秀理论栏目，2017年“逻辑今探”栏目被评为第六届湖南省期刊优秀栏目，刊物的影响因子、各年度刊发文章被转载量在全国理工类大学学报（社会科学版）中均排名前10位。

回想起《湖南科技大学学报（社会科学版）》所获得的种种荣誉，回想起走过的路程，其中有许多的愉悦和感慨！愉悦的是《湖南科技大学学报（社会科学版）》就像自己的孩子，随着时间的推移茁壮成长，取得了令人瞩目的成绩，收获了各种荣誉。而作为编辑的我，也随着《湖南科技大学学报（社会科学版）》一并成长，其中不止于成就感，也有对编辑职业的感悟和认知。

时间回溯到那一年的毕业季，毕业后我选择了当一名编辑。自打走进学报编辑部，我的编辑工作就在这个热情似火的季节开始了。说实话，在我进入学报编辑部之前，我对编辑这份工作一点儿也不了解，对于如何编辑完全是个门外汉，想着应该是挺简单的一件事儿。随着工作的深入，我感觉自己对编辑工作的理解是多么幼稚！记得第一次编辑部会议，听着主编对刊物的未来规划以及对编辑出版的相关流程的介绍，看着桌面上摆着的期刊，我知道这是一件不轻松的工作，顿感肩上的担子沉甸甸的，要想把工作做好，把刊物做大做强，除了辛苦，还需要认真和严谨，需要有为他人做嫁衣的奉献精神。

那种茫然无助的状态在我第一次面对稿件时显露无遗，我顿感自己对编辑工作认识的朴素与浅显，看来自己真的把这份工作想得过于简单。我端坐在办公桌前，凝视着这一摞摞的稿件，一时竟没了头绪。晃过神来，就觉着这些稿件宛若一双双承载着渴望的手在召唤我，要求我一一加工与润色。从每一处标点到字、词、句，从编辑规范到排版印刷，每一个活儿都需要字斟句酌，仔细钻研，容不得半点含糊和马虎。疏通文字，把关语言，坚守政治方向，这一切就这样日复一日地重复着，与作者、与稿件打交道已然成了我的世界主题。我知道，每一篇经过我手的稿件，这背后是一种责任，也承载着作者的渴望与追求。坚守这份责任，就是对编辑这份工作最好的诠释。

有人说，编辑有一股天生的较真劲儿。的确，没有一股较真劲儿，还真当不好编辑。编辑这份职业可以说“烦琐”，“烦琐”到让你对稿件达到近乎艺术的琢磨。“烦琐”到有时让人误解不近人情，误让作者以为编辑有意为难他们，而使稿件如此反复地修改。殊不知，这对于需要达到刚性标准的编辑来说，为了追求刊物的学术品位，“烦琐”已深深地植根于他们的潜意识中。这么多年的编辑工作，我的“较真劲儿”也愈来愈浓，我过于粗放的思维随着这份工作的深入有所收敛。

还有人说，“学报这个世界，你怎样想象他的高雅、清纯都不过分”。然而我想说，千万不要以为这个世界的人们都在诗意地生活，编辑工作并不光鲜亮丽且优雅。先不说编辑职业由琐细的俗务来成就，作为一名编辑，甘于奉献、为别人做嫁衣已成行业共识，

永远不要希望走到台前。这么多年来，每每看到作者因为文章的刊发获得了大奖，评上了职称，顺利拿到了学位，让我们有了些许的欣慰。然而，作为幕后的我们，却因为种种条件和原因的限制而被边缘化，在办刊理想和生存逻辑间纠结、郁闷、彷徨，是不是比一般的人们更为苦恼呢？抛开背后的势利与功利，恪守学术至上的原则，心也许能完全释怀。

冬去春来，作为责任编辑的我，不知不觉已编辑出版了几十期刊物。每次拿到刚出版的刊物，我那颗悬着的心才总算放了下来，因为生怕其中出了什么纰漏。这么多年来，身边的同事调入调出，我仍坚守在编辑岗位上。因为编辑工作已融入了我的生活，成为我生活中的一种陪伴。每次编辑一期论文，勾勾删删，或校对一篇稿子，圈圈点点，我早已习惯了这种“指指点点”的工作。阅读、校对一篇文稿，就像是与作者的隔空对话，它充实着我的生活，也丰富着我的思想，可以让我在这白纸黑字间“纵横捭阖”，这着实令人畅快！

十五载啦！不知不觉中《湖南科技大学学报（社会科学版）》步入了青少年期，经过多年的文化沉淀，她的学术味更加浓厚，亦如她的封皮颜色一样，更加饱满，更加立体！十五年来，我和我的同事们默默耕耘于学报这块学术沃土，见证了她从初创到结出硕果的历程。这一项项荣誉的背后，离不开全体同事们的悉心呵护和心血浇灌，也离不开对她予以关注的作者与读者！当然，几年的编辑工作实践也让我感觉到，要使学报的办刊质量不断进步，要把学报办出特色、办出水平，这是一条需要且行且探索的漫漫长路。尽管学报在今后的发展道路上竞争会日趋激烈，但我们有充足的理由相信，学报的未来会更加美好！回首这十五年的编辑工作经历，虽有艰辛与枯燥相伴，但更多的还是收获与愉悦，自己也随着她不知不觉成长了不少。在今后的发展历程中，愿我们的学报在这个伟大的新时代自强不息、厚德载物！我也愿意继续陪伴她一起成长，陪着她继续在这方寸之间舞蹈！希望越来越多有志于从事编辑工作的朋友向她聚拢，走到她的身边！也希望越来越多的科研工作者向她投来关注的目光！

［作者简介：朱正余，《湖南科技大学学报（社会科学版）》编辑］

金丝款款织锦缎　蛮笺点点筑华章

——从校报编辑到学报编辑的角色转换

胡　娟

阳光从浓密的枝叶间挤了进来，斑驳的光影婆娑翩翩。啾啾的虫鸣、汤汤的河水……一切都变得盛大起来，仿佛要去赴一场生命的终极盛宴。也是在这样的夏天，我推开了学报编辑部的门，怀着一点点新奇、一丝丝兴奋还有一丢丢如释重负的解脱——再也没有数不尽的会议，写不完的报道了！

我以为，我是从一片荒凉走向了一朝繁华；我以为，从事校报编辑工作八年，在学报可以驾轻就熟；我以为，文字工作是我喜欢的事情，热爱是必然；我以为……没承想，学报编辑的日子，就是日复一日地坐在电脑前，不断地处理来稿、审回稿、返修稿。眼花、肩痛、背劳、腰损，许多编辑因长期伏案，身体出现了各种各样的毛病。如果没有做过学报编辑工作，你一定不能深谙其中的辛酸和艰难。

学术论文，容不得半点马虎。有关出版的法律法规、常用标准和规范都是编辑需要掌握的基本知识。而这些，我全然不懂。在校报，需要采稿、写稿、编稿、校稿，更多的时候，我是一名记者，写稿占了很大比重。在学报，需要编稿、校稿，编校的规矩很多，改稿是我工作的核心。最重要的是，在校报，要与人频繁接触，可是在学报，与作者的正面接触不多，主要通过电话、微信、QQ 等方式线上联系。强大的孤独感、枯燥感铺天盖地地席卷而来。我的价值在何处？我存在的意义是什么？我再一次彷徨在十字路口，困惑、迷茫、不知所措。之前哭着喊着要来学报，宣传部挽留过、同事劝诫过（觉得我从事行政，还是有前途的），现如今我总不能说我反悔了吧，一切都是自己的选择。我只能调整心态，不断学习，做好一名学报编辑。在懵懵懂懂中，我与高校学报研究会结下了不解之缘。

掐指算来，我来学报已经五年了。算不上一名资深编辑，但至少从青涩走向了成熟。五年期间，因为高校学报研究会，认识了很多专家、同仁，学到了很多的专业知识，开阔了自己的学术视野。作为一名高校学报的编辑，我明白了应该做什么，应该怎么做；明白了拥有什么，还欠缺什么。五年时间，我炼就了一双火眼金睛，一个符号、一个标点、一个词语，在长期的编校工作中，不知不觉中，我早已习惯了用放大镜去看文章的每一个地方。有些作者理解我们，佩服我们的敬业精神；有些作者嘲讽我们，认为我们吹毛求疵。一路走来，有欢笑、有眼泪，有委屈、有欣慰，至今仍做不到“泰山崩于前而色不变，麋鹿兴于左而目不瞬”，但至少学会了做好自己。五年来，虽然没有取得过多么辉煌的成绩，但至少在慢慢前进。

这一切，都离不开编辑部同事的鼓励和帮助。当自己因为一篇文章情绪低落、火冒三丈时，引我入门的周金华主编、现任的王岐本主任和曾与我共处一室的肖玉林会告诉我如何调整心态；当自己对自然科学领域的表格、数值无所适从、一筹莫展时，温婉的李雪飞、活泼的胡雷蕾、渊博的周崇松会循循善诱，教我解法；当自己能力不足而又得过且过时，周围的同事会提醒我应该不断提升自我、不负时光；当自己因为一点点成绩而沾沾自喜目空一切时，周围的同事会告诫我应该每日三省吾身、戒骄戒躁。

这一切，都得益于专家们不厌其烦的指导。我不是聪明的那一个，但我至少是爱学习的那一个。脸皮厚是我的特点，为了参考文献的一个格式、英文的大小写、符号的正斜体、异体字的判别……我会查阅各种资料，揪着业内的专家不放，打破砂锅问到底。好在我总能遇到良师益友，即使有时候我问的问题很浅薄，他们也不会嘲笑。以前觉得有些规范、标准过于严苛，在反复实践中，我慢慢明白这些规范、标准存在的价值、意义以及每项条款后面的深意。当然，有时候规范、标准也会互相“打架”，但是你会明白背后的原因并报以宽容的态度。

这一切，都归功于同仁们毫不吝啬的交流分享。高校学报研究会组织的活动，我都积极参加，每次活动我都能认识一些志同道合的朋友。他们会分享编辑校对经验、好用的软件。《湖南科技学院学报》的宫彦军老师，致力学术出版规范的收集、整理，把 80 多项规范、5000 多页规范整理成 PDF 文件，并共享给我们，让我们随时随地有规可依。这些编辑的敬业态度、无私精神着实让人佩服，时刻鞭策着我们力学笃行。

如果没有他们，我也许卑微得像尘埃。如果没有他们，也许我不会参加全国出版专业职业资格考试，也不会申报 2023 年度湖南省高等学校学报研究会优秀编辑的评选，更不会参加第四届湖南省报刊编校技能大赛，也就不会获得优秀编辑的荣誉称号和编校大赛的优秀奖，当然也成不了省出版物质量监督检测中心专家库的一名专家。

编辑工作真的很辛苦，但是编辑工作不容易出彩，还容易出错。有了质检以后，很多编辑离开了这个岗位。只有编辑知道，不管编辑费尽多少心血，文章永远有纰漏。质检就像一个金箍，让编辑变得更加战战兢兢，如履薄冰。但是，编辑就是要有一种严谨、认真、仔细的态度，不放过任何一个差错，对文字有一颗敬畏之心，甘为他人做嫁衣，乐为他人做嫁衣。在研究会的这个大家庭，大家甘之如饴，为着高校学报的繁荣默默付出。

如果编辑工作的日常是一首歌，那它绝不是一首单调的歌。在日复一日、年复一年看似枯燥乏味而单调的编辑工作中，键盘的噼啪声、书写的窸窣声，交织成一首美丽的华章，在阴雨天、在晴空下、在雪夜里……清浅的时光里，有烟火也有诗意。窗外的油桐开了又谢、谢了又开，缓解了多少疲惫。布谷鸟唱起了春耕的歌曲，知了叫出了夏天的热情，银杏换上了一身华丽的金衣又摇落一地金黄。你坐在办公室，看着一篇篇文章，四季在你眼眸中流转。偶尔放下案头的工作，短暂的抽离后又满血复活。看着自己编校的文章付梓，虽然，你的心里总有莫名的担忧，担心文章哪里会爆出雷点。但那一刻，你的心情是愉悦的。你不再有“酿得百花成蜜后，为谁辛苦为谁甜”的苦恼，做一个默默的耕耘者，其实，也是一种美丽的选择。

（作者简介：胡娟，湘南学院学报编辑部编辑）

与研究会情缘

彭柏林[1]

期坛奋斗十余年[2]，琢校文章数百篇。
喜与同仁相砥砺，欣和志友共磨研。
云刊振起声名旺[3]，报会携扶道义悬[4]。
退线方知时易逝，惟祈谊厚胜桃渊[5]。

1　彭柏林，湖南理工学院马克思主义学院二级教授、期刊社社长，《云梦学刊》主编；湖南省“芙蓉计划”——高校优秀思想政治工作者“名师工作室”负责人，湖南省教育系统优秀共产党员，中南财经政法大学哲学院博士生导师，武汉大学哲学院应用伦理研究中心特聘研究员，湖南师范大学中华伦理文明研究中心首席专家，韩国大邱教育大学礼节文化研究所客座研究员；中国伦理学会、中国屈原学会、全国高校文科学报研究会、湖南省高校学报研究会理事，全国地方高校学报联络中心副主任，湖南省伦理学会副会长。先后多次获得“全国高等学校社科学术期刊优秀主编”“湖南省优秀研究生导师”“湖南省优秀期刊工作者”等荣誉称号。

2　2013年任《云梦学刊》兼职编辑，2015年3月至今，担任湖南理工学院期刊社社长兼《云梦学刊》主编，与期刊工作结缘已十余年。

3　云刊，《云梦学刊》之简称。

4　报会，“湖南省高校学报研究会”之简称。

5　桃渊，李白《赠汪伦》：“桃花潭水深千尺，不及汪伦送我情。”又，《广雅·释水》：“潭，渊也。”

我与湖南省高等学校学报研究会的情缘·咏怀

潘雁飞[1]

四载学报学步缘，千头万绪我实怜。
忆昔嘤鸣求友声，切磋进益谢时贤[2]。
谋得虞舜栏目秀[3]，肇创柳子特色鲜[4]。
且喜退线有来俊，逍遥容与扁舟眠。

1　潘雁飞，湖南科技学院教授，湖南省舜文化研究会会长，湖南省瑶文化研究会副会长，湖南省古代文学研究会理事，湖南省高等学校学报研究会常务理事，《湖南科技学院学报》主编。

2　2021年初入学报研究会理事，于学报编辑为门外汉，幸得湖南省高等学校学报研究会诸位领导及同仁不吝赐教、关心指导，使我能较快进入角色。其情可感，恩情难忘！

3　《湖南科技学院学报》所在地永州有九嶷山，九嶷山有舜帝陵、舜帝庙。《史记·五帝本纪》记载为舜帝南巡驾崩藏精之所。学报所在的湖南科技学院发起成立湖南省舜文化研究会、永州市舜帝文化研究会。学报已开设舜文化研究等地方文化特色栏目。其中“舜文化研究”栏目已开办近二十年，成为虞舜研究的重要学术交流平台。

4　《湖南科技学院学报》所在地永州零陵为历史上永州府所在地。唐代文学家、思想家柳宗元被贬永州十年，一生中百分之八十的作品在永州创作，其《永州八记》驰名天下。学报1980年创刊时即开办了“柳宗元研究”，至今已经四十余年，成为柳宗元研究的重要发表园地和柳宗元研究的学术重镇。“柳宗元研究”先后被评为“全国社科学报优秀栏目”（2006）、全国高校社科期刊特色栏目（2014）、湖南省教育厅“名刊培育计划品牌栏目”（2021），获得全国高校文科学报特色栏目奖（2023）、湖南省高等学校学报研究会特色栏目奖（2023）。

一剪梅·省高校学报研究会四十年有感

李有梁[1]

盛世华章四十秋[2]。史事悠悠，时事悠悠。赢来美誉满神州[3]，刊也风流，人也风流。
《云梦》倾情壮志稠。子与同裘，友与同裘[4]。披星戴月不言休，且向潮头，应向潮头。

1 李有梁，湖南理工学院期刊社副社长，《云梦学刊》执行主编，兼任中华孔子学会董仲舒研究会理事、湖南省屈原学会副会长、湖南省古代文学学会常务理事等。

2 湖南省高等学校学报研究会自 1983 年 5 月成立以来，至 2023 年已四十载。

3 四十年来，湖南省高等学校学报成绩斐然，在全国影响颇大。

4 子与同裘，友与同裘，取意于《诗经·秦风·无衣》“岂曰无衣？与子同袍。王于兴师，修我戈矛。与子同仇！”与“岂曰无衣？与子同裳。王于兴师，修我甲兵。与子偕行！”数句。

编辑工作廿四载感怀

刘衍永[1]

岁月匆匆廿四载，筚路蓝缕一路来。
责任担当守初心，砥砺前行不言愁。
笔墨耕耘求真知，篇章雕琢铸春秋。
字句推敲求精准，篇篇心血凝精魂。
退休在即心难平，学报明日更辉煌[2]。

1 刘衍永，南华大学副教授，《南华大学学报（社会科学版）》编辑，现已退休。

2 《南华大学学报（社会科学版）》为 RCCSE 中国核心学术期刊、中国人文社会科学核心期刊（扩展版）、全国高校优秀社科期刊，获得湖南省第一届、第二届资助优秀理论期刊。

研究会大事记

1983 年

5 月 23 日至 25 日，湖南省高等学校学报工作座谈会在湖南师范学院举行。会议决定，成立湖南省高等学校学报工作研究会，并制定了章程，选举产生了理事会。

1985 年

3 月，湖南省科技期刊编辑工作者协会筹备大会在湖南大学学报编辑部召开。

11 月 28 日至 30 日，湖南省科技期刊编辑工作者协会第一次代表大会在慈利召开。会议听取了湖南省编协筹委的工作报告，审议和通过了《湖南省编协章程》并选举产生了第一届理事会。湖南省编协成立了科技期刊和高校学报两个研究会。从此，研究会成为湖南省编协领导下的一个专业委员会，即二级学会。

1986 年

6 月，研究会评选 1985 至 1986 年一季度所编的自然科学学报。经过评比，共评出优秀学报 10 家（其中甲等奖 2 家，乙等、丙等奖各 4 家）。

12 月，湖南省科协第四次会员代表大会期间，湖南省科技期刊展览在湖南省科技馆举行。展品包括近期出版的期刊和有关编辑发行、效益等方面的图片和文字资料。

12 月 22 日至 24 日，湖南省编协第一届学术年会在怀化召开。会议传达了湖南省科协“四大”精神，收到学术论文 51 篇，其中大会发言的有 19 篇。

1987 年

1 月，《益阳师专学报》创刊 8 周年。刊物 1987 年第 1 期刊登了全国人大常委会原副委员长周谷城致益阳师范高等专科学校校长陈华栋和学报主编石彦陶的信及为该校学报的题词，同时还发表了新民学会会员、中国侨联第三届主席张国基和老革命家曾三的题词。

2 月 14 日，湖南省编协在长沙矿冶研究院召开第一届第三次理事会议。会议决定把会名改为“湖南省科技期刊编辑学会”。

8 月 5 日至 9 日，中国高校自然科学学报研究会（CUJA）成立大会在大连工学院召开。研究会派出代表5人：陈冠初、皮光中、李军熵、唐子畏、潘生。大会选举皮光中、陈冠初任理事，皮光中兼学术委员会委员，陈冠初为CUJA委员会副主任，唐子畏为教育委员会委员。

10月4日至8日，湖南省编协第二届学术年会在株洲召开。会议选举产生了湖南省高等学校学报研究会首届（后改为第二届）理事会；评出了10家学报为1987年优秀期刊。10月8日，研究会第二届理事会在株洲召开。

11月28日，研究会第二届常务理事扩大会议在湖南师范大学召开。会议认为，研究会应挂靠到湖南省教委高教学会，成为省一级学会，拟请教委副主任或高教处处长担任理事长。

1988年

1月11日至17日，第二届CUJA系统微机信息交换技术研讨会在广州中山大学召开，同时召开CUJA委员会主任委员会。会上决定陈冠初负责联系华南地区及师范院校，参加CUJA建库手册的制订。

5月27日，研究会第二次常务理事会在中南工业大学召开。会议决定，1988年建立CUJA委员会湖南联络组，由中南工业大学作为组长单位。

6月4日，联系中国工商银行长沙市支行岳麓办事处取得了研究会的银行账号。

9月30日，在中南工业大学召开第三次常务理事会。

11月5日至9日，全国高校文科学报研究会成立大会暨主编研讨会在湖南师范大学召开。大会通过了《高等学校文科学报研究会章程》，选举产生了第一届理事会，成立了以杨焕章为理事长的工作机构。此次大会，卜庆华当选为常务理事，并被聘任编辑委员会主任；史大浩、林植峰被聘任编辑委员会委员；湘潭大学、湖南师范大学、长沙水电师院、衡阳师范专科学校等4家学报当选为理事单位。

11月26日，CUJA委员会湖南省联络组成立。会议研究了1989年湖南省CUJA的工作，决定1989年春季召开湖南省CUJA系统成员大会（后因故推迟至1990年4月召开）；分析了湖南省CUJA工作的情况，讨论了如何提高数据质量的问题，并决定由张汉文负责组织撰写首届CUJA学术讨论会论文稿。

1989年

3月18日，研究会在中南工业大学召开第二次理事会会议。会议决定于4、5月开展湖南省高校自科学报编辑质量优秀奖评奖活动。

5月16日至19日，在中南工业大学召开湖南省高校学报专职主编研讨会和自科学报编辑质量评奖会议。会议决定，编辑出版《湖南高校学报通讯》，第1期由中南工业大学负责，决定印发研究会团体会员通讯录；聘请科技期刊界和学报界的专家11人组成第三届学报质量评奖委员会。

11月26日至30日，中国高校自科学报研究会优秀编辑质量评比总结大会暨第一届第二次理事扩大会在南京河海大学召开。

12月，研究会在湖南大学召开第四次常务理事会。会议提出在1990年解决挂靠单位问题。

1990年

我国当代文学大师沈从文为《吉首大学学报》题写刊名，刊载在1990年第1期。

4月20日至30日，经研究会常务理事会研究同意，在中南工业大学召开了湖南省首届CUJA系统成员会议。会议交流了各校CUJA工作的情况，讨论了如何提高数据质量等问题。会议期间，还举办了一期学习班，这标志着湖南省CUJA工作在技术上逐步过渡到用微机软盘来交换信息了。

5月10日，常务理事会讨论通过了研究会给湖南省教委的请示报告。报告认为“我会挂靠在省教委，由省教委领导和管理是适宜的”。

5月21日，陈冠初致函湖南省委宣传部，重申“我会属省级学会，应挂靠在省教委为宜”。7月7日，陈冠初向湖南省委宣传部副部长车文仪汇报研究会1983年5月23日成立以来的工作，车部长随即向湖南省教委作了批示。9月22日，湖南省教育委员会下达了《对湖南省高等学校学报研究会关于申请登记请示报告的批复》。

10月初，全国农业院校学报研究会第二届学术年会在湖南农业大学召开。

10月11日，研究会在湖南大学召开第五次常务理事会。

10月26日，研究会第三次会员大会于长沙交通学院召开。会议通过了修改的会章，投票选举了25名理事、15名常务理事。会议决定以湖南师范大学学报编辑部为本届办公单位。从此次大会起，湖南省高校学报研究会真正实现了自科与社科学报的大联合。

1991年

1月，《中南林学院学报》创刊十周年。刊物1991年第1期刊登了原林业部副部长梁昌武的题词。

1月26日，研究会《湖南高校学报通讯》第1期刊登团体会员通讯名录，载团体会员45家，包括学校名称、刊名、登记号、负责人、通讯地址、邮政编码、电话号码等项。

4月1日，研究会第三届理事会第二次文科常务理事会扩大会议在湖南师范大学举行。

4月27日，研究会第三届理事会第二次理科学报常务理事会扩大会议在湖南师范大学举行。

5月25日，研究会向湖南省教委会和民政厅呈送研究会登记的报告。

5月，研究会出版的《会讯》上，刊登了《湖南农学院学报》编辑部的《出版专业技术人员考核评价标准表》和湖南师范大学学报编辑部的《编辑人员职称考核21条》。

10月，卜庆华任主编、杨布生任副主编的《学报编辑学概论》一书，由湖南教育出版社出版。此书为全国高校文科学报研究会重点科研项目，理事长杨焕章为此书作序，并由全国高校文科学报研究会分发给会员单位。

12月21日至25日，研究会在湘潭大学召开第三届第二次理事会暨第四次学术年会。

1992年

6月，在国家科委、中宣部、国家新闻出版署联合组织的全国优秀科技期刊评比中，湖南省11家刊物获奖，其中有3家高校学报：《中南矿冶学院学报》（一等奖）、《湖南师范大学自然科学学报》《湖南医科大学学报》（三等奖）。

9月，《长沙水电师院学报（自然科学版）》获得公开刊号，结束了文理两刊一号的局面。

10月26日至31日，中国高校自科学报主编研讨会在湖南师范大学举行。

1993年

1月7日，研究会常务理事会在湖南省委党校举行。

3月25日至29日，研究会主编研讨会在宁乡举行。

4月14日，研究会在湖南医科大学召开了常务理事会。会议讨论审议了湖南省专科学校学报工作委员会向研究会常务理事会呈送的工作报告，同意成立专科学报工作委员会及所申报的委员会名单，并增补了2名委员；讨论研究了湖南省高校学报优秀青年编辑评选的工作。

6月10日至11日，研究会青年委员会成立大会暨首届青年编辑学术讨论会在湖南农学院举行。

10月6日，《新闻出版报》“封面赏析”一栏发表张光的《报刊评介》一文。

12月20日至24日，研究会第五次学术年会在长沙国防科大和岳阳两地召开。

1994年

1月，经全国高校文科学报研究会评审，卜庆华主编的《学报编辑学概论》被评为优秀编辑学论著。

4月11日，《光明日报》发表“本报讯”：《高校学报转载率哪家最高——〈湖南师范大学社科学报〉夺冠》。文中引中南财大图书馆信息部门统计，《湖南师范大学社会科学学报》1993年被《新华文摘》《学术研究动态》和《文摘报》等全国15种文摘报刊转摘共102篇，转载率居全国高校学报之首，在全国1928种社科期刊中排名第五。

11月9日至13日，研究会1994年年会在中南工学院举行。

1995年

4月28日，中共湖南省委宣传部经评选决定授予研究会《湖南师范大学社会科学学报》《湘潭大学学报》《益阳师专学报》《长沙水电师院社会科学学报》“湖南省优秀理论报刊”称号，授予卜庆华、饶娣清、周国清、任俊华等“湖南省十佳理论编辑”称号。

5月，经研究会常务理事会研究决定，增补常德师范专科学校、岳阳师范专科学校、娄底师范专科学校、零陵师范专科学校、郴州师范高等专科学校、怀化师范专科学校等学校学报为理事单位。

11月11日至14日，研究会1995年年会暨学术讨论会在湘西吉首召开。会议调整和增补了常务理事、理事和正副秘书长，并在研究会下分设了自科学报研究分会和社科学报研究分会。

1996年

5月29日至31日，研究会由青年编辑工作委员会发起并主办的“跨世纪青年编辑人才工程研讨会”在宁乡召开。

6月15日，中共湖南省委宣传部、湖南省新闻出版局和湖南省科委联合发出《关于全省期刊等级评定实行分级管理的决定》（湘新出联〔1995〕7号）文件中的附件《湖南期刊等级评定标准》系卜庆华执笔，由出版局期刊处处长何英琼主持多次讨论会修改而定。

12月4日至9日，研究会第四次会员大会暨学术研讨会在邵阳召开。

12月，湖南农业大学学报编辑部举行办刊40周年座谈会。第八届全国人大常委会委员、湖南省委原书记熊清泉为该学报题词。

1997年

1月10日，研究会在湖南师范大学办公楼2楼会议室召开了1997年新春联谊会暨工作讨论会。

5月26日至28日，研究会学报主编研讨会在湖南科技大学召开。

6月20日，经常务理事会研究决定，增补《湖南医科大学学报》编辑部主任薛绍莲为咨询委员，增补《湖南商学院学报》为理事单位。

5月，中国期刊协会第二次全国代表大会召开，卜庆华当选为第二届理事。

10月11日至16日，中国高校自科学报学会“三合一”大会在吉首大学召开。

11月21日至23日，研究会1997年年会暨学术研讨会在娄底师范专科学校召开。

1998年

6月12日至15日，研究会第三次青年编辑学术研讨会在湖南税务高等专科学校举行。

11月，经国家新闻出版署核准，湖南省高校又有15家学报获准公开出版发行：《中南工业大学学报（社会科学版）》《湖南大学学报（社会科学版）》《湖南商学院学报》《岳阳大学学报》《株洲工学院学报》《长沙大学学报》《湖南财经高等专科学校学报》《湖南税务高等专科学校学报》《湖南公安高等专科学校学报》《邵阳师范高等专科学校学报》《零陵师范高等专科学校学报》《娄底师专学报》《郴州师范高等专科学校学报》《湖南轻工业高等专科学校学报》《湖南医学高等专科学校学报》。

11月20日至24日，研究会1998年年会暨学报质量研讨会在永州举行。

12月，《湘潭大学学报》刊登了江泽民为湘潭大学建校四十周年的题词：办好湘潭大学，为培养高素质人才作出新贡献。

1999 年

5 月 12 日至 15 日，研究会文科学报在湖南省委党校举行了刊物质量评奖，并推荐参加全国首届双十佳、百强和优秀学报评奖的学报。

6 月，教育部对其所属的科技期刊和全国高校自然科学学报开展了一次评比，湖南省高校自然科学学报获一等奖的有《中南工业大学学报》《湖南农业大学学报》和《湖南师范大学学报》。

7 月，经新闻出版署等领导部门评定，全国有 64 种科技期刊获国家期刊奖，研究会成员《中南工业大学学报》名列其中；有 22 种科技期刊获提名奖，研究会成员《湖南师范大学自然科学学报》名列其中。

8 月 20 日至 30 日，全国高校文科学报研究会举行了首届双十佳、百强和优秀学报的评优工作。湖南省参评学报 13 家，11 家入选，另 2 家学报获单项奖。

同年，湖南省又有 9 家高校学报获准公开发行：《湖南医科大学学报（社会科学版）》《衡阳医学院学报（社会科学版）》《湖南农业大学学报（社会科学版）》《湖南行政学院学报》《湖南省社会主义学院学报》《湖南广播电视大学学报》《湘潭工学院学报（社会科学版）》《邵阳高等专科学校学报》《株洲师范高等专科学校学报》。

12 月 8 日至 11 日，研究会 1999 年年会在郴州举行。

2000 年

4 月，研究会在湖南财经高等专科学校召开了文科主编会。

6 月 14 日至 16 日，湖南省管高校学报工作会议在湖南师范大学红楼召开。

2001 年

1 月 11 日，研究会在湖南师范大学红楼召开常务理事会议。

4 月 18 日，湖南省期刊协会召开第一届常务理事会议，决定增补苏仁进等 11 位同志为常务理事。

11 月 9 日至 11 日，研究会在怀化召开第五次会员大会。

11 月 1 日至 4 日，新中国成立以来规模最大的期刊展在北京举行，参展期刊 7000 多种，研究会 8 家学报进入“中国期刊方阵”参展，其中有“双高期刊”《中南工业大学学报》，“双奖期刊”《湖南师范大学自然科学学报》，“双百期刊”《湖南大学学报（自然科学版）》《湖南农业大学学报（自然科学版）》《湘潭大学学报（自然科学版）》《中国有色金属学报（英文版）》，“双效期刊”《湖南师范大学社会科学学报》《湘潭大学学报（哲学社会科学版）》《湖南医科大学（自然科学版）》。

12 月 29 日，研究会第五届第一次常务理事会在中南大学铁道校区召开。会议决定成立学术、青年、现代化和对外联络等工作委员会，同意增补湖南大学期刊社社长王道平为副理事长，增补中南大学陈扬宝、郴州师范高等专科学校文跃智为常务理事。

2002 年

5 月，经新闻出版总署同意，《中南工业大学学报（社会科学版）》变更为《中南大学学报（社会科学版）》。

6 月 21 日，研究会在湖南农业大学召开常务理事会，讨论庆典活动的总体设计，成立了纪念册编辑委员会以及会务、筹款等三个专门委员会。

9 月 5 日至 6 日，研究会二十周年庆典筹备工作会议在湘潭大学召开。

9 月 28 日，研究会在湖南大学召开部分老编辑会，商讨编写研究会二十周年纪念册事宜。

10 月 9 日至 12 日，研究会 2002 年年会暨学术研讨会在湖南文理学院召开。

10 月 21 日至 28 日，中国高校自然科学学报研究会建会十五周年纪念大会暨第四届第三次理事会在云南昆明召开。

同年，湖南省期刊协会第二届理事会在长沙召开，研究会张曾荣、章育良、熊楚才、王道平、任楚威当选为常务理事。

2003 年

1 月，第二届国家期刊评奖揭晓，研究会《中南工业大学学报（自然科学版）》获国家期刊奖提名奖，《湖南师范大学自然科学学报》《湖南大学学报（自然科学版）》与《湖南师范大学社会科学学报》入选国家期刊奖百种重点期刊奖。

3 月，湖南省高等学校学报研究会常务理事会在浏阳举行。会议进一步讨论与落实二十周年庆典的准备工作。会议根据研究会章程有关规定，调整了部分常务理事。

9 月 27 日至 28 日，湖南省高等学校学报研究会二十周年庆典暨学报改革论坛在湖南理工学院召开。

2004 年

1 月 11 日，湖南省高等学校学报研究会常务理事会在长沙召开，主要议题为各专业委员会的调整与分工。

3 月 4 日，湖南省高等学校学报研究会在湖南师范大学红楼召开了湖南省高校学报争创名刊、名栏（名篇）研讨会。全省高校文科学报主编、高校学报期刊社主要负责人参加了会议。

4 月 15 日，湖南省高校自然科学学报编辑部主要负责人在湖南师范大学红楼参加了研究会召开的自然科学学报研讨会。

11 月 29 日至 12 月 30 日，值娄底师范专科学校更名为湖南人文科技学院和《湖南人文科技学院学报》创刊二十周年“双庆”之际，湖南省高等学校学报研究会学术年会在娄底召开。熊楚才在会议上传达了全国高校学报“三优”评比会议精神。

2005 年

1 月 6 日，湖南省高等学校学报研究会理事长、秘书长会议在中南大学期刊中心召开，主要研究决定了研究会承办湖南省期刊协会 2005 年春节联谊活动和研究会换届选举的相关事宜。

4 月 27 至 28 日，湖南省高等学校学报研究会邀请中国科学技术期刊编辑学会副秘书长，《中国农业大学学报》原主编李兴昌编审在中南大学举办了一期高水平的编辑培训研讨班。

9 月 17 日，湖南省高等学校学报研究会理事长、秘书长会议在长沙理工大学召开，主要讨论研究了研究会各工作委员会分工事宜。

11 月 19 日，湖南省高等学校学报研究会理事长办公会在中南大学期刊中心召开，研究了 2005 年学术年会和理事会改选工作。

11 月 30 日，湖南省高等学校学报研究会召开第五届第八次常务理事会。会议讨论了第六届会员大会暨学术研讨会筹备工作的有关事宜。

11 月 30 日至 12 月 2 日，湖南省高等学校学报研究会第六届会员大会暨学术研讨会在益阳举行。

12 月 2 日，新当选的湖南省高等学校学报研究会第六届理事会常务理事召开了第六届第一次常务理事会议。会议由换届筹备领导小组成员任楚威编审主持。

12 月 23 日上午，《湘南学院学报》创刊百期暨晋升省一级期刊庆祝大会在湘南学院苏仙校区学术报告厅举行。

2006 年

1 月 18 日，湖南省高等学校学报研究会第六届第二次常务理事会在长沙召开，研究讨论 2006 年工作计划。

3 月 7 日，湖南省高校学报、校报总编工作会议在韶山召开。湖南省高校工委负责人传达了中宣部“出版情况专题通报会”精神，分析了目前新闻出版工作面临的形势，提出了今后工作任务和要求。

5 月，湖南省高等学校学报研究会组织了研究会成立以来首次研究课题的申报工作，本次设置的 3 个研究课题是“湖南省高校科技期刊现状调查与分析”“湖南省高校科技期刊评价体系与研究”“湖南省高校科技期刊发展战略研究”，并设计了课题申报书样本。

6 月 28 日，湖南师范大学学报创刊五十周年庆祝大会在湖南师范大学红楼报告厅举行。

7 月 7 日至 9 日，湖南省高等学校学报研究会第六届第三次常务理事会在石门召开。会议听取了秘书处关于本年度学会工作中期总结、检查的汇报以及中南大学关于调整本校常务理事的报告。会议研究了 2006 年年会的有关事项。

9 月 22 日，湖南省高等学校学报研究会常务理事会在湖南工业职业技术学院召开。会议讨论研究了科技期刊编辑学会理事会换届选举高校学报系统候选人名单。

10 月 16 日，湖南省高等学校学报研究会理事长办公会在长沙召开。会议审议了编辑学课题申报评审工作。

10 月 16 日，湖南省新闻出版局在长沙理工大学召开了湖南省高校学报发展研讨会，会议讨论了湖南省高校学报的发展现状、存在的问题，并围绕如何强化主管、主办单位作用，加强内部管理和规章制度的建设，杜绝学术腐败，创办名刊、名栏等议题展开研讨。

11 月 29 日，《湖南农业大学学报》创刊五十周年庆典在湖南农业大学举行。

2007 年

4 月 16 日至 17 日，湖南省高等学校学报研究会理事长、秘书长会议在湘潭大学出版社召开。参加会议的代表有：王海东、章育良、任楚威、王道平、李建华、童小娇、汪晓、陈灿华、张静。

5 月 19 日至 21 日，湖南省高等学校学报研究会常务理事会议在湖南科技大学学术交流中心举行。参加会议的代表有常务理事22人。

7月11日至12日，湖南省高等学校学报研究会研究课题中期检查会议在株洲召开。

2008年

5月下旬，研究会在湖南财经高等专科学校召开了2008年第一次常务理事会议。会议传达了中国高等学校自然科学学报研究会组织开展“第二届中国高校精品·优秀·特色科技期刊奖”评比活动和“高校科技期刊先进集体”评选活动的有关精神。

7月下旬，研究会在长沙召开了常务理事工作会议。根据中国人文社会科学学报学会下达的《第六次全国会员代表大会的通知》的精神及原则，推荐候选理事单位、候选常务理事等。

10月21日，研究会在湖南农业大学召开理事长、秘书长会议。审议了研究会第二期课题立项工作，批准四项课题为研究会第二期研究立项课题。

11月24日，湖南省高等学校学报研究会2008年年会在邵阳学院举行。

2009年

4月9日，2009年第一次常务理事会议在长沙理工大学召开。会议主要讨论了第七次会员大会的筹备工作，以及研究会理事长单位、理事长、副理事长、常务理事的换届选举问题。

6月5日至9日，湖南省高等学校学报研究会自科学报专业委员会首次与湖南省科技期刊编辑学会联合举办的学术研讨会在江西南昌召开。

9月16日，湖南省高等学校学报研究会理事长办公会议在中南大学出版社召开。

10月28日至29日，湖南省高等学校学报研究会会员大会暨2009年年会在重庆举行。

2010年

6月20日至26日，湖南省科技期刊编辑学会2010年学术年会在陕西西安召开。

6月23日至27日，湖南省高等学校学报研究会文科学报学术研讨会在长沙及上海两地召开。

10月20日至24日，湖南省高等学校学报研究会2010年年会在广东珠海召开。10月20日晚上，召开了湖南省高等学校学报研究会第七届第二次常务理事会议。会议审议了研究会2010年度工作报告和2010年度财务报告。10月21日上午，举行年会。会议提出要大力推进湖南省高校学报信息化建设。

2011 年

7月16日至21日，湖南省科技期刊编辑学会2011年学术年会在内蒙古呼和浩特召开。

11月11日至14日，湖南省高等学校学报研究会年会在广西南宁召开。11月11日晚上召开了湖南省高等学校学报研究会第七届第三次常务理事会议。12日召开了年会及学术研讨会。

2012 年

4月13日下午，湖南省高等学校学报研究会2012年第一次常务理事会在湖南文理学院召开。

5月1日，湖南省高等学校学报研究会第三期立项课题正式启动。

7月5日，湖南省高等学校学报研究会在湖南警察学院召开了研究会2012年第二次理事长办会公议，对研究会第三期课题进行立项评审，同意9项课题予以立项。

7月12日至21日，湖南省科技期刊编辑学会2012年学术年会在长沙召开。

10月27日，湖南省高等学校学报研究会在福建厦门召开2012年年会，会议提出继续坚持期刊改革主题，重点讨论了湖南高校学报的运行机制改革和创新发展问题。

2013 年

6月23日，研究会2013年第一次理事长办公会议在长沙召开。会议决定尽快召开换届筹备委员会会议，确定研究会理事长挂靠单位的产生方法。

7月9日，研究会第八届换届筹备委员会在长沙召开换届筹备会议，商讨理事长挂靠单位的产生办法。会议决定研究会聘任本届学会离任或退休的理事长、副理事长为第八届研究会学术顾问。

9月28日，研究会2013年第一次常务理事会在财政经济学院召开。

11月4日，研究会2013年第二次理事长办公会议在中南大学召开。会议的主要议题是确定研究会年会的议程，并就年会换届选举工作以及年度论文和摄影作品评比等进行了具体部署和安排。

12 月 5 日上午，研究会 2013 年第二次常务理事会在浏阳召开。会议审议了理事长第七届研究会工作报告和汪晓秘书长提交的第七届研究会财务报告，重点讨论了换届选举事宜。随后，湖南省高等学校学报研究会第八次会员大会暨学术年会在浏阳举行。

2014 年

4 月 2 日，研究会 2014 年第一次理事长办公会议在湖南农业大学召开。会议讨论了研究会 2014 年工作要点。

4 月 29 日，研究会 2014 年第一次常务理事会议在湖南大学出版社召开。会议讨论并通过了理事长办公会议确定的 2014 年工作计划，并确定 2014 年年会的主题为“深化改革背景下的期刊发展研究”。

7 月 11 日至 7 月 14 日，研究会与湖南省科技期刊编辑学会共同举办的学术年会在江西井冈山召开，并结合党的群众路线教育实践活动进行革命传统教育。

7 月 28 日，湖南省高校文科学报主编（主任）会议在湖南师范大学召开。

9 月 15 日，研究会 2014 年第二次理事长办公会议在长沙理工大学召开。会议讨论了 2014 年研究会年会的有关事宜。确定了年会时间、地点，并决定进行年会优秀论文征文及评比、优秀编辑评选；决定对第三期立项课题进行中期检查；传达了中国科技期刊研究会常务理事会议精神、全国文科学报的有关精神。

10 月 23 日，研究会 2014 年第二次常务理事会在邵阳学院召开。会议审议了理事长提交的研究会 2014 年度工作报告和陈灿华秘书长提交的 2014 年度财务报告，并重点讨论了本次年会的有关事宜。

10 月 24 日，研究会第八届第二次会员大会暨学术年会在邵阳学院举行。

2015 年

5 月 13 日，研究会 2015 年第一次理事长办公会议在湖南科技大学召开。

5 月 14 日，研究会 2015 年第一次常务理事会议在湖南工业大学召开。

7 月 2 日至 4 日，研究会文科专业委员会经验交流会在湖南城市学院举行。

7 月 24 日至 7 月 29 日，研究会与湖南省科技期刊编辑学会共同举办的学术年会暨编辑培训研讨班在怀化学院举行。

9 月 7 日，研究会 2015 年第二次理事长办公会议在中南大学召开。

10 月 21 日，研究会第三次理事长办公会议在湖南大学出版社召开。

10月30日下午，研究会2015年第二次常务理事会在湘南学院召开。会议审议了理事长王飞跃提交的研究会2015年度工作报告和秘书长陈灿华提交的2015年度财务报告，并重点讨论了本次年会的有关事宜。

10月31日，研究会第八届第三次会员大会暨学术年会在湘南学院召开。

2016年

4月29日下午，研究会2016年第一次理事长办公会在湖南财政经济学院举行。会议讨论了2016年研究会要开展的工作。

5月13日至14日，研究会2016年第一次常务理事会议在韶山召开。

6月24日至25日，研究会理工科学报专业委员会经验交流会在邵阳学院举行。

8月28日，研究会在长沙召开文科学报常务理事会议，向全国高校文科学报研究会推选湖南省理事单位和常务理事，并讨论下半年本研究会文科学报方面的有关工作。

9月13日，研究会2016年第二次理事长办公会议在湖南师范大学召开。会议决定对本研究会会员期刊质量进行检查，对检查结果汇总后予以公布。会议对《湖南社会科学》的会员申请进行了审议。会议还通过了部分常务理事变更。

10月27日晚，研究会2016年第二次常务理事会在湖南科技学院召开。会议审议了理事长王飞跃提交的研究会2016年度工作报告和秘书长陈灿华提交的2016年度财务报告，并重点讨论了本次年会的有关事宜。

10月27日至10月29日，研究会第八届第四次会员大会暨学术年会在湖南科技学院召开。

2017年

4月11日，研究会2017年第一次理事长办公会议在中南大学召开。

5月24日，研究会2017年第一次常务理事会议在湖南理工学院召开。会议通报了常务理事变更情况，汇报了研究会已完成的工作，布置了2017年研究会要开展的主要工作。

6月29日至30日，研究会文科学报专业委员会经验交流会在湖南人文科技学院召开。会议就办刊所面临的问题进行了充分交流与探讨。

9月8日，研究会2017年第二次理事长办公会议在湖南农业大学召开。

11月3日，研究会召开了换届筹备委员会扩大会议。会议确定了研究会第九届常务理事、理事长、副理事长、秘书长候选人，并就研究会学术年会事宜进行了探讨。

11月10日晚，研究会2017年第二次常务理事会在湖南科技学院召开。会议审议了第八届研究会工作报告和财务报告，并重点讨论了本次年会的有关事宜。

11月10日至12日，研究会第九届会员大会暨2017年学术年会在怀化学院召开。

2018年

4月10日，研究会2018年第一次理事长办公会议在湖南大学召开。会议通报了理事长单位交接情况，讨论了研究会机构设置及人员配备问题，审定了研究会章程修订案，拟定了研究会及各专业委员会工作计划等。会议决定研究会设立学报质量委员会、文科学报专业委员会、理工科学报专业委员会和青年委员会4个专业委员会和1个秘书处，明确各专业委员会的工作职责和人员组成。

4月至5月，完成了财务交接、行政交接工作和年检工作。

5月30日，研究会秘书处在湖南大学期刊与出版社召开会议。会议决定，换届资料整理由陈灿华、谢翠蓉两位老师负责，2017年会讯由陈灿华老师整理。

7月24日上午，研究会2018年第一次常务理事会议在湖南大学召开。会议通报了财务审计情况、年检情况及支部筹建情况等，提请审议了研究会副秘书长聘任人选和各专业委员会组成人员人选，讨论了2018年研究会主要工作，通过了湖南中医药大学常务理事的变更事宜等。

9月29日，研究会在南华大学召开了理工科学报专业委员会经验交流会。

10月26日，文科学报专业委员会经验交流会在衡阳师范学院举行。

10月至11月，按照湖南省民政厅的要求，对研究会章程进行了修订，对上届法人王飞跃进行了离任财务审计。11月29日，研究会变更事项通过湖南省民政厅审核。

11月9日至11日，由湖南省高等学校学报研究会主办，长沙理工大学承办的全国高校文科学报研究会三十周年纪念大会在长沙理工大学举行。本次大会进一步研究了学术期刊在中国特色哲学社会科学话语体系构建中的作用、学术期刊的学术评价问题，并总结了研究会成立三十年来的工作成就。

11月至12月，研究会在中国工商银行湖南大学分行开立了研究会基本账户，新刻了公章和财务专用章，财务管理趋于规范；拟订了《湖南省高等学校学报研究会财务管理制度》，并到湖南省财政厅报备，领取了湖南省社会团体会费收据。

12月4日，研究会2018年第三次理事长办公会议召开。会议就2018年的主要工作进行了梳理与总结。

2019 年

1 月 6 日，研究会 2018 年第四次理事长办公会议召开。会议讨论通过了拟定的《湖南省高等学校学报研究会财务管理制度》，研究了 2018 年年会的主要议程，以及提请常务理事会表决的事项，并对研究会 2019 年的工作要点进行了初步研究。

1 月 10 日下午，研究会 2018 年第二次常务理事会在湖南城市学院召开。会议初步拟订了 2019 年工作计划。

1 月 11 日，研究会第九届第一次会员大会暨 2018 年学术年会在湖南城市学院召开。

4 月 3 日，研究会 2019 年第二次理事长办公会议召开。会议审议了 2018 年度工作总结，对 2019 年工作计划进行了梳理，对全国高校文科学报研究会的评优工作进行了布置。

4 月 8 日至 10 日，全国高校评优工作布置会在长沙召开。会议审议通过了研究会各专业委员会人员名单、研究会各专业委员会年度工作安排、全国高校文科学报研究会 2019 年度评奖工作布置。

4 月，湖南省文科学报专业委员会在长沙召开全国评奖动员会，会议传达了全国高校文科学报研究会常务理事会会议精神，并就省内初评工作进行了安排和部署。

5 月，研究会在湘潭召开了湖南省高校学报评比工作会议，初评出全国参评学报以及个人参评奖项。

5 月 23 日至 25 日，研究会理工科学报专业委员会经验交流会在吉首举行。会议的主题是“融媒体技术与高校学报发展”。

7 月 24 日上午，研究会第一次常务理事会议在湖南大学召开。会议完成了研究会年检工作，对上届研究会财务进行了审计，完成了研究会党支部筹建工作，讨论了 2019 年研究会主要工作，通过了研究会副秘书长的聘任。

10 月 18 日至 20 日，研究会青年委员会 2019 年度工作研讨会在湖南理工学院举行。

11 月 13 日，研究会第三次理事长办公会议召开。会议对 2019 年度工作进行了初步总结，议定了 2019 年年会相关事项。

11 月 25 日至 28 日，组织会员单位去肇庆参加全国高校文科学报会议，领取了湖南省的获奖证书。湖南省文科学报获得大丰收，占全国获奖比例较高：全国高校社科名刊，全国 100 余家，湖南省获奖 5 家学报；全国高校精品社科期刊，全国 100 余家，湖南省获奖 6 家；全国高校优秀社科期刊 200 余家，湖南省 8 家。

12 月 3 日，研究会第四次理事长办公会议召开。会议对 2019 年年会征文论文和主题进行了评比，对 2019 年年会议程、年会报告进行了审议，对 2020 年度工作计划进行了初步研究。

12 月 5 日，研究会 2019 年第二次常务理事会议在耒阳召开。会议的主要议程有：审议 2019 年工作报告，研究 2020 年工作要点，2019 年年会征文评比及主题论文评比，通过部分常务理事变更事项等。

12 月 5 日至 7 日，研究会 2019 年年会在耒阳召开。会议审议通过了研究会年度工作报告、研究会财务工作报告，通过部分常务理事变更事项，宣布学术年会获奖论文。

2020 年

4 月 15 日，研究会 2020 年第一次理事长办公会在湖南大学召开。会议讨论了 2021 年工作计划及各专业委员会活动安排、年会征文主题等。

7 月 17 日，研究会 2020 年第二次理事长办公会在长沙召开。会议审议通过了各专业委员会活动方案，确定了文科学报专业委员会、理工科学报专业委员会、青年委员会的活动时间、地点及主题，确定了年会论文的主题等。

7 月 24 日至 25 日，研究会 2020 年第一次常务理事会议在长沙召开。会议审议了《湖南省高等学校学报研究会章程》。

9 月 24 日至 26 日，研究会理工科学报专业委员会经验交流会在株洲举行。此次交流会议的主题为“新形势下科技期刊发展对策”。

10 月 22 日至 24 日，研究会文科学报专业委员会经验交流会在韶山召开。

12 月 5 日至 8 日，研究会作为联合主办单位之一，共同承办了中国高校科技期刊研究会第 24 次年会暨渝沪湘高校科技期刊论坛。

12 月 20 日，研究会 2020 年第三次理事长办公会在湖南大学召开。会议对年会论文进行了评比，会议还对年会的相关事宜进行了初步审议，对全国高校文科学报研究会的常务理事、理事单位增补进行了初步酝酿。

12 月 25 日，研究会 2020 年第四次理事长办公会在湖南大学召开。会议对年会的时间和地点进行了讨论。

2021 年

1 月 6 日，研究会 2020 年第二次常务理事会议在长沙召开。会议审议了研究会 2020 年度工作总结，审议了研究会 2021 年度工作要点，讨论了研究会各专业委员会年度工作安排，讨论了研究会 2021 年度评奖工作布置，进行了全国高校文科学报研究会常务理事单位、理事单位增选等。

4 月 15 日，研究会 2021 年第一次理事长办公会在湖南大学出版社会议室召开。会议讨论了 2021 年工作计划及各专业委员会活动安排、年会征文主题等。

7 月 1 日，研究会 2021 年第二次理事长办公会在长沙召开。会议审议通过了各专业委员会活动方案，确定了文科学报专业委员会、理工科学报专业委员会、青年委员会的活动时间、地点及主题，确定了年会论文的主题等。

7 月 2 日，研究会 2021 年第一次常务理事会议在长沙召开。会议审议了《湖南省高等学校学报研究会章程》、研究会 2021 年度工作计划。

7 月 11 日至 14 日，研究会理工科学报专业委员会经验交流会在怀化举行。此次交流会议的主题为“创湘版一流科技期刊的对策探讨”。

9 月 16 日，研究会 2021 年第三次理事长办公会在祁阳召开。

9 月 16 日至 18 日，研究会文科学报专业委员会经验交流会在祁阳召开。与会代表围绕“新形势下湖南省品牌社科期刊建设的路径探讨”等主题进行了广泛的研讨。

2022 年

1 月 8 日，研究会 2021 年第二次常务理事会议在湖南大学期刊与出版社召开。会议审议了研究会 2021 年度工作总结，审议了研究会 2022 年度工作要点，讨论了研究会各专业委员会年度工作安排，讨论了研究会 2022 年度评奖工作，进行了研究会常务理事单位、理事单位增选等。

4 月 15 日，研究会在湖南大学出版社会议室召开了第一次理事长办公会。会议讨论了 2022 年工作计划及各专业委员会活动安排、年会征文主题，酝酿研究会换届及支部换届工作等。

7 月 4 日，研究会在长沙召开 2022 年第二次常务理事会议，会议研究了第九届理事会换届筹备工作，审议了研究会 2022 年度工作计划及各专业委员会工作安排，策划了主题党日活动，等等。

7 月 23 日，研究会在长沙福盛源大酒店召开了第二次理事长办公会。会议审议通过了研究会换届工作报告、财务工作报告、各专业委员会活动方案，确定了文科学报专业委员会、理工科学报专业委员会、青年委员会的活动时间、地点及主题，确定了年会论文的主题等。

7 月 30 日至 8 月 1 日，87 名会员单位代表在长沙参加了研究会第十次会员大会。

9 月 13 日，研究会在湖南大学出版社会议室召开了第三次理事长办公会，对研究会下半年的工作进行了安排，对新一届理事长班子成员进行了分工，布置了年会征文、主题好文章及主题书画摄影等相关工作。

9 月 22 日至 25 日，研究会理工科学报专业委员会在怀化召开了学术研讨会。会议主题为“融媒体时代科技期刊发展策略研究”。

10 月 27 日，研究会在湖南大学出版社会议室召开了第四次理事长办公会。会议讨论了主题论文评选等工作，审议通过了会费标准提高议案，酝酿了党支部换届工作。

11 月 9 日，研究会党支部向中共湖南省教育厅省委教育工委直属机关委员会提交了《湖南省高等学校学报研究会党支部关于召开党支部委员会换届大会的请示》，明确了会议的指导思想、主要议程、新一届支部委员会组成人员人数、选举办法、代表组成及大会召开时间等相关事宜。11 月 15 日，中共湖南省教育厅省委教育工委直属机关委员会批复了研究会党支部的请示。

2023 年

1 月 3 日，研究会党支部召开党员大会，应到会有选举权党员 40 名，实到会有选举权党员 35 名，实到会有选举权党员数达到（超过）应到会有选举权党员数的五分之四。大会采取无记名投票和差额选举的办法，选举产生了新一届党支部委员会。根据得票情况，李文邦、谢翠蓉、陈灿华、黄飞、兰甲云等 5 位同志当选为新一届党支部委员会委员。同日，新一届党支部委员会召开第一次全体会议。同时召开了 2023 年第一次理事长办公会议暨常务理事会议。

3 月 13 日，研究会在湖南大学出版社会议室召开第二次理事长办公会。会议审议通过了研究会 2022 年度工作报告、财务工作报告、各专业委员会活动方案等。

3 月 27 日，研究会在江西萍乡召开了第二次常务理事会议。会议审议通过了部分常务理事单位变更申请，审议通过了研究会 2022 年度工作报告、财务工作报告、各专业委员会活动方案，确定了文科学报专业委员会、理工科学报专业委员会、青年委员会的活动时间、地点及主题，确定了年会征文的主题等。

5 月 25 日至 28 日，研究会理工科学报专业委员会 2023 年度经验交流暨培训会议在湖南凤凰召开。会议主题为“高校学报学术影响力的内涵及提升途径”。

7 月 10 日至 11 日，研究会在株洲召开了第三次理事长办公会。会议的主要议题是推选参加全国高校文科学报研究会期刊奖、特色栏目奖和玉笔奖等相应奖项的期刊和个人。

10 月 12 日至 15 日，研究会文科学报专业委员会 2023 年度经验交流暨培训会议在永州华天酒店召开。会议围绕“学习贯彻党的二十大精神　推进社科期刊高质量发展”主题，开展了经验交流和专家讲座，并为获评湖南省优秀社科期刊、特色栏目、玉笔奖的单位和个人颁奖。

11 月 16 日至 19 日，研究会青年委员会 2023 年工作交流暨培训会在郴州召开。会议围绕“期刊高质量发展——青年编辑的使命与担当”主题，开展了丰富多彩的工作交流、专家讲座、经验分享和联谊活动。

11月26日，研究会在湖南大学出版社会议室召开了第四次理事长办公会。会议对年会征文、优秀主题论文、优秀论文论著、优秀主编及编辑、优秀组织单位进行了评选。会议讨论了2023年年会的相关事宜。

12月14日至16日，研究会2023年度学术年会暨培训会议在凤凰召开。会议审议通过了研究会2023年度工作报告、财务工作报告等，宣布论文评比结果并颁发证书，审核通过了部分理事单位理事变更情况审议稿。

AFTERWORD

后 记

湖南省高等学校学报研究会成立四十周年了，经过理事长办公会、常务理事会讨论，大家一致认为，应该对研究会的历史进行一次认真的回顾、梳理，总结我们的成绩，展示我们的风采。研究会发展至此，有必要在此处打一个逗号，既为过往的四十年留下印记，也为未来的进步积累力量。正所谓不忘来时路，方知向何行。

二〇〇三年，研究会成立二十周年之时，曾出版过一本内部纪念册，取名《春华秋实》，典出《颜氏家训》，盖取其耕耘者辛勤劳作必有收获之喻义。卜庆华先生为纪念册撰有《留住昨天的风采，再造明日之辉煌》一文，在文末，他满怀豪情地写道：“再过二十年，让我们在中华民族伟大复兴的赤光中再会！”时间如白驹过隙，二十载弹指一挥间。如卜先生所愿，中国特色社会主义进入新时代，中国已经全面建成小康社会，现在正阔步迈在全面建设社会主义现代化国家、全面推进中华民族伟大复兴的康庄大道上。

百年梦想，盛世华章。这锦绣山河、太平盛世，带给我们无限的信心、勇气和力量。与《春华秋实》一脉相承，本书定名为《盛世华章——湖南省高等学校学报研究会四十年（1983—2023）》（以下简称《盛世华章》）。过去，积贫积弱的中华民族历尽屈辱，饱受欺凌。在中国共产党的领导下，全体中国人民团结一心，浴血奋斗，伟大的祖国日渐强盛，处处显现了大国的力量与担当。几代人的梦想正在一步步变成现实，奏响了昌盛兴旺的华彩乐章。我们全体湖湘学报人应当自信自强、守正创新，踔厉奋发、勇毅前行，共同绘就美好未来的壮阔图景。

为编写好《盛世华章》，研究会多次召开理事长办公会、常务理事会，研究写

作大纲和体例，确定写作原则，审议写作提纲，并在研究会广泛动员，请求大家提供相关资料及信息。全书由本届理事会总负责，拟定整体框架和统稿，李文邦理事长为召集人。具体分工如下：“前言”“后记”由李文邦撰写；“研究会发展历程”由陈浩凯、代艳丽负责，陈浩凯为牵头人；“研究会组织架构及理事会名录”“研究会制度建设”“研究会重要文献、报告”“研究会部分会员单位风采”由李文邦、谢翠蓉负责，李文邦为牵头人；“研究会会员单位重要荣誉及标志性成果”之单位重要荣誉部分由黄飞、陈灿华负责，黄飞为牵头人；“研究会会员单位重要荣誉及标志性成果”之个人荣誉及获奖成果部分由伍济钢、匡远配、段发明负责，伍济钢为牵头人；“我与研究会的情缘”由章育良、兰甲云负责，章育良为牵头人；“研究会大事记”由代艳丽负责。最后请龚维忠、雷鸣审阅后定稿。

人心齐，泰山移。本书的编辑出版，得到了各会员单位的积极响应和大力支持，或主动提供材料，或积极筹措经费，再一次证明了我们研究会是一个团结、务实、能干事、充满正能量的团体。特别要感谢卜庆华先生对书稿的写作、编排提出了许多建设性的意见，并无私提供了大量个人保存的第一手资料。感谢龚维忠、雷鸣、汪晓、杨保华等学会的老领导为本书付出的辛劳。

虽然我们用了最认真的态度，尽了最大的努力，但由于客观条件的限制，主要是档案资料不完善，又因时间仓促，其中或有遗珠、不实与不妥之处，恳请诸位指正。

李文邦

2024 年 12 月